工程建设理论与实践丛书

高速公路
设计与技术应用

GAOSU GONGLU
SHEJI YU JISHU YINGYONG

张作海　张永军　徐金托　主编

华中科技大学出版社
http://press.hust.edu.cn
中国·武汉

内 容 简 介

本书以高速公路为研究对象,围绕设计与技术应用两大核心内容进行探讨,主要分为绪论、高速公路的规划与勘测设计、高速公路几何设计、高速公路路基路面一体化设计、高速公路交通工程与沿线设施设计、高速公路设计实践——以林州至长治高速公路为例、高速公路施工组织设计、高速公路路基施工、高速公路路面施工、高速公路交通安全设施施工十章。在阐述设计和施工技术基础理论的同时,结合林州至长治高速公路设计实践、太原东二环路基工程施工实践、西宝改扩建 B-C19 标段路基工程施工实践三个工程案例对设计和施工技术的应用进行探讨。本书可供公路工程领域的相关工作人员参考。

图书在版编目(CIP)数据

高速公路设计与技术应用 / 张作海,张永军,徐金托主编. -- 武汉:华中科技大学出版社,2024.9. -- ISBN 978-7-5772-1194-7

Ⅰ. U412.36

中国国家版本馆 CIP 数据核字第 20249DX508 号

高速公路设计与技术应用　　　　　　　　　　　　　　张作海,张永军,徐金托　主编
Gaosu Gonglu Sheji yu Jishu Yingyong

策划编辑:周永华
责任编辑:白　慧
封面设计:杨小勤
责任监印:朱　玢
出版发行:华中科技大学出版社(中国·武汉)　　电话:(027)81321913
　　　　　武汉市东湖新技术开发区华工科技园　　邮编:430223
录　　排:华中科技大学惠友文印中心
印　　刷:武汉科源印刷设计有限公司
开　　本:710mm×1000mm　1/16
印　　张:22
字　　数:395 千字
版　　次:2024 年 9 月第 1 版第 1 次印刷
定　　价:98.00 元

本书若有印装质量问题,请向出版社营销中心调换
全国免费服务热线:400-6679-118　　竭诚为您服务
版权所有　侵权必究

编 委 会

主　编　张作海　河南航空港投资集团有限公司郑州航空港汇港发展有限公司
　　　　张永军　山西路桥建设集团有限公司
　　　　徐金托　陕西路桥集团有限公司
副主编　杨文光　深圳高速工程检测有限公司
　　　　尹宗林　中交路桥建设有限公司
　　　　何凯波　湖南省醴娄高速公路建设开发有限公司
编　委　黄永飞　广州市北二环交通科技有限公司
　　　　金　明　中国华西工程设计建设有限公司浙江分公司
　　　　张建华　浙江数智交院科技股份有限公司

前　言

　　高速公路网络承担着陆路交通运输的重任,是推动经济发展的重要纽带。我国自1988年第一条高速公路通车以来,高速公路行业经历了高速发展期(1988—2000年)、稳健成长期(2001—2012年),到如今的成熟平稳期(2013年至今)。现阶段,虽然我国高速公路新增里程增速下降,但是新增里程绝对值依然相对较高,主要是中西部地区骨干网的建设以及东部地区路网连接线的完善。2024年2月28日,国务院新闻办公室就交通运输高质量发展服务中国式现代化举行发布会,会上公开的数据显示,截至2023年年末,公路里程达544.1万公里,其中高速公路18.4万公里,2023年新建改扩建高速公路7000公里。未来国家高速公路建设步伐将放缓。而高速公路的安全性、通行能力和舒适性的建设质量目标越发凸显。

　　高速公路是现代交通发展的重要组成部分,高速公路的设计和相应技术在设计、施工中的应用对交通运输的安全和效率具有至关重要的影响。本书以高速公路为研究对象,围绕设计与技术应用两大核心内容进行探讨,主要分为绪论、高速公路的规划与勘测设计、高速公路几何设计、高速公路路基路面一体化设计、高速公路交通工程与沿线设施设计、高速公路设计实践——以林州至长治高速公路为例、高速公路施工组织设计、高速公路路基施工、高速公路路面施工、高速公路交通安全设施施工十章。在阐述设计和施工技术基础理论的同时,结合林州至长治高速公路设计实践、太原东二环路基工程施工实践、西宝改扩建B-C19标段路基工程施工实践三个工程案例对设计和施工技术的应用进行探讨。本书可供公路工程领域的相关工作人员参考。

　　本书在编写过程中参阅了大量相关教材与著作,在此,对相关作者表示衷心的感谢。

　　由于编者的水平有限,本书的内容难免有不足之处,敬请读者批评指正。

编者

2024年3月

目 录

第1章 绪论 (1)
1.1 高速公路的定义及特点 (1)
1.2 高速公路基本建设程序 (2)
1.3 高速公路建设的重要性 (7)

第2章 高速公路的规划与勘测设计 (12)
2.1 高速公路的规划 (12)
2.2 公路建设项目可行性研究 (16)
2.3 高速公路的勘测与选线设计 (23)

第3章 高速公路几何设计 (30)
3.1 几何设计依据 (30)
3.2 平面设计 (39)
3.3 纵断面设计 (59)
3.4 横断面设计 (79)

第4章 高速公路路基路面一体化设计 (95)
4.1 传统路基路面设计 (95)
4.2 路基路面一体化设计 (101)

第5章 高速公路交通工程与沿线设施设计 (108)
5.1 高速公路交通工程及沿线设施的总体设计 (108)
5.2 高速公路交通安全设施设计 (110)
5.3 高速公路服务设施设计 (124)
5.4 高速公路管理设施设计 (131)

第6章 高速公路设计实践——以林州至长治高速公路为例 (141)
6.1 概况 (141)
6.2 路线设计 (144)
6.3 路基、路面设计 (152)

第7章 高速公路施工组织设计 (169)
7.1 施工组织设计概述 (169)

7.2 施工组织设计的阶段与内容 …………………………………… (174)
7.3 原始资料的调查与分析 ………………………………………… (178)
7.4 施工组织的基本方法 …………………………………………… (181)
7.5 机械化施工组织 ………………………………………………… (183)

第 8 章 高速公路路基施工 ………………………………………… (190)

8.1 一般路基施工 …………………………………………………… (190)
8.2 特殊路基施工 …………………………………………………… (203)
8.3 排水工程 ………………………………………………………… (217)
8.4 防护与支挡工程 ………………………………………………… (221)
8.5 太原东二环路基工程施工实践案例 …………………………… (235)
8.6 西宝改扩建 B-C19 标段路基工程施工实践案例 ……………… (243)

第 9 章 高速公路路面施工 ………………………………………… (255)

9.1 路面基层(底基层)施工 ………………………………………… (255)
9.2 沥青混凝土路面施工 …………………………………………… (278)
9.3 水泥混凝土路面施工 …………………………………………… (302)

第 10 章 高速公路交通安全设施施工 …………………………… (314)

10.1 交通标志与标线施工 …………………………………………… (314)
10.2 护栏施工 ………………………………………………………… (319)
10.3 隔离、防眩和视线诱导设施施工 ……………………………… (335)

参考文献 ……………………………………………………………… (340)

后记 …………………………………………………………………… (343)

第 1 章 绪 论

1.1 高速公路的定义及特点

1.1.1 高速公路的定义

高速公路属于高等级公路。根据中国《公路工程技术标准》(JTG B01—2014)的规定:高速公路为专供汽车分方向、分车道行驶,全程控制出入的多车道公路。高速公路的年平均日设计交通量宜在15000辆小客车以上,设计速度为80～120 km/h。

高速公路作为供机动车高速、安全、顺畅通行的新型现代化公路,世界各国没有完全统一的标准,各自的命名也不相同。比如美国、加拿大、澳大利亚将高速公路称为 freeway,德国称之为 autobahn,法国称之为 autoroute,英国称之为 motorway。尽管这些国家对高速公路的命名不同,但都是专指有四个以上车道、双向分隔行驶、完全控制出入口、全部采用立体交叉的公路。此外,有少数国家将部分控制出入口、非全部采用立体交叉的直达干线也称为高速公路。国际道路联盟(International Road Federation,IRF)在历年的统计报告中,把直达干线也列入高速公路的范畴。

1.1.2 高速公路的特点

高速公路是专供汽车分向、分道高速行驶并全程控制出入的干线公路,是为直达、快速运输服务的汽车专用公路,与普通公路相比,有以下特征和特点。

(1)高速公路车辆行驶速度快。高速公路无平面交叉路口,且有中央分隔带,车辆能各行其道、分向行驶,存在快速行驶的基础条件。进入高速公路的机动车辆车速不得低于 60 km/h,否则与其他车辆有较大速度差距,存在较大安全隐患,容易引发交通事故。严格的管控措施使得车辆行驶过程中干扰性大大降低,减少了不必要的减速、加速甚至是停车,提升了高速公路的通行能力。这是高速公路与普通公路最明显的区别。

（2）高速公路实行分隔行驶措施。中央分隔带在高速公路设施中占据重要位置，设立中央分隔带是为了分离双向行驶的车辆，使其互不干扰，大大提升了高速公路行驶安全性以及道路通行能力。同时，为保障通行顺畅，高速公路同向车道内划分了快车道与慢车道，不同车速的车辆各行其道，互不干扰，减少超车的次数，大大提升了高速公路使用效能。此外，通过在高速公路中设置爬坡车道等，在特殊路段分离部分特殊车辆，也降低了车辆行驶过程中的干扰性。

（3）严格控制出入，实行全"封闭"。对进出高速公路的车辆加以严格控制，禁止非机动车和行人上路。车辆出入控制方法是在交叉口处设置立体交叉，使相交车流在空间上分离，通过立交的进出口来控制车辆出入。高速公路沿线还设置有高路堤、高架桥、护栏、分隔网等"封闭"措施，使汽车与非机动车和行人分离。通过控制和"封闭"，减少行车的侧向干扰，以保证车辆的安全。

（4）高速公路有着完善的交通设施与附属设施。高速公路建立了综合交通服务设施，例如高速公路服务区提供加油、停车及休息等服务；紧急求助电话等通信设施方便在隧道或其他无信号区域遇到紧急情况时求助；交通指示灯、警示交通标识等在夜间、大雾等能见度差的情况下起到反光或辅助发光作用，有效地指引和警示驾驶员；防撞护栏的设置极大地保障了驾乘人员生命安全。高速公路沿线还安装了大量交通技术监控设备，能够实时监测路面情况，及时反馈高速公路异常事件，发现交通安全隐患，强化了事故预警及应急处置机制，大大减少了交通事故的发生。

（5）采用较高的技术标准，设计合理，行车舒适安全，交通事故少。高速公路设计、施工以及后期管理都采用了较高的技术标准。由于高速公路路基、路面、桥梁、涵洞及相关设施采用较高技术标准设计和施工，因而投资较大。高速公路在线形选择上也有独特的要求，既要避免长直线形的路段，又要防止转弯半径过小而影响安全；一般采用大半径曲线形，根据地形以圆曲线或缓和曲线为主，既增加了线路的美观性，又有利于保证行车的舒适和安全。高速公路路面及线形设计科学、合理，平、纵面曲线协调完美，视觉效果良好，安全管理、服务设施完善，汽车运行条件十分优越。

1.2　高速公路基本建设程序

高速公路建设有着严密的程序、步骤，细致的分工和广泛的外部协作关系，一条高速公路从计划建设到交付使用,要经过许多阶段和环节。这些阶段和环节有机地联系在一起,相互衔接,循序渐进,不能超越,也不能省略。高速公路建设一般要经过立项、设计、审批初步设计及概算、征地拆迁、招标投标、组织施工、竣工验收、交付使用等阶段。其主要程序如图1.1所示。

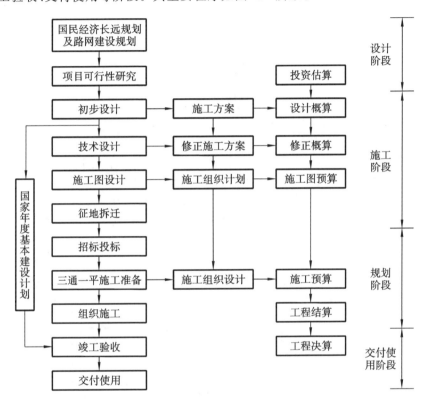

图 1.1 高速公路建设主要程序图

1.2.1 项目前期阶段的工作

项目前期阶段工作的主要内容是根据可行性研究编制设计任务书(亦称计划任务书或设计计划任务书)以及对项目进行设计和编制概算。

1. 可行性研究与设计任务书的编制

可行性研究是在高速公路建设项目决策之前,对建设项目和与项目有关的各项主要问题进行比较细致的调查分析,然后提出多种方案,从技术、经济、物资、设备等不同方面对各方案进行准确的计算比较,在分析、研究、比较的基础上选出最佳方案,提出可行性研究报告。可行性研究是建设项目决策的基础和依据,是科学地进行建设,加快工程进度,缩短工期,提高工程效益的重要手段。

发达国家很重视公路建设的可行性研究,并把可行性研究作为公路建设工程的首要环节。可行性研究的程序和内容如图1.2所示。

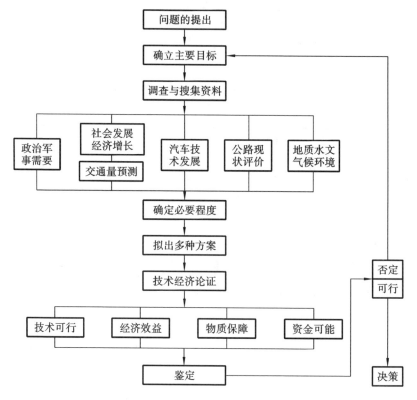

图1.2 可行性研究的程序和内容

完成了可行性研究后,即可根据可行性研究报告编制设计任务书。设计任务书是确定基本建设项目、编制设计文件的主要依据,由公路建设管理部门会同勘测、设计单位编制,经交通主管部门批准后报计划部门审批。高速公路工程设计任务书的内容一般包括:①建设目的和依据;②建设规模,包括路线、桥梁长度、起止及主要控制点;③建设标准,如线路等级、路面等级、桥梁等级等;④要求达到的技术水平和经济效益,如建成后的通行能力、载重标准、结构形式、微观和宏观经济效益等,若是改建工程,还应说明对原有公路如何利用;⑤水文、地质、材料、燃料、动力、运输等协作条件;⑥需占用的土地;⑦环保要求;⑧防震要求;⑨建设工期;⑩控制投资数量及投资来源。

高速公路建设项目一般由中华人民共和国交通运输部(下文简称"交通运输部")或中华人民共和国国家发展和改革委员会(下文简称"国家发改委")提出审查意见,报国家发改委或国务院审批。引用外资的项目,以可行性报告代替设计任务书。

2. 设计和编制概算

设计是从技术上和经济上对建设工程的全面规划,是具体指导工程建设的蓝图。在设计任务书批准后,即可委托设计单位进行设计。

高速公路项目一般为重大项目,应采用三阶段设计。

首先是初步设计,即根据批准的设计任务书的要求,对建设项目进行概略的计算,并做出初步的规定。初步设计要求就总体布局、技术结构、工程造价等做出基本技术决定和经济估计,是指导工程建设的初步蓝图。其内容包括设计指导思想和依据、线形或桥梁结构方案、总体布置、主要辅助设施、占地面积和征地数量、建设工期、主要技术经济指标、施工组织设计、总概算等的设计图表和文字说明。

初步设计批准后,即可要求列入年度基本建设计划,接着进行技术设计。技术设计是根据更详细的调查研究资料,将批准的初步设计中的有关技术、经济的各项设计方案和技术决定进一步具体化,提出较为详细的技术方案和拟采取的施工工艺过程,校正材料、设备和劳力的需要量,核实各项技术经济指标,并修正施工组织设计和总概算。

最后进行施工图设计,是根据批准的初步设计、技术设计来设计和绘制作为施工直接依据的图纸和报表,分为施工总图和施工详图两部分。施工总图表明线路的走向及桥梁、涵洞等各种构筑物的布置、配合等。施工详图表明线路的纵断面、横断面、交叉口、桥梁和涵洞的上下部详细结构,以及其他各种附属设施和配件、构件的尺寸、连接、断面图和明细表等。采用新技术施工时,还应进行工艺过程设计,并经过试验,把设计建立在先进、稳妥、可行的基础上。

工程概预算是表明建设工程全部建设费用的文件,是设计文件的一个重要组成部分,交通主管部门根据批准的概预算编报基本建设计划,银行根据概预算控制工程拨款,不仅对于精确地确定投资计划、控制建设费用、加强用款监督、进行财务结算有重要的作用,而且对于促进建设单位合理使用人力、财力、物力,改善经营管理,降低经营成本,提高工程效益有重要的作用。其主要内容包括总概预算、分项概预算、其他工程和费用概算。工程概预算由设计单位编制。

1.2.2 项目中、后期阶段的工作

项目中、后期阶段的主要工作有把项目列入年度基本建设计划、征地拆迁、招标投标、组织施工、竣工验收及交付使用等内容。

1. 列入年度基本建设计划

建设项目必须有经过批准的初步设计和总概算,并经过计划部门综合平衡,在资金、材料和施工力量有保证的情况下,才能列入年度基本建设计划。年度基本建设计划是确定年度基本建设任务、安排年度基本建设拨款的依据。

2. 征地拆迁

在初步设计批准后,就可以在工程项目经过的市(地)、县(区)组建征地拆迁协调机构,负责所辖区内的征地拆迁、安置补偿、施工协调等工作,确保工程顺利进行;应按照国家和地方颁布的有关法律规范,制定出适合本工程项目的征地拆迁标准和实施办法,报工程项目经过的市(地)、县(区)的上一级政府部门批准后执行。这样可以统一标准、规范行为、节约投资,并且可操作性强,利于开展工作。

3. 招标投标

根据《中华人民共和国招标投标法》,高速公路项目建设应该实行招投标。高速公路项目建设招投标的依据有《中华人民共和国招标投标法》《中华人民共和国招标投标法实施条例》《公路工程建设项目招标投标管理办法》《公路工程标准施工招标文件(2018年版)》《公路工程标准施工招标资格预审文件(2018年版)》等。招投标活动应遵循公开、公平、公正和诚实信用的原则。招投标分为公开招标和邀请招标两种方式。招标的一般程序为资格预审、发售招标文件、现场考察和标前会议、投标、开标、评标、发出中标通知书、签订合同。

4. 组织施工

工程列入年度计划后,即可开始招标,并由中标单位开始施工准备。开工要有开工报告,施工一定要严格执行高速公路施工规范,科学地进行施工管理,大力推广应用新技术、新工艺,并自觉接受监理单位的监理。按照与业主单位签订的承包合同,确保工程质量,不留隐患,确保工程进度,不拖工期,确保工程费用

不超概、预算。做好施工记录,建立技术档案。

5. 竣工验收,交付使用

高速公路工程按设计文件、图纸和变更设计规定的内容完成,在交付使用前,要进行验收。竣工验收是全面考核高速公路工程验收成果、检验工程质量的重要环节,对于确保工程质量、及时交付使用、发挥投资效益、总结经验教训、提高施工水平有着重要的作用。竣工决算是计算工程施工实际耗费的全部费用。通过决算,可以分析概算的执行情况,考核资金的使用效果,对工程项目的后评价具有重要的意义。

高速公路的建设程序是一个完整的复杂过程,其过程中的每个环节都非常重要,对高速公路的建设具有重要的意义。高速公路建设涉及面广,既有地质、气候、水文等自然条件的严格限制,又有资源供应、技术水平等物质技术条件的影响,还需要内外各个环节的协作配合。因此,建立科学的高速公路建设程序非常重要,它能指导高速公路建设工作有计划、按步骤地进行,是高速公路建设管理的核心内容。同时,要想完成一项高速公路建设工程,也必须按照一定的程序,依次进行各个方面的工作,才能达到预期的效果,否则就会造成严重的经济损失或给工程带来无法弥补的缺陷。

1.3 高速公路建设的重要性

1.3.1 公路交通的地位和作用

1. 公路交通在综合运输体系中的地位和作用

公路交通在技术经济特性方面的优势如下:机动灵活,在"个性化"服务方面具有较大的优势;服务面广,可承担其他运输方式的集疏运服务;直达性好,在途中周转、停滞时间少,可充分利用运输时间;在基础设施条件较好时运输速度快,具有较好的时效性,适宜于紧急货物和高附加值产品的直达运输;公路运输企业固定资产投入相对较低,是适合于采取市场化经营的运输方式。公路交通的这些特性无疑适合于现代社会经济发展的需要。尤其是随着高速公路网的不断发展和完善,公路交通的技术经济特征已经突破了传统优势领域,公路交通逐渐成为城市间和区域间运输通道的重要组成部分。在新的运输需求不断增长的情况下,公路交通在区域间的交流和合作中发挥着越来越重要的作用。

高速公路的出现与发展,大幅度扩大了公路交通的经济运距和服务范围。20世纪30年代以来,汽车工业的大规模发展使公路交通在世界普及。公路交通的发展促进了高等级公路的建设,以高速公路为主体的公路干线网的形成使公路交通成为适应现代产业结构发展需要的主要运输方式,也是构建现代综合运输体系的主要运输方式之一。公路交通的技术进步,既促进了不同运输方式在各自适应的服务范围和领域内的分工协作,也是其他运输方式得以充分发挥优势的重要条件。交通运输从而进入了多元化发展的时代。

2. 公路交通在经济社会发展中的地位和作用

在现代社会,公路交通与经济社会发展和人民群众生产生活的关系十分密切,其重要性、基础性地位更加突出。随着经济社会的不断发展,公路交通不仅是人们出行的首要选择,而且其在经济社会发展中的地位日益增强,作用也愈加明显,主要体现在以下方面。

①经济社会发展对公路交通的依赖性日益增强。

②公路交通对构建和谐社会和建设社会主义新农村起到了极大的推动作用。

③公路交通对建设资源节约型和环境友好型社会有重大影响。

④发展高速公路有利于提高国家竞争力,对促进经济社会发展可以起到巨大的推动和促进作用。

高速公路已经成为各国交通运输系统的主动脉。人们在评价美国州际公路的作用时指出:它改变了美国的面貌,对美国经济的影响不可估量——为制造业和工程行业提供就业机会,乡村更加开放。发达国家的实践证明,高速公路的建设与发展能够有效地促进国民经济的增长,推动国土资源均衡开发,加快城市化进程,提高人民生活质量和水平,并在汽车等相关产业的发展、增加就业等方面发挥重要作用。

1.3.2　我国高速公路建设现状

我国对交通基础设施的大规模投资可以追溯到20世纪90年代,其中高速公路建设取得了卓越成就。我国高速公路正处于快速发展的新阶段,其建设推动了人口、产业和技术等要素的聚集,吸引了众多企业进行跨区域投资,对区域经济增长起到了重要作用。可以毫不夸张地说,交通基础设施的改善是区域一体化发展的必备条件。政府不断加大高速公路建设力度,降低客货运输成本,加强区域间经济贸易合作,有效促进人才、技术等生产要素的流动和集聚,推动区域经济实现一体化发展。

1988年我国第一条高速公路建成通车,到2013年,全国高速公路通车总里程已达10.4万公里,超过了美国,成为世界第一。如今,我国区域间的高速公路网络不断完善。2024年2月28日,交通运输部部长公开的数据显示,截至2023年末,公路达544.1万公里,其中高速公路达18.4万公里,2023年新建改扩建高速公路7000公里;高速公路里程占公路总里程的比重为3.38%,呈现持续上升的趋势。这表明高速公路仍然是当前社会的主要交通方式,尤其随着我国城乡人口流动加速和城市人口迅速增长,居民对高速公路的需求不断增加。因此,我们需要进一步完善高速公路网络,以满足人们日益增长的出行需求。

1.3.3 发展高速公路的国民经济效益

1. 高速公路促进交通运输业的发展

与一般公路相比,高速公路具有行车速度快、行车时间短、通行能力强、交通事故少、运输成本低、运输质量高的特点,因而对运输业产生巨大影响。

(1)改善交通运输结构。高速公路的出现使汽车运输的经济运距大幅度增加,充分发挥灵活机动、"门到门"的运输优势,为体积小、附加值高、时间性强的货物提供安全、快速、直达的运输服务。高速公路长距离、远辐射的运输优势进一步使各种不同运输方式在更高水平上紧密衔接并展开竞争,实现相互促进,从而提高运输水平。

(2)强化综合运输通道。高速公路对综合运输体系的影响,突出表现在完善和加强了综合运输通道。作为高技术、高标准的现代化交通基础设施,高速公路从根本上摆脱了以往公路运输在综合运输体系中的附属地位,在高起点上与其他方式相匹配,共同组成更强大的综合运输通道。与其他运输方式比较,高速公路在综合运输通道中具有更大的作用。

2. 高速公路促进国民经济现代化

从世界各发达国家的经济发展经验可以看出,在经济快速发展的前期,都存在高速公路超前发展这一规律。高速公路等基础设施的超前发展,提供了良好的交通条件,对经济的发展起到了极其重要的铺垫作用,使经济快速发展走上良性循环。一般来说,高速公路建设对所在地区的经济结构、产业结构、产品结构、人口结构等都产生了很大的影响。完善的高速公路交通设施必然带来频繁的商业交流和人员流动,经济结构由初期规模较小、结构较稳定逐步向规模效益化、结构变化较快的方向发展。从西方发达国家的经济发展历程可以看出,经济发展和工业化进程的快慢,一方面取决于社会分工与协作的程度和科学技术发展水平,另一方面取决于交通运输业及高速公路的发展速度和规模。当这两个条件比较成熟时,该国经济发展就会逐步走上国民经济现代化的轨道。国民经济现代化是生产力发展的必然产物。一般而言,国民经济现代化体现为基础设施现代化、生产力布局合理化、人口城市化和管理现代化。

3. 高速公路促进区域经济发展

高速公路的建设,使区域经济在若干"点"上形成区位优势,吸引资金、技术、劳动力等生产要素向这些点位聚集,并逐步向周围扩散,即形成"点—圈"效益;同时,以高速公路为轴线向两侧延伸一定范围,即产业带经济也得到充分发展,形成"轴—带"效益。具体表现在以下方面。

(1)沿线产值的变化:从纵向看,高速公路通车后,沿线发展速度比通车前明显加快;从横向看,沿线经济发展速度和产值明显高于周边地区。

(2)外向型经济的崛起:由于高速公路进一步沟通了沿线与城市中心、工业中心、交通枢纽的联系,改善了投资环境,因而大大增强了对外商投资的吸引力,使区域的外向型经济快速发展,表现为外资企业数量、规模的增加及投资资金总额的大幅度提高。

(3)产业结构调整:随着高速公路的修建、经济的发展和人均国民收入的提高,劳动力将逐渐由第一产业转向第二产业,随后向第三产业转移;从国民经济各产业部门对生产要素的需要程度或生产要素的密集程度而言,劳动密集型产业逐步向资金、技术密集型产业发展。

(4)沿线中小城镇的发展:高速公路提高了沿线地区农村城镇化的发展水平,非农业人口比重逐步上升。

(5)沿线土地的升值:由于交通和地理位置的改变,土地大幅度升值,同时建立高新技术产业开发区、进行房产投资等因素推动了土地的利用和升值。

(6)城市化进程加快:高速公路的出现,必然促进区域间的人、物、信息的相互交流,其结果必然是加快城市化和城乡一体化的进程。

(7)经济空间结构合理化。高速公路对区域经济空间的促进作用一般表现为,当其与社会经济客体达到最佳空间吻合时,就能最大限度地发挥高速公路的区域经济组织作用,促进区域经济的发展。一般而言,当两城市间修建某条高速公路时,由于高速公路促进人流和物流,以位于公路两个端点的城市为中心的城市经济空间必然得以迅速发展,即产生"点—圈"经济空间结构模式。同时,在高速公路两侧,由于受高速公路的影响,物资、信息流动速度加快,必然形成带状的经济发展区域(即高速公路产业带),产生"点—轴"经济空间结构模式。

4. 高速公路促进沿线产业带的发展

高速公路对其沿线产业带的发展起着极大的促进作用,具体表现在以下方面。

(1)加快沿线工业的发展,尤其是促进高速公路沿线以高新科技为主的资金技术密集型产业的发展,同时促进沿线乡镇企业加快发展步伐,成为新的经济增长点。

(2)促进沿线农业的发展,高速公路缩短农产品储运时间,保证农用物资及时调入,加速农业信息交流,有助于农业生产结构的调整,进行规模化经营和集约化生产。

(3)促进沿线商业的繁荣,由于高速公路缩短产地、销地时空距离,减少周转、交换时间,降低成本,因而大大推动了商业的发展。

(4)加快旅游业的开发,高速公路提供的便利交通条件为旅游业的开发打下了坚实的基础。

5. 高速公路提高紧急救援、国防后勤保障能力

2008年"5·12"汶川地震、2013年"4·20"雅安地震等灾害救援中,高速公路在抢救生命、物资运输等方面起到了至关重要的作用。

另外,国防建设离不开现代化的交通运输系统。现代化公路网络特别是高速公路的建设会极大地提高军队快速反应和军需供给能力,为保障国家安全提供有力支撑。

第 2 章 高速公路的规划与勘测设计

2.1 高速公路的规划

2.1.1 高速公路规划的主要内容

1. 公路网现状分析与评价

对高速公路规划涉及区域的自然地理条件和特征、社会经济发展水平、综合交通运输格局做出宏观系统分析，特别是对公路网的等级、交通现状、建设与管理状况，应进行详细调查和剖析，并做出评价。其目的在于发现公路交通存在的主要问题和找出解决问题的有效途径，并为高速公路规划提供重要依据。从道路的地位和作用看，发展建设区域公路网的作用有两方面：一是保证有效连通，促进区域经济发展；二是满足交通需求，提高运输效益。区域内高速公路主骨架形成后，对其在区域经济发展中所起的巨大促进作用应特别做出评价。

2. 社会经济发展趋势预测

对规划区域内自然资源及生产力布局、城镇及人口分布、产业结构与经济发展水平进行充分调查与综合分析，运用多种方法对社会经济发展总趋势和新特点做出科学预测，指出在规划期内公路运输将面临的新形势和客、货流状况，并明确因此而可能产生的新变化和新特点。

3. 公路交通量预测

在区域社会经济发展趋势分析和预测基础上，研究综合运输与社会经济发展之间的关系。依据历史资料，采用多种方法建立不同的数学模型，对规划区域内的综合运输量、客运量和流向及公路运输工具等一一做出预测，其中尤以公路运输为重点。根据未来公路客、货流量和流向分布特点，结合公路交通量的构成情况,对规划期公路交通量按不同线路进行分配,进行未来公路网流量的预测。

4. 高速公路布局优化

根据社会经济发展实际,紧密结合生产力布局、城镇分布及公路网现状特点,依据一定原理,对高速公路路线、重要控制点等做出多种布局方案,通过比较,从中选优。

5. 高速公路规划分期实施

在高速公路布局优化的基础上,根据规划期内建设资金、路网交通流量分布及路线地位、功能、作用等条件,对布局规划优化方案中的各条路线、路段做出建设序列安排。

6. 实施高速公路规划的对策与措施

针对高速公路规划实施过程中面临的资金、技术、材料等重要问题,应在前期的可行性研究工作中进行详细的研究和论证。同时,对高速公路规划实施的管理体制应提出基本对策与措施。

7. 高速公路的综合评价

高速公路的综合评价主要包括技术评价、经济评价、社会发展影响评价、国防安全评价、环境影响评价等。通过全面分析高速公路规划实施可能产生的各种影响(正面或负面),对高速公路规划方案做出综合性评价。

8. 跟踪调查

高速公路规划实施周期长,在这期间,经济发展速度、生产力布局、投资结构常常发生变化,导致运输结构和公路交通需求与预期不符,致使路网结构规模及路线等级对运输需求的适用性发生变化。此时,应分情况处理,对所做规划进行全网、区域、局部或个别路线、路段的调整,以便充分利用有限资源,使运输供给最大限度地满足运输需求。

2.1.2　高速公路规划的基本原则与主要依据

1. 高速公路规划的基本原则

高速公路规划涉及社会经济、交通运输、工程技术、预测方法、优化理论等多方面的知识，其本身又是一项复杂的系统工程。因此，要制定一个科学、合理、可行的高速公路规划，必须遵循规划先行于社会经济发展原则、系统协调与长远发展原则、工程经济性原则、环境保护原则等基本原则。

2. 高速公路规划的主要依据

1）国家政策法规

高速公路是国家基础设施体系的重要组成部分，其规划与建设对促进社会经济发展具有重要意义。高速公路规划应该遵守《中华人民共和国土地管理法》《中华人民共和国城市规划法》《中华人民共和国环境保护法》《中华人民共和国文物保护法》等有关法律及政策规定。

2）社会经济发展与综合交通运输规划

交通需求是社会经济发展的派生需求。高速公路规划与建设是区域社会经济发展的基础，又受到其发展水平的制约。因此，制定高速公路规划要以区域社会经济发展规划、国土规划、综合交通运输规划为依据。

3）公路建设工作的有关技术标准和规定

高速公路规划是区域公路网规划的重要组成部分，因此，其编制程序应遵循《公路网规划编制办法》（交规划发〔2010〕112号）的基本要求。在具体工作过程中，还应依据和参考《公路建设项目经济评价方法与参数》《公路工程技术标准》（JTG B01—2014）等行业技术规范。

2.1.3　高速公路规划的基本原理与方法

高速公路网作为具有复杂系统特性的区域公路网的重要组成部分，其规划研究必须以系统分析原理为基础，即通过定量分析系统诸元素之间、系统与环境因素之间的相互关系，以系统功能及综合效益为目标，运用多种数学分析方法对系统进行整体优化。

高速公路规划自制定规划目标开始,从区域公路交通现状分析入手,根据社会经济发展趋势和公路交通需求预测,确定合理的发展规模,进行公路网设计和建设序列安排,并对规划方案进行综合评价。整个规划过程环环相扣、紧密相连。因此,在规划全过程中,无论进行哪一阶段工作都应有全局观念。高速公路规划过程及阶段划分如图 2.1 所示。

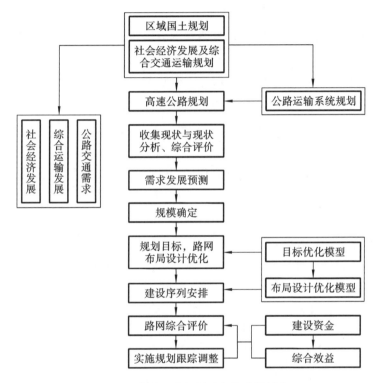

图 2.1　高速公路规划过程及阶段划分

随着时代的发展,特别是高速度、大吨位、多功能汽车的出现以及公路运输量的大幅提升,社会对现代化公路的需求日益突出。因此,用最新科学技术装备起来的高速公路应时而生。

目前,世界上一些工业发达的国家用了半个多世纪的时间,花费了大量的资金,已建成以高速公路和干线公路为骨架的脉络相通、四通八达的现代化公路网。欧洲各国的高速公路不仅构成了本国公路网的骨架,而且有逐步将各国主要高速公路连接起来组成国际交通干道的趋势。实践证明,高速公路的功能是一般公路所不能代替的,其经济效益、社会效益非常显著。高速公路建成后的事实表明,它不仅吸引并担负起庞大的客货运输,加快了行程,降低了燃耗,减少了

事故，促进了经济繁荣与社会进步，而且建设投资在短期内就能获得回报。依据我国情况，有必要积极稳妥地发展高速公路。现阶段，可以在全面规划的基础上，根据地区经济发展以及公路运输状况，拟定一个本地区或区域间的高速公路发展规划，根据财力、物力情况，分轻重缓急，在有条件的地区先行一步，以缓解交通压力，然后逐步延伸成线，连线成网，连网成面，不断扩大完善交通体系，进而实现以高速公路为骨架的现代化公路网。

与一般道路网规划类似，高速公路规划方法也有四阶段法及总量控制法两大体系。四阶段法以定量分析为主，通过 OD（origin-destination，交通起止点）调查获得现在的客货流量流向，采用有关模型进行趋势外推，预测未来的客货流分布及不同运输方式分担比例，采用不同的流量分配方法对路段交通量进行分配预测，最后建立不同的目标函数，对高速公路的规划方案进行设计和优选，并做出建设序列安排。因在交通量预测中采用了出行生成、出行分布、交通方式划分及交通量分配四个步骤，所以称为四阶段法。总量控制法从区域交通总需求出发，以布局优化为重点，采用优化模型确定公路网规模及各等级公路里程的比重，通过分析区域内节点分布和社会经济发展的总需求，用网络理论的"最优树"原理，并根据其功能、地位和作用确定路网布局。在此基础上，配置线路的技术等级，根据建设紧迫度提出建设时序。该方法主要解决下述问题：对公路网现状的分析和评价，公路网与区域未来经济发展的适应性，公路网与其他运输方式的有机结合，公路网建设的合理规模，公路网的合理布局，公路网的建设序列，公路网规划方案的综合评价，公路网建设资金的筹措。

2.2　公路建设项目可行性研究

2.2.1　可行性研究的介绍

可行性研究是近年来国际上新兴的一门从技术经济学领域发展起来的综合性学科，它广泛应用于各行各业项目规划和重要建设项目。就公路建设工程而言，所谓可行性研究，就是对某项工程有没有实现的可能性和必要性进行分析论证。它属于基本建设前期工作的重要内容，是基本建设程序的重要组成部分，其任务是对新建或改扩建项目的需要情况、资源条件、工程规模和标准、地区经济发展及近远期交通要求等方面，从技术和经济两方面开展全面的调查研究以及必要的勘探测量等工作。通过综合论证分析,对项目建成后可能取得的经济效益进行预测,正确评价建设项目的技术可行性和经济合理性,从而提出是否值得投资和怎样建设的意见;为落实长远计划,确定拟建工程项目,编制和审批设计任务书提供科学依据,供领导机关决策。为适应我国经济建设新局面的需要,改进建设项目的管理,做好建设前期工作的研究,避免和减少决策上的失误,提高建设投资的综合效益,交通运输部颁发了《公路建设项目可行性研究报告编制办法》(交规划发〔2010〕178号)。

1. 可行性研究的概念

可行性研究是建设项目投资决策前期的技术经济论证工作,它为拟建项目提供是否可以建设、怎样建设、何时建设的依据。其主要任务是:通过调查研究、方案比选,综合论证拟建项目在技术上是否先进、适用、可靠,在经济上是否合理,在财务上是否盈利。可行性研究一般要回答以下几个问题:第一,为什么要建设这个项目;第二,资源及市场需求情况如何,项目规模多大比较合适;第三,项目地点选在哪里最佳;第四,该项目建设采用什么技术方案,有什么特点;第五,与该项目建设配套的外部条件如何;第六,项目总建设时间多长,需要多少投资资金;第七,该项目所需的资金如何筹措,能否落实;第八,项目建设后,其经济效益和社会效果如何。可行性研究是保证建设项目以最小的消耗取得最佳经济效果的手段,是基本建设程序的关键环节。我国政府规定:所有新建、扩建的大中型建设项目以及所有利用外资进行的基本建设项目都要编制可行性研究报告。

2. 可行性研究的作用

(1)可行性研究是建设项目投资决策和编制设计任务书的依据。

(2)可行性研究是建设单位向银行申请贷款或筹资的依据。

(3)可行性研究是申请建筑工程施工许可证的依据。

(4)可行性研究是与建设项目有关部门签订合同的依据。

(5)可行性研究是工程设计与工程建设的依据。

(6)可行性研究是环保部门审查建设项目对环境的影响的依据。

3. 可行性研究的内容

可行性研究的主要内容可综合为以下几方面。

(1)市场情况的研究,即研究项目的产品在市场上有没有销路,产品的价格是否有利可图,从而拟定项目的发展方向、建设规模和产品方案。

(2)工程条件的研究,研究对象包括资源储量、各种原料来源、建厂地址的选择以及气象、水文、地质、自然条件、交通运输、水、电、动力资源、建筑材料、协作距离的合理半径、文化生活设施、"三废"处理等,进行综合技术经济比较。

(3)采用工艺技术的研究,即研究项目应该采取何种工艺技术和相应设备,才能保证在技术上领先。

(4)对劳动力资源、人员培训、生产和施工组织的研究,确定合理的建设进度和生产系统流程。

(5)资金和成本的研究,包括工程项目造价计算、资金来源及利率、预测成本和利润、计算利润率等。

(6)技术经济效果的研究,对工程项目进行综合评价。

可行性研究通常应该做到:编制一份工程可行性研究报告;提出工程技术问题和解决问题的意见或办法;向决策人提供一份可以接受和理解的资料,作为决策的依据。

可行性研究的主要目的,不仅在于说明拟建项目是否为最佳方案,确定工程的固有价值,预见其效益,而且要讲明拟建项目该不该实施以及实施的最佳时机。这对于合理利用有限的资金具有特别重大的现实意义。

可行性研究报告作为决策者的依据,必须客观地反映实际、正确无误、真实可靠、具有说服力。

2.2.2 可行性研究的阶段划分

根据工作深度和要求的不同,可行性研究大体上可分为三个阶段。

1)机会可行性研究

机会可行性研究是可行性研究的最初阶段,是编制规划的基础,主要研究工程项目的选择,研究拟建项目建设的合理性,用以鉴别投资机会和投资方向。这一阶段主要是依靠和利用初步收集的资料进行概略的估计,而不是详细计算。

2)初步可行性研究

初步可行性研究是编制公路建设规划的基础,是为研究建设规模,编制5年、10年长远发展规划服务的。对于一些较复杂的工程项目,如单靠机会可行性研究还不能决定项目的取舍,就要进行初步可行性研究,通过勘察调研,对工程技术方案的经济效益做出评价。

3) 工程可行性研究

工程可行性研究是确定工程项目可行与否的最后研究阶段,国外亦称最终可行性研究。工程可行性研究对技术、经济数据精确程度的要求较高,是确定近期建设方案、编制设计任务书的基础。

上述三个阶段的研究工作由浅入深,一次比一次深入、细致、精确。各阶段的目的和要求并没有本质上的区别,只是深度不同。

2.2.3 经济效益的分析与评估

经济评估是可行性研究的重要组成部分,从经济意义上讲,就是要确定工程项目从建设开始直到竣工使用的全部费用支出和投产后所获得的效益。经济评估一般通过成本效益的分析对比,用经济评估指数来定量评价工程项目效益的大小、方案的好坏,以此来确定工程项目的取舍,为决策提供依据。

1. 经济评估内容

主要从工程成本和效益对比来判断,首先要明确成本与效益的内涵。

1) 成本计算

①工程费用,包括工程的建设费用、养护费用和大修费用。

②安全和环保费用,即用于交通设施和环境保护的费用。

③偿还利息费用。若工程利用贷款修建,应把贷款利息计入成本。

④残值。工程使用寿命结束时公路投资的残存价值,包括土地的征购赔偿费、路基和折旧后的桥涵部分造价等。残值是一个负的成本值,相当于公路使用寿命结束后还能从工程本身获得的价值效益,它也可计入效益计算之中。

2) 效益计算

①直接效益,是指工程建设前后道路使用者在使用期内所支付的费用节约。

运输费用节约:由提高路线等级、缩短里程、改善路面状况和交通条件而引起的运输费用节约。

时间费用节约:由车速提高、减少途中阻车、运行时间缩短而引起车辆、旅客、货物加速周转的时间节约所产生的费用节约。

事故费用节约:由道路设施改善、事故率降低而引起的费用节约。

车辆机件磨损费用节约:路况和交通条件改善,使得车辆机件和轮胎磨损减少，使用寿命延长，以此得到的费用节约。

②间接效益。这一部分效益是客观存在的，如公路建成后促进道路影响范围内工农业生产的开发与发展，方便人民生活，提高文化素质和国民收入，改善社会环境和土地增值等所产生的效益均可列入间接效益范围。其中，有的可以通过测算进行定量分析，有的则不容易或难以用精确的数字来显示，只能定性地加以论证。

有的国家在经济效益分析中，除将上述效益作为正值计入外，还考虑从中扣除由公路建设带来的某些不利因素，即所谓"负效益"。例如，公路分割耕地或占用耕地而造成的农作物减产以及自然景观、文化古迹等遭受损坏而带来的经济损失等。

2. 经济评估方法

目前，常用的经济评估方法有四种，即净现值法、内部收益率法、效益成本比较法、投资回收期法等。无论哪一种评估方法，都是以现值为基础进行动态评估的。所谓动态评估，就是在经济分析中考虑现金"折现"问题。所谓"折现"，就是将未来（或过去的）的货币价值折成"现在"的货币价值，即将逐年投入的成本和收益统统折现为某一计算年份的货币价值，然后以共同的基础来进行收益和成本分析，计算经济评估指数。例如，以 2000 年为基年，将 2001 年、2002 年及以后的费用、效益按一定的折现系数折算到 2000 年。公路建设项目折现基年是项目开工的前一年。折现反映了货币的时间价值。

动态分析远比静态分析科学，且接近于实际。折现计算公式见式(2.1)。

$$C = \frac{C_n}{(1+i)^n} \tag{2.1}$$

式中：C 为折成计算年的货币"现值"；n 为距计算年份的年数；C_n 为对应于 n 年的货币价值；i 为折现率（在道路使用寿命期内，通常假定为常数）。

1) 净现值法

净现值法就是将建设期和使用期内逐年的效益和成本分别按某一资金利润率折现，可得各年的效益和成本的折现值，二者相减即得各年的净现值，将各年的净现值求和即得总的净现值。当净现值为正值时，说明该方案效益大于成本，其值不仅可以满足资金利润率要求，还有剩余。在多方案比较时，净现值越大的方案说明其经济效益越好，应优先考虑。其计算公式见式(2.2)。

$$\text{NPV} = \sum_{t=1}^{n}(B_t - C_t) \times P_t \qquad (2.2)$$

式中：NPV 为净现值（万元）；B_t 为第 t 年的效益金额（万元）；C_t 为第 t 年的费用金额（万元）；P_t 为按社会折现率计算的第 t 年折现系数；n 为公路项目的计算年限（建设和使用年限）。

2）内部收益率法

内部收益率是指一个工程方案本身每年能达到的利润率。其值为方案逐年成本折现值总和等于逐年收益折现值总和时的折现率，也就是当方案的净现值为零时的折现率。内部收益率越大，方案的经济效益也越大。显然内部收益率应该大于贷款利润率，同时要大于投资利润率。否则，说明工程方案是不可行的。在多方案比较时，应该选取内部收益率最大的方案。

内部收益率是道路在建设和使用年限内，各年净现金流量现值累计等于零时的折现率，其计算公式见式(2.3)。

$$\sum_{t=0}^{n}(B_t - C_t) \times P_t = 0 \qquad (2.3)$$

式中：B_t 为第 t 年的效益金额（万元）；C_t 为第 t 年的费用金额（万元）；P_t 为第 t 年的折现系数（折现率为 i 时）；其余符号意义同前。

内部收益率也可用线性内插法求解，即根据经验假定几种折现率，分别测算出各种假定折现率下的净现值，然后用图解法内插出当净现值为零时的内部收益率。

3）效益成本比较法

效益成本比较法是将建设期和使用期内各年的效益和成本分别按折现率折现，然后将各年的折现效益和折现成本分别求和，最后用总的折现效益除以总的折现成本，求得评估指数效益成本比。若效益成本比大于 1，表明效益大于成本，方案可行；反之，则不可行。效益成本比的比值越大，方案的经济效益也越大。在公路工程中采用此法来评估是适宜的，它反映出每万元的投资费用可获得多少效益，计算公式见式(2.4)。

$$\text{EBCR} = \frac{\sum_{t=0}^{n} B_t P_t}{\sum_{t=0}^{n} C_t P_t} \qquad (2.4)$$

式中:EBCR 为效益成本比,其余符号意义同前。

4)投资回收期法

所谓投资回收期(偿还年限),是指公路建设项目的净效益抵偿全部建设总投资(包括养护与大修费用等)所需的年限。该年限通常从工程投入使用年算起(不计建设期)。投资回收期越短,说明工程效益越显著。回收期可分静态和动态两种。静态回收期不考虑货币时间价值因素,而动态回收期包含时间价值因素,即对投资和效益采用同一折现率折为现值,再计算费用和效益相抵的年限。项目评价通常是计算动态回收期。

如果年效益金额为等额,按静态计算投资回收期的公式如式(2.5)所示。

$$T_j = P/B \tag{2.5}$$

式中:T_j 为按静态计算的投资回收期(年);P 为道路基建总投资额(万元);B 为年效益金额(万元)。

如以 P_1、B_1 及 P_2、B_2 分别代表第一、第二方案的投资费用和运营费用,则有式(2.6)。

$$T_j = = \frac{P_1 - P_2}{B_2 - B_1} \text{ 或 } E = \frac{1}{T_j} = \frac{B_2 - B_1}{P_1 - P_2} \tag{2.6}$$

式中:E 为投资的比较效果系数;其余符号意义同前。

道路工程一般规定 $E>0.12$,即 $T_j<8$ 年符合要求。当 $E=0.12$ 时,$T_j=8.83$ 年,年效益金额为等额。

按动态计算投资回收期的公式见式(2.7)。

$$T_d = = \frac{\lg\left(1-\dfrac{P}{B}\right)}{\lg(1+i)} \tag{2.7}$$

式中:T_d 为按动态计算的投资回收期(年);P 为换算为道路投入使用年的道路基建总投资额(万元);B 为年效益金额(万元);i 为折现率(%)。

年效益金额为不等额时,如果在建设期终了的次年投入使用,开始产生效益,则投资回收期为净现金流量的累计值接近零的年份数减去建设期最后一年的年份数。如果分段建设,分段投入使用,在建设期内产生局部效益者,则以第一段完工产生效益年份数为基准所计算的投资回收期和全线完工产生效益的年份为基准所计算的投资回收期的平均数作为整个道路的投资回收期。

2.3 高速公路的勘测与选线设计

2.3.1 高速公路的勘测

勘测工作是高速公路设计的前期工作，是高速公路建设的一个重要环节。因此，做好深入细致的勘测工作对建设好高速公路具有举足轻重的作用。

高速公路的勘测设计工作一般采用两阶段设计，即根据上级批准的设计任务书要求，先进行初步测量、编制初步设计后，再根据批准的初步设计，组织详细测量，以此编制施工图。通常在勘测前要进行实地视察，虽然实地视察不被视为一个设计阶段，但它是勘测工作前必不可少的重要步骤，对设计任务书内容的拟定以及后期勘测工作的进行有着重要的指导作用。

高速公路路线勘测工作必须贯彻执行党和国家的方针政策，深入调查研究，实事求是，精心勘测，注意技术经济效果，为高速公路设计提供正确、完整的勘测调查资料。

高速公路路线勘测必须根据批准的设计任务书的要求，按《公路勘测规范》(JTG C10—2007)规定分阶段进行相应的勘测工作。根据各阶段设计深度要求不同，路线勘测工作可分为初测与定测两种。

1. 初测

初测的目的是根据批准的设计任务书和可行性研究报告中确定的修建原则和路线基本走向，通过现场对各比选方案的勘测，从中确定采用的路线方案，并搜集编制初步设计文件所需的勘测资料。其任务是进行路线方案的检查落实，实地布设导线，进行高程、地形、桥涵、路线交叉和其他有关构造物的测量、调查和资料收集，并进行现场或纸上定线，选定设计方案及确定各项主要工程的概略数量，编制初步设计文件。

勘测前，应认真研究设计任务书、可行性研究报告和业已收集到的有关资料（包括测量所需的基本资料，如国家三角点、水准点和有关地形图纸等），根据收集到的各种比例尺的实测地形图、航测图和有关航摄像片进行路线方案室内研究。经过初步比选后，组织现场勘测与核查，在核查中应主动与当地政府和有关部门取得密切联系，并结合自然条件、当地经济发展规划以及对公路运输的要求合理安排路线,处理好路线与大中桥桥位、道路交叉等方面的关系。当现场发现可供比较且对批准的路线走向或工程投资有较大影响的新方案时,应进行比选论证,提出推荐意见,报请主管单位审定。

初测内容除常规路线测量和工程地质、水文地质勘探以及筑路材料调查外,应沿导线一定范围内进行路基路面、桥涵、道路交叉等勘测以及补充调查等。

2. 定测

定测应根据批准的初步设计所确定的路线和有关构造物布设方案,结合现场自然条件,通过实地放线和局部路线调整,测定路线线位及有关构造物的准确位置,进行路线详测并补充收集有关设计资料。

定测的主要内容有:①对初步设计方案进行补充勘察,如有方案变化,应及时与有关主管部门联系,并报上级批准;②实地选定路线或实地放线(纸上定线时),进行测角、量距、中线测设、桩志固定等工作;③引设水准点,并进行路线水准测量;④路线横断面测量;⑤测绘或勾绘路线沿线的带状地形图,对于有大型构造物,如大中桥桥位、隧道、大型防护工程、交叉口等工程的地段,应测绘局部大比例地形图;⑥进行桥、涵、隧道的勘测与水文资料的调查;⑦进行路基路面调查;⑧占地、拆迁及预算资料调查;⑨沿线土壤地质调查及筑路材料调查;⑩征询有关部门对路线方案及征地拆迁等方面的意见,并签订必要的协议;⑪检查及整理外业资料,并完成外业期间所规定的内业设计工作。

高速公路线形标准高,测设要求严,定测放线一般应根据与国家三角点联测的平面图,按纸上定线与初测导线的关系进行实地放线,并钉设中线桩的准确桩位。方法是在初测导线上选出置镜点和后视点,取纸上定线某点为测点,根据置镜点号及坐标、后视点号及其方位角和测点桩号坐标,用微型计算机计算出置镜点至测点的方位角及距离,使用红外光电测距仪实地放出所测桩点。为保证测设精度,一般在直线段上不超过 500 m 应增一控制点。

高速公路的线形顺直,交点间距远,平曲线半径大,有的平曲线长达数公里,故中线测量用传统敷设平曲线的方法时,不但劳动强度大,而且不容易闭合。京津塘高速公路在测设中采取了坐标控制并结合偏角法敷设平曲线,方法是用红外光电测距仪先在平曲线上每 200~300 m 设置一控制点,然后用普通经纬仪在控制点上用偏角法敷设平曲线,这种做法可减少累计误差,提高测设精度。

高速公路定测使用的测量仪器及机具,其质量和性能应满足规定要求,测量成果必须符合《公路勘测规范》(JTG C10—2007)有关精度规定。

2.3.2 高速公路选线设计

1. 高速公路选线原则

高速公路选线的优劣关系到高速公路本身功能的发挥和在路网中能否起到应有的作用。高速公路选线面对的是复杂的社会经济环境和自然条件，需要综合考虑多种因素，妥善处理好各方面的关系，其基本原则如下。

(1) 在高速公路工程设计的各个阶段，要重视并利用各种先进手段对路线方案做深入细致的研究，在多方案论证、比选的基础上，选定最优路线方案。

(2) 路线设计应在保证行车安全、舒适、迅速的前提下，做到工程量小、造价低、营运费用省、效益好，并有利于施工和养护。在工程量增加不大时，应尽量采用较高的技术指标。

(3) 选线应注意同农田基本建设相配合，做到少占地，尽量不占高产田、经济作物田或经济园林(如橡胶园、茶林、果园)。

(4) 通过名胜、风景、古迹地区的高速公路，应注意保护原有自然状态，其人工构造物应与周围环境、景观相协调，处理好重要历史文物遗址。

(5) 选线时，应对工程地质、水文地质进行深入勘测调查，分析它们对高速公路工程的影响，对严重不良地质地段，应慎重对待。一般情况下应设法绕避，当必须穿过时，应选择合适的位置，缩小穿越范围，并采取必要的工程措施。

(6) 选线应重视环境保护，注意减小高速公路修筑、交通运行产生的影响和污染，如：①路线对自然景观与资源可能产生的影响；②占地、拆迁房屋所带来的影响；③路线对城镇布局、行政区划、农业耕作区、水利排灌系统等现有设施造成分割而引起的影响；④噪声对居民造成的影响、汽车尾气对大气造成的影响、水源对农田所造成的影响。

(7) 高速公路选线，可根据通过地区的地形、地物、自然环境等条件，利用高速公路两条车道相互分离的特点，本着因地制宜的原则，合理采用往复车道分隔的形式设线。可以平面线形相同，而纵断面线形分上下线，或每向行车道均单独设计，甚至使行车道分设在河谷两侧或山脊两侧坡上，上下行分隔的布线方法特别适用于山岭和丘陵地形。

在运用上述选线原则时，对影响路线走向的因素，采取利用、改造相结合的方针，权衡利弊，决定取舍。重要的大片历史文物遗址有可能成为路线方案选择的控制因素，应会同文物管理部门深入调查，做出避让或穿越的选择。

2. 平原微丘区选线

平原区地面高度变化微小,有时有轻微的起伏和倾斜。除沼泽、草原、戈壁、沙漠等地以外,一般多为耕地,农业设施完善,居民点稠密;在天然河网湖区,还具有湖泊、水塘、河汊多等特点。

平原区地势平坦,路线受地形限制不大,但地物多,往往影响路线局部走向,布线要点如下。

(1)深入调查沿线自然环境,正确处理地物的避让工作,选择一条短捷顺直的路线。线路应在符合总方向的前提下,在各种必须避让的障碍物之间穿行。

(2)平面线形应尽可能采用较高的技术指标,不片面追求直线,也不应无故转弯。在避让局部障碍物时,要注意线形的舒顺和过渡,穿越时应有合理可靠的技术措施。

(3)纵面线形应综合考虑桥涵、通道、交叉等构造物,合理确定路基设计高度,以避免纵坡起伏频繁,但也不应过于平缓,造成排水不畅且增大工程量。

(4)平原区地势平坦,地表没有形成天然的排水系统,雨后积水严重,路线应尽可能选择高地或微丘通过,并与桥涵、通道等配合建立有效的地面排水系统。

(5)平原区高速公路的填方工程量一般很大,除尽可能降低设计高度以减少土方工程量外,路线应以近筑路材料产地为宜。

微丘区地形略有起伏,地面有一定的自然坡度,区内常有坡形缓和的丘陵分布,地表排水方向明显。其选线条件与平原区基本相同,从布线角度看,较平原区有更大的自由度。设计条件如地面排水、桥涵、通道布置、平、纵面线形设计及其组合设计都比平原区易处理,能取得很好的效果。

微丘区选线原则上与平原区基本相同,但应更多注意利用地形协调平、纵面线形组合,既不宜过分迁就微小地形,造成纵面不必要的起伏,也不宜过分追求直线,造成工程量不必要的增加。

3. 重丘陵区选线

重丘陵区山丘连绵,岗圩交错,地面起伏较大,一般自然坡度较陡,具有低山区的基本特征。路线平、纵面大部分受地形限制,路线走向不似山岭区明显,平面多曲折,纵面多起伏,采用技术指标的活动余地较大。选线应综合考虑平、纵、横三者的关系,恰当地掌握标准,以提高线形质量,一般应注意以下几点。

(1)高速公路设线不应迁就微小地形,在注意路线平、纵面线位选择的同时,应注意横向填挖的平衡。横坡较缓的地段,可采用半挖或填多于挖的路基;横坡较陡地段,宜采用全挖或挖多于填的路基。还应注意纵向土、石方平衡,以减小废方和借方。

(2)应综合考虑平、纵、横三个面,不应只顾纵坡平缓,而使路线弯曲,平面标准过低;或者只顾平面直捷、纵坡平缓,而造成高填深挖,工程量过大;或者只顾工程经济,过分迁就地形,而使平、纵面过多地采用极限或接近极限的指标。

(3)冲沟比较发育的地段,应考虑采用高路堤或高架桥的直穿方案。必须绕避时,要注意线形舒顺。

(4)在横坡陡或沟谷狭窄的地段,为保证边坡稳定,减少填挖工程量,采用往复车道分离的设线方式可以获得很好的效果。

4. 山岭区选线

山岭地区山高谷深,坡陡流急,地形复杂,但山脉水系清晰,路线方向明确,不是顺山沿水,就是横越山岭或沟谷。顺山沿水的路线按行经部位的不同,又可分为沿河、山腰、山脊等线形。高速公路一般宜沿河布设,必要时可采用隧道或高架桥穿越山岭或沟谷,其选线要点如下。

1) 沿河线

山区河谷一般不宽,谷坡上陡下缓,多有间断阶地;河谷地质情况复杂,常有滑坡、岩堆、泥石流等灾害发生;河流平时流量不大,但一遇暴雨,山洪暴发,冲刷河岸,毁坏田园,危害甚大。

沿河线主要应处理好河岸选择、跨河换岸桥位和线位高低三者间的关系。

① 河岸选择:路线应选在地形宽坦,有阶地可利用,支沟较少、较小,水文及地质条件良好的一岸;积雪和冰冻地区,应选在阳坡和迎风的一岸;应远离村镇,减少干扰,选择人烟少的岸侧。

② 跨河换岸桥位:跨主河桥位原则上应服从路线走向,路桥综合考虑,可采用弯、坡、斜、高架等桥型,以适应线形设计的需要。

③ 线位高低:路线一般以低线为主,但必须做好洪水调查,把路线放在规定频率设计水位的安全高度上,同时采取防洪措施,以保证路基稳定和安全。

2) 越岭线

越岭线的特点是路线需要克服很大高差,路线的长度和平面位置主要取决于纵坡的安排,因此越岭线选线应从纵坡设计入手。选线时,主要应处理好垭口选择、过岭标高及垭口两侧展线方案三个方面。

①垭口选择:垭口是体现越岭线方案的重要控制点,在符合路线总方向的条件下,应综合考虑地形、地质、气候条件,从可能通过的垭口中,选择标高较低和两侧利于展线的垭口。对于垭口虽高,但山体薄窄的分水岭,过岭隧道方案有可能成为最合适的越岭方案。

②过岭标高:过岭标高是越岭线纵向布局的重要控制因素,一般来讲,过岭标高越低,路线越短,开挖就越深或隧道就越长。除山脊宽而肥厚者外,高速公路一般采用隧道穿越,其标高主要取决于合适的隧道位置。

③垭口两侧展线方案:越岭线的高程差主要是通过垭口侧坡上展线来克服的,由于地形千差万别,地质条件各异,路线布局方案多种多样,没有一定的规律可循。因为高速公路技术指标高,布线难度大,展线方式一般应以自然展线为主。在横坡陡峻的山坡宜选用分离式断面设线。

对于公路平面线形,传统的做法多采用长直线、短曲线的形式。随着车速的提高和交通量的增长,高速公路已趋于以曲线为主的设计,如京津塘高速公路曲线段约占路线全长的76%。表现在纸上定线方法上,是结合地形先拟定曲线,后连以缓和曲线或直线,使路线在满足行车动力要求的条件下,做到线形连续、视觉良好、景观协调,以保证高速行车与安全。

高速公路选线要考虑政治、经济、国防各方面要求,尽可能按短捷路径将主要控制点连接起来,处理好路线与大中桥位、道路交叉、农田水利、重要城镇、环境保护、水土保持以及工农业设施的关系,减少不必要的干扰和占地拆迁,做到线形衔接舒顺连贯。

选线要根据道路性质和使用要求,合理利用地形地势,正确运用技术标准,保证线形标准的均衡性,在不增加工程量或增加不多时,应尽量采用较高的技术指标,以提高公路的使用质量。极限指标只在不得已时采用。

对于不良地质地段,在不影响路线基本走向时,可以考虑避让。必须通过时,应尽可能避重就轻,采取工程措施妥善布置线位,做到线形符合要求,路线稳定安全,不留后患。

慎重处理高速公路与干线公路、铁路、大中城市出入口交叉关系,充分考虑被交叉的公路等级、技术状况、目前交通量及远景发展、可能转向行驶的分流、合流的预计交通量等;结合当地自然条件和地形,考虑交叉点的合理间隔以及能否归并调整,并论证选定交叉位置和交叉方式,力求做到节约用地、方便交通、安全经济合理。

高速公路选线是一项技术难度较大的工作，线形标准要求高，不单纯着眼于平面定线，还要兼顾立体线形协调，整体性设计要求高，既要处理好线形标准与自然条件间的矛盾，又要妥善处理好社会经济、人文等各方面关系。因此，选线工作必须做到点面俱到、统筹兼顾，综合考虑各方面因素。高速公路选线如果采用传统的现场直接选线的方法，由于受视野限制，往往顾此失彼，难以满足要求，故一般多采取先纸上定线，后实地放线的办法，采用大比例尺地形图有利于在大面积范围内周密思考、多方比选论证，提高路线方案质量。

随着航空摄影测量的发展，目前国内外一些高速公路已普遍利用航测立体图形定线法，在全能立体测图仪或多倍仪上直接利用航摄立体像对选线。立体像对简称像对，是从两个不同位置对同一地区所摄取的一对相片。用立体观测法和专用的工具可以在像对重叠影像部分看出所摄目标的立体视模型。航摄立体像对是由飞机上的航摄仪沿航线定时启动快门拍摄而成的。

继利用航测技术选线之后，随着电子计算机和计算技术、遥感技术的发展，以及高精度自动化绘图仪的不断出现，国外道路已开始进入自动化选线阶段。自动化选线即根据航测资料配以一定的电算程序建立数字化地形模型，并把选线设计的要求和规定的技术指标一并输入计算机，经过程序处理，由电子计算机完成选线设计和分析比较工作，最后通过自动绘图仪、电传打印机输出全部成果。

第 3 章　高速公路几何设计

3.1　几何设计依据

高速公路线形是高速公路的骨架,它不仅对行车安全、舒适,工程经济效益和道路的通行能力有着决定性的影响,而且对沿线开发、土地利用等有重大的影响。线形设计一旦确定,后期所有设计成果均建立在此线形基础上,无论线形优劣都将很难改变,设计失误将带来不可估量的损失。这就要求高速公路设计者特别重视线形设计质量,任何一个不安全指标、一个不良线形组合设计都可能形成交通安全隐患。无论是新建高速公路或改建高速公路,其线形设计都应有充分的技术经济依据,其中最基本的设计依据为驾驶人行为、设计车辆、汽车行驶速度、设计交通量、通行能力、汽车行驶特性等。

3.1.1　驾驶人行为

1. 驾驶行为

汽车驾驶者是高速公路线形设计成果的直接检验人,通过驾驶,可以判断路线的安全性和舒适性,所以路线设计者应该掌握驾驶技术。当车辆行驶在高速公路上时,驾驶者通常根据自己对车辆性能的了解、对前方高速公路线形和路况等的判断进行操作。他们通常有以下表现。

(1)遇到直线,保持方向盘不动。

(2)遇到弯道,首先是连续转动方向盘,沿着交通标线黄线(或中央隔离带缘石)不断调整,这个过程其实是汽车行驶在回旋线上的过程,然后保持方向盘角度基本固定不动,这个过程是汽车行驶在圆曲线上的过程。

也就是说,对于驾驶者而言,在高速公路上行驶的过程是将基于数学的平面线形转变为基于直觉的驾驶操作的过程;对于设计者而言,线形设计过程是对驾驶者在理想操作情况下的汽车行驶轨迹的模拟过程。

2. 驾驶者反应时间

在驾驶过程中,从驾驶者看见某一视觉输入信号(如地形变化、危险出现等)的瞬间,到开始进行操作(转向、超车、踩刹车等),存在一个反应时间,称为驾驶者反应时间,它由以下四部分组成。

(1)察觉——驾驶者发觉一个直观的视觉输入信息。

(2)鉴别——驾驶者鉴定输入信息,并由此识别信息。

(3)激动——驾驶者对该信息做出反应,决定该采取什么行动(如刹车、打方向盘等)。

(4)决断——在此过程中,驾驶者实施其选定的行动。

这四个时间之和就是反应时间。国外的研究资料表明,典型的反应时间为 2.5 s,但反应时间的分布差别极大,有记录的反应时间最高值达 7 s,在强制性停车情况下测出的最低值是 1 s,堪称两个极端。变化如此之大的一个原因是反应时间取决于一名驾驶者在当时的警觉程度。同样,存在对某一事件的预料和预报、对多种选择有把握、对任务的熟悉(即符合驾驶者的期望)等,都能缩短反应时间。而另一些因素,如疲劳、缺乏技巧或经验以及酒精的作用等,会延长反应时间。根据相关资料,驾驶者的反应时间为 2.5 s 应作为理想最低值,2.0 s 可作为警觉状态下的最低值。在特殊情况下,也允许采用 1.5 s 的极限最低值,该值只能用于驾驶者保持警惕的地区,如始终处于小半径弯道的路线或互通式立体交叉。

以此为基础,我国规范在规定各线元长度时采用 3 s 行程长度,如在确定缓和曲线最小长度时即采用 3 s 行程长度。在确定视距时,采用 2.5 s 为驾驶者反应时间。

3.1.2 设计车辆

设计车辆是指高速公路设计所采用的具有代表性的车辆。

高速公路上行驶的车辆主要是汽车。汽车的物理特性及行驶于路上的各种大小车辆的组成,对于高速公路几何设计有着决定性意义。确定高速公路的路幅组成、弯道加宽、行车视距等,都与车辆外廓尺寸有着密切的关系。比如汽车的最小转弯半径直接决定了高速公路圆曲线最小半径,汽车的车身宽度的限制为相邻车道间超车提供了相应的(侧向)净空,车身高度的限制为桥下和电缆之类的高架公用设施提供了充分的(竖向)净空并保障车辆的抗倾覆稳定性。因此选择有代表性的车辆作为设计的依据是必要的。

高速公路的设计车辆包括三类,即小客车、载重汽车和鞍式列车,其基本外廓尺寸见表3.1。

表3.1 高速公路设计车辆及其外廓尺寸　　　　　　　　　　单位:m

车辆类型	总长	总宽	总高	前悬	轴距	后悬
小客车	6	1.8	2	0.8	3.8	1.4
载重汽车	12	2.5	4	1.5	6.5	4
鞍式列车	16	2.5	4	1.2	4+8.8	2

3.1.3 汽车行驶速度

汽车行驶速度是高速公路几何设计的核心控制参数,直接影响高速公路的曲线半径、超高、视距等技术指标,也与车道的尺寸、数目以及路肩的宽度等指标有关。高速公路设计的一个重要目标就是把影响汽车运行的各种设计要素通过一条主线联系起来综合考虑,尽量保证汽车在全线能正常通行。为实现该目标,国际上一般采用两种不同的设计方法,即设计车速法和运行车速法。目前我国主要采用的是设计车速法。

1. 设计车速法

设计车速是指在气候正常、交通密度小、汽车运行只受道路本身条件(几何要素、路面、附属设施等)的影响时,中等驾驶技术的驾驶员能保持安全而舒适地行驶的最大行驶速度。

设计车速是决定高速公路几何形状的基本依据。设计速度一经选定,高速公路几乎所有的要素如曲线半径、超高、视距、道路纵坡等,均依此而定。高速公路设计速度可采用120 km/h、100 km/h、80 km/h。

高速公路设计速度需要根据道路功能、交通量并结合道路沿线地形、地质等因素综合论证确定。一般而言,在确定高速公路设计速度时需要注意,高速公路的特殊困难局部路段,因新建工程可能诱发工程地质病害时,经论证并报主管部门批准,该局部路段的设计速度可采用60 km/h,但路段的长度不宜大于15 km,或仅限于相邻两互通式立体交叉之间的路段,与其相邻路段的设计速度应不大于 80 km/h。

实际上,车辆在高速公路上行驶时,驾驶员总是根据高速公路的行车条件(特别是几何条件)及车辆本身性能等来确定车速,只要条件允许,总倾向于采用较高车速行驶。这样驾驶员实际采用的运行车速所需的线形指标就会与设计车速所确定的线形指标脱节,增加了高速公路的危险性和失调性。因此,与路段设计车速配合的线形指标往往不能满足高速公路使用者安全行车的要求。

2. 运行车速法

运行车速是在单元路段上车辆的实际行驶速度。因不同车辆在行驶过程中可能采用不同车速,通常以按照统计学测定的从高速到低速排列第 85 个百分点对应的车辆行驶速度作为运行车速。有别于设计车速的人为规定,运行车速是一个统计学指标,是单元路段车辆的实际行驶速度。运行车速设计方法有效地保证了路线所有相关要素,如视距、超高、纵坡、竖曲线半径等指标与设计速度的合理搭配,可获得连续、一致的均衡设计。同时,运行车速法具有充分顾及交通安全的人性化优势,具有线形与实际运行速度紧密协调的科学性。

3.1.4 设计交通量

1. 设计交通量概述

交通量是指单位时间内通过道路某断面的交通流量(即单位时间内通过道路某断面的车辆数目),其具体数值由交通调查和交通预测确定,通常用年平均日交通量表示。

设计交通量是指拟建道路达预测年限时所能达到的年平均日交通量。年平均日交通量是一年 365 天交通量观测结果的平均值,是决定路线等级及拟定道路修建次序的主要依据。其计算公式见式(3.1)。

$$N_d = N_0 (1+\gamma)^{n-1} \tag{3.1}$$

式中:N_d 为远景设计年平均日交通量(辆/日);N_0 为起始年平均日交通量(辆/日);γ 为交通量年平均增长率(%);n 为远景设计年限(年)。

高速公路设计交通量的预测应符合下列规定。

(1)高速公路的设计交通量应按 20 年预测。

(2)设计交通量预测的起算年,应为该项目可行性研究报告中的计划通车年。

(3)设计交通量的预测,应充分考虑走廊带范围内远期社会经济的发展和综合运输体系的影响。

设计交通量在论证和确定高速公路的计划费用或各项结构设计时有重要作用,但不宜直接用于高速公路几何设计。在进行高速公路几何设计时,宜采用按小时车流量统计的交通量。

2. 设计小时交通量

设计小时交通量(单位:辆/h)是以小时作为计算时段的交通量,是确定车道数和车道宽度或评价服务水平的依据。相关统计表明:在一天及全年,每小时交通量的变化很大,若以一年中最大的高峰小时交通量作为设计依据,会造成浪费,但如果采用日平均小时交通量,又不能满足高峰时的交通需求,造成交通堵塞。为使设计量的取值既保证交通安全通畅,又能使工程造价经济、合理,可借助一年中每小时交通量的变化曲线来确定设计小时交通量。

将一年中 8760 h 的小时交通量按其与年平均日交通量的百分比的大小顺序排列起来并画成曲线,如图 3.1 所示。从该图可以看出,在 30~50 h 附近,曲线急剧变化,从此向右曲线明显变缓,而在它的左侧,曲线坡度急剧加大。根据上述曲线变化规律,设计小时交通量的合理取值显然应在 30~50 h 的范围内。如以第 30 小时交通量作为设计依据,意味着在一年中有 29 h 超过该设计值而发生拥挤,占全年小时数的 0.33%,也就是说,能顺利通过的保证率达 99.67%。目前世界上许多国家包括我国均采用第 30 小时交通量作为设计依据。当然,也有国家根据高速公路功能,采用当地年第 20~40 小时最为经济合理时位的小时交通量。

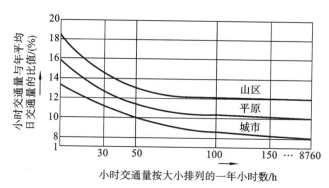

图 3.1 年平均日交通量与小时交通量关系曲线

设计小时交通量按式(3.2)计算。

$$N_h = N_d \times D \times k \tag{3.2}$$

式中：N_h 为主要方向设计小时交通量(辆/h)；N_d 为设计交通量，即预测年的年平均日交通量(辆/日)；D 为方向不均匀系数，一般取 0.5～0.6；k 为设计小时交通量系数(%)，当有观测资料时可绘制图3.1求得 k 值，无资料时可根据气候分区按表3.2取值。

表3.2 设计小时交通量系数　　　　　　　　　　　　　　单位:%

高速公路类别	华北地区 京、津、冀、晋、蒙	东北地区 辽、吉、黑	华东地区 沪、苏、浙、皖、闽、赣、鲁	中南地区 豫、湘、鄂、粤、桂、琼	西南地区 川、滇、黔、藏	西北地区 陕、甘、青、宁、新
近郊高速公路	8.0	9.5	8.5	8.5	9.0	9.5
城间高速公路	12.0	13.5	12.5	12.5	13.0	13.5

3.1.5 通行能力

通行能力是在一定的道路和交通条件下，道路上某一路段适应车流的能力，以单位时间内通过的最大车辆数表示。单位时间通常以小时计。对于多车道道路，用一条车道的通过数表示车辆数；对于双车道道路，用往返车道合计数表示车辆数。最大车辆数是正常条件下道路交通的极限值。通行能力包括基本通行能力、可能通行能力及设计通行能力。道路设计通行能力是经过对基本通行能力、可能通行能力的诸多修正后得到的。

通过对通行能力和交通量的分析，可正确确定高速公路的规模、主要技术指标和几何线形要素。高速公路必须进行通行能力的分析、评价，使全线服务水平保持均衡一致。

1. 基本通行能力

基本通行能力是指在理想条件下，单位时间内一条车道或一条车道某一路段可以通过的小客车的最大数值，是计算各种通行能力的基础。

所谓理想条件，包括高速公路本身和交通两个方面，即高速公路本身应有足够的车道宽度、侧向净宽、良好的视距及平、纵线形，交通上只有小客车行驶，没有其他车型混入且不限制车速。现有高速公路基本上没有合乎理想条件的,可能通行能力一般低于基本通行能力。

基本通行能力可采用"车头时距"或"车头间距"测算。车头时距是指连续两车通过车道或道路上同一地点的时间间隔。车头间距是指交通流中连续两车之间的距离。

2. 可能通行能力

由于通常的道路和交通条件与理想条件有较大差距,可能通行能力是考虑了影响通行能力的诸多因素(如车道宽、侧向净宽和大型车混入)后,对基本通行能力进行修正所得到的通行能力。

3. 设计通行能力

设计通行能力是指道路交通的运行状态保持在某一设计的服务水平时,单位时间内道路上某一路段可以通过的最大车辆数。

1)服务水平及服务交通量

我国按照车流运行状态,把从小交通量自由车流至交通量达到可能状态的受限制车流这一运行条件范围分为四级服务水平。《公路路线设计规范》(JTG D20—2017)(以下简称《规范》)规定了各级公路设计服务水平,与每一级服务水平对应的交通量称为"服务交通量"。

各级服务水平的含义如下。

①一级水平:驾驶员能自由和较自由地选择期望的车速,交通流基本处于自由流状态及稳定流状态中的较好范围。

②二级水平:驾驶员自由度受到一定限制,到二级水平下限时,所受到的限制已达到大部分驾驶员所能允许的最低限度,交通流处于稳定流状态的中间及中下范围,有拥挤感。

③三级水平:驾驶员选择车速的自由度受到很大限制,在三级水平上限时,交通流已接近不稳定流,本级水平大部分范围均处于不稳定流状态,时常出现交通拥挤现象,此水平服务质量很差。

④四级水平:靠近上限时,每小时可通行的交通量达到最大值,驾驶员就处于无自由选择行车速度余地的状况,交通流变成完全强制状态,跟着前面的车辆行进且不时停车,能通行的交通量很不稳定,时常发生交通阻塞现象,此级水平的服务质量已达到不能容忍的程度。

高速公路应按二级服务水平设计。高速公路的服务水平与服务交通量规定见表 3.3。

表 3.3 高速公路服务水平等级

服务水平	密度/[pcu/(km·ln)]	设计速度/(km/h)								
		120			100			80		
		速度/(km/h)	V/C	最大服务交通量/[pcu/(h·ln)]	速度/(km/h)	V/C	最大服务交通量/[pcu/(h·ln)]	速度/(km/h)	V/C	最大服务交通量/[pcu/(h·ln)]
一	≤7	≥109	0.34	750	≥96	0.33	700	≥78	0.30	600
二	≤18	≥90	0.74	1600	≥79	0.67	1400	≥66	0.60	1200
三	≤25	≥78	0.88	1950	≥71	0.86	1800	≥62	0.78	1550
四	≤45	≥48	接近1.0	<2200	≥47	接近1.0	<2100	≥45	接近1.0	<2000
五	>45	<48	>1.0	0~2200	<47	>1.0	0~2100	<45	>1.0	0~2000

注:V/C 是在理想条件下,最大服务交通量与基本通行能力之比;基本通行能力是四级服务水平条件下对应的最大服务交通量。

2) 设计通行能力的计算

设计通行能力由可能通行能力乘以与该路段服务水平对应的交通量和基本通行能力之比(V/C)得到。

V/C 的值小,说明最大服务交通量小,车流运行条件好,可以理解成服务水平较高,反之则服务交通量大,车流运行条件差,服务水平也低。当设计小时交通量超过设计通行能力时,道路将发生堵塞。

3.1.6 汽车行驶特性

高速公路设计是以满足汽车行驶的基本要求为前提的。汽车行驶的主要要求是安全、迅速、经济和舒适,它是通过人、车、路和环境等方面来共同保证的。因此在进行高速公路线形设计时,需要研究汽车在高速公路上的行驶特性及其对高速公路设计的具体要求,这是高速公路线形设计的理论基础。

1. 汽车行驶性能的主要内容

1) 动力性能

动力性能指汽车在良好路面上直线行驶时,由汽车受到的纵向力决定的、所能达到的平均行驶速度,即汽车加速、爬坡和获得最大速度的性能。汽车的动力性能较好,就具有较好的爬坡能力和加速能力。动力性能将决定高速公路的最大纵坡、坡长限制以及长陡坡上陡坡与缓坡的组合状况。

2) 制动性能

制动性能指汽车行驶中能在短距离内停车且维持行驶方向稳定性,以及在下长坡时能维持一定车速的能力。汽车制动性能的好坏直接关系到行车安全。制动性能好,汽车才能以较高的车速行驶,并在下长坡时保障行车安全。制动性能与高速公路的行车视距直接相关。

3) 行驶稳定性

行驶稳定性指汽车在行驶过程中,受到外部因素作用时能保持正常行驶状态和方向,不致失去控制而产生滑移、倾覆等情况的能力。汽车行驶稳定性直接关系到行车的安全,将决定高速公路圆曲线极限最小半径和纵、横向组合最大纵坡的取值,也影响高速公路纵坡度的设置。

4) 操纵稳定性

操纵稳定性指汽车能否按照驾驶员的意图受到控制的性能,包括汽车的转向特性、高速稳定性和操纵轻便性。汽车的转向特性影响着汽车在弯道上的行驶轨迹。

5) 燃油经济性

燃油经济性是指汽车以最小的燃油消耗量完成单位运输工作的能力,它是汽车的主要使用性能之一。燃油经济性越好,单位行程的燃油消耗量越小。

6) 行驶平顺性

行驶平顺性是指汽车在不平道路上行驶时,汽车免受冲击和振动的能力。汽车行驶平顺性对汽车平均时速、驾驶员和乘客的舒适感、被运输货物的完整性等有很大的影响。

要改善和提高汽车的上述性能,通常有改进汽车设计和提高道路设计两个根本途径。

2. 汽车行驶对路线的要求

从高速公路线形设计来讲，汽车行驶对路线的要求主要从以下方面来保证。

(1) 保证汽车在高速公路上行驶的稳定性。为保证汽车在高速公路上行驶的稳定性，即保证汽车行驶时不发生翻车、侧滑或倒溜等，进行高速公路线形设计时，在研究汽车行驶中力系的平衡和行车稳定性的基础上，需要合理地选用圆曲线的半径，设置较缓的高速公路纵坡和横坡，并提高车轮与路面之间的附着力。

(2) 尽可能地提高车速。汽车运输生产率和运输成本是评价运输工作效率的指标。影响运输生产率和运输成本的因素很多，汽车平均行驶速度是主要的因素之一。为了提高汽车平均行驶速度，需要充分地发挥汽车行驶的动力性能，因此在高速公路设计时必须严格控制曲线半径、最大纵坡及其坡长，合理设置缓和坡段。

(3) 保证高速公路上的行车连续。为了保证高速公路上行车的均匀连续，高速公路线形设计需要保证足够的视距和安全净空，合理地设置平、竖曲线，并尽可能地减少平面交叉等。

(4) 尽量保证行车舒适性。在进行高速公路线形设计时，需要正确地组合平面线形和纵面线形，注意线形与景观的协调，以增进驾驶员视觉和心理上的舒适感，对平、竖曲线的最小半径要加以限制，以免离心力过大而引起驾驶员的不舒适感。

3.2 平面设计

3.2.1 概述

1. 路线

为了研究的方便，可把路线设计分为平面设计、纵断面设计和横断面设计。在路线平面图上研究道路的基本走向及线形的过程，称为路线平面设计；在路线纵断面图上研究道路纵坡及坡长的过程，称为路线纵断面设计；在路线横断面图上研究路基断面形状的过程，称为路线横断面设计。三者是相互关联的，应综合考虑，相互配合，使路线与地形、地物、环境、景观相协调。

路线设计的范围仅限于路线的几何性质，一般不涉及结构。

路中心线的平面位置受社会经济、自然条件和技术条件等因素的制约。一般来讲，设计者应先综合考虑平、纵、横三种情况定出平面，然后沿这个平面线形进行高程和横断面测量，取得地面线和地质、水文及其他必要资料后，再设计纵断面和横断面。通常为了满足线形均衡和节省土石方数量，必要时还会修改平面，这样经过几次反复，最终确定出一条有一定技术标准、满足行车要求且工程费用最省的道路。

2. 汽车行驶轨迹与道路平面线形

现代道路是供汽车行驶的，为了保障汽车行驶的安全，必须研究汽车的行驶规律。而在路线的平面设计中，主要考察的是汽车行驶轨迹。只有当平面线形与这个轨迹相符合或相接近时，才能保证汽车行驶的安全与顺适。行车速度越高，对行驶轨迹的研究越重要。观测研究表明，汽车行驶轨迹在几何性质上有以下特征。

(1) 这个轨迹是连续和圆滑的，即在任何一点上不出现错头、折点或间断。

(2) 轨迹的曲率是连续的，即轨迹上任一点不出现两个曲率值。

(3) 轨迹的曲率变化率是连续的，即轨迹上任一点不出现两个曲率变化率的值。

在高速公路实践中，平面线形与汽车的行驶轨迹可能会有一些偏离，即不需要完全满足上述三个条件，也可以实现较好的使用功能。

3. 路线平面设计的内容

作为设计者，道路平面线形设计主要是合理地确定各线形要素的几何参数，保持线形的连续性和均衡性，并同纵断面、横断面相互配合。设计速度是确定道路线形几何要素的主要依据。因此，对于高速公路，线形设计除保证足够的安全因素外，还应考虑驾驶员的视觉和心理需求。

下面将分别介绍直线、圆曲线、缓和曲线、平面线形设计以及行车视距等内容。

3.2.2 直线

直线是平面线形设计的基本要素之一,在高速公路设计中使用最为广泛,具有距离短、易布设等特点。两点之间以直线为最短,笔直的道路给人以短捷、直达的良好印象,汽车在直线路段行驶,受力简单、方向明确、驾驶操作简易。但直线线形缺乏灵活性,单一无变化,大多难以与地形、地物相协调。强定直线,往往造成工程量大,破坏自然条件;在交通量不大且景色单调时,过长的直线路段易使驾驶员感到单调、疲倦,难以目测车辆之间的距离,容易产生尽快驶出直线路段的急躁情绪,容易超速,危及交通安全。因而,高速公路的线形宜尽量避免采用长直线。

在进行高速公路的平面线形设计时,一般应根据路线所处地带的地形、地物条件,驾驶员的心理反应、视觉效应以及保证行车安全等因素,合理地布设直线路段。直线区段过长或过短,对于行车都是不安全的。因此,对直线的最大和最小长度都要加以限制。

1. 直线的最大长度

对于直线的极限长度(最大与最小长度),从理论上求解是非常困难的,主要应根据驾驶员的视觉效果和心理承受能力来确定,目前尚在研究中。各国从经验出发,通过调查确定直线最大长度,如德国规定不超过计算行车速度(以 km/h 计)的 20 倍,美国为 3 英里(4.83 km)。

我国地域辽阔,地形变化万千,对直线的最大长度很难做出统一的规定,因而《规范》未对最大直线长度做出具体规定。但《规范》也指出:"直线的长度不宜过长。受地形条件或其他特殊情况限制而采用长直线时,应结合沿线具体情况采取相应的技术措施。"在实际工作中,设计人员可根据地形、地物、自然景观以及经验等来判断和决定直线的最大长度。我国已建成的位于平原微丘区的十多条高速公路的直线长不超过 3200 m;沈大高速公路多处出现 5~8 km 的长直线,最长 13 km。一般认为,直线的最大长度,在城镇及其附近或其他景色有变化的地点大于 $20v$(v 为设计车速,km/h)是可以接受的;在景色单调的地点最好控制在 $20v$ 以内;而在特殊的地理条件下应特殊处理,若做某种限制是不现实的。直线的最大长度应与地形相适应,与景观相协调,不强定长直线,也不硬性设置不必要的曲线。

2. 直线的最小长度

考虑到线形的连续和驾驶的方便,相邻两曲线之间应有一定长度的直线。《规范》规定:两圆曲线间以直线径相连接时,直线的长度不宜过短。

(1)同向曲线间的直线最小长度。同向曲线是指两个转向相同的相邻曲线之间连以直线而形成的平面线形。设计中应尽量避免在互相通视的同向曲线间插入短直线,否则容易产生把两个曲线看成一个曲线的错觉,从而破坏线形的连续性,造成驾驶员操作失误。因此,《规范》规定:当设计速度大于或等于 60 km/h 时,同向圆曲线间的直线最小长度(以 m 计)以不小于设计速度(以 km/h 计)的 6 倍为宜。在受到条件限制时,宜将同向曲线改成大半径曲线或将两曲线作成复曲线、卵形曲线或 C 形曲线。

(2)反向曲线间的直线最小长度。反向曲线是指两个转向相反的相邻曲线之间连以直线而形成的平面线形。考虑到设置超高、加宽缓和段以及驾驶员转向操作的需要,必须限制两相反曲线之间直线的最小长度。《规范》规定:当设计速度大于或等于 60 km/h 时,反向曲线间的直线最小长度(以 m 计)以不小于设计速度(以 km/h 计)的 2 倍为宜。当直线两端设有缓和曲线时,可直接相连,构成 S 形曲线,即两个反向圆曲线用缓和曲线直接相连。

3. 直线的运用

当道路平面线形采用直线线形时,必须考虑线形与地形的关系,同时满足上述直线的最大长度和最小长度的要求。

在以下路段上的高速公路可采用直线。

(1)不受地形、地物限制的平坦地区或山间的宽阔河谷地带。

(2)市镇及其近郊道路或规划方正的农耕区等以直线条为主的地区。

(3)长大桥梁、隧道等构造物路段。

(4)路线交叉点及其前后。

(5)双车道公路提供超车的路段。

直线的最大长度应有所限制。当不得不采用长直线时,为弥补景观单调的缺陷,应结合沿线具体情况采取相应的技术措施,并注意以下问题。

(1)长直线上纵坡不宜过大。

(2)道路两侧地形过于空旷时,宜采取种植不同树种或设置一定建筑物、雕塑、广告牌等技术措施。

(3)长直线或长下坡尽头的平曲线,除曲线半径、超高、视距等必须符合规定要求外,还必须采取设置标志、增加路面抗滑能力等安全措施。

(4)长直线宜与大半径凹形竖曲线相组合。

3.2.3 圆曲线

在高速公路平面线形中,圆曲线是使用最多的基本线形。圆曲线在现场容易设置,可以自然地表明方向的变化。采用平缓而适当的圆曲线,既可引起驾驶员的注意,又可起到诱导视线的作用。应按照地形条件选用不同大小的圆曲线,使其更加适应地形和驾驶员的视觉心理。

一般认为,圆曲线作为高速公路平面线形具有以下主要特征。

(1)较大半径的长缓圆曲线具有线形美观、行车舒适、易与地形相适应、可循性好的特点。

(2)圆曲线上任意一点的曲率半径 R 均为常数,线形简单,易于测设。

(3)圆曲线上任意一点都在不断地改变方向,因而汽车在圆曲线上行驶要受到离心力的作用,离心力随圆曲线半径的增大而减小,随行车速度的增大而增大。因此,圆曲线半径过小时易发生交通事故。同时,汽车在圆曲线上行驶时要多占用路面宽度。

(4)汽车在圆曲线内侧行驶时,视距条件较差,视线易受到路堑边坡或其他障碍物的影响,易发生行车事故。

1. 圆曲线半径计算公式

在路线改变方向的转折处(即交点处)要设置平曲线,而圆曲线是平曲线的重要组成部分。汽车在曲线上行驶时,除受重力作用以外,还受到离心力的作用。离心力对汽车在平曲线上行驶的稳定性影响很大,离心力的大小又与曲线半径密切相关,半径越小越不利。

根据汽车行驶在圆曲线上的受力平衡方程得式(3.3)。

$$R = \frac{v^2}{127(\mu \pm i_h)} \quad (3.3)$$

式中:R 为圆曲线半径(m);v 为行车速度(km/h);μ 为横向力系数,极限值为路面与轮胎之间的横向摩阻系数;"±"中"+"表示重力和离心力在平行于路面方向上的分力同向,即汽车在未设超高的双坡路面外侧行驶,"−"表示汽车在未设超高的双坡路面内侧行驶;i_h 为超高横坡度。

式(3.3)表达了横向力系数与车速、曲线半径和超高之间的关系。根据汽车行驶稳定性分析和资料研究，μ 值与行车稳定性、乘客舒适程度和运营经济性的关系如下。

(1)行车稳定性。汽车在弯道上安全行驶的必要条件是轮胎不会在路面上产生滑移，即要求横向力系数 μ 小于或等于轮胎与路面间的横向摩阻系数 ψ，即 $\mu \leqslant \psi$。$\mu=0.15\sim0.16$，干燥与潮湿路面均可以较高速度安全行驶；$\mu=0.07$，路面结冰也可安全行驶。

(2)乘客舒适程度。根据国内外大量资料，随 μ 值的变化，乘客的心理反应如下：当 $\mu<0.1$ 时，没有感到有曲线存在，很平稳，近似于在直线上行驶；当 $\mu=0.15$ 时，感到有曲线存在，但尚平稳；当 $\mu=0.2$ 时，感到有曲线存在，略感不平稳；当 $\mu=0.35$ 时，感到明显不平稳；当 $\mu=0.4$ 时，感到非常不平稳，有倾倒的危险感。由此可知，从乘客的舒适程度出发，μ 值以不超过 0.1 为宜，最大不超过 0.2。

(3)运营经济性。在确定 μ 值时，还应考虑汽车运营经济性。根据试验分析，汽车在弯道上行驶时实测的燃料消耗和轮胎磨损见表3.4。

表3.4 实测的燃料消耗和轮胎磨损

横向力系数 μ	燃料消耗/(%)	轮胎磨损/(%)
0.00	100	100
0.05	105	160
0.10	110	220
0.15	115	300
0.20	120	390

综上分析，μ 值大小与行车稳定性、乘客舒适程度和运营经济性等密切相关。因此，μ 值的选用应根据行车速度、圆曲线半径及超高横坡度的大小，在合理的范围内选择。

2. 圆曲线最小半径

从汽车行驶稳定性出发，圆曲线半径越大越好。但有时受地形、地质、地物等因素的限制，圆曲线半径不可能设置得很大，往往会采用小半径的圆曲线。这时如果半径选用得太小，会使汽车行驶不安全，甚至翻车。所以必须综合考虑安全、迅速、舒适和经济等因素，并兼顾美观性，使确定的最小半径能满足某种程度的行车要求。《公路工程技术标准》(JTG B01—2014)(以下简称《标准》)规定了两类圆曲线最小半径:设超高时对应的最小半径和不设超高最小半径。

(1)设超高时对应的最小半径是指最大超高值为10%、8%、6%、4%时,根据汽车安全行驶要求,用式(3.4)计算得出圆曲线最小半径的极限值。

$$\left. \begin{array}{l} R = \dfrac{v^2}{g(\mu \pm i_0)} \\ v = \sqrt{gR(\mu \pm i_0)} \end{array} \right\} \tag{3.4}$$

式中:g 为重力加速度(m/s^2);i_0 为路面横坡度;其他符号意义同前。

(2)不设超高最小半径是指曲线半径较大、离心力较小时,汽车沿双向路拱(不设超高)外侧行驶的路面摩擦力足以保证汽车行驶安全稳定时所采用的最小半径。

《标准》对高速公路平面圆曲线的最小半径做出了规定,见表3.5。

表 3.5 高速公路圆曲线最小半径

设计速度 /(km/h)	最大超高对应的最小半径/m				不设超高最小半径/m	
	10%	8%	6%	4%	路拱≤2%	路拱>2%
120	570	650	710	810	5500	7500
100	360	400	440	500	4000	5250
80	220	250	270	300	2500	3350

3. 圆曲线半径的运用

圆曲线半径是圆曲线的重要几何要素,在运用时一般应遵循以下原则。

(1)应依据沿线地形、地物以及地质等条件,尽量选用较大半径,以便驾驶员安全、舒适地行驶。

(2)在选定半径时,既要技术合理,又要经济适用;既不能盲目采用高标准(大半径)而过分增加工程量,又不能仅考虑眼前通行要求而采用低标准。

(3)在地形条件许可时,应力求使半径尽可能接近不设超高最小半径;一般情况下或地形有所限制时,应尽量采用最大超高值≤4%所对应的最小半径;只有在地形特别困难的路段,才可采用最大超高值所对应的最小半径。

在确定圆曲线半径时还应注意以下几点要求。

(1)一般情况下,宜采用最大超高值所对应的最小半径的4~8倍或超高为2%~4%的圆曲线半径。

(2)在预计交通量很大的区间,应尽量避免采用小半径曲线,避免产生交通阻塞。

(3)应注意前后线形要素相协调,使之构成连续、均衡的曲线线形。当前后线形比较好时,必须避免在局部路段采用半径很小的曲线。应注意线形指标的渐变,给驾驶员一个适应的过程。

(4)应同纵断面线形相配合,特别注意避免小半径与陡坡相重合的立体线形组合。

(5)选用圆曲线半径时,在与地形等条件相适应的前提下,尽量取大值,但最大不超过 10000 m。

山区高速公路在以下情况可以考虑采用大于或等于最大超高值所对应的最小半径而小于表 3.5 所列最小超高值所对应的最小半径的半径值。

(1)地形陡峻、地质条件较差的路段,选用大半径会导致高边坡,开挖极易发生坍塌或滑坡灾害,并且受到前后路线设计和工程设置的影响不可能设置隧道工程,或者会使路线临河(沟谷)一侧设置大型支挡工程及纵向桥梁等。此时,对工程设置、地质灾害、环境保护等方面进行综合论证比较后,可采用最大超高值所对应的最小半径。

(2)视野开阔,视线无地形、地物等的阻断,驾驶员能在有效的视觉范围内清晰辨明前方路线的总体变化情况。例如,路线通过较长、较直的峡谷或台地时采用明弯小半径曲线。这种情况虽然影响了行车的舒适性,但是在安全上更有保障。

(3)设计路段内技术指标普遍较低。路段广泛采用了等于或略大于最小半径的圆曲线,驾驶员的操作状态会随着高速公路几何线形的变化及自然条件得到调整,并对行驶速度进行有效的控制,在进入小半径曲线前有充分的心理准备,只需对速度稍加调整就可平稳通过。

3.2.4 缓和曲线

缓和曲线是设置在直线和圆曲线之间或半径相差较大的两个同向的圆曲线之间的一种曲率连续变化的曲线,是道路平面线形要素之一。高速公路上行车速度较高,线形需要适应汽车在曲线上行驶时曲率渐变的轨迹,所以在直线和圆曲线间及不同半径的两个圆曲线间,一般应设置缓和曲线。

1. 缓和曲线的线形特征

(1)缓和曲线的曲率渐变,其线形符合汽车转弯时行驶轨迹的要求,设于直线和圆曲线间,能够消除曲率突变点,使道路线形顺适、美观,具有良好的视觉效果。

(2)在直线和圆曲线间加入缓和曲线后,平面线形更加灵活,线形的自由度提高,更有利于与地形、地物及环境相适应、协调、配合,使平面线形布置更加灵活、经济、合理。

(3)缓和曲线的测设和计算相对于圆曲线更为复杂。

2. 缓和曲线的作用

(1)曲率连续变化,便于驾驶员操纵方向盘。
(2)减小离心力的变换,满足驾驶员及乘客对舒适与稳定的要求。
(3)满足超高、加宽的过渡要求,利于行车。
(4)增加平面线形的美观性,提高驾驶员的视觉效果,如图 3.2 所示。

(a) 不设缓和曲线,感觉路线扭曲　　(b) 设置缓和曲线后,路线变得平顺美观

图 3.2　直线与曲线连接效果

3. 缓和曲线的形式和计算

缓和曲线的形式有回旋线、三次抛物线、双纽线、n 次抛物线、正弦形曲线等。世界各国使用回旋线居多,我国《标准》推荐的缓和曲线也是回旋线。其他曲线的计算公式较复杂,使用不方便,实际应用极少。

回旋线的特点是曲率半径随曲线长度的增加而减小,即曲率半径 ρ 与长度 l 成反比。基本公式如式(3.5)所示。

$$\rho l = A^2 \qquad (3.5)$$

式中:ρ 为回旋线上任意点的曲率半径(m);l 为回旋线上某点到原点的曲线长度(m);A 为回旋线参数,表示回旋线曲率变化的缓急程度。

4. 带缓和曲线的基本组合

道路平面线形的基本组合为：直线—缓和曲线—圆曲线—缓和曲线—直线。

5. 缓和曲线的长度

为使驾驶员操纵方便、保证行车舒适，以及满足视觉要求，应对缓和曲线长度加以限制。设计时可从以下几方面考虑。

(1) 使乘客感觉舒适。

汽车在缓和曲线上行驶，其离心加速度随缓和曲线曲率变化而变化，若变化过快，将增加驾驶员操作的难度，使乘客感觉不舒适，离心加速度的变化率应控制在一定的范围内。一般高速公路的离心加速度变化率，英国采用 0.3 m/s^3，美国采用 0.6 m/s^3，我国一般控制在 $0.5 \sim 0.6 \text{ m/s}^3$ 范围内。

若以 $v(\text{km/h})$ 表示设计速度，则缓和曲线最小长度 $L_{s(\min)}$ 的计算公式为式(3.6)。

$$L_{s(\min)} = 0.0214 \frac{v^3}{R a_s} \tag{3.6}$$

式中：a_s 为离心加速度的变化率；其他符号意义同前。

(2) 超高渐变率适中。

一般情况下，在缓和曲线段设有超高缓和段。如果缓和曲线太短，则会因路面急剧地由路拱双坡断面变为超高单坡断面而形成一种扭曲的路面。《规范》规定了适当的超高渐变率，由此可导出计算缓和曲线最小长度的公式，见式(3.7)。

$$L_{s(\min)} = \frac{B \Delta i}{P} \tag{3.7}$$

式中：B 为道路超高横断面旋转轴至行车道路缘带外侧边缘的宽度(m)；Δi 为超高横坡度与路拱横坡度的代数差(%)；P 为超高渐变率。

(3) 保证驾驶员操作反应时间。

缓和曲线长度应使驾驶员在其上行驶时操作从容，不能过于匆忙，一般情况下以 3 s 行程控制，代入式(3.7)，则保证驾驶员操作反应时间的缓和曲线长度 L_s 的计算公式如式(3.8)所示。

$$L_s = \frac{3v}{3.6} = \frac{v}{1.2} \tag{3.8}$$

(4) 满足视觉要求。

根据视觉条件和实践研究可知，$L_s = \dfrac{R}{9} \sim R$ 或 $A = \dfrac{R}{3} \sim R$ 可以使线形舒

顺协调。考虑以上各种因素,《规范》规定了高速公路缓和曲线最小长度,见表3.6。

表3.6 高速公路缓和曲线最小长度

设计速度/(km/h)	缓和曲线最小长度/m	
	一般值	最小值
120	130	100
100	120	85
80	100	70

注:"一般值"为正常情况下采用的值;"最小值"为条件受限制时可采用的值。

6. 缓和曲线参数 A 值

缓和曲线参数 A 值决定了回旋线曲率变化的缓急程度。A_{min} 可根据上述缓和曲线最小长度计算确定。进行高速公路平面线形设计时,不仅可以选定缓和曲线长度,而且可以选定缓和曲线参数 A 值。

进行高速公路平面线形设计时,可以通过选定缓和曲线长度或选定缓和曲线参数 A 值的办法,来决定平面线形曲率变化的快慢程度。缓和曲线参数 A 的最小值应根据汽车在缓和曲线上缓和行驶的要求、行驶时间要求以及允许的超高渐变率要求等确定。

经验认为:使用回旋线作为缓和曲线时,回旋线和与之连接的圆曲线之间只要保持 $R/3 \leqslant A \leqslant R$,便可得到视觉上协调又舒顺的线形。回旋线参数 A 及其长度应根据线形设计以及对安全、视觉、景观灯的要求,选用较大的数值。

当 R 在 100 m 左右时,通常取 $A=R$;当 $R<100$ m 时,则选择 $A=R$ 或 $A>R$。反之,在圆曲线半径较大时,可选择 A 在 $R/3$ 左右;如 $R>3000$ m,即使 $A<R/3$,在视觉上也是没问题的。

7. 缓和曲线的省略

下列情况可不设缓和曲线:

(1)在直线与圆曲线间,当圆曲线半径大于或等于不设超高的最小半径时。

(2)半径不同的同向圆曲线间,当小圆半径大于或等于不设超高的最小半径时,直线与圆曲线间和大圆与小圆间均不设缓和曲线。

(3)小圆半径大于表3.7中所列临界曲线半径,且符合下列条件之一时,大圆与小圆间不设缓和曲线。

①小圆曲线按规定设置相当于最小缓和曲线长的回旋线时,其大圆与小圆的内移值之差不超过 0.10 m。

②设计速度≥80 km/h 时,大圆半径 R_1 与小圆半径 R_2 之比小于 1.5。

表 3.7 高速公路临界曲线半径

设计速度/(km/h)	临界曲线半径/m
120	2100
100	1500
80	900

3.2.5 平面线形设计

1. 一般原则

(1)平面线形应直捷、连续、顺适,并与地形、地物相适应,与周围环境相协调。

在地势平坦开阔的平原微丘区,路线直捷舒顺,在平面线形三要素中直线所占比例较大;而在地势有很大起伏的山岭和重丘区,路线则多弯曲,曲线所占比例较大。可以设想,如果在没有任何障碍物的戈壁、草原等开阔地区故意设置一些不必要的曲线,或者在高低起伏的山地硬拉长直线,都将给人不协调的感觉。路线要与地形相适应,这不仅是美学问题,而且是经济问题和生态环境保护问题。直线、圆曲线、缓和曲线的选用与合理组合取决于地形、地物等具体条件,片面强调路线以直线为主或以曲线为主,或人为规定三者的比例都是错误的。

(2)必须满足行驶力学上的要求,尽量满足视觉和心理上的要求。

高速公路应注重立体线形设计,尽量做到线形连续、指标均衡、视觉良好、景观协调、安全舒适。设计车速越高,线形设计需考虑的因素应越全面。

(3)保持平面线形的均衡与连贯。

为使汽车尽量以均匀的速度在道路上行驶,各线形要素应注意保持连续性,不出现技术指标的突变。在设计时应充分注意以下几点。

①长直线尽头不能接以小半径曲线,特别是下坡方向的尽头。长的直线和长的大半径曲线会导致较高的车速,若突然出现小半径曲线,会因减速不及时而造成事故。若由于地形所限,小半径曲线难以避免时,中间应插入中等曲率的过

渡性曲线,并使纵坡不要过大。

②高、低标准之间要有过渡。由于地形的变化,同一等级的道路在指标采用上也会有变化,或同一条道路不同设计速度的各设计路段之间也会形成技术标准的变化。对于这种高、低标准变化的路段,除满足有关设计路段在长度和梯度上的要求外,还应结合地形的变化,使路线的平面线形指标逐渐过渡,避免出现突变。不同标准路段相互衔接的地点,应选在交通量发生变化处,或者驾驶员能够明显判断前方需要改变行车速度的地方。

(4)应避免连续急弯的线形。

连续急弯会给驾驶员造成不便,给乘客造成不舒适的感觉,设计时可在曲线间插入足够长的直线或回旋线。

(5)平曲线应有足够的长度。

公路平曲线包括圆曲线和缓和曲线。平曲线太短,汽车在曲线路段上行驶时间过短,驾驶员必须很快地转动方向盘,这在高速行驶的情况下是不安全的。为保证安全,应设置足够长的平曲线,使离心加速度变化率小于一定数值;当道路转角很小时,曲线长度显得比实际短,容易引起曲线半径很小的错觉。因此,平曲线必须具有足够的长度。

为了解决上述问题,最小平曲线长度一般应按下述条件确定。

①汽车驾驶员在操作方向盘时不感到困难。在平面设计中,公路平曲线一般由前、后缓和曲线和中间圆曲线三段曲线组成。为便于驾驶员行车安全、舒适,汽车在任何一段线形上行驶的时间都应不短于 3 s,在曲线上的行驶时间不短于 9 s;如果中间的圆曲线长度为 0,会形成凸形曲线,凸形曲线与两回旋曲线衔接,对行车不利,只有在受地形条件限制的山嘴或特殊困难情况下方可使用。因此,在设计平曲线时,圆曲线的最小长度一般要有 3 s 行程。《规范》给定的高速公路平曲线最小长度见表 3.8。

表 3.8　高速公路平曲线最小长度

设计速度/(km/h)	平曲线最小长度/m	
	一般值	最小值
120	600	200
100	500	170
80	400	140

注:"一般值"为正常情况下采用的值;"最小值"为条件受限制时可采用的值。

②缓和曲线上离心加速度的变化率不超出定值。《标准》在规定最小缓和曲线时,已经考虑了离心加速度的变化率要求。因此,当平曲线是由两段缓和曲线组成的凸形曲线时,平曲线的最小长度应取该最小缓和曲线长度的2倍。

③路线转角 $\alpha<7°$ 时的平曲线长度满足要求。$\alpha<7°$ 不仅容易使曲线设得过短,而且会使曲线长度和半径看起来比实际的要小,使驾驶员产生急剧转弯的错觉。这种倾向在转角越小时越显著。为改善这种错觉,《规范》针对小偏角曲线的曲线最小长度提出了特别要求。设计计算时,当 $\alpha<7°$ 时,平曲线仍按由两段回旋线组成的凸形曲线来考虑,使 $\alpha<7°$ 的曲线外矢距 E 与 $\alpha=7°$ 的 E 相等时的曲线长作为最小平曲线长,此时其长度应大于表3.9中规定的"一般值"。当受地形条件及其他特殊情况限制时,可采用表中的"最小值"。

表3.9　高速公路路线转角 $\alpha\leqslant7°$ 时的平曲线长度

设计速度/(km/h)	平曲线长度/m	
	一般值	最小值
120	$1400/\alpha$	200
100	$1200/\alpha$	170
80	$1000/\alpha$	140

注:"一般值"为正常情况下采用的值;"最小值"为条件受限制时可采用的值。

《规范》中并未明确限制最大平曲线长度,但曲线长度较大时,不利于平纵组合设计,也不利于空间线形的连续、美观,实际运用中应根据具体情况,对平曲线长度有所限制。对于高速公路,一般情况下,采用1000~2000 m的曲线长度比较合适,当曲线半径较小,纵断面起伏较大时,再短一些的曲线长度也可以接受。

2. 平曲线要素的组合类型

平面线形要素包括直线、缓和曲线和圆曲线,线形要素相组合可以得到很多种平面线形。就高速公路平面线形设计而言,主要有基本型、S形、卵形、凸形、复合型和C形等六种。

1)基本型

平曲线按直线—回旋线(A_1)—圆曲线—回旋线(A_2)—直线的顺序组合起来的形式称基本型。

基本型中的回旋线参数、圆曲线最小长度等都应符合有关规定。当 $A_1=A_2$ 时,称为"对称基本型";当 $A_1\neq A_2$ 时,称为"非对称基本型",此时 $A_1:A_2$ 应不大于 2.0；当 $A_1=A_2=0$ 时，称为"简单型"，即不设缓和曲线。

为使线形协调，当选用基本组合时尽可能满足回旋线：圆曲线：回旋线＝1：1：1～1：2：1。

2) S 形

S 形是两个反向圆曲线用两段反向回旋线连接的组合形式。

S 形曲线相邻两个回旋线参数 A_1 与 A_2 宜相等。当采用不同的参数时，A_1 与 A_2 之比应小于 2.0，有条件时以小于 1.5 为宜。对于高速公路，当 $A_2 \leqslant 200$ 时，A_1 与 A_2 之比应小于 1.5。S 形曲线的两个反向回旋线以径相连接为宜。当受地形或其他条件限制必须插入短直线或两圆曲线的回旋线相互重合时，其短直线的长度 $L(m)$ 应符合式(3.9)的规定。

$$L \leqslant \frac{(A_1+A_2)}{40} \tag{3.9}$$

两圆曲线半径之比也不宜过大，以 $R_1/R_2 \leqslant 2$ 为宜（R_1、R_2 分别为大、小圆半径）。

3) 卵形

卵形是用一个缓和曲线连接两个同向圆曲线的组合。卵形曲线用一个回旋线连接两个圆曲线，其公用缓和曲线的参数 A 最好在 $R_2/2 \leqslant A \leqslant R_2$ 范围内（R_2 为小圆半径）；圆曲线半径之比以满足 $R_2/R_1=0.2 \sim 0.8$ 为宜；两圆曲线的间距，以 $D/R_2=0.003 \sim 0.03$ 为宜（D 为两圆曲线间的最小间距）。

4) 凸形

两段同向缓和曲线之间不插入圆曲线而径相衔接的组合形式（圆曲线长度为零）称为凸形曲线。

凸形曲线的回旋线参数及其连接点的曲率半径，应分别符合允许最小回旋线参数和圆曲线最小半径的规定。

连接点附近最小 $0.3v(m)$ 的长度范围内，应保持以连接点的曲率半径确定的横坡度。

尽管凸形曲线在各衔接处的曲率是连续的，但因中间圆曲线的长度为零，对驾驶操纵还是造成了一些不利影响，所以只有在路线严格受地形、地物限制处方可采用。

5) 复合型

将两个以上的同向回旋线在曲率相等处相互连接的线形称为复合型曲线。

复合型曲线的相邻两个回旋线参数之比以小于1∶1.5为宜。复合型曲线除了在受地形条件限制处,或互通式立体交叉的匝道线形设计中采用外,一般很少采用。

6)C形

两同向回旋线在曲率为零处径相连接的组合线形称为C形曲线。

C形曲线连接处的曲率为零,相当于两基本型的同向曲线中间直线长度为零,这种线形对行车也会产生不利影响。因此,C形曲线仅限于地形条件特殊困难,路线严格受限制时采用。

3.2.6 行车视距

1.行车视距的定义

所谓行车视距,是指从车道中心线上1.2 m的高度,能看到该车道中心线上高为0.1 m的物体顶点时,沿该车道中心线量得的长度。影响行车视距的地点如图3.3所示。

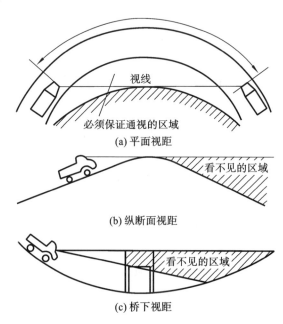

图3.3 影响行车视距的地点

规定行车视距标准是为了保证行车安全,使驾驶员能随时看到汽车前方一定距离的公路,以便发现前方障碍物或来车时,能及时采取措施。在平面上,当弯道内侧有挖方边坡、障碍物时以及纵断面上凸形竖曲线处、路线交叉口附近、下穿式立体交叉的凹形竖曲线处,皆有可能存在视距不良的问题。在道路设计中保证足够的行车视距,是确保行车安全、快速,提高行车舒适性的一项重要任务。

2. 行车视距的类型

为了使驾驶员能随时看到汽车前方相当远的一段路程,一旦发现前方路面上有障碍物或汽车,能及时采取措施,避免相撞,保证行车安全,这一必需的最短距离称为行车视距。行车视距是否合理直接关系到汽车行驶的安全与迅速,它是道路使用质量的重要指标之一。驾驶员发现障碍物或迎面来车时,根据其采取措施的不同,行车视距可分为以下几种类型。

(1)停车视距。汽车行驶时,自驾驶员看到前方障碍物时起,至到达障碍物前安全停止,所需的最短距离。

(2)会车视距。在同一车道上两对向汽车相遇,从相互发现时起,至同时采取制动措施使两车安全停止,所需的最短距离。

(3)错车视距。在没有明确划分车道线的双车道道路上,两对向行驶汽车相遇,发现后即采取减速避让措施以安全错车,所需的最短距离。

(4)超车视距。在双车道道路上,后车超越前车时,从开始驶离原车道处起,至可见逆行车并能超车后安全驶回原车道,所需的最短距离。

高速公路应满足停车视距的要求。因为高速公路的车道数均在四车道以上,并有中央分隔带,快慢车用画线分隔行驶,各行其道,不存在错车和会车问题。

3. 停车视距的确定

停车视距(s_T)可分解为反应距离(s_1)和制动距离(s_2)两部分来研究。

1)反应距离

反应距离是当驾驶员发现前方的障碍物时,从经过判断决定采取制动措施的那一瞬间到制动器真正开始起作用的那一瞬间汽车所行驶的距离。这段时间又可分为感觉时间和反应时间。

感觉时间在很大程度上取决于物体的外形、颜色,驾驶员的视力、机敏度以及大气的可见度等。高速行车时的感觉时间要比低速时短一些,这是高速行驶时警惕性更高的缘故。

根据实测资料,设计上采用的感觉时间为 1.5 s,制动反应时间为 1.0 s,感觉和制动反应的总时间 $t=2.5$ s。在这个时间内汽车行驶的距离如式(3.10)所示。

$$s_1 = \frac{vt}{3.6} \tag{3.10}$$

式中:v 为行车速度(km/h),设计行车速度为 80～120 km/h 时,采用设计速度的 85%。

2)制动距离

制动距离是指汽车从制动生效到完全停住这段时间内所行驶的距离,通常按式(3.11)计算。

$$s_2 = \frac{v^2}{254(\varphi + i)} \tag{3.11}$$

式中:i 为纵坡坡度(%);φ 为纵向附着系数,依据车速及路面状况而定,一般按路面在潮湿状态下计算。当设计车速为 80 km/h 或 100 km/h 时,$\varphi=0.31$;当设计车速为 120 km/h 时,$\varphi=0.29$。

因此,停车视距计算公式为式(3.12)。

$$s_T = \frac{vt}{3.6} + \frac{v^2}{254(\varphi + i)} \tag{3.12}$$

高速公路的停车视距一般可按以下数值选取:当设计车速为 80 km/h 时,$s_T=110$ m;当设计车速为 100 km/h 时,$s_T=160$ m;当设计车速为 120 km/h 时,$s_T=210$ m。

4. 行车视距的保证

汽车在路上行驶,除保证直线段上的行车视距外,还应保证曲线上的行车视距,以确保行车安全。在高速公路平面上的暗弯(处于挖方路段的曲线和内侧有障碍物的曲线)、纵断面上的凸形竖曲线、下穿式立体交叉的凹形竖曲线、中央分隔带内侧都有可能存在视距不足的问题。

对于纵断面上的凸形竖曲线及下穿式立体交叉凹形竖曲线上的视距问题,在规定竖曲线的最小半径时已做了考虑。在设计时,只要满足《规范》中最小竖曲线半径的要求,也就同时满足了竖曲线上视距的要求。所以,在视距检查中,应重点注意能否保证弯道内平面视距。如有遮挡,必须清除弯道内侧一定范围内的障碍物。若因平曲线内侧设置人工构造物或中间带设置防眩设施而不能保证视距,可采取加宽中间带、加宽路肩或将构造物后移等措施予以处理;若阻挡视线的是树木、房屋等,应通过清除保证;若阻挡视线的是挖方边坡,则应按所需净距绘制包络线开挖视距台保证。

车辆在弯道上行驶时,视点的运动轨迹半径计算如式(3.13)所示。

$$R_s = R - \frac{B}{2} + 1.5 \tag{3.13}$$

式中:R 为弯道圆曲线半径(m);B 为弯道路面宽度(m)。

检查弯道内平面视距是否得到保证的方法有两种,一是视距曲线法,二是横净距法。

1)视距曲线法

如图 3.4 所示,AB 是行车轨迹线,从汽车行驶轨迹线上的不同位置(图中的 1、2、3…)引出一系列视线(图中的 1—1′、2—2′、3—3′…),它们的弧长都等于视距 s,与这些线相切的曲线(包络线)称为视距曲线。视距曲线与轨迹线之间的空间范围是应保证通视的区域,如在这个区域内有障碍物,则要予以清除。

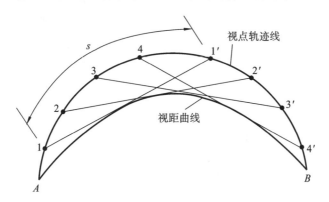

图 3.4 弯道内侧应保证通视的区域

2)横净距法

横净距是指在弯道各点的横断面上,汽车轨迹线与视距曲线之间的距离。弯道内所有横净距中的最大值,称为最大横净距,用 h 表示。其值可根据视距 s 和弯道的曲线长 L、行车轨迹曲线半径 R_s 算出。

3.2.7 平面设计成果

完成路线平面设计以后,应提供各种图样和表格。主要的图样有路线平面设计图、路线交叉设计图、路线总体布置图、道路用地图、纸上移线图等。主要的表格有直线、曲线及转角表,逐桩坐标表,路线固定表,总里程及断链表等。各种图样和表格的样式可参照交通运输部颁布的《公路工程基本建设项目设计文件图表示例》。这里仅就直线、曲线及转角表,逐桩坐标表与路线平面设计图予以介绍。

1. 直线、曲线及转角表

直线、曲线及转角表为平面设计的主要成果,它反映了路线的平面位置和路线平面线形的各项指标。路线平面设计只有根据这一成果才能进行后面的一系列设计,如路线平面设计图、逐桩坐标表。它同时为路线纵断面设计、横断面设计提供设计依据。

2. 逐桩坐标表

对于高速公路,线形指标较高,具体反映就是圆曲线半径较大,缓和曲线较长,在测设和放线过程中要求使用坐标法,以便保证测量精度。因此,在设计文件中必须提供逐桩坐标表。逐桩坐标即每个中桩的坐标。

3. 路线平面设计图

路线平面设计图是设计文件的重要组成部分。它综合反映了路线的平面位置和所经过地区的地形、地物等,还可以反映出沿线的各种结构物(如挡土墙、边坡、排水结构、桥涵等)的具体位置及其与周围环境、地形、地物的关系。它是设计人员对路线设计意图的总体体现。

1)路线平面设计图比例尺及测图范围

路线平面设计图是指包括路中线在内的有一定宽度的带状地形图。若为工程可行性研究、初步设计阶段的方案研究与比选,其比例可采用 1∶50000 或 1∶10000;若作为初步设计、施工图设计等设计文件组成部分,则应采用更大的比例尺,一般采用 1∶5000 或 1∶2000;在地形复杂地段或重要设计路段,如大型交叉、大中桥等,则应采用 1∶500 或 1∶1000 的地形图。

一般带状地形图的测图范围视具体情况确定,常用路中心线两侧 100～200 m。对于 1∶5000 的地形图,应适当放大测图范围,一般不小于 250 m。若有比较线,则需包括比较线的范围。

2)路线平面设计图的内容及测绘步骤

①路线平面设计图的内容。

a. 公路沿线的地形、地物情况。

b. 公路交点和转点位置及里程桩标注、公路沿线各类控制桩位置及有关数据。

c. 路线所经地段的地名、重要地理位置情况标注。

d. 各类结构物设计成果的标注。

e. 若图中包含弯道,应包括曲线要素表和导线、交点坐标表。

f. 图签和有关说明。

② 测绘步骤。

a. 按要求选定比例尺。

b. 依直线、曲线及转角表与中线资料绘制高速公路中线图。

c. 在公路中线图上标出公路起、终点里程桩,百米桩,公里桩,曲线要素桩,桥涵桩及位置。

d. 实地测绘沿线带状地形图并现场勾绘出等高线。

e. 根据设计情况在图上标出各类结构物的平面位置,并在图上列出直线、曲线及转角表等有关内容。

高速公路设计文件中,除要绘制上述路线平面设计图外,还应增绘公路平面总体设计图。公路平面总体设计图中,除应绘制路线平面设计图的内容外,还应给出路基边线、坡脚或坡顶线、路线交叉的方式及平面形式,标示出服务区、停车场、收费站等。

3.3 纵断面设计

3.3.1 路线纵断面线形分析

1. 相关知识

路线纵断面是沿着道路中线竖直剖切然后展开的断面。因受到地形高低起伏的影响,路线纵断面总是一条起伏的空间线。路线纵断面设计图是高速公路设计成果的重要组成部分,将它与路线平面设计图结合起来,就可以通过测量仪器找到路线空间上的任意点,从而准确地确定高速公路的空间位置。

路线纵断面图上主要有两条线:一条是反映地面起伏情况的地面线,它是根据中线上各桩点的地面高程所绘制的一条不规则的折线;另一条是路线纵断面设计线,它是设计人员综合安全、经济、美观、舒适等多方面要求后,在满足规范的前提条件下设计出的具有规则形状的几何线形,其反映的是高速公路路线在纵断面的起伏情况。地面线和设计线之间的相对位置可以反映出路线的整体填挖情况。

路线纵断面设计线主要包括直线和竖曲线两种线形。直线是通过坡度和坡长来量化的,直线坡度和坡长的选择会影响高速公路行驶的安全性和舒适性。所以,对这两个值的选用有一定的限定。竖曲线是在直线的坡度转折处为平顺过渡而设置的一定长度的曲线。竖曲线从外形上可分为凹形和凸形两种,其大小用半径和水平长度表示。

路线纵断面设计线上各点的标高称为设计标高。同一桩点的设计标高与地面标高的差值称为施工高度,又称为填挖高度。若该桩点的施工高度为"+",即设计标高大于地面标高,这样的路段为填方路段;若施工高度为"-",则为路堑,这样的路段为挖方路段。

路线的纵向坡度简称纵坡坡度,用符号 i 表示,其值可按式(3.14)计算。

$$i = \frac{H_2 - H_1}{L} \times 100\% \tag{3.14}$$

式中:i 为纵坡坡度(%);H_1、H_2 为按路线前进方向为顺序的坡线两端点的标高(m);L 为坡线两端点之间的水平距离,称为坡线长度,简称坡长(m)。

2. 纵坡

1)纵坡设计的一般要求

经研究发现,汽车上坡时,若道路纵坡较缓,汽车的行驶阻力的代数和小于或等于汽车所用挡位牵引力,汽车就能用该挡位以等速或加速走完该段纵坡的全长。汽车所用的挡位越高,则行驶速度越快,但爬坡能力越差。因此,高速公路纵坡设计总是以纵坡较缓为佳。

当道路的纵坡较陡,汽车上坡时的行驶阻力的代数和大于汽车所用挡位的牵引力时,在坡段较短的情况下,只要在上坡之前踩下汽车加速踏板,提高汽车的初速,利用动力冲坡的惯性原理,在车速降到临界速度之前,即使不换挡也能冲过此段纵坡。但如果道路纵坡又陡又长,汽车利用动力冲坡无法冲过坡顶,此时就必须在车速下降到某一程度(如临界车速)时,换到较低的挡位来获得较大的汽车牵引力,汽车才能继续行驶。

汽车使用低挡的行程时间较长或换挡次数频繁,会延长行程时间,增加汽车燃料消耗和机件磨损。另外,从汽车的动力特性可知,道路纵坡对车速的影响极大,因为纵坡越陡,需要的牵引力越大,从而导致采用的挡位越低,行驶速度越慢。为了使汽车能保持较高的车速行驶,少用低挡和减少换挡次数,对道路纵坡提出以下要求。

(1)纵坡力求平缓。

(2)陡坡宜短,应严格限制长陡坡的纵坡度。

(3)纵坡度变化不宜太多,尤其应避免急剧的起伏变化,力求纵坡均匀。

除考虑汽车的动力特性进行纵坡设计外,为使纵坡设计更趋于经济合理,在进行纵坡设计时一般要求如下。

(1)满足《标准》中有关纵坡的规定和要求。

(2)纵坡应尽量平缓,起伏不宜过大和频繁,并应尽量避免《标准》中的极限值,合理安排缓和坡段,在连续采用极限长度的陡坡之间,不宜插入最短的缓和坡段,以争取较均匀的纵坡。连续上坡或下坡路段,应避免设置反坡段。

(3)应综合考虑沿线的地形、地质、气候等自然情况,并根据需要采取一定的技术措施,以保证高速公路的稳定和畅通。

(4)尽量减少土石方工程和其他工程数量,以降低工程造价。

2)最大纵坡

道路最大纵坡是纵坡设计的极限值,是路线设计时的重要指标,其大小将直接影响高速公路的使用质量、行车安全、运营成本和工程的经济性。

山区高速公路中的越岭线常常采用较大纵坡,这是因为纵坡越大,路程越短,一般工程量也越省。但由于汽车牵引力有一定的限制,故纵坡不能太大,必须对最大纵坡加以限制。

(1)确定最大纵坡应考虑的因素。①汽车的动力性能:根据高速公路上行驶的车辆类型,按汽车行驶的必要条件和充分条件来确定;②自然条件:高速公路所经过地区的地形、海拔高度、气温、雨量、湿度和其他自然因素,均会影响汽车的行驶条件和爬坡能力。

(2)最大纵坡的确定。最大纵坡是高速公路纵断面设计的重要控制指标,特别是在山岭区。高速公路最大纵坡是在保证行车安全的前提下,根据汽车的动力性能、自然条件等因素来确定的。汽车沿陡坡行驶时,因克服坡度阻力、惯性阻力、空气阻力等需要增大牵引力,车速便会降低。若陡坡过长,将引起汽车水箱沸腾、气阻等情况。严重时,还可能使发动机熄火,导致驾驶条件恶化。若沿陡坡下行,因制动次数增多,制动器易发热而失效,从而导致司机心理紧张,易引起交通事故。因此,从行车安全考虑,必须严格限制最大纵坡。《标准》规定的高速公路的最大纵坡见表3.10。

表3.10 高速公路最大纵坡

设计速度/(km/h)	最大纵坡/(%)
120	3
100	4
80	5

注:1.设计速度为120 km/h、100 km/h、80 km/h的高速公路受地形条件或其他特殊情况限制时,经技术经济论证,最大纵坡可增加1%。

2.高速公路应论证采用合理的平均纵坡。对存在连续长、陡纵坡的路段,应进行安全性评价。

最大纵坡只在线形受地形限制严重的路段才采用,如越岭路线为争取高度、缩短路线长度或避开困难工程可采用最大纵坡。一般情况下,高速公路应尽量采用较小的纵坡。在非汽车交通比例较大的路段,可根据具体情况将纵坡适当放缓,平原、微丘区一般不大于3%,山岭、重丘区一般不大于5%。

小桥涵处的纵坡可按表3.10的限值设计,但大、中桥上的纵坡宜不大于4%,桥头引道纵坡应不大于5%;位于城镇附近非汽车交通量较大的路段,桥上及桥头引道纵坡均不得大于3%;紧接大、中桥桥头两端的桥头引道纵坡应与桥上纵坡一致。

隧道内的纵坡应大于0.3%并小于3%,独立的明洞和长度小于50 m的隧道,其纵坡不受此限;紧接隧道洞口的路线纵坡应与隧道内纵坡相同。

在海拔3000 m以上的高原地区,空气密度下降会使汽车发动机的功率和汽车的牵引力降低,可能导致汽车爬坡能力下降。另外,在高原地区,汽车水箱中的水容易沸腾而破坏冷却系统。在海拔3000 m以上的高原地区,高速公路的最大纵坡值应按表3.11的规定予以折减,最大纵坡折减后若小于4%,则仍采用4%。

表3.11 高原纵坡折减值

海拔高度/m	纵坡折减/(%)
3000~4000	1
4000~5000	2
5000以上	3

3)最小纵坡

一般来说,为使高速公路上汽车行驶得快速而安全,将纵坡设计得小一些总是有利的。但在挖方路段、设置边沟的低填方路段和横向排水不畅路段,为保证排水的要求,防止积水渗入路基而影响其稳定性,应避免采用平坡,以免因为排水将边沟挖得过深。在高速公路的长路堑路段,以及其他横向排水不畅的路段,应采用不小于0.3%的纵坡,否则应对其边沟做纵向排水设计。

干旱地区及横向排水良好的路段,其最小纵坡可不受上述限制。

4)坡长限制

坡长限制主要是指对较陡纵坡的最大长度和一般纵坡的最小长度加以限制,现分述如下。

(1)最大坡长。按动力因素的要求,较陡纵坡的坡长应较小。实际观测调查的结果表明,对于纵坡坡度>5%的坡段,若其坡长过大,上坡时需要采用较低挡位且速度下降,发动机易受磨损甚至熄火停驶;下坡时由于坡度阻力为负值,汽车会加速行驶,为保证行车安全,往往使用制动器来减速,多次制动会使制动器失灵甚至造成车祸。因此,对纵坡坡度>5%的坡段的最大坡长必须加以限制。高速公路不同纵坡坡的最大坡长应符合表3.12的规定。高速公路纵坡坡度及坡长的选用应充分考虑车辆运行质量要求。对于高速公路,即使纵坡坡度为2%,其坡长也不宜过长。

表3.12　高速公路纵坡长度限制　　　　　　　　　　　　单位:m

纵坡坡度/(%)	设计速度/(km/h)		
	120	100	80
3	900	1000	1100
4	700	800	900
5	—	600	700
6	—	—	500

(2)最小坡长。坡段的最小长度应符合以下要求。

①布设竖曲线的要求:各转坡点必须用竖曲线来连接相邻的两个坡段,因此,一个坡段的最小长度应等于转坡点竖曲线的切线长度之和。

②汽车行驶的要求:最小坡长限制主要是从汽车行驶平顺性的要求考虑的。如果坡长过短,变坡点会增多,汽车行驶在连续起伏地段产生的增重与减重的感觉频繁变化,会导致驾驶员和乘客不舒适,且车速越高,感觉越明显。最小纵坡

坡长通常以设计速度行驶 9~15 s 的行程作为规定值。高速公路纵坡的最小坡长应符合表 3.13 的规定。

表 3.13　高速公路纵坡最小坡长

设计速度/(km/h)	最小坡长/m
120	300
100	250
80	200

(3)缓和坡段。当纵坡长度达到限制坡长后,按规定设置的较小纵坡路段称为缓和坡段。其目的是减轻上坡时汽车的机件磨损和降低下坡时制动器的过高温度,以保证行车安全。缓和坡段的纵坡应不大于 3%,其长度应不小于表 3.13 的最小坡长的要求。

5)平均纵坡

平均纵坡是在一定路线长度范围内,路线两端点的高差与路线长度的比值。在进行山区高速公路的纵坡设计时,可能会不间断地交替使用《标准》规定的最大纵坡和缓和坡段,这似乎是合理的,但会造成汽车长时间用低挡爬坡或下坡需频繁制动,这就不合理了。避免产生这种情况的办法是对路段的平均纵坡进行控制。

6)合成坡度

道路在平曲线路段,若纵向有纵坡且横向又有超高,则最大坡度在纵坡和超高横坡所合成的方向上,这时的最大坡度称为合成坡度。合成坡度用符号 i_M 表示,其值可用式(3.15)计算。

$$i_M = \sqrt{i_Z^2 + i_C^2} \quad (3.15)$$

式中:i_M 为合成坡度(%);i_Z 为路段纵坡(%);i_C 为路段超高横坡(%)。

一般情况下,为了保证路面排水,合成坡度的最小值宜不小于 0.5%。汽车在有合成坡度的路段行驶时,如果合成坡度过大,由于离心力的作用,可能会引起汽车向合成坡度方向倾斜和侧向滑移,给汽车行驶带来危险。因此,应将合成坡度控制在一定的范围之内。高速公路容许的最大合成坡度见表 3.14。

表 3.14　高速公路最大合成坡度

设计速度/(km/h)	合成坡度/(%)
120	10.0

续表

设计速度/(km/h)	合成坡度/(%)
100	10.0
80	10.5

7)爬坡车道

爬坡车道是设置在陡坡路段行车道外侧的专供车辆上坡使用的车道。在纵坡较大的路段上,载重车爬坡时需要克服较大的坡度阻力,因而导致车速下降,从而使大型车与小汽车的速差变大,超车频率增加,对行车安全不利。速差较大的车辆混合行驶,必将减小快车的行驶自由度,导致通行能力降低。为了消除上述种种不利影响,宜在陡坡路段增设爬坡车道,将载重车从正线车流中分离,这样可提高小汽车行驶的自由度,确保行车安全,且增加路段的通行能力。爬坡车道如图 3.5 所示。

图 3.5 爬坡车道示意图

高速公路在连续上坡路段设置爬坡车道时,其宽度应为 3.5 m;高速公路的爬坡车道应紧靠车道外侧设置,可利用硬路肩宽度,爬坡车道外侧应设置路缘带和土路肩。当需要保留供汽车行驶的原路肩时,该部分应移至爬坡车道外侧。

一般最理想的路线纵断面应按不设置爬坡车道来设计纵坡,但会造成路线迂回或路基高填深挖的结果,增加工程建设成本。是否设置爬坡车道,要与减小纵坡不设置爬坡车道的方案进行技术经济指标比较来确定。除此之外,凡符合下列情况之一者,宜设置爬坡车道。

(1)高速公路的纵坡大于 4% 时。

(2)上坡路段的小时交通量超过设计通行能力时。

(3)沿连续上坡方向载重汽车的行驶速度降低到表 3.15 所示的容许最低速度以下时。

表 3.15　上坡方向容许最低速度

设计速度/(km/h)	容许最低速度/(km/h)
120	60
100	55
80	50

从上述设置爬坡车道的条件看,设置爬坡车道的目的主要是提高高速公路的通行能力,以免影响较高车速的车辆行驶。

当高速公路的车道数为六车道以上时,行车之间相互影响的程度较小,就不必设置爬坡车道。隧道、大桥、高架桥及深挖方路段,若因设置爬坡车道而使工程费用增加很多,可暂时不设爬坡车道,视交通量增长程度和行车速度情况在改建高速公路时再考虑。

由于爬坡车道上的车速比行车道上的低,故超高坡度可比行车道相应小一些。爬坡车道超高横坡的旋转轴应为爬坡车道内侧边缘线,其超高坡度应符合表 3.16 的规定。

表 3.16　爬坡车道的超高坡度值

主线的超高坡度/(%)	爬坡车道的超高坡度/(%)
10	5
9	
8	4
7	
6	
5	
4	
3	3
2	2

爬坡车道的长度应与主线相应纵坡长度一致。为使载重汽车车速恢复到容许最低速度,应在爬坡车道终点设置表 3.17 规定的附加长度,以便载重汽车加速后顺利进入车道。

表 3.17 陡坡路段后延伸的附加长度

附加段纵坡/(%)		附加长度/m
下坡		100
平坡		150
上坡	0.5	200
	1.0	250
	1.5	300
	2.0	350

爬坡车道起点、终点处应设置分流、汇流渐变段(见图 3.6)。

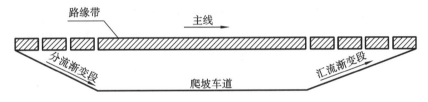

图 3.6 爬坡车道的平面布置

高速公路的分流渐变段长度通常为 100 m,汇流渐变段长度为 150～200 m。

设计爬坡车道应综合考虑与原行车道线形的关系,其起点、终点应设置在通视良好、便于辨认、过渡顺适的路段。长而连续的爬坡车道,其右侧应按规定设置紧急停车带。

3. 竖曲线

1) 竖曲线的相关概念及主要作用

纵断面上相邻两条纵坡线相交的交点称为变坡点,为了行车平顺,用一段曲线来过渡,这条曲线称为竖曲线。竖曲线通常采用平曲线或二次函数抛物线。由于在设计和计算上采用二次函数抛物线更为方便,故我国一般采用二次函数抛物线的形式。

在纵坡设计时,由于纵断面上只反映水平距离和竖直高度,因此竖曲线的切线长与弧长是其在水平面上的投影,切线支距是竖直的高程差,相邻两条纵坡线相交角用转坡角表示。当竖曲线转坡点在曲线上方时为凸形竖曲线,反之为凹形竖曲线。

竖曲线的主要作用如下。

(1)起缓冲作用,以平缓的竖曲线取代折线可消除汽车在该处的颠簸,在一定程度上可提高乘客的舒适感。

(2)确保高速公路纵向的行车视距。在凸形竖曲线处,倘若纵坡坡差较大,若无竖曲线,则看不见盲区范围的路障,若设置了适当的竖曲线,则视距将获得保证。

2)竖曲线要素计算

竖曲线的线形采用二次函数抛物线。

二次函数抛物线的数学标准方程式为 $x^2 = 2py$,若将坐标原点设置在竖曲线顶点处,其参数 p 即竖曲线顶点的曲率半径,又称为竖曲线半径,用符号 R 表示,则竖曲线的方程式为 $x^2 = 2Ry$。

由于竖曲线的切线长与弧长是其在水平面上的投影,切线支距是竖直的高程差,因此,竖曲线长度即竖曲线起点、终点的水平距离 L,竖曲线的切线长 T 即竖曲线长度的一半。据此,竖曲线要素的计算公式如式(3.16)所示。

$$\begin{cases} L = R\omega \\ T = \dfrac{L}{2} = \dfrac{R\omega}{2} \\ E = \dfrac{1}{4} T\omega = \dfrac{T^2}{2R} \\ y = \dfrac{x^2}{2R} \end{cases} \tag{3.16}$$

式中:R 为竖曲线半径(m);L 为竖曲线长度(m);T 为竖曲线切线长(m);E 为竖曲线外距(m);ω 为两相邻纵坡的代数差,在计算竖曲线要素时取其绝对值;y 为竖曲线上任意点到切线的竖距,即竖曲线上任意点与拉坡线的高差(m),也称为改正值;x 为竖曲线上任意点与竖曲线起点或终点的水平距离(m)。

3)竖曲线最小半径和最小长度

《规范》规定,公路纵坡变更处应设置竖曲线,竖曲线可采用圆曲线或抛物线。高速公路纵坡变更处竖曲线的最小半径、长度应符合表3.18的规定。

表3.18 竖曲线最小半径和最小长度

设计速度/(km/h)	凸形竖曲线半径/m		凹形竖曲线半径/m		竖曲线长度/m	
	一般值	极限值	一般值	极限值	一般值	极限值
120	17000	11000	6000	4000	250	100

续表

设计速度/(km/h)	凸形竖曲线半径/m		凹形竖曲线半径/m		竖曲线长度/m	
	一般值	极限值	一般值	极限值	一般值	极限值
100	10000	6500	4500	3000	210	85
80	4500	3000	3000	2000	170	70

4）竖曲线的设计和计算

（1）竖曲线的设计。竖曲线设计的主要内容是选定半径和做好相邻竖曲线的衔接。竖曲线半径的选定，在不过分增加工程量的情况下，宜选用较大的竖曲线半径，一般应采用大于竖曲线一般最小半径的数值，特别是前后两相邻纵坡的代数差较小时，竖曲线更应采用大半径，以获得更好的视觉效果。只有当地形条件特殊困难而不得已时，才允许采用最小半径的极限值。

对于行车速度较高的高速公路，为了使高速公路的线形获得理想的视觉效果，还需要从满足视觉要求方面确定竖曲线的最小半径值，见表 3.19。

表 3.19　高速公路视觉所需的最小竖曲线半径值

设计速度/(km/h)	竖曲线半径/m	
	凸形	凹形
120	20000	12000
100	16000	10000
80	12000	8000

当相邻两个坡段的转坡角较小时，应选用较大的竖曲线半径，以满足最小坡长的要求。转坡角 ω 一般宜大于 0.5%，当转坡角 ω 小于 0.3% 且有一定长度不利于排水时，应重新设计纵坡，以满足排水要求。

当两条相邻竖曲线的转向相同（转坡角都为正或为负）时，称为同向曲线；当它们的转向相反（转坡角一个为正，另一个为负）时，称为反向曲线。对于同向凹形竖曲线，如果它们之间的直线坡段不长，应合并为单个曲线或复曲线形式的竖曲线，以免形成断背曲线；对于反向竖曲线，最好在中间设置一段直坡，直坡段的长度一般不小于设计速度的 3 s 行程。

（2）竖曲线的计算。竖曲线计算主要包括竖曲线起点、终点桩号计算和竖曲线上各桩号设计标高的计算。根据已确定的纵坡和选定的竖曲线半径（即 i 和 ω 为已知），以及根据式（3.16）计算的竖曲线基本要素 T、L 和 E，则有式（3.17）和式(3.18)。

$$\text{竖曲线起点桩号} = \text{转坡点桩号} - T \qquad (3.17)$$
$$\text{竖曲线终点桩号} = \text{转坡点桩号} + T \qquad (3.18)$$

在竖曲线范围内各桩号的设计标高与拉坡线的标高差值为 y,称为竖曲线设计标高改正(修正)值,可按式(3.16)求得,则有式(3.19)和式(3.20)。

$$\text{凸形竖形竖曲线上的设计标高} = \text{该桩号的拉坡线标高} - y \qquad (3.19)$$
$$\text{凹形竖形竖曲线上的设计标高} = \text{该桩号的拉坡线标高} + y \qquad (3.20)$$

3.3.2 路线纵断面设计

1. 纵断面设计内容、方法与步骤

纵断面设计主要是指纵坡和竖曲线设计。其主要内容是根据路线自然条件、拟建构造物的标高要求及相应规定等,确定路线适当的标高、各坡段的坡度和坡长,并设计竖曲线。

1) 纵断面设计内容

纵断面设计首先涉及的内容是纵断面线形布置,包括不同地形条件下的设计标高控制、各坡段的纵坡设计和转坡点位置确定等。

(1) 不同地形条件下的设计标高控制。设计标高的控制是指在纵坡设计时将路线安排在一个最为合适的高度上。

① 在平原区,地形平坦,河沟纵横交错,水源丰富,地下水水位较高。因此,路线设计标高主要按保证路基稳定的最小填土高度控制。

② 在丘陵地区,地面有一定的高差,除局部地段外,路线在纵断面上克服高差比较容易。因此,设计标高主要由土石方平衡和降低工程造价所控制。

③ 在山岭地区,地形变化频繁,地面自然坡度大,布线有一定的困难。因此,设计标高主要由坡度和坡长控制,但也要从土石方尽量平衡及路基防护工程经济性等方面考虑,力求降低工程造价。

④ 沿溪线路段,为保证路基安全稳定,路基一般应高出设计洪水频率的计算水位加壅水高、波浪侵袭高和 0.5 m 的安全高度。

另外,纵断面设计标高的控制,还应考虑高速公路的起点、终点、交叉口、垭口、隧道、桥梁、排泄涵洞、地质不良地段等方面的要求。有时,这些地物对设计标高控制起着决定性的作用。

(2)不同地形条件下的纵坡设计。对于不同地形的纵坡设计,要在初步拟订设计标高控制的基础上进行,以求纵坡设计合理。

①平原、微丘地形的纵坡应均匀、平缓,并应保证路基最小填土高度和最小排水纵坡的要求。

②丘陵地形的纵坡应避免过分迁就地形而使路线起伏过大。

③山岭、重丘地形的沿溪线,应尽量采用平缓的纵坡,坡长不宜过短,不宜采用陡坡。

④越岭线的纵坡应力求均匀,尽量不采用极限或接近极限的坡度,更不宜连续采用极限长度的陡坡之间夹短距离缓和坡段的纵坡线形。越岭线不应设置反坡,以免浪费高程。

⑤山脊线和山腰线,除结合地形不得已时采用较大的纵坡外,在一般情况下应采用平缓的纵坡。

(3)转坡点位置的确定。转坡点是两条相邻设计纵坡线的交点,两个转坡点之间的水平距离称为坡长。转坡点位置的确定直接影响到纵坡度的大小,坡长,平、纵面组合,土石方填挖平衡和高速公路的使用质量。因此,在确定转坡点位置时,除尽量使填挖工程量最小和线形最理想外,还应使最大纵坡、最小纵坡、坡长限制、缓和坡段满足有关规定的要求,还要处理好平面线形、纵面线形的相互配合和协调。为方便设计和计算,转坡点的位置宜设置在 10 m 的整数桩号处。

2)纵断面设计方法与步骤

高速公路的纵坡是通过高速公路定线和室内方案设计两个阶段来实现的。在定线阶段,选线人员在现场或纸上定线时,已结合平面线形、地形等对高速公路纵坡做了全面的考虑。因此,在纵断面设计时,路线纵坡是由选线人员在室内根据选线时的记录,以及桥涵、地质等方面对路线的要求,综合考虑工程技术与经济的因素定出的。

纵断面设计一般按以下方法与步骤进行。

(1)准备工作。纵坡设计(俗称拉坡)前,首先收集和研究地形、地质、水文、筑路材料的各项记录、图表等野外资料,领会设计意图和各项具体要求,然后在纵断面图上点绘出里程、桩号、地面高程和地面线、直线与平曲线,并将桥梁、涵洞、隧道、交叉、地质情况等与纵坡设计有关的资料在纵断面图上标明,以便拉坡时参考。

(2)标注控制点。控制点是指影响纵坡设计的高程控制点,如路线的起点、终点、垭口、桥涵、地质不良路段、最小填土高度、最大挖深、沿溪线的洪水位、隧道进出口、平面交叉点和立体交叉点、与铁路交叉位置以及受其他因素限制路线必须通过的高程。这些高程控制点使路线必须通过它或限制从其上、下方通过。

（3）试定纵坡。试定纵坡应以控制点为依据，照顾多数"经济点"的原则。试坡要点为"前后照顾，以点定线，反复比较，以线交点"。在满足控制点和坡度、坡长要求的情况下，尽可能地多照顾经济控制点，从而达到符合技术标准和节省工程投资的目的。

（4）调整纵坡。试定纵坡之后，首先将所定的坡度与定线时所考虑的坡度进行比较，两者应基本相符，若有较大差异，应全面分析，找出原因，决定取舍，然后检查纵坡度、坡长、合成坡度等是否满足《标准》规定，以及平、纵面组合是否合理，若有问题，应进行调整。

调整纵坡的方法一般有抬高、降低、延长、缩短坡线和加大、减小纵坡度等，调整时应以少脱离控制点，尽量减少填挖量，与自然条件相协调为原则，使调整后的纵坡与试定纵坡基本相符。

（5）与横断面进行核对。根据已调整的纵坡线，选择有控制意义的重点横断面，如高填深挖、挡土墙、重要桥涵等横断面，在纵断面上直接估读出填挖高度，并对照相应的横断面图认真核对和检查。若出现填挖工程量过大、填方坡脚落空及挡土墙工程量过大等情况，应再次调整纵坡线，直到满足要求为止。

（6）确定纵坡。高速公路的起点、终点设计标高是根据接线的需要事先确定的。纵坡线经调整、核对无误后，即可确定纵坡。方法是从起点开始，根据坡度和坡长分别计算出各转坡点的设计标高。转坡点设计标高确定后，高速公路纵坡设计线也随之确定。设计纵坡时还应注意以下几点。

①在回头曲线地段设计纵坡时，应先确定回头曲线上的纵坡，然后从两端接坡，以满足回头曲线的特殊纵坡要求。

②大、中桥上一般不宜设置竖曲线，尤其是凹形竖曲线。桥头两端的竖曲线，其起点、终点应设置在桥头 10 m 以外。

③小桥涵可设置在斜坡地段和竖曲线上。但对于高速公路，为使其纵坡具有一定的平顺性，应尽量避免小桥涵处出现急变的"驼峰式"纵坡，如图 3.7 所示。

图 3.7　桥涵纵坡处理

2. 平、纵面线形组合

高速公路线形是指高速公路在三维空间中的立体几何形态。高速公路线形设计是在路线的各项几何技术指标满足与道路等级对应的技术标准要求的前提下,进一步研究线形各要素的运用和进行巧妙组合,即结合地形、地物、景观、视觉和经济性等,研究如何满足驾驶员视觉和心理方面的连续性、舒适性要求及与周围环境相协调,以保证汽车行驶的安全、舒适与经济。

1) 平、纵面线形组合原则和要求

高速公路平、纵面线形组合应遵循以下设计原则。

(1) 应能自然地诱导驾驶员的视线,并保持视觉的连续性。

(2) 平、纵面线形的技术指标应大小均衡,避免出现平面高标准、纵断面低标准,或与此相反的情况,使线形在视觉和心理上保持协调。

(3) 选择组合得当的合成坡度,以利于路面排水和行车安全。设计时,纵坡应不小于 0.3%,同时避免形成合成坡度过大的线形。因为合成坡度过小会造成路面排水迟缓和滞水,妨碍汽车高速行驶;若合成坡度过大,则妨碍行车安全,容易发生事故,特别是在积雪和冰冻地区危险性更大。

(4) 平、纵面线形组合注意与周围环境相配合,充分利用高速公路周围的地貌、地形、天然树林、建筑物等,尽量保持自然景观的连续,以消除景观单调感,使高速公路与大自然融为一体,减轻驾驶员的疲劳感。合理的景观设计还能起到诱导视线的作用。

2) 平曲线与竖曲线组合

平曲线与竖曲线组合的一般要求如下:

(1) 平曲线与竖曲线组合时,平曲线应稍长于竖曲线,即"平包竖",如图 3.8 所示。

(2) 平曲线与竖曲线的顶点对应关系,最理想的是顶点重合(转坡点设置在平曲线的中点位置)。若平曲线与竖曲线的顶点错开不超过 1/4,还可以得到较理想的线形;超过 1/4,易出现不合理的平、纵面线形组合。

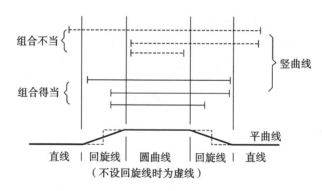

图 3.8　平曲线与竖曲线组合

(3)平曲线和竖曲线的半径大小应保持均衡,使线形顺滑优美,于视觉上获得审美满足,且行车安全、舒适,这是平、纵线形组合设计的重要环节。平曲线半径大时,竖曲线半径也要相应大;平曲线长时,竖曲线也须相应长,这样可以达到两者均衡。表 3.20 所列的平曲线、竖曲线半径的对应关系,是考虑了视觉要求和工程费用相协调的结果,在设计时可参考采用。

表 3.20　平、竖曲线半径的对应关系

平曲线半径/m	竖曲线半径/m
500	10000
700	12000
800	16000
900	20000
1000	25000
1100	30000
1200	40000
1500	60000
2000	100000

(4)选择适宜的合成坡度,有条件时,一般最大合成坡度宜不大于 8%,最小合成坡度宜不小于 0.5%,应避免急弯与陡坡相重合的线形。

平曲线与竖曲线组合应避免下列情况:

(1)高速公路的凸形竖曲线的顶部和凹形竖曲线的底部,应避免插入小半径平曲线。如果在凸形竖曲线的顶部设有小半径的平曲线,则驾驶员须驶近坡顶才能发现平曲线,会导致紧急制动并急转方向盘,易发生行车危险;在凹形竖曲线的底部设有小半径平曲线,会因汽车高速下坡时急转弯而发生行车危险。

(2)凸形竖曲线的顶部不得与反向平曲线的拐点重合,主要是因为这样的组合除存在上述所列情况外,组合后的扭曲线形还很不美观。

(3)小半径竖曲线不宜与缓和曲线相互重叠。

3)平面与纵坡的组合

平面与纵坡组合时,在平面的长直线上不宜设置陡坡,并应避免在长陡坡下端设置小半径平曲线。有条件时,应将合成坡度的控制与线形组合设计相结合,特别应避免急弯与陡坡相重合的线形,以策安全。

在直线上的纵面线形应避免出现驼峰、暗凹、跳跃等使驾驶员视觉中断的线形,特别是在短直线上反复变坡会加剧这种现象,使线形既不美观,也不连贯。所以,高速公路的纵坡若有两次以上的较大起伏,应避免采用长直线,而使平面线形随纵坡的变化略加转折,同时注意平面与纵面的合理组合。

4)平、纵面线形组合与景观的协调配合

(1)应在道路的规划、选线、设计、施工全过程中重视景观要求,尤其在规划和选线阶段。

(2)在选定路线时,应充分地利用自然风景,尽量做到路线与大自然融为一体,不产生生硬感和隔断大自然。特别是在长直线路段上,应使驾驶者能看到前方显著的景物。

(3)不能仅将高速公路当作技术对象,还应将它作为景观来看待。修建时要减少对沿线自然景观的破坏,尽量避免高填深挖。

(4)要使边坡造型和绿化与现有景观相适应,弥补填、挖对自然景观的破坏。

(5)应进行综合绿化处理,避免形式和内容单一化,应将绿化作为诱导视线、点缀风景及改造环境的一种措施而进行专门设计。

(6)应根据技术和景观要求合理选定构造物的造型、色彩,使道路构造物成为对自然景观的补充(见图3.9)。

3.3.3 路线纵断面设计要点与成果

1.路线纵断面设计要点

确定路线纵断面设计坡度线的过程称为"拉坡"。拉坡是关键步骤,它涉及

图 3.9　高速公路景观

行车的安全、经济、舒适、迅速等方面,同时影响将来的横断面设计及整个高速公路的线形协调。因此,要综合考虑各种因素才能确定。一般至少要考虑符合标准、安全舒适、工程经济、自然条件、平纵组合、高程配合、景观协调和环境保护八个方面的原则,针对每个原则又须根据情况着重考虑多方面的问题。

1) 符合技术标准

一般情况下,纵断面设计按照相关标准执行,并应注意检查以下几个方面。

(1) 纵坡设计线须符合技术标准。纵坡设计时,应分别符合《规范》对最大纵坡、最小纵坡、最短坡长、平均纵坡、合成纵坡及缓和坡段的规定。

(2) 调整平曲线须符合技术标准。纵断面设计完成后,平曲线一般不予调整,如遇到特殊原因需调整平曲线半径,应符合极限最小半径和不设超高最小半径的规定。另外,直线和缓和曲线的设置应符合直线最小长度和缓和曲线合理长度的要求。

(3) 设计竖曲线须符合技术标准。竖曲线的半径及长度应符合规定的凸形、凹形竖曲线最小长度和最小半径的要求。

2) 保证安全舒适

(1) 纵坡起伏不宜太大、太频繁。

(2) 尽量避免采用极限指标。

(3) 缓坡宜长,陡坡宜短。

(4) 越岭线垭口处坡度宜缓。

(5) 两相邻变坡点之间的坡长不宜太短。

(6) 避免在桥涵处设置驼峰状纵断面。

3) 力求工程经济

(1) 纵横向填、挖平衡。在纵坡设计时,设计线的位置尽量使纵向挖出的土石方与所需填方大致相等;横断面上每个桩号处尽量使其挖方和本桩利用的填方大致相等。

(2) 尽量避免高填深挖。过高的路堤使填方数量大,边坡放坡过长,占地多,不经济,且不采取边坡防护措施,则边坡稳定性难以保证;深挖路堑常需要做支挡或防护工程,不但造价高,而且容易引发地质灾害,也不利于环保。

(3) 力求减少挡土墙。一般在不稳定路基的路堤和路堑地段设置挡土墙,如在纵坡设计时有意识地避免高填深挖或绕避不良地质路段,可以减少挡土墙,使工程更加经济。

4) 考虑自然条件

(1) 挖方路段考虑边沟排水。当路线纵坡与边沟纵坡一同设计并保持一致时,边沟纵坡宜不小于0.3%,特殊困难地段宜不小于0.2%。

(2) 沿溪线高出洪水位0.5 m以上。沿溪线路基高一般应高出表3.21所规定的设计洪水频率计算水位0.5 m以上。对于桥涵高程,应在桥涵设计洪水频率水位以上,并考虑结构层厚度及涵洞的覆土要求。

表3.21 桥涵设计洪水频率

公路类型	构造物名称				
	特大桥	大桥	中桥	小桥	涵洞及小型排水构造物
高速公路	1/300	1/100	1/100	1/100	1/100

(3) 保证路基最小填土高度。最小填土高度依土质情况而异,干燥路基最小填土高度应满足下述要求:砂性土最小填土高度为0.3~0.5 m,粉性土最小填土高度为0.5~0.8 m,黏性土最小填土高度为0.4~0.7 m。

5) 注意平纵组合

(1) 竖曲线的起点、终点分别对应在平曲线的前、后缓和曲线上的组合是最合理的。

(2) 若平曲线半径很大,大于不设超高最小半径而无须设置缓和曲线时,竖曲线的起点、终点均对应在圆曲线上。

(3) 若平面采用的直线较长,只能在平面直线段上设置竖曲线时,应避免在同一直线段上连续设置竖曲线甚至驼峰状竖曲线。

(4)竖曲线的起点对应在平曲线的前缓和曲线上,竖曲线的终点对应在平曲线的圆曲线上;或竖曲线的起点对应在平曲线的圆曲线上,竖曲线的终点对应在平曲线的后缓和曲线上,只有当地形条件受到严格限制时才能采用这种组合。

除以上几种情形外,其余的组合均被认为是不合理的。

6)注意高程配合

(1)主要控制点的高程限制。设计纵断面时,要标注控制点和经济点(纵向和横向设计线均使开挖的土石方与所需填方大致相等的高程点),并对其进行认真研究,合理控制。

(2)平交和立交点高程配合。高速公路不采用平面交叉,全部采用立体交叉。高速公路下穿应符合高速公路建筑限界的要求,高速公路上跨应满足既有公路建筑限界的要求。

(3)路基与构造物的高程配合。

(4)村镇、农田、灌溉系统等高程的配合。

7)重视景观协调

(1)应在高速公路的规划、选线、设计、施工全过程中重视景观要求。尽量少破坏沿线景观,避免高填深挖。力求与周围的风景自然地融为一体,不得已时可采用修整、植草皮等措施予以补救。

(2)合理掌握标准,灵活运用指标;利用运行车速,优化高速公路线形,突出自然景观;平面裁弯取直,曲线连续流畅,纵断面填、挖平衡;灵活确定坡率,边坡自然流畅;生态区域分段,设计动感景观;注重细部处理,增加路容美观;修饰取土坑、弃土堆,绿化恢复生态;挡墙护栏设计安全、有特色。

8)注重环境保护

(1)综合绿化处理。应进行综合绿化处理,避免形式和内容上的单一,将绿化视作点缀风景及技术措施进行专门设计。

(2)边坡自然融合。条件允许时,宜适当放缓边坡或将边坡修整圆滑,使边坡接近于自然地面,增进路容美观。

2.路线纵断面设计成果

路线纵断面设计成果主要包括路线纵断面设计图和路基设计表。其中,路线纵断面设计图是高速公路设计的重要文件之一,它反映路线所经范围的中心地面起伏情况与设计纵坡之间的关系。将纵断面线形与平面线形组合起来,就能反映高速公路线形在空间的位置。路基设计表中主要填写路线平、纵面等主要测设与设计资料,里程桩号,填、挖宽度(包括加宽),超高值等有关内容,为高速公路横断面设计提供基本数据,也可作为路基施工的依据之一。

1) 路线纵断面设计图

路线纵断面设计图采用直角坐标,以横坐标表示水平距离,纵坐标表示垂直高程。为了明显地表明地形起伏,通常纵坐标的比例尺是横坐标的10倍。常用的比例尺有横坐标采用1∶2000或1∶5000,纵坐标采用1∶200或1∶500等。

按设计要求,路线纵断面设计图的上半部分应标出高程、地面线、设计线、竖曲线及其要素,标注出桥涵的位置、结构类型和孔径,水准点的编号、位置和高程,与公路或铁路交叉的桩号和路名,断链桩的位置、桩号和长、短链关系,以及跨越河流的洪水位、影响路基高度的沿线河流洪水位、地下水水位等;纵断面设计图的下半部分应标出地质、土壤、坡度、坡长、设计标高、地面标高、里程桩号、直线及平曲线等栏目。

2) 路基设计表

路基设计表是高速公路设计文件的组成内容之一。其综合路线平面设计、纵断面设计和横断面设计的成果汇编而成,基本上可以代替平面、纵断面和横断面设计图。表中填列路线的平、纵线形和所有整桩、加桩的填、挖高度以及路基宽度(包括加宽)、超高值等有关资料,是路基横断面设计的基本依据,也是施工的重要依据之一。

3.4 横断面设计

3.4.1 横断面组成和典型横断面

道路横断面图是指道路中线上各点垂直于路线前进方向的竖向剖面图。横断面设计主要是研究路基横断面结构组成及尺寸的过程。

1. 道路横断面图的组成

道路横断面图是由横断面设计线和地面线构成的。其中,横断面设计线包括变速车道、爬坡车道、行车道、路肩、分隔带、边沟、边坡、截水沟、护坡道,以及取土坑、弃土堆、环境保护设施等。地面线是表征地面起伏变化的那条线,通过现场实测或由大比例尺地形图、航测相片、数字地面模型等途径获得。路线设计中所讨论的横断面设计只限于与行车直接有关的那一部分,即各组成部分的宽度、横向坡度等问题。所以,有时也将路线横断面设计称作"路幅设计"。

2. 标准路基横断面

高速公路的标准路基横断面左右幅或上下行用中央分隔带分开,其横断面由行车道、中间带、路肩及紧急停车带、爬坡车道、变速车道等组成,如图 3.10 所示。

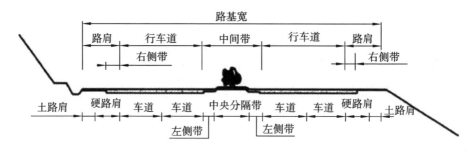

图 3.10 高速公路标准横断面图

高速公路路基宽度为行车道与路肩宽度之和。当设有中间带、变速车道、爬坡车道、紧急停车带时,还应包括这些部分的宽度。

1)路基横断面的一般组成及作用

路基横断面主要组成部分及作用如下。

①行车道:供各种车辆行驶部分的总称,通常由多条车道组成。高速公路的车道数一般≥4 条。

一条车道的宽度必须能满足设计车辆在有一定横向偏移的情况下运行,并能为相邻车道上的车流提供余宽。所以,汽车所需车道的宽度受车速、交通量、驾驶员的驾驶能力、会车等影响。高速公路的车道宽度一般为 3.75 m。

②路肩:位于行车道外缘至路基边缘,具有一定宽度的带状构造物。路肩的作用如下。

a.由于路肩紧靠在路面的两侧设置,故具有保护及支撑路面结构的作用。

b.供发生故障的车辆临时停放之用,有利于防止交通事故和避免交通紊乱。

c.作为侧向余宽的一部分,能增强驾驶员的安全感和舒适感,这对保证设计车速是必要的。尤其在挖方路段,还可以增加弯道视距,减少行车事故。

d. 提供道路养护作业、埋设地下管线的场所。

e. 精心养护的路肩能增加高速公路的美观性。

《标准》规定:八车道及以上高速公路,在内侧一、二车道主要通行小型车辆时,其车道宽度可采用3.5 m。对于以中、小型客运车辆为主的公路(如机场专用公路等),可论证采用3.5 m的车道宽度。另外,高速公路右侧硬路肩宽度一般为3 m,最小值为1.5 m,主要通行小客车时,右侧硬路肩宽度也可采用2.5 m。

高速公路既有硬路肩,也有土路肩,其土路肩宽度一般为0.75 m。

③中间带:高速公路上用于分隔对向车辆的带状构造物。

中间带可以将对向车流分开,避免车辆任意掉头,减少交通事故,提高通行能力;在中间带上种植花草灌木或设置防眩网,既可以防止对向车灯产生的眩光,又可美化路容和环境;此外,中间带可以为沿线设施的设置提供场地,为高速公路分期改建提供储备用地,显示行车道位置,起视线诱导作用。

有时为了便于进行养护作业和某些车辆在必要时驶向反向车道,中央分隔带应按一定距离设置开口。中央分隔带开口一般情况下以2 km的间距设置为宜,互通式立体交叉、隧道、特大桥、服务区等设施的前后必须设置开口。

高速公路整体式断面必须设置中间带。中间带由中央分隔带和两条左侧路缘带组成。

《规范》规定如下。

a. 高速公路的中央分隔带宽度应根据公路项目中央分隔带功能确定。

b. 高速公路左侧路缘带宽度应不小于表3.22的规定。设计速度为120 km/h、100 km/h时,受地形、地物限制的路段或多车道公路内侧仅限小型车辆通行的路段,可论证采用最小值。

表3.22 左侧路缘带宽度

设计速度/(km/h)	左侧路缘带宽度/m	
	一般值	最小值
120	0.75	0.50
100	0.75	0.50
80	0.50	0.50

④边坡:路肩的外边缘与坡脚(路堑则为边沟外侧沟底与坡顶)所构成的坡面。其是支撑路基主体的重要组成部分。

⑤边沟:为汇集和排除路面、路肩及边坡流水,在挖方或低填方路基两侧设

置的纵向排水设施。

2)路基横断面的特殊组成及作用

①紧急停车带:高速公路右侧硬路肩宽度小于2.5 m时,应设置紧急停车带,其间距宜不大于500 m,宽度宜不大于3.50 m,有效长度应不小于40 m,主要是为了使发生故障的车辆在避让其他车辆的同时,能尽快离开行车道。

②爬坡车道:高速公路的连续上坡路段。当通行能力、运行安全受到影响时,宜设置爬坡车道,供慢速上坡车辆行驶。爬坡车道宽度应不小于3.5 m,六车道以上的高速公路可不设爬坡车道。

③变速车道:互通式立体交叉、服务区、停车区、公共汽车停靠站、管理设施等的出入口处,应设置加(减)速车道,供车辆驶入或驶离高速公路,其宽度一般为3.5 m。

④护坡道:护坡道的作用是减缓路堤边坡的平均坡度,是保证路堤稳定的措施之一。当路堤填土高度小于或等于2 m时,可不设护坡道;当路堤填土高度大于2 m时,应设置宽度为1 m的护坡道;当路堤填土高度大于6 m时,应设置宽度为2 m的护坡道。为利于排水,护坡道表面应设置成向外侧倾斜2%的横坡。

⑥碎落台:在路堑边坡坡脚与边沟外侧边缘之间或边坡上,为防止碎落物落入边沟而设置的具有一定宽度的纵向平台。碎落台宽度一般为1.0~2.0 m。

⑦截水沟(又称"天沟"):在路堤上方或路堑上方,为拦截由路堤或路堑上方山坡流向路基的水流,保证路基稳定,在路堤上方(距离路堤坡脚大于等于2 m)或路堑坡顶以外(距离路堑坡顶外缘大于等于5 m)设置的排水设施。

3. 典型路基横断面

在公路几何线形设计中,将经常采用的具有代表性的公路路基横断面称为典型横断面。在典型横断面中,将高于原地面的填方路基称为路堤,低于原地面的挖方路基称为路堑;在同一断面内,将一部分填方、一部分挖方的路基称为半填半挖路基。由于自然地形、地质条件的多样性,产生了一系列类似的断面形式,它们在高速公路设计中经常被采用。另外,为了保证路基稳定和行车安全,根据实际需要设置取土坑、弃土堆、护坡道、碎落台、堆料坪等,这些都是路基主体工程不可缺少的部分。

1)常用的典型横断面

①路堤。路堤是指填筑在地面线以上的路基形式,也称填方路基。路堤包

括一般路堤、矮路堤、陡坡路堤、高路堤、浸水路堤(沿河路堤)、护脚路堤、挖沟填筑路堤、吹(填)砂(粉煤灰)路堤等。

a. 填土高度小于 18 m(土质)或 20 m(石质)的路堤为一般路堤。

b. 填土高度小于 1.5 m 的路堤称为矮路堤。在填土高度小于 0.5 m 时,为保证路基最小填土高度,以及能顺利地排除路面、路肩和边坡表面水,应设置边沟。

c. 沿河路堤是指桥头引道和河滩路堤。路堤浸水部分边坡,除应采用较缓和坡度外,还应视水流情况采用相应的加固防护措施。

d. 平原区高速公路为满足填土需要,将路基两侧或一侧的边沟断面扩大成取土坑的路基称为挖沟填筑路堤。此时为保证边坡的稳定,应在坡脚与取土坑之间设置宽度不小于 1 m 的护坡道。

e. 填土高度大于 18 m(土质)或 20 m(石质)的路堤称为高路堤。为保证边坡稳定,应采用折线形边坡。

f. 在山区陡坡路段上填筑的路基称为陡坡路堤。当填方坡脚太远时,为避免多占用耕地或拆迁其他建筑,可采用护脚路堤。

g. 吹(填)砂(粉煤灰)路堤的作用是保证边坡的稳定和植物的生长,其边坡表层 1~2 m 用黏质土填筑,路床顶面可采用 0.3~0.5 m 粗粒土封闭。

② 路堑。路堑是指全部在原地面开挖而成的路基,也称挖方路基。路堑路段均应设置边沟;为拦截和排除上侧地面水,以保证边坡稳定,应在坡顶 5 m 外设置截水沟。挖路堑所废弃的土石方,应弃置于下侧坡顶外至少 3 m,并做成规则形状的弃土堆;当挖方高度较大时或在土质变化处,边坡应随之做成折线形或台阶式边坡,以保证稳定。

路堑还包括台口式路堑和半山洞。其中,台口式路堑是指山体的自然坡面为路堑的下边坡,适用于地质状况良好的地段;半山洞适用于整体坚硬的岩石层上,是为节省工程量而采用的一种形式,应用时需注意高速公路的安全和建筑限界的要求。

③ 半填半挖路基。当原地面横坡大且路基较宽,需要一侧开挖,另一侧填筑时,为挖、填结合路基,也称半填半挖路基。在丘陵或山区高速公路上,挖、填结合是路基横断面的主要形式。当地面横坡大于 1:5 时(包括一般路堤在内),为保证填土的稳定,应将原地面挖成台阶,台阶的高度应视填料性质和施工方法而定,挖方部分与一般路堑相同。

在陡坡路段,虽然路基的填土高度不大,但是地面横坡较陡,坡脚太远且不易填筑时,可采用护肩路基;填土高度较大难以填筑,或地面横坡太陡以致坡脚落空不能填筑时,可采用砌石路基或挡土墙路基,前者是干砌或浆砌片石,能保持填土的稳定,片石与路基为一个整体,而挡土墙是不依靠路基也能独立稳定的支挡结构物;当挖方边坡土质松软、易碎落时,可采用矮墙路基;当挖方地质不良可能产生滑坍时,可采用挡土墙路基。

各种典型路基横断面要结合实际地形选用,且应以路基稳定、行车安全、工程量小和经济适用为前提。

2)取土坑与弃土堆

取土坑可分为路侧取土和路外集中取土两种。当地面是坡度不大于1:10的平坦地区时,可在路基两侧设置取土坑。取土坑一般设置在地势较高的一侧,其深度和宽度应视取土数量、施工方法及用地许可条件而定,平原区一般深度为1.0 m。为防止坑内积水,路基坡脚与坑之间,当堤顶与坑底高差超过2 m时,需要设置宽度为1.0 m的护坡道,坑底设纵横排水坡及相应设施。

河流淹没地段的桥头引道两侧一般不设取土坑。河滩上的取土坑应与调治构造物的位置相适应,一般距离河流水位界10 m以外,并不得长期积水,危害路基或构造物的稳定。

应妥善处理和充分利用开挖路基的废方,如用于公路、农田水利、基建等,做到变废为宝、弃而不乱。对无法加以利用的弃土,应防止乱弃而造成水土流失,危害路基及农田水利,淤塞河道。

废方一般选择在沿线附近低洼荒地或路堑下坡一侧堆放。对于沿河路基的废石方,当条件允许时,可以占用部分河道,但不能造成河道上游壅水,危及路基及附近农田。如需要在路堑上侧弃土,要求堆弃平整,顶面具有适当横坡,并设置平台三角土埂及排水沟渠。积砂或积雪地段的弃土堆,为利于防砂防雪,一般设置在迎风一侧。当路堑深度大于1.5 m时,弃土堆距离坡顶至少20 m。浅而开阔的路堑两旁不得设置弃土堆。

3.4.2　建筑限界与用地范围

1. 高速公路的建筑限界

公路建筑限界又称净空,是为保证车辆、行人的通行安全,规定在道路、桥面上及隧道中的一定高度和宽度范围内不允许有任何障碍物侵入的空间界限。其由净高和净宽两部分组成。建筑限界的上缘边界线为水平线(超高路段与超高横坡平行),两侧边界线与水平线垂直(超高路段与路面垂直)。在横断面设计时,应充分研究各路幅组成要素与公共设施之间的关系,在有限的空间内合理安排、正确设计,公路标志、标牌、护栏、照明灯柱、电杆、行道树、桥墩、桥台等设施的任何部件不能侵入建筑限界之内。一条公路应采用一个净高,高速公路的净高应为 5.0 m。

2. 高速公路用地

高速公路用地是指为修建、养护道路及其沿线设施而依照国家规定所征用的地幅。不同类型的高速公路的用地范围如下。

(1)新建高速公路:新建高速公路路堤两侧排水沟外缘(无排水沟时为路堤或护坡道坡脚)以外,或路堑坡顶截水沟外边缘(无截水沟为坡顶)以外不小于 1 m 的土地为高速公路用地范围。在有条件的地段,不小于 3 m 范围内的土地为高速公路路基用地范围。

(2)改建高速公路:现有高速公路保持不变,改建路段按新建高速公路确定。

(3)特殊情况(如立交、服务区、安全设施、风沙、雪灾等地段):应根据实际需要确定用地范围。

在高速公路设计图纸中,根据路线平面设计图,结合高速公路用地的要求,需要在设计中反映出高速公路路线两侧的用地情况。同时,统计出高速公路用地范围内涉及的树木青苗、砍树挖根、拆迁建筑物、拆迁电力及电信等情况,因为这也是高速公路建设造价的一部分内容。

3.4.3 路拱、边沟和边坡设计

路拱是为了迅速排除路面上的雨水,将路面做成由中间向两侧倾斜的拱形。选择路拱的大小与形状时应考虑排水、行车安全等。同时,对于不同类型的路面和不同宽度的行车道,应结合当地的自然条件、降雨强度等采用不同的路拱坡度。路拱的形式一般有抛物线形、直线接曲线形、折线形等。土路肩的横坡度一般较路拱横坡增加 1%~2%。硬路肩一般与路面采用同一横坡,也可稍大于路面。

边沟是沿路基两侧布置的纵向排水设施,以排除路面、边坡表面的积水。边沟的纵坡一般与路线纵坡一致,当路线纵坡小于 0.3% 时,边沟仍应保持 0.3%~0.5% 的最小纵坡。边沟的断面形式多为梯形、矩形和三角形。

边坡是路基边坡(即路肩)的外边缘与坡脚(路堑则为边沟外侧沟底与坡顶)所构成的坡面,是支撑路基主体的重要组成部分。路基边坡的坡度用边坡的高度与宽度的比值来表示,如1∶0.5、1∶1、1∶1.5、1∶1.75等。

路基边坡坡度的大小直接影响路基的稳定性和工程数量。坡度大,虽然稳定性较差,但工程数量少,坡度过大则易使边坡产生滑坍等病害;坡度小,虽然稳定性好,但工程数量大。因此,正确、合理地确定边坡坡度,是高速公路横断面设计的主要内容之一。

路基边坡坡度的大小取决于边坡的高度和土壤的性质,且与当地的气候、水文、地质等自然因素有关,选择时必须全面考虑、力求合理。

1)路堤边坡

应根据填料的物理力学性质、气候条件、边坡高度以及基底的工程地质和水文地质条件合理选定路堤的边坡坡度。

(1)填土路堤边坡。当地质条件良好、边坡高度不大于 20 m 时,其边坡坡度宜不大于表 3.23 的规定值;对于边坡高度大于 20 m 的路堤,边坡形式宜采用阶梯形。对边坡坡度必须进行稳定性分析计算,并应进行个别设计。

表 3.23 路堤边坡坡度表

填料类别	边坡坡度	
	上部高度($H \leqslant 8$ m)	下部高度($H \leqslant 12$ m)
细粒土	1∶1.5	1∶1.75
粗粒土	1∶1.5	1∶1.75
巨粒土	1∶1.3	1∶1.5

浸水路堤在设计水位以下部分的边坡坡度,宜不大于 1∶1.75。

为了必要时便于汽车驶离高速公路进行疏散,在平原微丘区应设置高度不超过 1.0 m 的路堤。如用地条件许可,可采用不大于 1∶3 的边坡。

(2)砌石路基边坡。填石路基应选用当地不易风化的片、块石砌筑,内侧填石;岩石风化严重或软质岩石路段不宜采用砌石路基。砌石顶宽不小于 0.8 m,基底面向内倾斜,砌石高度宜不超过 15 m。砌石内、外坡度宜不大于表 3.24 的规定值。

表 3.24 砌石边坡坡度表

序号	砌石高度/m	内坡坡度	外坡坡度
1	≤5	1∶0.3	1∶0.5
2	≤10	1∶0.5	1∶0.67
3	≤15	1∶0.6	1∶0.75

2)路堑边坡

(1)土质路堑边坡。土质路堑边坡形式及坡度应根据工程地质条件、边坡高度、排水措施、施工方法,并结合自然稳定边坡和人工边坡的调查及力学分析情况综合确定。当边坡高度不大于 20 m 时,边坡坡度宜不大于表 3.25 的规定值;当边坡高度大于 20 m 时,应进行个别勘察设计。

表 3.25 土质路堑边坡坡度

土的类别		边坡坡度
黏土、粉质黏土、塑性指数大于 3 的粉土		1∶1
中密以上的中砂、粗砂、砾砂		1∶1.5
卵石土、碎石土、圆砾土、角砾土	胶结和密实	1∶0.75
	中密	1∶1

注:黄土、红黏土、高液限土、膨胀土等特殊土质挖方边坡形式及坡度应按有关规定确定。

(2)岩质路堑边坡。应根据工程地质与水文地质条件、边坡高度、施工方法,并结合自然稳定边坡和人工边坡的调查综合确定岩质路堑边坡形式及坡度。必要时,可采用稳定性分析方法予以检算。边坡坡度不大于 30 m 时,无外倾软弱结构面的边坡坡度按表 3.26 确定。

表 3.26 岩质路堑边坡坡度

边坡岩体类型	风化程度	边坡坡度	
		$H<15$ m	15 m≤H≤30 m
Ⅰ类	未风化、微风化	1∶0.1~1∶0.3	1∶0.1~1∶0.3
	弱风化	1∶0.1~1∶0.3	1∶0.3~1∶0.5
Ⅱ类	未风化、微风化	1∶0.1~1∶0.3	1∶0.3~1∶0.5
	弱风化	1∶0.3~1∶0.5	1∶0.5~1∶0.75
Ⅲ类	未风化、微风化	1∶0.3~1∶0.5	—
	弱风化	1∶0.5~1∶0.75	—

续表

边坡岩体类型	风化程度	边坡坡度	
		$H<15$ m	15 m$\leqslant H \leqslant$30 m
Ⅳ类	弱风化	1∶0.5～1∶1	—
	强风化	1∶0.75～1∶1	—

注:1.有可靠的资料和经验时,可不受本表限制。
　　2.Ⅳ类强风化包括各类风化程度的极软岩。

对于有外倾软弱结构面的岩质边坡、坡顶边缘附近有较大荷载的边坡,其边坡坡度应通过稳定性分析和计算确定。硬质岩石挖方路基宜采用光面、顶裂爆破技术。边坡高度大于20 m的软弱松散岩质路堑,宜采用分层开挖、分层防护和坡脚预加固技术。当岩石挖方边坡高度大于30 m时,应进行高边坡个别处理设计。

3.4.4　土石方数量计算及调配

1. 路基横断面土石方数量计算

路基横断面土石方是高速公路工程的一项主要工程量,在高速公路设计和路线方案比较中,路基横断面土石方数量是评价高速公路测设质量的主要技术经济指标之一。在编制高速公路施工组织计划和工程概预算时,还需要确定分段和全线路基横断面土石方数量。

地面形状是很复杂的,填方、挖方不是简单的几何体。所以,其计算只能是近似的。计算的精确度取决于中桩间距、测绘横断面时采点的密度和计算公式与实际情况的接近程度等。计算时一般应按工程的要求,在保证使用精度的前提下力求简化。

1)横断面面积计算

路基的填、挖断面面积是指断面图中原地面线与路基设计线所包围的面积。设计标高高于地面线者为填,低于地面线者为挖,两者应分别计算。通常采用积距法和坐标法进行计算。

①积距法:将断面按单位横宽划分为若干个梯形和三角形,每个小条块的面积近似按每个小条块中心高度与单位宽度的乘积。

②坐标法:如图3.11所示,已知断面图上各转折点坐标(x_i, y_i),则断面面

积计算公式为式(3.21)。

$$A = \frac{1}{2}\left[\sum (x_i y_{i+1} - x_{i+1} y_i)\right] \quad (3.21)$$

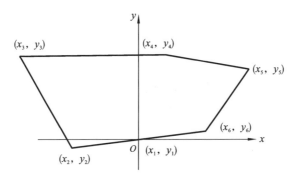

图 3.11　坐标法

坐标法的计算精度较高,适宜用计算机计算。

2)土石方数量计算

路基横断面土石方计算工作量较大,加之路基填、挖变化的不规则性,要精确计算土石方体积是十分困难的。在工程上通常采用近似计算,即假定相邻断面为一棱柱体,则其体积计算公式为式(3.22)。

$$V = (A_1 + A_2)\frac{L}{2} \quad (3.22)$$

式中:V 为体积,即土石方数量(m^3);A_1、A_2 分别为相邻两断面的面积(m^2);L 为相邻断面之间的距离(m)。

此种方法称为平均断面法,如图 3.12 所示。用平均断面法计算土石方体积简便、实用,是常采用的方法。

但平均断面法计算精度较低,只有当 A_1、A_2 相差不大时才较准确。当 A_1、A_2 相差较大时,按棱台体公式计算更为准确,其计算公式为式(3.23)。

$$V = \frac{1}{3}(A_1 + A_2)L\left(1 + \frac{\sqrt{m}}{1+m}\right) \quad (3.23)$$

式中:$m = A_1/A_2$,其中 $A_1 < A_2$。

用上述方法计算的土石方体积中包含路面结构层体积。若设计的纵断面有填有挖且基本平衡,则填方断面中多计算的路面面积与挖方断面中少计算的路面面积相互抵消,其总体积与实际施工体积相差不大;若路基以填方为主或以挖方为主,则应在计算断面面积时将路面部分计入,也就是填方要扣除,挖方要增

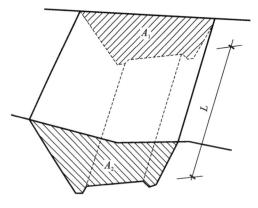

图 3.12 平均断面法

加路面所占的那一部分面积,特别是路面结构层厚度较大时更不能忽略。

计算路基土石方数量时,应扣除大、中桥及隧道所占路线长度的体积;桥头引道的土石方可视需要全部或部分列入桥梁工程项目中,但应注意不要遗漏或重复;小桥涵所占的体积一般可不扣除。

在路基工程中,挖方按天然密实方体积计算,填方按压实后的体积计算。高速公路的各类土石方与天然密实方换算系数见表 3.27,土石方调配时注意换算。

表 3.27 高速公路路基土石方换算系数

土石类别			
土方			石方
松土	普通土	硬土	
1.23	1.16	1.09	0.92

土石方数量计算还应注意以下问题。

①填、挖方数量分别计算(填、挖面积分别计算)。

②土方和石方应分别计算。

③换土、挖淤泥或挖台阶等部分应计算挖方工程量,同时计算填方工程量。

④路基填、挖方数量中应考虑路面结构层所占的体积(填方扣除、挖方增加)。

⑤路基土石方数量中应扣除大、中桥所占的体积,小桥及涵洞可不予考虑。

2. 路基横断面土石方调配

土石方调配的目的是确定填方用土(石)的来源、挖方弃土(石)的去向,以及计价土石方的数量和运量等。通过调配,可合理地解决各路段土石方平衡与利用问题,将从路堑挖出的土石方,在经济合理的调运条件下移挖作填,尽量减少路外借土(石)和弃土(石),少占用耕地,以求降低高速公路造价。

1) 土石方调配计算的几个概念

①平均运距。土石方调配的平均运距,是从挖方体积的重心到填方体积的重心之间的距离。在路线工程中为简化计算,这个距离可简单地按挖方断面间距中心至填方断面间距中心的距离计算,称为平均距离。

②免费运距。土石方作业包括挖、装、运、卸等工序,在某一特定距离内,只按土石方数量计价而不计运费,这一特定的距离称为免费运距。根据施工方法的不同,免费运距也不同,如人工运输的免费运距为 20 m,铲运机运输的免费运距为 100 m。

纵向调配,当其平均运距超过定额规定的免费运距时,应按其超运运距计算土石方运量。

③经济运距。填方用土(石)来源:一是沿路线纵向调配;二是就近路外借土。一般情况下,用路堑挖方调去填筑距离较近的路堤是比较经济的。但调运的距离过长,以致运价超过了在填方附近借土所需的费用时,移挖作填就不如在路堤附近就地借土经济。因此,应采用"借"还是"调",均有限度距离,这个限度距离即经济运距。其值按式(3.24)计算。

$$L_{经} = \frac{B}{T} + L_{免} \quad (3.24)$$

式中:B 为借土单价(元/m³);T 为远运运费单价[元/(m³·km)];$L_{免}$ 为免费运距(km)。

经济运距是确定借土或调运的界限。当调运距离小于经济运距时,采取纵向调运是经济的;反之,则可考虑就近借土。

④运量。土石方运量为平均超运运距单位与土石方调配数量的乘积。

例如,在生产中,工程定额将人工运输免费运距定为 20 m,平均每增运距 10 m 划为一个运输单位,称为"级"。当实际的平均运距为 40 m,超运运距为 20 m 时,则为两个运输单位,称为二级,在路基土石方数量计算表中记作②。

总运量的计算按式(3.25)和式(3.26)进行。

$$总运量 = 调配(土石方)数量 \times n \tag{3.25}$$

$$n = (L - L_免)/A \tag{3.26}$$

式中:n 为平均超运运距单位,四舍五入取整数;L 为土石方调配平均运距(m);$L_免$ 为免费运距(m);A 为超运运距单位(m)(例如,人工运输 $A=10$ m,铲运机运输 $A=50$ m)。

⑤计价土石方数量。在土石方计算与调配中,所有挖方均应计价。但填方应按土的来源决定是否计价,如是路外就近借土应计价;如是移"挖"作"填"的纵向调配利用方,则不应再计价,否则会形成双重计价。计价土石方数量按式(3.27)计算。

$$V_计 = V_挖 + V_借 \tag{3.27}$$

式中:$V_计$ 为计价土石方数量(m^3);$V_挖$ 为挖方数量(m^3);$V_借$ 为借方数量(m^3)。

2)土石方调配原则

①在半填半挖的断面中,应首先考虑在本路段内移"挖"作"填"进行横向平衡,再将多余的土石方做纵向调配,以减少总的运量。

②土石方调配应考虑桥涵位置对施工运输的影响,一般大沟不做跨越运输,同时注意施工的可能与方便,尽可能避免和减少上坡运土。

③为使调配合理,必须根据地形情况和施工条件选用适当的运输方式,确定合理的经济运距,用以分析工程用土是调运还是外借。

④土方调配"移挖作填"固然要考虑经济运距问题,但这不是唯一的指标,还要综合考虑弃方和借方的占地、赔偿青苗损失及对农业生产的影响等。有时路堑的挖方纵调做路堤的填方,虽然运距超出一些,运输费用可能会高一些,但如能少占地、少影响农业生产,整体来说未必是不经济的。

⑤不同的土方和石方应根据工程需要分别进行调配,以保证路基稳定和人工构造物的材料供应。

⑥位于山坡上的回头曲线路段,要优先考虑上、下线的土石方竖向调运。

⑦对于借土和弃土,事先同当地有关单位商量,妥善处理。借土应结合地形、农田规划等选择借土地点,并综合考虑借土还田、整地造田等措施。弃土应不占或少占耕地,在可能的条件下宜将弃土平整为可耕地,防止乱弃乱堆,或堵塞河流,损害农田。

3)土石方调配方法

土石方调配方法有多种,目前生产上采用土石方计算表调配法,直接在土石方表上进行调配。其优点是方法简单、调配清晰、精度符合要求,且可由计算机自动完成。具体调配步骤如下。

①土石方调配是在土石方数量计算与复核完毕的基础上进行的。调配前,应将可能影响运输调配的桥涵位置、陡坡、大沟等注明在表旁,供调配时参考。

②计算并填写表中"本桩利用""填缺""挖余"各栏。当以石作填土时,石方数应填入"本桩利用"的"土"一栏,并以符号区别,然后按填、挖方分别进行闭合核算。其核算公式见式(3.28)和式(3.29)。

$$填方 = 本桩利用 + 填缺 \tag{3.28}$$

$$挖方 = 本桩利用 + 挖余 \tag{3.29}$$

③在做纵向调配前,根据填缺、挖余的分布情况,选择适当施工方法及可采用的运输方式,并定出合理的经济运距,供土方调配时参考。

④根据填缺、挖余分布情况,结合路线纵坡和自然条件,本着技术经济、少占用农田的原则,具体拟定调配方案,将相邻路段的挖余就近纵向调配到填缺内加以利用,并将具体调运方向和数量用箭头在纵向调配栏中标明。

⑤经过纵向调配,如果仍有填缺或挖余,则应会同当地政府协商确定借土或弃土地点,然后将借土或弃土的数量和运距分别填注到借方或废方栏内。

⑥调配完成后,应分页进行闭合核算,核算公式见式(3.30)和式(3.31)。

$$填缺 = 远运利用 + 借方 \tag{3.30}$$

$$挖余 = 远运利用 + 废方 \tag{3.31}$$

⑦本千米调配完毕后,应进行本千米合计,总闭合核算除上述规定外,尚要满足式(3.32)。

$$跨千米调入方 + 挖方 + 借方 = 跨千米调出方 + 填方 + 废方 \tag{3.32}$$

⑧土石方调配一般在本千米内进行,必要时也可跨千米调配,但需要将调配的方向及数量分别注明,以免混淆。

⑨每千米土石方数量计算与调配完成后,须汇总列入"路基每千米土石方表",并进行全线总计与核算。至此,完成全部土石方计算与调配工作。

3.4.5 路基横断面设计成果

路基横断面设计的主要成果是"两图两表",即路基横断面设计图、路基标准横断面图、路基设计表与路基土石方数量表。

1) 路基横断面设计图

路基横断面设计图是路基每一个中桩的法向剖面图,它反映每个桩位处横断面的尺寸及结构，是路基施工及横断面面积计算的依据。图中应给出地面线与设计线，并标注桩号、施工高度与断面面积。相同的边坡坡度可只在一个断面上标注，挡墙等圬工构造物可只绘制出形状，不标注尺寸，边沟也只需要绘制出形状。路基横断面设计图应按从下到上、从左到右的顺序进行布置，一般采用1∶200或1∶400的比例。

2）路基标准横断面图

路基标准横断面图由横断面设计线和地面线组成。其中横断面设计线包括行车道、中央分隔带、路缘带、硬路肩、土路肩、边沟、边坡、截水沟、护坡道以及取土坑、弃土堆、环境保护设施等。地面线是表征地面起伏变化的线，它是通过现场实测或由大比例尺地形图、航拍、数字地面模型等途径获得的，路线设计中的横断面设计只限于与行车直接有关的路幅部分，即两侧路肩外缘之间各组成部分的宽度、横向坡度等。路基标准横断面图将设计过程中所出现的所有路基形式进行汇总，它标示出了所有设计线（包括边坡、边沟、挡墙、路肩等）的形状、比例及尺寸，用以指导施工。这样，路基标准横断面图就不必对每一个断面都进行详细的标注（其中很多断面的比例、尺寸都是相同的），既避免了工作的重复与烦琐，又使路基标准横断面图比较简洁。

3）路基设计表

严格地说，路基设计表不能只作为横断面设计的成果，它是路线设计成果的一个汇总，其前半部分是平面与纵面设计的成果。横断面设计完成后，再填写"边坡""边沟"等栏。其中，"边沟"一栏的"坡度"如不填写，表明沟底纵坡与道路纵坡一致，如果不一致，则需要另外填写。

4）路基土石方数量表

路基土石方是高速公路工程的一项主要工程量。因此，在高速公路设计和路线方案比较中，路基土石方数量是评价高速公路测设质量的主要技术经济指标之一，也是编制高速公路施工组织计划和工程概预算的主要依据。

5）其他成果

特殊情况下的路基（如高填深挖路基、侵河路基、不良地质地段路基等）应单独设计，并绘制特殊路基设计图。特殊路基设计图中应出示缘石大样、中央分隔带开口设计图等。

第4章 高速公路路基路面一体化设计

4.1 传统路基路面设计

路基路面设计是否科学合理,需要经过详细的路基、路面、防护及其他相关资料的勘测与调查,根据调查资料对路基的挖方、填方、边坡、排水、防护、取土、弃土、平面交叉、立体交叉等进行设计优化,根据交通量、使用任务、性质、气象、水文、土质、地质、材料等因素,科学合理地确定路面等级和路面结构。

传统的路基路面设计强调路面的主导性作用,通过对路基变形、强度等的约束来保证其对路面的支撑作用。其设计过程主要包括地质调查勘探、路基设计、路基稳定措施、路面设计等几个主要方面。

4.1.1 地质调查勘探

1. 路基勘测调查

路基勘测应充分调查沿线地质情况,通过现有道路构造物调查、文献资料查阅、沿线群众调查、挖探、手钻探孔、打水井、挖坑窖等手段,进行路线地质调查。挖探及手钻探孔一般间距为500~1000 m,深度为3~5 m,特殊地质路段应该适当加密。路基勘测调查内容如下:调查沿线土壤种类、性质(包括含水量、密实度、密度、塑、液性指数及砂砾土的颗粒组成)等,查明沿线不良地质现象(包括软土、古河道、可液化土层等),查明地下水位及地表积水情况,查明路线区段内地震的情况,确定地震基本烈度。调查收集沿线地质、水文、地形及气象、气候等与路基设计有关的资料;调查沿线地表的水流方向、设计洪水频率的地面天然积水深度、河沟洪水位、地下水位;调查填筑路基的土质特性、水质及路基建成后对天然沟阻水情况,确定排水方案。根据初拟的路线平纵面线形,对高填、深挖路基的地点、地形地貌、地质开展调查,必要时布置地质勘探工作,为路线采取高架桥、隧道方式的技术经济比较及设置路基防护措施提供依据。根据土壤类别确定边坡坡度、边沟断面及路基断面,确定防护措施。沿路线分段做出路基排水设计,路基排水应根据地形及桥涵位置、农田灌溉综合考虑;路线穿过村镇时,应注意和村镇排水相结合。

对线外工程开展调查。原有各级道路的改移、水利设施的重新安排和调整、因施工需要而修建的临时便道和便桥等线外工程,应做详细调查和规划,部分等级道路的改建,应按改建工程进行勘察。对路基填料的来源、性质、征用方式及运输条件等进行调查;对路基弃方发生的路段、集中堆弃的场地、征地及运输条件等进行调查。对取(弃)土场的确定,应在沿线有关部门的配合下,充分征求沿线地方政府的意见。对取土场的地质勘探可以采取挖探、手钻探孔、机钻探孔等手段,并进行必要的土工试验,查明其土质的各项指标。每处取土场的探孔应不少于5孔(四角各1孔,中心1孔),探孔深度应大于计划取土深度2~3 m。在初步对每一处取(弃)土场现场调查完成后,及时填写"取(弃)土场调查记录表"。

2. 路面勘测调查

根据地质水文调查资料,考虑路面建成后对路基的影响,分析确定各路段路基的干湿类型。收集已有道路设计、施工、养护等有关资料,进行各种路面结构类型下的营运与养护费用调查,以便做出路面经济技术比较,为方案比选提供依据。搜集有关气象、气候、冻深等基础资料,分析对路面产生不良影响的因素,提出处理措施。对路面使用的当地及外购材料(包括工业废渣)进行调查,包括以下内容:①产地、产量;②开采运输条件;③价格;④利用工业废渣后对环境及其他方面产生的影响;⑤利用工业废渣后,国家或地方政府给出的优惠政策;⑥对水、土、石灰、粉煤灰等工业废渣,以及水泥、碎石等原材料取样,按路面设计要求,进行有关的物理、化学、强度试验,提供设计的依据。对拟定的路面结构按路面设计要求取样进行组成设计,对各结构组成按照有关要求进行不同龄期的抗压、抗拉强度及模量等试验。调查区域内在建和已建高速公路项目,了解其成功经验和值得借鉴的教训,为路面结构设计提供参考。

3. 路基防护勘测调查

路基防护勘测调查包括:①各路段初步确定的路基边坡防护工程的位置、防护路段长度及采取的防护工程形式;②如果初步确定的路基边坡防护工程科学可行,可以实地放出构造物轴线,进行水准测量和横断面测量;③对于采用绿化方式进行边坡防护的路段,应在现场观察边坡土质的适种性,以选择适宜种植的植物,确定种植位置、季节及方式;④以上防护方式确定后,进一步调查边坡的土质、稳定性、含水量情况等。

4. 其他相关调查

(1)调治构造物勘测调查。

①应调查河水流向、水位、河势、汇水面积,确定调治构造物的具体位置、长度和形式。

②应实地放出调治构造物轴线,测量坝头、坝身、坝根横断面及轴线高程。

③沿河、湖、海、水库等地段路基,应调查洪水位、潮水位、波浪高,以及岸、滩的冲刷和淤积情况。

(2)改移河道(沟渠)、道路勘测调查。

①实地调查、确定改移的方案和位置。

②实地放出改移工程的轴线桩,并进行纵、横断面测量。改移工程轴线应与路线或导线联测。

③改移河道、主干沟渠及等级公路工程,应测绘比例尺为1:2000～1:500的地形图,测绘范围应满足设计要求。

(3)地质不良地段调查。

应调查其具体位置、涉及的范围、属于哪一类地质病害,以及对路基、路面有何影响,根据调查结果确定治理措施。复杂的地质不良地段应测绘比例尺为1:2000～1:500的地形图。

4.1.2 路基设计

进行路基设计时应总体考虑,不应只看局部,片面追求高指标,这样才能避免路基的高填深挖。

当无法避免高填方时,应多做几个方案,进行经济比选。一般路基填方高度不宜大于15 m。如果在山区或跨越大峡谷修建高速公路,填方高度大于15 m时,优先考虑采用桥梁。如果局部填方高度大于15 m且是小体积填方,路基弃方数量大又难以找到合适的弃土场地时,可以考虑填方,但要提出保证路基稳定的措施,避免路基产生不均匀沉降变形,同时不破坏周围环境景观。对于河流,防洪必须满足《规范》规定指标。

当路基挖方深度超过30 m时,应与隧道方案相比较。如果由于地形限制,路基挖方边坡高度超过40 m,应对地形进行分析,寻找可以避让的路线,或对平面、纵断面、横断面设计进行局部调整,或采用半隧半路、半桥半路、隧道、纵向分离式路基等措施,并进行方案比选。

总体设计应考虑全路段,所确定的路基边坡方案应安全合理可行,少占地,路基边坡应与自然相协调,取消单一坡度,随地形地貌顺势圆滑过渡,坡脚、坡顶无折角,自然过渡。路基边坡防护可借鉴国内的成功经验和教训,防护形式在经济合理的情况下应多种多样。除考虑工程自身的需要外,还要与排水工程、绿化工程和景观等有机地结合起来,形成统一的整体。对于自然裸露的稳定岩石,只要不影响行车安全,可不做防护。

对于低填路段,路基边坡宜采用植物防护,对填方路基超宽(每侧 30～50 cm)填筑的土方不必清除,既节约资源和资金,又体现边坡坡度的灵活、自然。为保证挖方边坡的稳定,在地质环境允许的前提下,挖方边坡尽量放缓,并优先考虑植物防护。

排水设计必须满足环境保护的要求,防止水漫流造成水土流失。截水沟不应见挖方就设,而应根据汇水情况来定。如果汇水面积不大,则尽量不设。截水沟断面宜小一些,并在两侧种植爬藤植物,以遮盖沟体。

对于超高路段,结合既有高速公路的成功经验和教训,四车道段宜采用横向直排方式,六车道段宜采用沿内侧路缘带纵向设暗沟集水井的排水形式。

应尽量利用沿线附近的工程废弃方、工业废渣、废料等作为路基填料,当无废料可利用时,应在视线以外选择荒地或小山包、山川河谷等地貌易恢复的位置,且在完工后应恢复原地貌。

应在详细调查和遥感遥测的基础上,结合水土保持方案和当地农田开发规划合理确定弃土场。弃土场应进行复绿或复耕,结合地形等特点研究弃方综合利用方案,减少水土流失。

4.1.3 路基稳定措施

为避免路基出现较大的工后沉降,应对沿线非软基地段的原地面进行表土清理与压实,对基底强度、稳定性不足的路段应加强处理,包括进行换填、加入工业废料、填前碾压等技术处理措施,但必须注意因此而增加的工程量和工程费用。

沿河、沿海和湿地路线,地下水位相对较浅,为了保证路床强度,应设置透水垫层或换填无机材料稳定土进行处理。

路基在构造物两侧会产生不均匀沉降,形成桥头跳车,故应对桥梁和涵洞两侧路基设置过渡段。过渡段长为$(2\sim3)\times H+B$(H为桥台或涵洞高度,B为过渡段底宽),底宽$3\sim5$ m,衔接段纵向坡度不大于1∶2。桥涵台背和挡土墙墙背填料,应选用透水性材料,每层铺筑厚度应不大于20 cm。过渡段范围内的路基压实度不小于96%。对于难以压实的台背和墙背填料可以采用流态粉煤灰或流态水泥土,因其密度低、强度高,既能保证路基稳定,又能减少工后沉降。台背填土必须与锥坡填土同时进行,要求从填方基底或涵洞顶部至路床顶面的压实度均达到96%。

对于湿陷性黄土路基,适宜采用强夯法或冲击压实处理。根据湿陷级别和厚度,选择夯击能。

路基位于斜坡上时,要挖台阶并压实,对其上坡向的一侧,要做深排水边沟,以阻断地表水和地基的上层潜水向路堤下的地基渗透。

4.1.4 路面设计

路面设计要根据交通量、使用任务、性质、气象、水文、土质、地质和材料等因素,合理确定路面等级和路面结构。每个项目应结合区域路面早期破损的经验教训,积极探索路面设计的新理念,并考虑地方政府关于路面建设的指导意见;广泛调查路面材料来源、运距、运价、性能,并取样进行原材料及混合料试验,根据试验结果并考虑材料可能的波动,合理确定各项设计参数。

路面结构设计应遵循《公路沥青路面设计规范》(JTG D50—2017)、《公路路基施工技术规范》(JTG/T 3610—2019)、《公路水泥混凝土路面设计规范》(JTG D40—2011)等规范的规定。

路面设计既要遵循规范,又不能被规范束缚,要根据沿线气候特点、环境影响及国内实践经验,并充分考虑施工条件和养护条件,全线设计不应采用同一种材料、同一种结构、同一种标准,应根据上行交通情况,下行交通情况,每一路段气候、环境条件,上坡、下坡路段分别设计,做到与环境、交通量、交通荷载、速度相适应。气温高、上坡、速度慢、交通量大、交通荷载重的路段应加强设计,不仅要在路面结构上下功夫,还应对路面材料做选择,施工时更应加强监理和监督。投入运营后,养护是关键,应采取预防性养护,将路面病害消灭在"摇篮"中。

如果在沥青混凝土面层、基层、底基层实施新技术、新工艺,应进行科研立项、室内试验研究、新旧技术方案比选,最后现场铺筑同尺寸试验路段,形成施工指导书,除指导施工外,还便于存档。采用的路面结构与施工工艺应进行经济技术综合比较,不仅要满足交通量和使用要求,还要适合当地环境与气候,满足料源充足、施工工艺简单、今后养护维修方便的要求。选择技术科学合理、先进可行、经济节省、安全可靠,适合工厂化、机械化施工的技术方案。

我国交通流量大,重载车辆多,面层一般采用改性沥青混凝土,根据沿线不同地区的气候条件、水文条件、道路环境、交通量构成、地质条件、施工条件、材料性能、材料来源等分段进行路面设计,不能全路线段都采用同一种路面结构与路面形式,路面材料也应相应变化。应同时提出多种方案,每一种方案都要有经济指标和技术指标,邀请有经验的技术专家进行方案技术论证,经比较后提出最终确定的路面结构和路面形式及改性沥青材料。相同的沥青材料混凝土路面在不同地区表现出的路用性能也不相同,设计时要注意上坡和下坡的不同,只有考虑周全,才能保证路面的温度稳定性和水稳定性。水泥稳定碎石结构比石灰或石灰粉煤灰稳定碎石结构的水稳定性更好。底基层应尽量采用当地廉价材料。交通量大且荷载重的公路路面表、下(中)面层宜采用改性沥青混凝土。

硬路肩、中央分隔带开口段的路面结构与厚度,宜与行车道部分相同。互通式立交的加减速车道的路面结构和厚度与主线行车道相同。匝道部分的路面厚度,根据交通量可适当减薄。收费站及其广场采用水泥混凝土路面。

4.1.5 传统路基路面设计中存在的问题

尽管传统路基路面设计已经非常成熟,但是仍有很大的改进空间,尤其是对于特殊路段的设计,其主要问题如下。

(1)现行路面结构设计中,存在设计参数取值范围较大的问题。如在现行的《公路水泥混凝土路面设计规范》(JTG D40—2011)中,面层"矩形混凝土预制块的长度宜为200~250 mm,宽度宜为100~125 mm,厚度宜为80~150 mm"。

(2)现行路基设计规范,如《公路路基设计规范》(JTG D30—2015)采用加州承载比CBR(California bearing ratio)作为路基填料强度控制指标,虽给出了不同设计等级公路的路基最小强度与压实要求,但并未考虑交通等级、轴载水平及车辆重载、超载情况的影响。

(3)在研究车辆与道路的相互作用时,在方法上,大多偏重于从路面的角度来研究,而对车辆的参数考虑得相对较少,同时,研究主要集中在车辆与路面之间相互作用的力学分析上,很少把路基路面作为一个整体来研究。

基于上述问题,在设计时需要将路基路面作为一个整体来考虑,确定适宜的参数取值范围,实现路基路面的协调变形,改善路基路面的应力状态,提高路基路面长期使用性能,以实现高速公路工程设计方案的优化,提高工程质量。

4.2 路基路面一体化设计

路基路面一体化设计的理念主要是基于对路面病害的规避而提出的。

4.2.1 高速公路路面病害

引起高速公路路面病害的原因有多种,且有多种表现形式。

1. 泛油

这是我国高速公路路面病害最为常见的一种现象,具体是指在高速公路的混凝土路基上铺设好沥青以后,常常会有沥青从混凝土层的下部或是内部向上移动,这样一来,会有大量的沥青渗出到混凝土表面,从而给车辆正常行驶造成一定影响。

2. 车辙

高速公路路面车辙主要是在车辆行驶荷载的反复作用下,路面产生永久性变形积累形成的带状凹槽。高速公路路面上出现车辙会导致路面平整度下降,当车辙达到一定深度时,凹槽内积水难以排出,从而容易引起交通安全事故。此类病害也是高速公路路面病害中后果较为严重的病害之一,必须予以高度重视。

3. 裂缝

所有的高速公路路面上都存在或多或少的裂缝,大体上包括纵向裂缝和横向裂缝两大类。其中纵向裂缝主要是由路基压实度不达标、路面不均匀沉陷以及施工缝质量不过关或基层承载力不够造成的。而横向裂缝的产生往往是由温度应力作用引起的,这种裂缝又被称为"疲劳裂缝",它会随着时间的推移而发生变化。当高速公路路面的抗裂能力降低到一定程度时,裂缝便会不断增加,从而严重影响高速公路路面行车的安全性。

4. 松散

这种情况主要是指沥青混凝土表层中的集料颗粒大面积脱落,并从表面不断向下发展的一种现象。当高速公路路面的沥青混凝土表层中的集料颗粒与裹覆层之间的黏结力降低到一定程度时,便会引起集料颗粒的大面积脱落。

5. 渗水

这种现象又被称为水破坏,具体是指雨水等渗入高速公路路面内部而导致路面损坏的现象。此类情况主要是由于施工中未控制好混凝土的配合比或沥青混合料拌和得不够均匀以及碾压不到位等,导致沥青混凝土路面表层的孔隙率过大而造成的。一旦高速公路路面出现渗水的现象,便会使路面的结构层和基础层遭到破坏,这样一来很容易引起各种问题。

4.2.2 高速公路路基病害

1. 基层

高速公路的半刚性基层厚度多在 20 cm 左右,采用水泥稳定碎石(或砾石)或石灰粉煤灰稳定碎石(或砾石)。半刚性底基层厚 20~40 cm,采用的材料有石灰土、水泥土、二灰土、二灰砂、二灰和水泥石灰土等。半刚性材料层的总厚度通常不超过 60 cm,不小于 40 cm。

半刚性材料路面的承载能力取决于半刚性材料层的质量和厚度,如果基层或底基层质量不好或不均匀,不能形成一个完整的整体,就容易导致沥青路面产生局部破损。在路面设计和施工都符合要求的情况下,半刚性路面的结构性破坏常发生在行车道的轮迹带上。在轮迹带上先产生纵向细小裂缝,而后产生通过轮迹带的横向裂缝,最后发展成网裂和形变。

2. 岩土地基

填土路基产生纵向不均匀沉降,会使路面顶面产生波滚式的不平整。产生纵向不均匀沉降的原因:一是路基填土压实度不足,往往导致填方路基的不均匀沉降变形,路基两侧出现纵向裂缝;二是路基填料不均匀,控制不当,填料性质差异大,级配相差较远,在荷载的长期作用下回填料易产生不协调的沉降变形,导致路基不均匀沉降;三是地下水的影响,地下水的动态变化及其潜蚀作用影响到填土的有效应力分布、土体的结构特征和强度,从而导致路基的不均匀沉降;四是路基综合刚度差异显著,在相同外力的反复作用下,可能会出现明显的差异沉降;五是地基中存在软弱土层,其力学性能差,在附加应力的作用下,会产生固结沉降、次固结沉降和侧向塑性挤出,从而导致明显的沉降变形。

桥头跳车是由路基路面沉降引起的,是路基路面纵向变形最严重的一种形式。它是由于桥头填土较厚,路基路面容易产生大的沉降,而桥头的沉降量很小,从而产生错台高差。这种现象在软基路段、湿陷性黄土地区尤为严重。

3. 特种土层的路基

淤泥质黏土、红黏土等软土地基往往因固结沉降稳定时间长,或因修路微型水文地质条件发生了改变,而引起路面沉陷。湿陷性黄土路基,在地下水的作用下老的空穴增大,并发生新的空穴。

4. 不良地质现象对路基稳定的影响

地基位于(或存在)不良地质体,如滑坡、空穴,由于高速公路的修建改变了微地貌环境,水文条件和工程地质条件均发生了变化,在持续动荷载作用下,原有的不利地质条件被进一步激发、扩大,从而引起路面沉陷、裂缝,甚至大范围的路基塌滑。

4.2.3 路基和路面的相互关系

路基和路面是相互依存的,它们共同承受车轮、大气因素和工程地质因素对道路的作用,共同维持道路的工作特性。

路基是路面的基础,它的强度和稳定性对于路面的使用状态有非常重要的影响。因此路基设计应是全面考虑路基路面强度和稳定性的综合设计。

(1)路基水稳(水泥稳定碎石层的简称)状况对路面的影响。路基水稳状况对路基工作区的强度和稳定性有较大的影响。甚至可以说,路基水稳状况基本上决定了路基的强度和稳定性。因此,对路基水稳状况必须予以高度重视。

(2)路基填挖高度和工作区对路面的影响。路基的填挖高度决定了路基工作区所在的位置。路堤高,路基工作区主要集中在路堤顶部,路基填土的自重应力大,容易引起路堤失稳;路基填土高度低,路基工作区则主要集中在路基表面,路基的承载能力较差;路堑深,路基工作区则主要集中在路堑底部,路基的承载能力强,但路堑边坡的稳定性差。路基的强度和稳定性的差异要求路面设计具有针对性,即对于不同强度和稳定性的路基,路面设计应有所变化。

(3)路基填料对路面产生的影响。采用不同填料的路基,水稳状况也不同,其对路面产生影响的程度是不一样的。例如,水稳对砂性土的影响远比黏性土和粉性土小,因此,路基填料不同,路基的强度和稳定性也会有差异,而路面也因此受到影响。

(4)路基排水设计对路面的影响。路基排水系统的设计对保证整个路基路面的强度和稳定性具有重要作用。若路基排水设计不合理,会引起施工时及施工后公路排水不畅,使本来强度和稳定性很好的公路产生病害。

路面是路基之上的层状构造物,因此它的使用性能很大程度上取决于它下面的路基的强度和稳定性。

(1)路面类型对路基设计的影响和要求。路面类型不同,同面层的水稳状况不同,对路基的影响也不一样。所以,不同的路面类型对路基的要求是不同的。

(2)路面结构层设计对路基设计的影响。为适应汽车荷载的作用,路面各结构层应符合一定要求。我国目前的公路设计规范已基本体现了这些要求,并指出了与不同路基水稳状况相适应的路面结构层设计方法。

(3)路面稳定性对路基设计的要求。路面稳定性对公路的使用品质影响最大,它关系到公路路面在使用过程中的强度状况和出行的舒适性。路面的稳定性一方面取决于路面本身的结构组合设计情况;另一方面取决于筑路材料的配合比设计。在进行路基设计时应充分考虑路面设计,从而使整个公路设计成为一个完整的体系。

综上所述,将高速公路路面病害和高速公路路基病害对应分析,能够发现它们相互作用、相互影响。路基病害会引起路面破损,而路面破损又加快了路基病害的产生和发展,表现为路基压实度减小、含水量增大、裂缝松散体的产生等。路面破损往往是路基病害的表现形式,这就为"路基路面一体化设计"提供了客观事实依据,以便从设计的角度控制路基路面的协调性、整体性。

4.2.4　路基路面一体化设计的方法

路基路面一体化设计的思想是路基路面综合设计的方案优化。该方案把路基路面视为整体结构进行综合设计,考虑路基与路面的协调变形,选取合理的路面设计中的结构参数和材料参数以及路基设计指标,使路面不产生早期破坏,对于规避路面病害、延长路面使用寿命、提高路基路面长期使用性能具有积极意义。

路基路面一体化设计宜在现场或室内试验基础上,通过详尽的数值分析进行,对于不同地基条件、不同路堤路面结构,应采用不同指标分别加以考虑。

路基路面一体化设计的核心是确定路基路面协调变形的设计参数,其基本思路是:基于路基路面协调变形,建立三维有限元分析模型,并对典型路面结构的荷载应力进行计算,结合正交试验设计的方法对路基路面设计参数进行组合,系统分析设计参数对路基路面应力响应的影响。在路面设计参数中,路基回弹模量对路面板拉应力有显著影响,路面板厚度对路基应力有显著影响。因此,将路面板厚度和路基回弹模量设计作为路基路面协调变形设计的重点。基于不同路面板厚度下路基工作区深度,可将交通荷载影响区加深一定深度。基于不同路面板厚度、路基回弹模量和不同轴载对路面板疲劳寿命影响规律,在重载交通条件下,应该增加路面厚度和增强路基。

4.2.5 老集高速公路建设中路基路面一体化设计方法的应用

路基路面一体化设计的核心思想是路基路面的协同工作,其中,路基作为路面的承载结构,其设计和施工是保证两者协调变形的基础。

老集高速公路沿线地基地质条件十分复杂,软弱地基、可液化地基等多有分布,尤其是有较大范围高原湿地软基存在,强度较低、承载力较小,基础常年饱和。在这种特殊地基条件下进行路基路面一体化设计,其核心思想是以路基回弹模量为基础,确保路基路面协同工作。本小节以老集高速公路巴音乡软土地基段(K316+722～K321+382)为例,说明路基路面一体化设计方法在老集高速公路中的实际应用。

1. 软基处理

巴音乡软土地基段位于乌兰察布高原南缘,海拔高度为1290～1305 m,属黄旗海附近低洼地,地势平坦,水系不发育,由于岩性较细,地下水排泄不畅,形成高原湿地软土地基。软土最大深度为4.5 m,局部见腐殖土及只有在近地表还原环境下才能形成的黑色泥炭。地下水位在0.0～0.5 m。属典型的大陆性气候,气候干燥,降水主要集中在6、7、8三个月,暴雨多,蒸发量大,昼夜温差大,公路自然区划为Ⅱ区。

从上述区域气候与地质资料来看,地表土壤受季节影响起伏较大,且地下水位较高,地质结构松软,地基土含水量较大,孔隙比大,具有渗透性小、压缩性高、抗剪强度低、触变性显著等不利的工程性质。因此,在路堤填筑过程中,荷载力的作用极易使路基下面的应力和结构发生变化,从而导致施工过程中路基沉降及不稳定性的发生,严重影响道路的质量和使用。

湿地软土地基的荷载形式复杂多样,高速公路对路堤变形的要求高,在软土地基上修筑公路,如果处理不当,将会带来路堤的位移滑塌、失稳、沉降变形和结构物与路堤接触部位的差异沉降等诸多工程问题,进而引起公路路面的早期损坏,影响和缩短公路的使用年限。因此提高软土地基的承载能力以及合理控制沉降,为路基路面结构提供良好的地基条件,成为路基路面一体化设计至关重要的前提条件。

老集高速公路路基路面一体化设计方法及流程为:建立地基、路基路面的三维模型,借助有限元软件进行分析计算,考虑设计工况及湿地软基上路基沉降的影响因素,最终确定合理的路面厚度以及路基回弹模量值。

老集高速公路的路面厚度合理取值范围为 28~30 cm,路基回弹模量的合理取值范围为 40~80 MPa。

2. 高填方路堤预压处理

老集高速公路沿线地质复杂,不良地质地段(例如软土地基)较多且路基填土高度多数情况大于 6 m。一般认为,软弱地基填筑高度大于 6 m 就可视为高路堤。高路堤的特点有:路基填筑高度较高,要求路基本身必须具有足够的整体强度和稳定性;荷载相对较大,要求高填方地基承载力高、稳定性好;路基本身累计沉降大,对路基单位填筑高度的工后沉降要求更为严格;填料性能复杂不一,高填路堤工后沉降、差异沉降问题不容忽视等。另外,考虑到软土地基承载特性,必须对老集高速公路的高填方路基进行严格的设计和施工控制,其中最主要的问题是路基本身及地基的沉降。

老集高速公路采取超载预压的方法进行软土地基上高填方路堤工后沉降控制,并埋设沉降板进行了连续 6 个月的沉降观测,根据实时监测结果及时了解施工过程中路堤的沉降及稳定情况,在进一步指导施工的同时确保路堤的安全与稳定;通过软土地基沉降监测,确定预压卸载时间,力求在较短时间内完成路基的填筑工作,并确定路面的最佳铺筑时间及推算工后沉降量。

由于路基回弹模量在土质类型和含水量一定的情况下,主要受压实度的影响,压实度越大,路基承载能力越大,强度越高,回弹模量越大;反之,压实度越小,路基承载能力越小,强度越低,回弹模量越小。因此根据老集高速公路路基路面一体化设计的路基回弹模量建议值,在进行超载预压时要对压实度进行相应的控制。老集高速公路在进行超载预压设计时主要通过预压卸载标准对压实度指标进行控制,进而实现路基回弹模量的合理取值。

3. 沉降观测检验路基路面一体化设计效果

一方面,众多因素影响(荷载、路基填筑高度等)导致路基产生的不均匀沉降,将影响路面结构层的整体刚度,进而影响路面的使用寿命,此外,路基沉降变形往往不是瞬时完成的,部分变形在公路通车相当长的一段时间内还将继续发展,进而导致纵横断面的变化而影响行车质量。因此,通过后期的沉降观测对考虑上述因素进行的路基路面一体化设计进行检测,可以有效地检验一体化设计效果。另一方面,为了完善设计、指导施工,从预防和负责的角度出发,在软土地基上修建高速公路必须在路堤填筑过程中进行沉降与稳定的动态监测,用以观测研究在高原湿地软土类型的软基上修建高速公路路堤的稳定和沉降规律性。根据《公路软土地基路堤设计与施工技术细则》(JTG/T D31-02—2013)中8.7.1条,沉降与水平位移观测项目如表4.1所示。

表4.1 沉降与水平位移观测项目

观测项目	观测仪器设备	观测目的
地表沉降	沉降板、水准仪	1. 观测地表沉降,控制加载速率; 2. 预测沉降趋势,确定预压卸载时间; 3. 提供施工期间沉降增加土方量的计算依据
地表水平位移	水平位移桩、测距仪、经纬仪、钢尺	观测地表水平位移兼地表隆起情况,用于路堤施工过程中的稳定性控制
地基深层水平位移	测斜管、测斜仪	1. 观测地基深层土体水平位移,推定土体剪切破坏的位置,掌握潜在滑动面发展变化,评价地基稳定性; 2. 用于路堤施工过程中的稳定性控制

通过近12个月的连续观测可知,以路基路面一体化设计思路来指导老集高速公路的软基加固设计和超载预压设计,能确保路堤稳定性,有效减小被加固土层的总沉降量,缩短工期,实现路基路面的协调变形,延长高速公路的使用寿命。

第5章 高速公路交通工程与沿线设施设计

5.1 高速公路交通工程及沿线设施的总体设计

交通工程及沿线设施是为适应高速公路快速、安全、经济和舒适的通行特点与管理需要而设置的。它是发挥高速公路经济效益、提升管理手段必不可少的配套设施,能起到保证高速安全行车及缓解驾驶员和乘客疲劳、方便旅客、保护环境的作用。

根据《高速公路交通工程及沿线设施设计通用规范》(JTG D80—2006)[以下简称"《规范》(2006)"],高速公路交通工程及沿线设施的总体设计要满足以下规定。

(1)高速公路交通工程及沿线设施总体设计是高速公路总体设计的重要组成部分,应协调内部及其外部各专业间的关系,确定总体与各项设施的技术标准、建设规模、主要技术指标,以符合"安全、环保、可持续发展"的总体目标,提高安全、服务、管理水平。

(2)交通工程及沿线设施总体设计应根据公路在路网中的功能、作用,综合考虑管理体制、控制出入、收费制式,以及高速公路联网、近期与远期等各种因素,准确体现主体工程的设计意图,在安全性评价的基础上,优化、完善设计方案,以提供运行安全、行驶舒适、服务周到的交通环境。

(3)交通工程及沿线的交通安全设施、服务设施、管理设施除应保持其各自特性和相对独立外,还应相互匹配、互联互动,并可扩展联网管理,使之成为统一、协调、完整的系统工程。

(4)高速公路交通工程及沿线设施设计,应拟定发生特殊交通安全或紧急事件情况下的应急处理预案。

高速公路交通工程及沿线设施的总体设计要点如下。

(1)应根据高速公路在公路网中的位置及其功能,结合与之相衔接、平行、交叉等公路项目的关系,考虑高速公路联网后交通流的监控与组织,以及管理、服务、救助、收费等的要求。

(2)应在公路工程主体设计的基础上,根据服务水平、车道数以及路段、交叉、桥梁、隧道等所处的地理位置、路侧自然环境、平纵技术指标、路基横断面形式等科学确定技术标准,正确运用交通工程及沿线设施的技术指标,做出符合实际情况的设计方案。

(3)根据交通量和项目所在地区的社会、经济条件,合理确定建设规模,处理好近期与远期的关系,使交通工程及沿线设施得以充分利用,实现公路建设的可持续发展。

(4)总体协调交通工程及沿线设施与主体工程间和相邻行业间的关系,在符合相关法规、标准、规范的前提下,跟踪其发展动态,采用成熟、实用、高效、先进的技术。

(5)协调交通安全设施、服务设施、管理设施各专业间的设计界面等,总体设计各项设施布置总图,检核其科学性、合理性,防止漏项、重复。

(6)根据高速公路所处路网的位置及沿线城镇分布,分层次拟定指示、指路标志的设置方案;结合高速公路平、纵、横面设计及其路段、构造物所处的地理位置、自然环境等情况,拟定交通安全设施的设置原则、路侧与桥梁护栏的防撞等级、应急处理方案与措施。

(7)服务设施的布设除应符合本项目的需要和间距规定外,还应考虑高速公路联网后对驾乘者和车辆服务的需求,拟定服务设施的合理位置及其间距。

(8)管理设施的设计应以实施联网管理为目标,注重对交通流数据的采集、处理、决策与发布,逐步实现公路信息化、决策科学化。

(9)根据高速公路的设计交通量,拟定交通工程及沿线设施分期实施原则,划定征地范围,确定预留项目、管道预埋等方案。

(10)在总体设计方案的论证中,不仅应对设计、施工、维修、营运、管理等各阶段进行成本效益分析,还应从安全、环保、可持续发展等社会效益方面进行全过程、全方位的综合分析,采用综合效益最佳的总体设计方案。

(11)高速公路分期修建的续建工程或改(扩)建工程,应对已建工程项目进行安全性评价,修改、完善设计。

一般来说,高速公路交通工程及沿线设施要求按 A 级服务水平来设计,具体可参考《公路工程技术标准》(JTG B01—2014)的相应规定。

5.2 高速公路交通安全设施设计

交通安全设施直接影响高速公路功能的发挥和经济效益的实现,对减少交通事故、减轻事故严重程度、排除各种纵向干扰、提供视线诱导、增强公路景观起着重要的作用。《公路交通安全设施设计规范》(JTG D81—2017)对高速公路交通工程安全设施设计的规定如下。

(1)公路交通安全设施设计内容包括交通标志、交通标线(含突起路标)、护栏和栏杆、视线诱导设施、隔离栅、防落网、防眩设施、避险车道和其他交通安全设施(含防风栅、防雪栅、积雪标杆、限高架、减速丘和凸面镜)等。

(2)公路交通安全设施应结合路网与公路技术条件、地形条件、交通条件、环境条件进行总体设计,交通安全设施之间、交通安全设施与公路土建工程和其他设施之间应互相协调、配合使用。

(3)公路交通安全设施设计应坚持以人为本、预防为主、系统设计、重点突出的原则。应在交通安全综合分析的基础上,优先设置主动引导设施,根据需要设置被动防护设施。

(4)新建公路交通安全设施设计宜考虑公路运营养护因素的影响。改扩建公路交通安全设施设计应在对既有公路开展调查与综合分析的基础上,结合改扩建后的公路、交通、环境条件进行,对既有设施应合理利用并加以完善。

(5)公路交通安全设施的设计交通量应采用公路项目的设计交通量,所采用的设计车辆外廓尺寸、代表车型等应符合现行《公路工程技术标准》(JTG B01—2014)和《公路护栏安全性能评价标准》(JTG B05-01—2013)的相应规定。

(6)在满足安全和使用功能的条件下,应积极推广使用可靠的新技术、新材料、新工艺、新产品。

(7)公路交通安全设施设计除应符合本规范的规定外,尚应符合现行国家和行业有关强制性标准的规定。

交通安全设施的各类设备使用年限应不小于表5.1的规定。

表5.1 交通安全设施各类设备使用年限

项目	使用年限/年
标志	7
标线	3

续表

项目	使用年限/年
波形梁护栏	15
缆索护栏	15
混凝土护栏	20
防眩板	5
防护网	5

八车道及以上高速公路,应根据交通量、交通组成、交通条件在中间带侧增设出口预告标志、警告标志,或设置门架或路面标示等指示、指路标志等交通安全设施。

路侧安全距离不足或车辆偏离驶出边缘车道,会危及驾乘者及车辆安全或第三方安全时,应在路侧或中间带设置护栏。

高速公路改(扩)建工程不中断交通施工时,应根据实际情况做出交通组织设计,设置临时交通安全设施。

5.2.1 交通标志

1. 标志的分类

交通标志的作用是指明道路特点,提示驾驶员操作,确保交通安全。高速公路交通标志按照功能可分为路径指引标志、沿线信息指引标志、沿线设施指引标志及其他标志等。

2. 标志信息分级

根据信息的重要程度、高速公路的服务对象和功能,各类标志信息可分为 A 层、B 层和 C 层信息,如表 5.2 所示。

表 5.2 高速公路标志信息分级

信息类型	A 层信息	B 层信息	C 层信息
公路编号(名称)	高速公路、国道、城市快速路编号(名称)	省道、城市主干线编号(名称)	县道、乡道、城市次干路和支路编号(名称)

续表

信息类型		A层信息	B层信息	C层信息
地区名称信息	主线、并行线、联络线、地区环线	重要地区(直辖市、省会、自治区首府、副省级城市、地级市)	主要地区(县及县级市)	一般地区(乡、镇、村)
	城市绕城环线、放射线	卫星城镇、城区重要地名、人口密集的居民住宅区	城区重要地名、人口密集的居民住宅区	
地点名称信息	交通枢纽信息	飞机场、省级火车站、港口、重要交通集散点	地级火车站、长途汽车总站、大型平面交叉、大型立交桥	县级火车站、长途汽车站、较大型平面交叉
	文体、旅游信息	国家级旅游区、自然保护区、博物馆、文体场馆	省级旅游景点、自然保护区、博物馆、文体场馆	地级、县级旅游景点、博物馆、纪念馆、文体中心

注:1.公路有正式编号时,应首选公路编号。公路编号(名称)应符合国家统一规定。

2.县、乡道宜同时标明编号和名称。

3.直辖市、省会、自治区首府等控制性城市可作为沿线的基准地区。

4.应根据高速公路的服务功能、所在位置的远近、交通量和互通式立体交叉分布的疏密等因素确定沿线的基准地区。城市绕城环线较长时,基准地区可相对固定,否则可适当变化。城市放射线高速公路可选取城市范围内最远处的卫星城镇或城市城区(市中心)作为两个方向的基准地区。旅游、机场专用高速公路等应以其服务对象作为方向信息。如城市放射线与国家或省级高速公路路线重合,则按照国家或省级高速公路的规定确定基准地区。

3.标志的设置原则

(1)高速公路互通式立体交叉之间的标志按下列顺序设置:入口预告标志→禁令标志(禁止某些车辆通行)→入口标志→速度限制→下一出口预告→车道指示标志→地点、距离标志→车距确认标志→出口预告标志→匝道限速标志→出口标志→收费站标志→方向、地点标志。

(2)高速公路互通式立体交叉之间有服务设施、名胜古迹、机场、港口、特大桥梁、长隧道、行政区划边界等地点时,应设置相应的地点标志。

(3)高速公路两侧应按里程和紧急电话分别设置里程碑、百米牌和紧急电话标志等。

(4)全线立体交叉间距大于 20 km 应重复设置地点、距离标志,每隔 5 km

设限速、禁止掉头、禁止停车标志,每隔 1 km 设劝告性标志。

(5)交通标志应设在车辆行进正面方向最容易看见的地方,但不得侵占公路建筑限界,可根据具体情况设置在道路右侧、中央分隔带或行车道上方。

(6)高速公路的出口地名应同互通式立体交叉的名称相同,所选地名应为互通式立体交叉所在的市、县、镇名称或当地旅游景点、经济开发区等,并得到建设部门认可。

(7)交通标志的设置应进行总体布局,防止出现信息不足或过载的现象。对于重要的信息,应给予重复显示的机会。

5.2.2 交通标线

交通标线是确保车流分道行驶、指示交通行驶方向、加强车辆行驶纪律和秩序、增加公路通行能力、更好地组织交通、引导用路者视线、管制用路者驾驶行为的重要手段,它可以有效地指引车辆在汇合或分流前进入合适的车道。交通标线与交通标志一起构成了公路的立体交通语言,两者应相辅相成,不应相互冲突。

1. 标线的分类

按形态分类,标线分为线条和字符标记。

按设置方式分类,标线分为纵向标线、横向标线和其他标线。

按功能分类,标线分为指示标线、禁止标线和警告标线。本书主要采用此分类方式。

2. 标线设置原则

(1)高速公路的一般路段应设置车行道边缘线、车行道分界线,车行道边缘线应设置于公路两侧紧靠车行道的硬路肩内,不得侵入车行道内。车行道分界线应设置于同向行驶的车行道分界处。车行道边缘线的宽度应为 15~20 cm,车行道分界线的宽度应为 10~15 cm,交通标线的宽度应根据公路的设计速度和路面宽度确定。

(2)经常出现强侧向风的特大桥梁路段、宽度窄于路基的隧道路段、急弯陡坡路段、车行道宽度渐变路段,应设置禁止变换车道线,线宽与车行道分界线一致。

(3)路面文字标记应按由近到远的顺序排列,字数不宜超过 3 个,设置规格应符合规定。最高限速值应按一个文字处理。

(4)位于中央分隔带或路侧安全净区内未加护栏防护的桥墩、隧道洞口、交通标志立柱等构造物应设置立面标记,颜色为黄黑相间,线宽及间距均为15 cm。立面标记应向车行道方向以45°角倾斜,宜设置为120 cm高。

(5)需要车辆减速或提醒驾驶员注意安全行车处,可根据需要设置减速标线。

(6)互通式立体交叉、服务区、停车区出入口交通标线应根据互通式立体交叉、服务区、停车区的形式,准确反映交通流的行驶方向。互通式立体交叉出入口处宜设置导向箭头。出口导向箭头应以减速车道渐变点为基准点,间距50 m。入口导向箭头应以加速车道起点为基准点,视加速车道长度而定,可设三组或两组。

(7)进入收费广场应设置减速标线、收费岛路面标线、岛头标线,各条减速标线的设置间距应根据驶入速度、广场长度经计算确定。收费广场出口端可设置部分车行道分界线。

3. 指示标线

1)车道分界线

车道分界线为白色虚线,用来分隔同向行驶的交通流,设在同向行驶的车道分界线上。在保证安全的情况下,允许车辆越线变换车道行驶。一般白色虚线长度为6.0 m,宽度为10~15 cm,间隔9.0 m画线。凡同一行驶方向有两条或两条以上车道时,应画车道分界线。

2)车行道边缘线

车行道边缘线为白色实线,高速公路应在车道的外侧边缘或在路缘带内侧画实线边缘线。

3)高速公路车距确认线

车距确认线为白色平行粗实线,用以提醒驾驶员保持行车安全距离,视需要设置于经常发生交通事故的路段。车距确认线应与车距确认标志配合使用。从确认基点0 m开始,每隔50 m设置一组标线,间隔200 m重复设置。

4)高速公路出入口标线

出入口标线是为驶入或驶出匝道车辆提供安全交会条件,减少与突出部缘石碰撞的标线,包括出入口的横向标线、三角地带的标线。它的颜色为白色,主要用于高速公路和其他采用立体交叉并有必要画这种标线的道路(如城市快速路)。出入口标线有直接式和平行式两种。

5)收费岛地面标线

这种标线表示收费车道的位置,为缴费车辆提供清晰标记。收费岛头地面标线的颜色为白色,标线宽 45 cm,呈 45°斜角,外围标线宽 20 cm。标线应画在迎车流方向,长 1500 cm。

6)导向箭头

导向箭头表示车辆的行驶方向,主要用于交叉道口的导向车道内、出口匝道附近及对渠化交通的引导。它的颜色为白色。

4. 禁止标线

高速公路采用的禁止标线主要是禁止变换车道线。禁止变换车道线用于禁止车辆变换车道和借道超车,设于交通特别繁忙而同向具有多条行车道的桥梁、隧道、弯道、坡道、车行道宽度渐变路段、交叉口驶入段或其他认为需要禁止变换车道的路段。本标线为白色实线,线宽为 15 cm。

5. 警告标线

1)减速标线

减速标线用于警告车辆驾驶人员前方应减速慢行,设于主线收费广场、出口匝道适当位置。减速标线为白色反光虚线,根据设置位置的不同,可以是单虚线、双虚线和三虚线,垂直于行车方向设置。减速标线应按以下原则配置:使驶向收费车道的车辆通过各标线间隔的时间大致相等,以利于行驶速度逐步降下来(减速度约为 1.8 m/s^2)。

2)立面标记

立面标记是提醒驾驶员注意,在车行道内或近旁有高出路面的构造物,防止发生碰撞的标记。立面标记可设在跨线桥、渡槽等的墩柱或侧墙端面上,以及隧道洞口和人行横道上的安全岛等的壁画上。立面标记的颜色为黄黑相间的倾斜线条,斜线倾角为 45°,线宽及其间距均为 15 cm。在设置时应把向下倾斜的一边朝向行车道。

5.2.3 安全护栏

1. 护栏的分类

按护栏的刚度分类,护栏可分为刚性护栏、半刚性护栏、柔性护栏。
按设置位置分类,护栏可分为路侧护栏、中央分隔带护栏、桥梁护栏。

2. 护栏的设置原则

(1)护栏防撞等级分为五级,各级主要技术指标应符合表5.3的规定。

表5.3 护栏防撞等级

防撞等级	代号		碰撞条件			性能评价	
	路侧护栏	中央分隔带护栏	碰撞速度/(km/h)	车辆质量/t	碰撞角度/°	加速度/g	碰撞能量/kJ
1级	B	—	100	1.5	20	≤20	70
			40	10			
2级	A	Am	100	1.5	20	≤20	160
			60	10			
3级	SB	SBm	100	1.5	20	≤20	280
			80	10			
4级	SA	SAm	100	1.5	20	≤20	400
			80	14			
5级	SS	—	100	1.5	20	≤20	520
			80	18			

注:碰撞能量大于520 kJ时,其护栏应按特殊防撞等级设计。

(2)高速公路在提供足够宽的路侧安全区的路段可不设置护栏。高速公路需设置护栏时,可采用刚性或半刚性或柔性护栏,并根据路侧情况不同采取不同的防撞等级。

(3)高速公路路侧护栏的防撞等级应符合表5.4的规定。

表5.4 路侧护栏防撞等级

防撞等级	路侧情况
2级(A)	一般路段、匝道

续表

防撞等级	路侧情况
3级(SB)	临河、傍山路段，桥头引道或隧道洞口连接线路段
4级(SA)	地形陡峭、高挡墙的路段，车辆越出路外可能发生严重事故的路段
5级(SS)	车辆越出路外可能发生严重二次事故的路段

（4）高速公路路侧设置护栏时，护栏起、讫点端头应做安全性处理。两段路侧护栏之间相距较近时，宜在两路段之间连续设置。

（5）高速公路中央分隔带护栏的防撞等级应符合表5.5的规定。

表5.5 中央分隔带护栏防撞等级

防撞等级	中间带情况
2级(Am)	一般路段
3级(SBm)	车辆越过中央分隔带可能发生严重事故的路段
4级(SAm)	车辆越过中央分隔带可能发生严重二次事故的路段

（6）高速公路整体式断面的中间带必须连续设置护栏。高速公路整体式断面的中间带宽度大于或等于12 m时，可不设中央分隔带护栏。

（7）高速公路的中央分隔带开口处应设置活动护栏；中央分隔带开口处的护栏端头应做安全性处理。

（8）高速公路桥涵护栏的防撞等级应符合表5.6的规定。

表5.6 桥涵护栏防撞等级

防撞等级	桥涵位置设置
2级(A)	小桥、涵洞、通道
3级(SB)	中桥
4级(SA)	大桥、特大桥，车辆越出桥外可能发生严重事故的路段
5级(SS)	跨越深沟狭谷的特殊桥梁，车辆越出桥外可能发生严重二次事故的路段

（9）高速公路的小桥、涵洞、通道应设置与路基段形式相同的护栏。

（10）桥梁护栏与路基护栏相衔接处为不同防撞等级或不同形式结构时，应设置过渡段，使护栏的刚度逐渐过渡，并形成一个整体。

5.2.4 活动护栏

高速公路的对向交通是完全隔离的，因此高速公路的中央分隔带开口处必须设置活动护栏(可移动护栏)。可移动护栏是可方便特种车辆(如交通事故处理车辆、急救车辆)在紧急情况下通行和一侧道路施工封闭时临时开启放行的活动设施。活动护栏在正常情况下要求具有一定的隔离性能和防护性能,在临时开放时应能快速、灵活地移动。

可移动技术在一些发达国家的高速公路系统中较为常见。当高速公路采用可逆交通控制时,许多可逆车道采用活动护栏在一到几英里(1英里＝1.6093 km)的间距内控制交通,缓解前方交通拥堵。这种技术也可以改变工作区的宽度、长度,持续保护工作区和毗邻车道的交通流安全运行。

活动护栏是公路交通工程管理设施的一部分,它必须与公路主体和其他交通工程设施互相协调,只有这样,才能完全发挥交通工程设施的功能。因此,为保证中央分隔带护栏的视线诱导功能的连续、顺畅,要求活动护栏的高度应该与中央分隔带护栏的高度保持协调。当中央分隔带开口所处的路段有防眩要求时,宜在活动护栏上设置防眩设施。防眩设施的形式选择、设置间距、设置高度、遮光角等技术条件应符合相关规范条文的规定。

5.2.5 隔离栅与防护网

1. 隔离栅

隔离栅能阻止人、畜进入高速公路或其他禁入的区域,防止非法侵占公路用地。它可有效地排除横向干扰,避免由此产生的交通延误或交通事故,保障高速公路效益的发挥。

1)隔离栅的分类

按构造形式分类,隔离栅可分为金属网、刺铁丝网和常青绿篱。常青绿篱在南方地区与刺铁丝网配合使用,具有降噪、美化路容和节约投资的功效。金属网按网片形式可分为钢板网、编织网、电焊网等形式。

按立柱断面形式分类,隔离栅可分为直缝焊接钢管立柱、型钢立柱、Y形立柱及混凝土立柱等。

按防腐形式分类,隔离栅可分为热浸镀锌隔离栅、热浸镀铝隔离栅、浸(涂)塑隔离栅。

按安装方法分类,隔离栅可分为整网连续安装隔离栅和分片式(组合式)安装隔离栅。

2)隔离栅的设置原则

①高速公路沿线两侧应连续设置隔离栅。桥梁、隧道等人工构造物处,或挡土墙高度大于 1.5 m 的路段,或两侧有天然屏障的地段,可不设置隔离栅,但隔离栅与人工构造物或天然屏障相连接处应予以封闭。

②隔离栅高度可根据公路两侧地形及其周边具体情况等因素确定,以 1.50~1.80 m 为宜。

③隔离栅应以风力影响为主进行稳定性验算,并考虑人、牲畜等对隔离栅的破坏因素。

④隔离栅可选用焊接网、编织网、钢板网、刺铁丝网等,在靠近城镇的路段宜采用焊接网、编织网等。采用刺铁丝网隔离栅时,宜结合当地情况配合常青灌木或荆棘植物以构成绿篱。

⑤采用金属类隔离栅时,应进行防腐处理。

2. 防护网

1)防护网的分类

高速公路防护网又被称为公路护栏网,是一种专业用于高速公路边坡进行安全防护的产品。这种防护网网格结构简练、美观实用、便于运输,安装不受地形起伏限制,对于山地、坡地、多弯地带适应性较强,具有隔离栅无法比拟的优点。

高速公路防护网分为主动防护网和被动防护网。主动防护网是以钢丝绳网为主的各类柔性网覆盖包裹在所需防护斜坡或岩石上,以起到限制坡面岩石土体的风化剥落或破坏以及岩石崩塌的加固作用,或将落石控制在一定范围内的围护作用。

被动防护网由钢丝绳网、环形网(需拦截小块落石时附加的一层铁丝格栅)、固定系统(锚杆、拉锚绳、基座和支撑绳)、减压环和钢柱五个主要部分构成。钢柱和钢丝绳网连接组合构成一个整体,对所防护的区域形成面防护,从而阻止崩塌岩石土体的下坠,起到边坡防护作用。

2)防护网的设置原则

①上跨高速公路的桥梁两侧和人行天桥两侧应设置防护网。

②桥梁防护网高度可根据桥梁两侧及其周边具体情况等因素确定,以 1.80~2.10 m 为宜。

③桥梁防护网应以风力影响为主进行稳定性验算,并考虑人对防护网的破坏因素。

④桥梁金属防护网应做防雷接地设计,其接地电阻应小于 10 Ω。

⑤在可能落石的挖方路段,应设置防护网。

5.2.6 视线诱导设施

连续设置视线诱导设施是标明公路几何线形走向、线形突变或车流交织,诱导驾驶员视线并予以警示的有效方法。连续设置视线诱导设施使驾驶员能明了前方公路情况,从而能快速、舒适地行驶,增加行车安全,有效避免交通事故。高速公路、一级公路上车辆行驶速度很高,为提高行车的安全性和舒适性,指示道路前方线形非常重要,在夜间,视线诱导设施的作用就更加明显。

1. 视线诱导设施的分类

视线诱导设施按其功能可分为轮廓标、分流或合流诱导标、线形诱导标、突起路标四类。轮廓标可以指示道路线形轮廓。分、合流诱导标可以指示交通流分、合。线形诱导标可以指示和警告驾驶员改变行驶方向。突起路标可以辅助和加强标线作用,保证行车安全,提高道路服务质量。

2. 视线诱导设施的设置原则

1)轮廓标的设置原则

①高速公路的主线及互通式立体交叉、服务区、停车场等的进出匝道或连接通道,原则上规定在全线连续设置轮廓标,但在有照明设施的路线上可以省略。

②在气候条件恶劣、线形条件差和事故多发地段,应设置反光性能更高的轮廓标或采用尺寸较大的反射器或适当加密轮廓标的设置间距。

③在路基宽度、车行道数量有变化的路段,应适当加密轮廓标的间距;在竖曲线路段,为保持视线诱导的连续性,可对轮廓标的间距做适当的调整;轮廓标在直线段的设置间隔为 50 m,在主线曲线段或匝道上的设置间距可按表 5.7 的规定选用。

表 5.7　轮廓标在曲线段的设置间隔

曲线半径/m	设置间隔/m
<30	4
30～89	8

续表

曲线半径/m	设置间隔/m
90～179	12
180～274	16
275～374	20
375～999	30
1000～1999	40
≥2000	50

另外,在设置轮廓标时,应特别注意从直线段过渡到曲线段或由曲线段过渡到直线段的布设处理,应使视线诱导保持连续性,能平顺圆滑地过渡。在设置护栏的路段,设置附着式轮廓标;在没有设置护栏的路段,设置柱式轮廓标。

2)分、合流诱导标的设置原则

在互通式立体交叉的进、出口附近和有交通分、合流的地方,应设置诱导驾驶员的视线,使其注意匝道交织运行的分流诱导标和合流诱导标。分流诱导标设在分流端部前方适当地点,合流诱导标设在合流端部前方适当地点。

3)线形诱导标的设置原则

①指示性诱导标应设置在主曲线半径较小或通视条件较差,对行车安全不利的曲线外侧。

②警告性诱导标应设置在高速公路局部施工或维修作业等需要临时改变行车方向的路段。

③线形诱导标的设置应保证驾驶员至少在 150 m 远处就能看见,其设置间距应保证驾驶员至少能看见三块线形诱导标或能辨明前方进入弯道运行。

④曲线半径较小的匝道上,驾驶员应连续看到不少于三块线形诱导标。

4)突起路标的设置原则

突起路标可设置在高速公路主线上,用来标记车道分界线、边缘线,也可用来标记弯道、进出口匝道、导流标线、车行道变窄、路面障碍物等危险路段。

对于多雪地区,高速公路某些路段可能形成积雪,这时普通突起路标便会影响到铲雪机的正常工作。对此,可采用增加轮廓标的数量予以弥补。

5.2.7 防眩设施

1. 防眩设施的分类

防眩设施是为了保证夜间行车安全,防止驾驶员受对向车辆前照灯眩目而设置在中央分隔带内的设施。防眩设施按构造可分为三类:防眩板、防眩网、植树(间距型、密集型)。不同类型防眩设施的综合性比较如表5.8所示。

表5.8 不同类型防眩设施的综合性比较

类型		美观	对驾驶员心理影响	对风阻力	积雪	自然景观配合	防眩效果	经济性	施工难易	养护工作量	横向通视	阻止行人穿越	景观效果
植树(灌木)	密集型	好	小	大	严重	好	较好	差	较难	大	差	较好	好
	间距型		小					较好			较好	差	
防眩板		好	小	小	严重	好	好	好	易	小	好	差	好
防眩网		较差	较小	大	少	不好	较差	较差	难	小	好	好	差

2. 防眩设施的设置条件与要求

1) 防眩设施的设置条件

①夜间交通量大或大型车比例较高的直线较长的路段,或中间带宽度等于或小于 2 m 的路段应设置防眩板。

②中间带宽度等于或大于 12 m,或上下行车道中心线高差大于 2 m,或路段有连续照明时,可不设置防眩板。

③设置防眩板的路段,应验算其停车视距,不满足停车视距规定的路段必须采取相应的技术措施。

④凹形竖曲线底部设置防眩板时,应适当增加防眩板的高度。

2) 设置要求

防眩设施设置要求一般包括以下四个方面。

①防眩设施的设置应注意连续性,避免在两段防眩设施之间留有短距离的间隙。在长区段设置防眩设施时,应考虑在形式或颜色上有所变化,可将植树和防眩板交替设置。一般每隔 5 km 左右宜适当改变形式或颜色。

②防眩板的宽度应根据中央分隔带宽度确定,并注意与道路景观相协调。

③防眩设施与各种护栏结构组合设置时,要根据不同地区的情况结合防风、防雪、防眩、景观等多方面的综合要求,考虑设置组合结构的合理性。

④中央分隔带设置防眩设施后,应逐段按停车视距的规定进行验算,不符合停车视距规定的路段必须采取相应的技术措施。

5.2.8 可变信息标志系统

可变信息标志系统是指交通信息标志及其配套支持系统。该系统将交通状况信息(如拥挤程度、排队长度、交通事件等)或停车指示实时地显示在安装于道路关键部位的可变信息板上。当驾驶人看到信息后,可根据自己对路网的了解程度决定下一步的路径选择。

1. 可变信息标志显示内容及要求

以发光二极管(LED)标志为例,可变信息标志按功能划分为可变限速标志和可变交通信息标志,前者为具有法规性质的禁令标志,它以数字显示允许的最高车速;后者为诱导信息标志,以简要的文字(汉字、西文)或图形(含动画)通告当前的交通情况和驾驶人应该采取的行为。根据《高速公路可变信息标志信息的显示和管理》(JT/T 607—2021),高速公路可变信息标志的信息可分为行车须知信息、特殊时段信息、道路状况信息、天气预警信息和其他信息。

当同时有一条以上的信息需要发布时,可变信息标志信息的显示应按照下列优先顺序进行管理:道路状况信息,以事故信息为优先;天气预警信息;特殊时段信息;行车须知信息;其他信息。

2. 可变信息标志功能要求

(1)能控制全亮与全灭,像素在关闭状态时,不应产生微光。

(2)在脱离系统控制时,通过人工方式亦能任意显示内容。

(3)经通信接口接入系统后,应能接受系统或主控单元的控制,按系或主控单元的命令正确显示相应内容或把工作状况上传给系统或主控单元。

(4)产品应设置自检功能和工作状态指示灯,通过自检功能,将发光像素的工作状态、通信接口的通信性能(误码率)以及其他工作单元的状态正确检测出来,在工作状态指示灯上显示并上传给主控单元。

(5)可变信息标志应设置环境照度检测装置,根据环境照度调整发光像素的发光强度，以避免夜间照度较低时形成眩光，影响信息的视读。

3. 可变信息标志的布设

可变信息标志的理想布设方式，是在高速公路的每个互通立交及服务区的出入口均设置可变情报板。考虑到造价及管理上的问题，至少应在高速公路的主要分流点、互通立交出口及连接不同高速公路的互通立交入口前方1.0~1.5km处设立可变情报板。在连接不同高速公路的互通立交入口前设置的可变情报板可向需进入相邻路段的驾驶员提供前方交通信息，以便驾驶员提前采取措施。以发布特殊气象信息为主的可变情报板，应结合项目特点和当地的气象特点，做好总体路段信息发布和重点气象路段信息发布的调研分析，尽可能有针对性地、及时可靠地提供各种气象信息，以保证行车安全。以限速为主的可变信息标志，应最大化服务对象，即设在从匝道进入高速公路主线入口处的适当位置，使所有进入高速公路的车辆及时接收到限速信息。

根据建设项目的特点不同，可变信息标志布设的数量及发布的信息也有所不同。一般高速公路路线较长，路网不发达，交通流量较小，可变信息标志的布设数量较少，发布的信息以交通管理、天气信息和限速信息为主，可变信息多为文字方式。绕城高速一般位于大城市郊区，与多条辐射状高速公路和城市道路组成路网，可变信息标志布设数量更多，发布的信息也更为全面，包括交通诱导和交通控制信息等。目前，解决可变信息标志布设选址问题的相关算法有基于确定性排队理论的事故延迟模型、基于可变信息标志影响指数的数学规划模型，以及基于贪婪算法的可变信息标志选址算法等。

5.3 高速公路服务设施设计

5.3.1 高速公路服务设施概述

高速公路服务设施主要包括服务区、停车区以及公共汽车停靠站等。高速公路服务设施的设计要满足以下一般规定。

(1)高速公路的服务设施等级应为A级。

①A级服务设施应为连续行驶的用路者提供解除疲劳、紧张，以及满足生理要求的场所，或为汽车加油，或对车辆做必要检查、维修等，以确保行驶安全、

舒适。

②A级服务设施应每间隔一定距离,在适当位置设置服务区、停车区、公共汽车停靠站。

(2)服务区、停车区的建设规模应根据公路设计交通量、交通组成、自然环境、用地条件等因素确定。

(3)服务区、停车区的位置应结合路网规划,相邻高速公路服务设施所提供的服务项目、内容,以及沿线人文景观等条件确定。

(4)公共汽车停靠站可根据沿线城镇分布、出行需求,并结合服务区或互通式立体交叉设置。

5.3.2 高速公路服务区设计

高速公路服务区通常包括停车场、加油站、厕所、休息区、小卖部或餐厅、汽车维修区、绿地和管理设施等,还可结合地区特点增设客房,在环境优美的地方可修建观景台等设施。

高速公路设置服务区是非常有必要的。首先,高速公路的全封闭运营方式人为地阻隔了车辆、司机、乘客与外界的联系,给部分旅客和驾驶员带来了不便和困难,乘客和驾驶员在旅途中的食宿、购物、通信、加油、维修车辆等需求,都不能与社会直接联系得到满足,这就要借助于高速公路内部有关的服务设施。其次,车辆在高速公路上行车速度高,道路线形单调,驾驶员必须始终保持注意力高度集中,因此,容易造成精神上的疲劳和紧张,为了保证安全行车,满足驾驶员生理上的要求,应设置服务区。再次,在高速公路上行驶的车辆,一般行驶时间长、行车速度高,车辆很容易出现故障,利用服务区的设施对车辆进行维护与修理是十分必要的。服务区的设置可增加道路使用的安全感和舒适感,增加高速公路的吸引力,创造可观的效益。

1. 服务区间距设置

服务区建设需要大规模的设施修建费用,而且很大程度上受交通量、景观、交通目的等的限制,所以不同国家应根据自身的具体情况来确定服务区的间距。日本规定服务区间距为 50 km,英国服务区间距为 16~17 km,法国为 40 km。

我国《规范》(2006)规定,高速公路服务区、停车区的建设规模应根据公路设计车流量、交通构成、自然环境、用地条件等因素综合确定。服务区、停车区位置应结合路网规划,相邻高速公路服务设施所提供的服务项目、内容以及沿线人文景观等条件确定。高速公路服务区应设置停车场、公共厕所、加油站、车辆维修区、餐厅与小卖部等配套设施。服务区的平均间距不宜大于 50 km,最大间距不宜大于 60 km。

《公路路线设计规范》(JTG D20—2017)规定,服务区之间的标准间距宜为 50 km,一般宜控制在 40~60 km,最大不超过 100 km。服务区间距大于 60 km 时,中间应考虑设置带有加油站的停车区。

上述规范规定服务区标准间距宜为 50 km,是有科学依据并符合国际惯例的,是根据驾驶员的精神状态、汽车耗油量、事故救援等多种因素综合考虑的结果。50 km 大概为半小时车程,符合人体的新陈代谢生理周期,而且基本上所有的汽车在油箱油耗的指示灯亮起后,都可以再行驶 50 km。除此之外,要根据高速公路沿线的地形、地貌特征,适当调整距离,保证高速公路的通行能力,且最大限度地节约成本。

2. 服务区的选址

服务区的选址主要遵循以下几个方面的原则。

(1)合理的建设地点,考虑服务路段的行车特性、相邻服务设施的间距、与交通枢纽及沿线城镇的地域关系。

(2)可控的建设条件,包括征地的难易程度、非耕植用地的利用、建设期土石方等工程量的控制。

(3)适宜的运营环境,包括建成后服务设施的总体环境,运营期供电、给排水、物资供应的成本控制,以及拟选场址对自然和人文环境的可利用性。

(4)与主线相适应的交通技术条件,包括对主线线形的适应性、对路网发展或完善的适应性,以及行驶车辆对沿线服务设施的易识别性。

(5)满足现行的节能环保需求,包括建(构)筑物与自然环境的融洽性、对既有地形地貌及植被能妥善保护、雨污水能结合既有沟渠合理疏导并达标排放。

3. 服务区规模

车辆的驶入率和交通量决定服务区规模的大小,我国高速公路服务区一般由七大类设施构成:引导车道,停车场,驾乘人员、旅客休息区(含餐厅、购物区、休息厅、厕所等),车辆维修区、加油区,旅客休闲广场,绿地景观,员工生活区。这些设施所占空间,不但与交通量有关,而且与交通量的组成有关。在交通量相同的情况下,如果大客车的比例高,餐厅、厕所等服务设施的容量就应该大一些;

如果货车比例高,则停车场占地面积应大一些。

《规范》(2006)对服务设施的建设规模做了原则性的规定,尚没有形成成熟系统的设计理论和要领供设计人员参考。其对服务区、停车区的建设规模规定为:应根据公路设计交通量、交通组成、自然环境、用地条件等因素确定。停车场、餐厅等的建筑面积可按预测的第 10 年交通量设计;交通量大,或大型客车多,或靠近旅游景点等处,可按实际情况确定。用地及其预留、预埋等相关工程应按预测的第 20 年交通量设计。服务区的用地、建筑面积不宜超过表 5.9 的规定。

表 5.9　服务区用地和建筑面积

服务设施	用地面积/(hm²/处)	建筑面积/(m²/处)
服务区	4.0000～5.3333	5500～6500

注:1. 服务区用地面积不含服务区出入口加减速车道、贯穿车道以及填(挖)方边坡、边沟等的用地。
2. 四车道高速公路采用下限值,六车道高速公路采用上限值。
3. 八车道高速公路服务区用地和建筑面积可根据交通量、交通组成等经论证后确定,但分别不宜超过 8.0000 hm²/处和 8000 m²/处。
4. 当停车区与服务区共建时,其用地和建筑面积为服务区与停车区规定值之和。

4. 高速公路服务区功能设置的依据与原则

服务区功能配置是否合适,要看一段路上的功能安排是否合理,是否能满足过往车辆以及人员的需求。

根据服务区功能等级划分原则,服务区功能配置与等级划分应该首先满足人和车辆的需求,而从国内外服务区以及停车区的确定方法来看,都是从人、车进出频率最高、对行车及安全影响最大的方面入手确定的,比如以车辆油量指示灯警示后运行距离确定加油站的间距等。因此服务需求频率、服务需求弹性及对安全行车影响是确定服务区间距及功能配置的重要依据。

(1)服务需求频率指单位里程或单位时间内服务需求发生次数,在一定程度上决定着服务需求量大小和相应服务设施配置的规模。比如,参照国际惯例,疲劳发生频率为 1 次/2 h;据相关调查,一般车辆发生故障的频率为 1.5～3 次/年。

(2)服务需求弹性指服务需求产生后,不能满足需求状态可持续的时间极限。比如,根据生理学知识和相关调查结果,一般人从感觉疲劳到入睡需要10～20 min;从车辆油量指示灯发出警示到必须加油,车辆能行驶 30～50 km。

(3)对安全行车影响指需求产生后得不到满足对安全行车及驾乘人员的影响程度。比如疲劳发生后不能及时休息导致瞌睡,极易酿成交通事故;车辆缺油不能及时得到补充将影响行驶。

服务区内部的主要设施有加油站、休息室或旅馆、管理与养护机构用房、商店与餐厅、医护站或急救站、汽车维修站、给排水设施、绿化用地、停车场、公共厕所、浴室、通信设施、辅助设施等。各种服务设施的布置有着各自的原则,主要原则有以下五点。

(1)为车辆服务的设施(如加油站、汽车维修站、停车场等)与为人服务的设施(如餐厅、休息室、商店、公共厕所等)原则上应单独、分开设置,尽量避免车流与人流的交叉,为人们提供更安全的休息场所。

(2)关于汽车维修站的位置,有以下两种意见。

①一般认为汽车维修站应与加油站并排布置。这样布置便于共用通信设备、浴室、盥洗室及室外场地,提高设备和场地的利用率。但是一定要注意按照消防规范进行设计。

②汽车维修站与加油站分开布置。根据使用的经验,人们认为维修站设在进口、加油站设在出口为好。驾驶员进入服务区后先维修车辆,然后休息,临走时再去加油。使用者认为这样顺当,而且较安全,也不用采取特殊的消防措施。

(3)餐厅、休息室、商店、办公用房等宜设在同一栋综合服务楼内,以方便旅客,减少人流和车流的交叉,提高安全性。

(4)公共厕所宜靠近大型车辆停车场,便于大批旅客使用。厕所同时要靠近餐厅、休息室和商店。如服务区规模大,则可分设几处。

(5)其他如给排水设施、供电设施、垃圾处理设施等应尽量设在较隐蔽的地方。

5.服务区的总体布局形式

服务区的总体布局形式随其主要设施如停车场、加油站、厕所及餐厅等的布置位置不同而有所不同。

(1)按停车场的位置,服务区布局形式有分离式和集中式两种。

①分离式:上、下行车道停车场分别布置在高速公路两侧,如图5.1所示。

②集中式:上、下行车道停车场集中布置在高速公路一侧,如图5.2所示。

由于高速公路上、下行车道中央有中央分隔带分开,两侧行驶的车辆都要使用停车场,所以分离式服务区更便于停车,车辆可直接开到停车场,不必绕到对

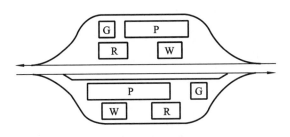

图 5.1　分离式服务区

P—停车场；G—加油站；W—公共厕所；R—餐厅

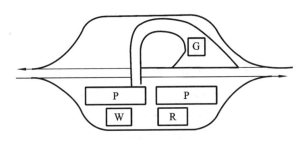

图 5.2　集中式服务区

面停车场去。同时,在高速公路上采用分离式服务区,还可以防止驾驶员互相交换通行卡和收费票据等作弊现象。

所以,一般高速公路采用分离式服务区。

(2)按餐厅的位置,服务区布局形式有外向型、内向型和平行型三种。

①外向型:在餐厅和高速公路之间布置停车场、加油站等其他服务设施。这种布置适用于服务区外侧地形较开阔的情况,旅客在用餐时可避开嘈杂的汽车声的干扰,在安静的环境中得到较好的休息,是一种常用的布置形式,如图 5.3 所示。

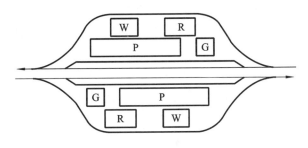

图 5.3　外向型服务区

②内向型:餐厅与高速公路相邻,餐厅的另一端布置停车场和加油站等其他

服务设施。这种布置适用于服务区周围比较封闭、旅客无法向外远眺的情况,如四周位于乡镇街道路段或挖方路段。内向型服务区不便于停车,只有在地形条件受到限制时,才采用内向型的方案,如图5.4所示。

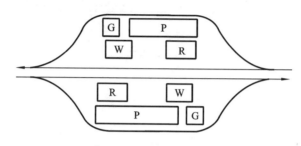

图 5.4　内向型服务区

③平行型:餐厅和停车场、加油站等服务设施相邻,沿高速公路方向呈长条形布置。这种布置方式适用于地势狭长和山区地段,如图5.5所示。

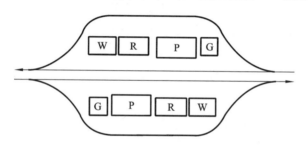

图 5.5　平行型服务区

(3)按加油站的位置,服务区布局形式有入口型、出口型和中间型三种。

①入口型:加油站布置在服务区的入口处,车辆一进入服务区就可以立刻加油。入口型服务区有利于场区合理布置、交通流畅以及行人行车的安全,但加油车辆较多时,可能会妨碍入口匝道上车辆的行驶。

②出口型:加油站布置在服务区的出口处,驾驶员稍事休息后出服务区时再给车辆加油。

③中间型:加油站布置在入口和出口之间,使用起来比较灵活。

由于停车场(P)、餐厅(R)、加油站(G)、公共厕所(W)等主要设施的布置与地形、地貌、沿线自然特征、土地利用、投资费用以及管理条件等因素有关,实际上服务区的形式是通过对各种因素的综合分析和比较,并且按照上述不同分类进行组合确定的。我国目前常见的服务区形式主要有分离式外向型(图5.3)和分离式平行型(图5.5)等。

6. 服务区场区标志、标线设计原则

高速公路服务区场区属于高速公路封闭独立的交通系统的一个节点。与高速公路主线满足车辆高速通达的功能不同,它是专门针对机动车在低速和静止状态下产生的需求而提供服务的特定场所。因此,高速公路服务区场区的标志和标线,既不同于高速公路主线的交通标志和标线,又区别于城镇道路、城市广场、居民小区以及停车场等市政交通标识系统。

特别要注意的是,服务区场区标志的设置应根据场区的功能分区、交通流线、驾驶员的行为特征等因素综合考虑,标志设置应全面、系统、连续、均衡。标线设计应考虑驾驶员的行为习惯,符合车辆行驶轨迹要求;设计时,应根据场区路线设计、交通组织、其他交通设施的情况,合理地利用道路有效面积,设置标线。在匝道进入服务区处应设轮廓标或突起路标,提醒驾驶员减速。

5.4 高速公路管理设施设计

5.4.1 高速公路监控系统设计

高速公路监控系统对高速公路交通流运行状态、道路设施状态和交通环境状态进行监测与控制,是实现高速公路安全行车和道路通畅的基本要求和重要手段。

1. 高速公路监控系统的概念

高速公路监控系统由信息采集、数据传输、中心控制和信息发布等子系统组成,具有监测和控制两大功能。

监测是指利用高速公路沿线的车辆检测器、气象监测器、能见度仪、摄像机等信息采集设备,对道路交通状况、路面状况、天气状况和设备工作状况等参数进行实时观察和测量,并通过传输系统将相关结果传送至监控中心控制室。

控制是指由监控中心控制计算机或监控员实时处理系统的各种数据,按照一定计算模式进行分析、判断和决策,并将最终决策结果和下达的控制命令通过通信系统传送到监控现场的信息发布设备(可变情报板和可变限速标志)、收费口控制设备或者匝道控制设备,将路况及各种控制信息提供给驾驶人员,以促进

行车安全,提高行车效率。对于引起延误的事件,能够迅速响应,提供紧急服务,并快速排除事件,把事件引起的延误控制到最小,从而达到调节和控制道路交通状况的目的。

2.高速公路监控系统的特点

高速公路监控系统通过采集各种交通信息,按照规范的策略,合理运用交通调度方案,引导、限制、警告和组织交通流,减少交通事故的发生,以提高高速公路的有效性和安全性,其主要有以下特点。

(1)监控系统地域覆盖面大,监控设备分散,对环境适应性要求高。

(2)传输媒体种类多,有语音、图像、数据等,对通信带宽和实时性要求较高。

(3)外场设备种类繁杂、原理不一、接口多样、速率不同,维护管理有一定难度。

(4)涉及技术面广,包括计算机网络、视频监视、数据采集与处理、通信、多媒体图像处理、计算机软件设计等。

3.高速公路监控系统的构成

为完成系统的监视与控制功能,高速公路监控系统由信息采集子系统、视频监控子系统、信息提供子系统、交通控制子系统、计算机网络传输子系统等组成。监控系统的构成示意图如图5.6所示。

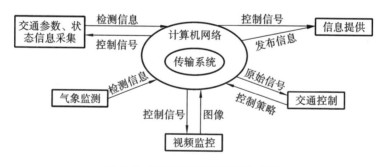

图5.6 高速公路监控系统构成图

1)信息采集子系统

该子系统将采集的数据,如车辆检测器采集的车流量数据,气象监测器等采集的高速公路各路段的温度、湿度、能见度、雨雪雾等气象数据,及时、准确地传送至监控中心,同时根据原始数据进行统计运算,生成各类报表。该子系统采集的数据是监控中心进行实时分析、处理和决策的基础。

该子系统主要包括环形线圈检测器、超声波检测器、红外检测器、道路气象检测器等。

2) 视频监控子系统

视频监控子系统是监控系统的一个重要组成部分。通常在高速公路的一些特殊路段和事故易发地段安装摄像机,对收费站、服务区、特殊构造物(长大桥梁、长大隧道或隧道群)、特殊线形(连续下坡、连续弯道、平纵指标较低)、区域性气候、高边坡、事故多发点、临江临河路段、地质灾害易发点等进行重点监控,利用图像通信来监视这些区段的交通状况。一旦出现车辆故障或发生交通事故,能提供事故发生点的现场图像信息,以便控制中心迅速做出反应并及时地进行协调管理和事后处理。由于视频监控具有图像逼真、清晰、直观等特点,因而在监控系统中有便于调度和指挥的实用价值。国内许多交通量较大的高速公路项目,摄像机监视范围已覆盖整个区段,实行全程监控。

该子系统由摄像机、解码器、云台、光端机、图像计算机、监视器、投影仪、矩阵切换器、多画面分割器、录像机、控制键盘及附属设备等组成。

3) 信息提供子系统

本系统的主要任务是向道路使用者提供某个区段内的交通、气象、事故和道路状况情报以及速度限制情报,作为道路使用者的行车指南,辅助调节主干线的交通流,参与交通管理与调度。

① 向道路使用者提供信息,如前方路段交通阻塞情况、事故告警、气象情况、道路施工情况等。这些情况常通过可变情报板或路侧通信系统提供。

② 向道路使用者提供建议或控制指令,如最佳行驶路线、最佳限速车道控制信号、匝道控制信号等。这些指令的提供常通过可变情报板、可变限速标志、车道控制标志或匝道控制设备来实现。

③ 向管理和救助部门提供信息。把收集到的各种信息进行处理后在各种显示装置(如地图板、大屏幕投影)中显示,为交通管理人员制定控制策略、事件管理方法等提供迅速直观的信息;在出现如交通事故、车辆抛锚、道路设施损坏等情况时,向消防部门、急救部门、服务区、道路养护工区等提供有关指令或信息。这些信息常利用指令电话或业务电话来传递。

④ 向社会提供信息,包括为新闻媒介和高速公路以外的道路使用者提供本条高速公路的交通信息。这些信息的提供往往通过交通广播系统或广域信息网

来实现。

本系统主要由地图模拟屏、可变情报板、可变限速标志和路侧广播、信号灯、公共信息电话或终端等组成,向车辆提供准确的交通状态和警告。

4) 交通控制子系统

该子系统对所采集的各路段交通和气象原始数据进行分析和处理,并综合各相关数据,通过专家系统生成最优的路网调度和交通控制方案。交通控制方案包括交通控制目标、交通控制方法、交通控制参数等。其中,交通控制参数以一定的控制形式作用于交通流;交通控制方法可以分为主线控制、匝道控制、通道控制三大类。控制算法中有基于稳态交通模型、动态交通模型的准确推导方法,基于模糊理论的算法,基于神经网络原理的算法等,这些算法理论在实践中不断得到发展和完善,为高速公路交通控制奠定了良好的理论基础。

5) 计算机网络传输子系统

计算机网络传输子系统可以将信息采集、视频监控、交通控制、信息提供等其他子系统连接为一个有机的整体,使之真正成为一个功能强大的控制系统。计算机网络传输子系统设备主要包括计算机硬件设备和监控系统应用软件。计算机硬件设备包括交换机、服务器、客户机、打印机、路由器、调制解调器等,监控系统应用软件包括计算机操作系统、数据库系统、计算机网络管理系统、软件等。

5.4.2 高速公路通信系统设计

高速公路管理需要将多种信号沿公路传输和交换,通信系统的作用是要实现监控和收费设施的数据、语音、图像等信息的准确、及时传输,保持高速公路各管理部门之间业务联络通信的畅通,并为高速公路内部各部门和外界建立必要的联系;同时,高速公路通信系统作为交通专用通信网的重要组成部分,是交通信息的主要传输载体,为各种网络服务。

1. 高速公路需要传输的信息分类

高速公路需要传输的信息按用途可划分为以下几类。

(1) 监控、收费、隧道消防等机电子系统的控制指令,监测和收费数据(数字信号)。

(2) 闭路电视的视频信号。

(3) 程控数字交换电话和紧急电话的语音信息。

(4) 管理部门与车辆用户的多媒体(语音、数据、图像)信息。

(5) 车辆用户与卫星通信信息[从卫星获取 GPS(global positioning system, 全球定位系统)信息]。

上述信息可概括为语音、数据和图像三大类。为了方便传输和保证通信质量,常将三类信息都用二进制码元表示成数字信号,公路通信主要是数字通信。

固定端到固定端的通信采用有线传输,目前常用光缆通信,近距离通信也采用电线。固定端到运动端(如监控中心与车辆)和运动端间的通信为无线传输,属于微波移动通信范畴。

2. 高速公路专用通信系统

高速公路有线通信常采用以光缆传输为主干线的多种专用通信系统。高速公路普遍建造专用通信网的一个原因是,在道路修建时预设通信管道可节省通信建设投资。随着公用通信网覆盖面越来越广,也可租用公用线路作为公路专用,以减少投资和维护费用。

(1) 光缆数字传输系统。

近期建造的公路通信系统采用 SDH(synchronous digital hierarchy,同步数字体系)自愈环光缆系统,所有的数据和控制指令、电话语音和视频图像全部转换为数字信号,由光纤数字传输线路与各个固定点的计算机及各种终端连接成广域通信网络。也有单位对多芯光缆的各根光芯分配专门业务传输,如有的按 SDH 等级传输数据,有的专用于环路载波电话,有的传送 CCTV(closed circuit television,闭路电视)视频图像等。

(2) 紧急电话系统。

紧急电话系统是为车辆客户提供紧急呼救求援的专用通信系统,目前有线、无线两种并存。我国采用独立于光缆之外的专线系统较多。

(3) 移动通信系统。

公路内部各种工作车辆需在运行和工作过程中及时和管理中心进行联系,为此建立专用无线移动通信或专用集群移动通信系统。

(4) 专用近距微波传输系统。

车辆用户和公路交通智能化都要求建立车辆与管理部门间的专用近距离多媒体通信,如电子全自动收费系统在收费点和运动车辆间交换收费数据,遥测装置和固定监控站间的数据传输,路侧监控站对车辆的检测、通信和遥控等。为此,出现了专用近距通信技术——厘米波短距通信。电子收费系统已使用这种通信技术,车辆多媒体应用将来也需依靠它。

3. 高速公路通信系统的特点和要求

(1)专用性强,通信对象主要是公路管理部门内部各个单位和沿线行驶的车辆。

(2)需要传输的信号种类繁多,有语音、活动图像、数据和GPS定位信号等,对各类信号的传输有明确要求,如活动图像和语音的实时性、控制指令和报警信号的高可靠性、收费数据严格的连续性等。

(3)通信方式繁多,几乎包含当前所有的通信方式,如光缆通信、程控电话、计算机网络数据和多媒体通信、移动电话、微波和卫星通信等。

(4)数据、图像和语音的传输和处理直接相联,通信系统是作为监控、收费等计算机网络的通信支网出现的,计算机直接参与通信是公路通信的特点之一。

(5)要求高可靠性,系统每天24 h不间断运行,中断运输会丢失重要数据或造成事故处理不当。

(6)公路通信里程为50～400 km,终端通常不超过1000个,可归属小型通信系统范畴。

高速公路通信系统建立分级管理体制,在各管理分中心建有通信分中心,为了保证信号长距离传输不产生严重失真,根据需要还可设立中继站。

针对上述特点,对公路通信系统的突出要求为高可靠性、低差错率。各专用子系统和主要部件应有具体技术性能指标,在设计、建造、试运行和验收通信设施时,严格贯彻执行。

5.4.3　高速公路收费系统设计

1. 高速公路收费系统简述

收费系统在高速公路组成当中占据着重要位置,同时涉及的专业领域也比较多,主要包括计算机、通信以及交通工程等。根据收费方式的不同,高速公路收费系统可以分为封闭式、开放式、均一式以及混合式,可以通过移动支付或者现金等多种方式来完成付费。就当前实际情况来说,所应用的收费系统具有自动化程度高、稳定性强、实用性好以及适用范围广等优点。高速公路收费系统结构如图5.7所示。

一些高速公路是以企业方式建设的,或者是以贷款方式建设的,为了经营公

图 5.7　高速公路收费系统结构

司或者偿还贷款,这些高速公路需要设置收费系统。而提高收费系统效率,对减少高峰期大面积拥堵等现象、降低成本具有重要作用。因此,研发高速公路收费系统具有重要意义,下面对系统设计原则进行分析。

2. 高速公路收费系统设计原则

设计高速公路收费系统时,应该遵循的原则是真正实现收费系统自动化服务以及联网管理,并且能够对高速道路的通行状况进行有效改善,从而真正保障道路系统的高效运行。另外,在系统设计过程当中,还应当使各个子系统同应用模型之间的结合更加紧密。同时,应该尽可能地确保系统中的数据真实可靠,这样才能够确保系统收费和计费工作的正常开展,使系统具备突发事件处理能力以及容错能力,从而进一步保障系统稳定性。

使用过程中如果要对收费系统做进一步改造,应该确保改造前后的高速公路收费系统之间能够有效融合,这样才能够实现多种收费形式,满足不同用户在使用高速公路过程中对收费系统的相关要求,确保高速公路收费系统具有较广泛的适应性。除此之外,在对高速公路收费系统进行设计时,还应该应用安全性以及稳定性相对比较强的非接触式 IC 卡(integrated circuit card,集成电路卡)技术,这样才能够紧密结合用户实际需求,将高速公路收费系统的安全性和扩展性进一步提高。

3. 高速公路收费系统组合收费技术介绍

高速公路建设成本高,建立收费系统能够回收成本,促进我国交通业良性发展。目前,在高速公路收费系统中,ETC(electronic toll collection,电子不停车收费)技术比较先进,能够为高速公路收费系统的发展提供有效支持。ETC 系统是指电子不停车收费系统,是目前世界上最先进的路桥收费方式。需要在车上安装 ETC 车载器,高速公路设置专门的 ETC 车道,车从 ETC 车道经过时不用停车,系统自动采用电子付费的形式进行扣费。该技术的主要原理是:安装在车上的电子标签能够与ETC车道发送的微波信号进行通信,从而进行信息传输,并且通过互联网技术与银行后台相连接,达到不停车即可收费的目的,让高速公路收费更加便捷,减少了工作人员的工作量,同时确保了高速公路的畅通。

但是全面实施ETC技术还存在一定的困难,因此,目前最常用的收费系统采用的是组合收费技术,即以非接触式IC卡收费系统为基础,采用双界面CPU(central processing unit,中央处理器)卡作为非现金支付卡,结合车载微波通信技术,实现现金、非现金、ETC电子收费等多种收费方式。

这种组合收费技术具有以下优点:①能够最大限度地利用资源,实现多种技术组合收费;②降低ETC实施的难度,组合收费富有弹性,试点处容易实施;③提高人工收费效率,降低管理成本;④具有高安全性,符合金融规范要求。

4. 高速公路收费系统的设计及实现

1)收费系统组件的设计及实现

组件技术的出现进一步提升了软件系统的可扩展性以及可操作性,其软件组件形式为二进制代码,对其能够进行单独开发以及编制,当开发完所有组件后再对它们进行对应组合,构成一个相对比较完整的系统。如果使用者需求发生变化或者系统自身出现变化,不需要修改系统中的所有组件,只需要对受到影响的组件进行修改,就可以完成应用系统的升级。

对于收费系统来说,有效管理以及控制外场当中的各种设备是它的一个重要任务,一旦设备出现变化,就需要重新编译以及修改收费系统。然而这个过程比较烦琐,如果对这些设备通过组件技术来进行相应接口的制定和通用方法的定义,更换设备时,只需要对相应的组件进行修改即可。

收费系统升级时,也只需要按照所增加的新功能进行接口的增添就可以完成,这样一来操作就十分迅速且方便,提高了工作效率。除此之外,通信是收费系统的另一个任务,在进行收费系统设计时,应该进行通信组件的定义,从而使其能够完成数据传输工作。

2)高速公路收费系统数据库的设计及实现

高速公路收费系统的中心管理系统就是数据库,其中使用者所使用的数据都是在数据库中进行存储的,为此,在设计过程中,确保数据库的安全性、可靠性以及高效性十分必要。在计算机管理信息系统设计当中,数据库设计是一个重要组成部分,其设计质量对管理工作的效率有直接影响。在设计数据库过程中,应该遵循 MIS(management information system,管理信息系统)总体信息方案,并且其他的分库应该更好地服务于所支持的管理目录。在设计数据库过程中,还应该弄清布局、理清主次,可以采取图 5.8 所示的两种数据流形式。

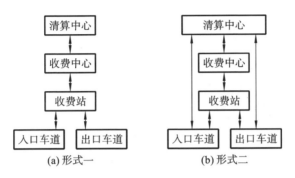

图 5.8 数据流形式示意图

进一步明确数据库结构,使其更加标准化以及规范化,才能完成信息交换的过程。在设计数据库结构时还应该遵循国家有关标准,尤其应该重视编码应用问题。对数据库进行设计时要避免冗余,减小存储空间和降低开发难度,进一步提升收费系统的运行速度。在对数据库进行设计的过程中,应该确保数据的一致性以及正确性。MIS 中一个数据库会被众多用户共同使用,这样操作就存在并发性,从而对数据的一致性造成一定程度的影响,此时可以通过数据锁的方式进一步确保数据的一致性。

由于是共享数据,还应该考虑使用过程当中的安全性,进行安全机制设定。对于不同的用户,有相对应的特定保密机制,从而能够有效地保障用户使用数据库的安全性。

3) 收费系统的安全设计及实现

高速公路收费系统应对登录的用户进行身份标识和鉴别。在登录窗口,用户只有正确输入用户名以及密码才可以正常登录系统并使用,为用户提供三次输入的机会,如果在规定的次数内没有输入正确的用户名及密码,将自动退出。在设计收费系统用户权限时,既要确保用户访问权限,也要避免非法使用者的使用,所有人都需要通过合法的方式登录收费系统,这样可以利用强制手段来进一步确保数据库的安全。另外,对于收费系统的用户权限还可以进一步细分,分为使用者权限和管理者权限,使得不同的用户具有不同的权限,他们登录系统以后所进行操作的范围也存在差异。

4) 收费系统各功能模块的细部设计及实现

数据库是高速公路收费系统的核心部分,主要包括数据录入、报表打印以及管理等相关模块。其中,数据录入模块的功能主要是录入报警以及设备维护信息、收费数据等。报表打印模块的主要功能是打印统计报表或者财务报表,为以后相关内容的查找提供方便。管理模块则用于校准系统时钟、调整收费费率、查询特殊车辆等。设备驱动模块主要包含摄像机驱动以及打印机驱动等。通信模块主要负责在数据录入模块以及管理模块之间提供通信通道。

5) 收费系统的测试与维护

经过长期运行以后,收费系统难免会存在一些问题,经过测试找到存在的问题后要对其进行调试,从而确定问题产生的原因,然后采取对应措施对其进行修正。同时,应该定期保养维护收费系统,从而保证系统正常运行,能够真正满足高速公路管理的相关需求。

第6章 高速公路设计实践——以林州至长治高速公路为例

6.1 概　　况

6.1.1 工程概述

林州至长治(省界)高速公路(以下简称"林长高速")起点位于"红旗渠的故乡"林州市东南侧的安林高速上,路线向北依次经过陵阳镇和姚村镇东侧,于K24+950处上跨省道S228后转向西北方向,于K33+300处跨越露水河后,转向西依次穿过石柱山和关家岭,终点位于豫、晋两省交界处,西接长治至平顺高速公路。项目设计推荐路线全长39.63 km(其中重丘区段18.3 km,山岭区段21.33 km),全线均位于林州市境内。

林长高速是山东聊城—河南安阳—山西长治跨省公路通道的重要组成部分,被列为河南省2009年计划开工的重点建设项目之一。本项目东接安阳至林州、安阳至南乐高速公路,进而与京港澳高速公路、大广高速公路联网。根据河南省高速公路网规划,本项目向西延伸至山西长治,与青岛—长治—临汾高速公路、长治至太原高速公路连接;沿南乐向东延伸,可直至山东聊城及以东广大地区。因此,本项目的建设不仅可以沟通多条高速公路,完善豫北地区公路网主骨架,而且可以逐步实现沟通鲁、豫、晋、冀四省高速公路网络体系,打开太行山千古屏障,为晋南、冀南及豫北广大地区通往山东半岛及沿海地区提供一条更为快捷的陆路通道,也可以为晋煤外运提供又一重要通道,此外,该项目对于促进豫、晋交界地区经济的协调发展,沿线旅游事业发展和矿产资源开发等将起到巨大的推动作用。

6.1.2 项目设计特点、难点

(1)合理利用地形,灵活运用指标,克服山岭区路段较大的设计高差,保证行车安全是路线方案选择的重点。

项目通道位于太行山地与华北平原的过渡地带,山峦起伏,高峰突兀,沟壑纵横,总地势为西北高东南低,路线布设应合理利用沿线地形,正确运用路线指标,顺山就势,合理展线。同时,路线应按照地质选线原则,避免横穿断裂带,绕避地质灾害易发区,提高路基安全性,确保行车安全。

(2) 路线布设应与沿线经济发展规划相适应,与交通规划发展相协调。

本项目的建设不仅能为晋煤外运提供又一快速、便捷通道,使项目沿线城镇之间的产业能够更好地结合,促进豫、晋交界地区经济快速、协调发展,还能带动沿线一大批产业(包括电力、冶金、化工、建材等)的发展,产生的经济效益将十分明显。所以本项目路线布设要重点考虑沿线经济发展及交通规划。

(3) 项目通道内有被誉为"世界第八大奇迹"的红旗渠、太行大峡谷、铁道部重点规划的长泰铁路,高压电力、电信等设施密集,工矿业发达,制约因素众多,路线布设应合理避让,避免重大拆迁。

"引漳(河)入林(州)"的国家大型水利灌溉工程,渠道总长 1500 km,分布于本项目通道内的半山腰,与本项目有 5 次交叉,总体设计应慎重处理好和红旗渠的每一次交叉。本项目与通道内安林铁路交叉 1 次,和长泰铁路交叉 2 次,同时,林州为豫西北地区工业重镇,高压电力设施、电信设施、矿区密集,选择路线时应综合考虑,合理避让,尽量避免拆迁。

(4) 沿线地形地貌相对复杂,限制条件和影响因素众多,工程实施难度大。

项目所在区域地形地貌复杂、类型多样,高山、丘陵、岗地、峡谷等地貌均有分布。山间冲沟深且多,限制条件和影响因素众多,工程实施难度大。选择路线时需对区域地形地质条件进行大范围深度调研,确定合理的构造物设置方案,以降低工程实施难度。

(5) 沿线可耕地少,旅游、矿产资源较为丰富,方案设计应尽可能减少占地。

本项目地处豫西北山区,沿线人均可耕地少,沿线重点旅游景区有红旗渠风景区、太行大峡谷、林虑山风景区等,矿藏以铁矿为主,钴矿、铅矿等金属矿产和各种岩石、煤炭等非金属矿产储量极为丰富,工程方案设计应站在科学发展的高度,充分考虑沿线资源的开发和利用,尽可能少占耕地。

(6) 本项目重车较多,方案设计应注重重车设计理念。

本项目的功能之一是为晋煤外运提供又一快速、便捷通道,同时带动沿线一批产业(包括电力、冶金、化工、建材等)的发展,根据工程可行性研究报告对本项目的交通量预测,重车占整个交通流的 67%。本项目方案设计应着重考虑重车的行驶特性,以人为本,贯彻重车设计理念。

(7)本项目为抗震重点工程,结构物设计应注重抗震设计。

根据中国地震局发布的《中国地震动峰值加速度区划图》,项目沿线区域地震动峰值加速度为0.15g。按照《公路工程技术标准》(JTG B01—2014)和《公路工程抗震规范》(JTG B02—2013)的规定,本项目沿线构造物等抗震重点工程,应比基本烈度提高一度采取抗震措施。

(8)人文景观设计要求高,应做好自然环境与人文环境的保护。

本项目沿线有着灿烂悠久的历史文化,自然景观和人文景观众多,设计中要注重汽车行驶的安全舒适及高速公路与环境之间的和谐关系。景观设计要充分考虑沿线的自然环境和历史文化特点,努力将本项目建设成"旅游路、景观路、生态路、特色路"。

6.1.3 项目设计指导思想

坚持以人为本的设计思想,树立"安全、环保、舒适、和谐、精品"的设计理念。设计中严格遵守有关技术标准、规范和交通运输部有关文件精神,以及河南省交通运输厅下发的《河南省高速公路设计技术要求》的规定。认真落实"六个坚持、六个树立"的设计理念,即"坚持以人为本,树立安全至上的理念;坚持人与自然相和谐,树立尊重自然、保护环境的理念;坚持可持续发展,树立节约资源的理念;坚持质量第一,树立让公众满意的理念;坚持合理选用技术指标,树立设计创作的理念;坚持系统论的思想,树立全寿命周期成本的理念",在合理、有利、协调和长远利益上下功夫。

6.1.4 项目设计原则

根据项目设计特点、难点,结合本项目的设计指导思想,对本项目设计提出如下设计原则。

(1)必须严格执行国家和部颁有关公路工程技术标准、设计规程规范、设计文件编制办法、公路建设用地指标、公路工程概预算编制办法、定额及地方政府下发的有关公路工程建设的文件或规定等。

(2)必须严格执行《中华人民共和国工程建设标准强制性条文》中的有关规定,充分吸取国内外先进的设计理念,灵活运用设计指标,坚持有关公路典型示范工程的设计原则。

(3)安全性原则:坚持"以人为本",把安全放在设计第一位,除了保证公路工程自身的安全外,还要采取一切有效措施保证公路行车安全,贯彻"全面、和谐、可持续"的发展观,充分吸取国内外公路建设经验。

(4)服务社会原则:公路建设应以有利于社会进步和发展为宗旨,总体设计应与沿线现有格局及规划合理结合,为地方经济发展提供良好的服务。

(5)尊重地方发展特征,整体协调原则:针对项目沿线各产业发展特征,公路建设应与之相协调,相互利用,促进地方经济发展,对沿线各种文物古迹、人文景观、生态、环境敏感区、农田水利设施、排灌系统等应采取有效的保护措施,促进社会和谐发展。

(6)节约原则:坚持"节约型社会"的发展目标,采取最严格的措施保护耕地,少占农用田地,尽可能地减小工程量,节约社会资源。

(7)动态设计原则:将勘察设计工作贯穿整个项目建设的全过程,将施工过程中的动态设计作为整个设计工作的组成部分。

6.2 路线设计

6.2.1 路线布设原则及主要技术指标

1. 路线布设原则

路线方案是在工程可行性研究报告(简称"工可报告")所选定的路线大方向和上述主要控制点的基础上,结合沿线地形、地物、水文、地质、文物、筑路材料等自然条件,按《河南省高速公路设计技术要求》和现行部颁标准、规范、规程的要求确定的。具体布设路线时,着重考虑了如下因素和原则。

(1)合理利用沿线地形,灵活运用指标,在保证安全且不过多增加工程量的前提下,合理展线,克服山岭区路段较大的设计高差,确保路线终点与长治至平顺高速公路合理顺接。

(2)在准确、详细的勘探资料基础上,按地质选线原则,避开沿线地质灾害易发区、采空区、矿区、尾矿库及不良地质地段等,避免路线横穿山岭区断裂带。

(3)在准确、全面的测量资料基础上,处理好沿线和红旗渠的每一次交叉,处理好本项目和规划中的中南能源通道——长泰铁路及林州钢铁厂专用铁路的交叉。

（4）合理避让沿线众多的人文景观、自然景观、风景区等。

（5）依据工可报告对本项目交通量的预测，合理布设各互通、服务区及主线收费站的位置，确保区域路网的科学合理及可持续发展。

（6）路线顺山就势，最大限度地减少公路建设对沿线自然环境的破坏，减小工程量，节约工程造价。

（7）处理好路线与沿线城镇、村庄、重大电力电信设施、重大农田水利设施、排灌系统的关系，尽量减少拆迁，少占良田，保护沿线百姓利益。

（8）科学合理地选择路线跨越太行大峡谷（露水河）的位置、沿线各隧道的位置及长大纵坡路段爬坡车道及紧急避险车道的位置。

（9）平纵组合合理，充分考虑驾驶者在视觉和心理方面的要求，在满足汽车运动学和力学的前提下，平纵指标做到大小均衡，组合适当，做到安全、舒适，线形与自然景观相协调。

（10）平纵面确定后，对全线进行运营速度检验，严格控制相邻路段期望速度差在 20 km/h 以内，对不满足此要求的路段进行调整，直至满足。

2. 路线主要技术指标的采用

本项目 K0+000～K18+300 路段，设交点 9 个，导线最小偏角 10°51′53″，最小平曲线半径 1000 m（2 处），最大平曲线半径 5000 m（3 处），最大直线长度 2278.37 m，曲线占全长的 56.934%；纵断面设变坡点 32 个，最大纵坡 3.8%（2 处），最小坡长 300 m，竖曲线占全长的 68.147%。

K18+300～K39+630.665 路段，设交点 17 个，导线最小偏角 8°20′28.9″，最小平曲线半径 400 m（2 处），最大平曲线半径 5350 m（1 处），最大直线长度 546.076 m，曲线占全长的 90.576%；纵断面设变坡点 33 个，最大纵坡 4.9%（1 处），最小坡长 280 m，竖曲线占全长的 57.101%。

6.2.2　路线设计方案及比选论证情况

1. 推荐路线设计方案

林长高速初步设计推荐方案起点位于林州市横水镇东南侧安林高速公路上，设横水枢纽互通式立交连接安林高速公路，路线向北经过横水第一初级中学东侧，于 K0+615 处下穿省道 S301，然后路线继续向北，于 K1+700 附近经过杨家窑西侧,于 K3+800 附近经过邵家窑东侧,于 K4+100 附近经过郭家窑西侧,于 K7+000 附近经过海洼村西侧,路线继续向北,于 K9+946 处下穿红旗渠六支渠(第一次)后,路线转向西北方向,于 K10+400 附近经过杨家营西侧,于 K10+969 处上跨安姚公路,设陵阳互通(位于陵阳镇东侧),之后,路线继续向西北方向,于 K13+000 附近经过东寨村东北侧,于 K13+445 处上跨林州钢铁厂专用地方铁路,于 K13+700 附近经过申村东北侧,于 K14+000 附近经过林州市河顺镇第三初级中学西南侧,于 K15+000 附近经过东张村西南侧,于 K16+800(中心桩号)处设林州服务区,之后,路线继续向西北方向,于 K17+300 附近经过焦家屯东北侧,于 K18+300 处路线开始进入山区,于 K18+800 处经过换新天水库西南侧(下游),之后路线转向正北,于 K20+474 处上跨红旗渠二干渠(第二次),于 K23+600 附近穿过井头村东边,于 K24+266 处设红旗渠互通,连接省道 S228,于 K24+874 处跨越红旗渠三干渠(第三次)后,路线再次转向西北方向,于 K25+207 处上跨省道 S228,于 K25+235 处上跨红旗渠总干渠(第四次),之后,路线从分水岭山东北脚绕过后,转向西,沿着分水岭山南边山脚前进,于 K27+592(中心桩号)处穿越赵家村东侧垭口,设赵家墁隧道(长 428 m),然后路线向西北沿林虑山东麓前进,于 K28+500 附近经过赵家墁村东侧后,路线转向西,于 K31+297(中心桩号)处穿过林虑山,设西垴隧道(长 2186 m),于 K32+960(中心桩号)处设尖庄隧道(长 198 m),于 K34+089 处上跨红旗渠总干渠引水渠(第五次),于 K34+198 处跨越露水河,设露水河大桥,于 K35+246(中心桩号)处设白家庄隧道(长 574 m),于 K37+226(中心桩号)处穿越东石柱山,设东石柱隧道(长 3174 m),之后,路线穿越关家岭,在豫晋界到达本项目设计终点(桩号 K39+630.665),终点位于关家岭隧道中,关家岭隧道河南段长 661 m。

2. 比较路线设计方案及比选的论证

本项目初步设计阶段,综合对路线走廊带内建设条件分析,结合工程可行性研究专家评审意见及工可报告批复意见,在路线展线较为困难的路段 K19+785.629～K29+046.279 布设了比较方案,对应段落为 AK19+785.629～AK27+699.905。

AK 方案起点位于推荐方案 K19+785.629(＝AK19+785.629)处,路线向西北方向,于 AK20+494 处上跨红旗渠二干渠(第一次),之后路线继续向西偏,于 AK21+203 处再次跨越红旗渠二干渠(第二次),于 AK22+967 处(东杨家庄东北侧)跨越省道 S228,然后路线逐渐转向北,于 AK25+018 处上跨红旗渠一干渠(第三次),之后,路线继续向北,在赵家墁村东侧与推荐路线汇合,终点桩号 AK27+699.905(=K29+046.279)。比较方案路线全长 7.914276 km。

初步设计过程中,从建设条件、公路安全、路线指标、工程经济、社会效益、对环境的影响程度等方面,对比较方案和推荐方案同深度论证(见表 6.1)。可以看出,本路段推荐方案优势明显。

表 6.1 K 线与 AK 线方案论证比较表

序号	比较内容	单位	K 线	AK 线	AK－K
1	全线建设里程	km	39.630665	7.914276	
2	比较路段里程	km	9.26065	7.914276	－1.346374
3	占用土地	亩	670.00	763.28	93.28
4	土方	×10³m³	182.504	79.08	－103.424
5	石方	×10³m³	1616.98	1060.345	－556.635
6	排水防护	×10⁴m³	6.1536	4.9791	－1.1745
7	不良地质路段	km	/	/	/
8	沥青混凝土路面	km²	221.380	196.013	－25.367
9	桥梁	m/座	1538.88/7	985.06/5	－553.82/－2
10	涵洞	道	13	13	0
11	隧道	m/座	675/1	/	－675/－1
12	互通式立交	处	1	1	0
13	分离式立交	m/座	0	0	0
14	天桥	m/座	647.06/7	465.0/5	－182.06/－2
15	通道	道	2	3	1
16	概算造价	万元	46620.58	42442.30	－4178.28
17	平均造价	万元/km	5034.08	5362.94	328.86
18	最小平曲线半径	m/处	600/4	700/1	100/－3

续表

序号	比较内容	单位	K 线	AK 线	AK－K
19	局部路段纵坡情况	%/m	K19＋785～K29＋046 段：4.8/660，2.9/280，4.0/500，2.5/500，4.0/410，2.3/1000，2.7/400，4.9/670，0.3/570，－4.8/550，－1.2/400，1.2/740，4.5/720，2.0/600，2.8/460，1.4/1220，2.5/769	AK19＋785～AK27＋700 段：3.9/478，3.0/380，－0.9/557，－4.8/684，1.5/502，3.5/500，3.0/650，4.5/770，3.1/480，4.8/700，2.5/300，4.8/600，3.5/600，0.9/600	K 线坡缓

6.2.3 运行速度及特殊路段安全措施

1. 运行速度

本项目主线采用全封闭、全立交、全线控制出入的四车道高速公路标准，K0＋000～K18＋300 路段设计行车速度为 100 km/h，路基宽度 26.0 m，K18＋300～K39＋630.665 路段设计行车速度为 80 km/h，路基宽度 24.5 m。

对于小客车而言，本工程中大部分路段预测的运行车速高于设计车速，在设计速度＋20 km/h 范围内，速度协调性较好；大货车期望运行速度全线均高于设计车速，预测的速度差值均小于 20 km/h，速度协调性较好。

2. 对山岭区速度差相对较大的路段采取的相关安全措施

1）爬坡车道设置

本项目山岭区路段沿线地势起伏较大，纵断面设计时在短距离内需要克服较大的高差，易形成长大陡坡，初步设计对全线正反两个方向进行了运营速度计算，大型车在缓坡段的运行速度以 80 km/h 为基准，最低容许车速为 55 km/h。虽验算结果都能满足《公路项目安全性评价规范》(JTG B05—2015)的要求，但考虑到本项目地形条件的特殊性及本项目的重车设计理念，为保证行车安全，初步设计拟在长大上坡路段，地形条件允许，不过多增加工程量的前提下，在 K22

＋600～K23＋700 路段和 K26＋000～K26＋850 路段设置重车爬坡专用车道，宽度 3.5 m。

2）避险车道设置

避险车道设置原则：公路连续长、陡下坡路段，当平均纵坡＞4％，纵坡连续长度＞3 km，车辆组成内大、中型重车占 50％以上，且载重车缺乏辅助制动装置时，为避免车辆在行驶中失控而造成事故，应在长、陡下坡路段的右侧下坡坡底的适当位置设置避险车道。

根据本项目全线纵坡设置情况，在 K19＋000～K23＋500 路段，长 4.5 km 连续下坡，平均纵坡 3.47％，而且坡底正好处在半径为 1600 m 的弯道中部，按原则，本不需要设置避险车道，但考虑到目前运营重车车况不良的现实情况，为了提高高速公路的安全标准，减小事故发生的可能性，全线拟设置一处避险车道。

避险车道拟设置在 K20＋700 处路线西侧，利用此处挖方段设置，避险车道形式为大上坡断头路，制动坡床长度为 110 m，纵坡为 10％。

6.2.4 安全设施设计

1. 设计原则

为确保行车与行人的安全和充分发挥公路的作用，公路交通安全设施愈来愈引起人们的重视。特别是对于车速高、要求通行能力大的高速公路，交通安全设施的必要性和迫切性显得尤为突出。交通安全设施的设置，旨在通过合理的方法，协调道路交通系统中的人、车、路、环境各个要素，使某些矛盾朝着有利的方面转化，可以说它是现代化交通发展所必需的。结合河南省省情，参考国内及河南省已建成的高速公路项目的经验，结合本项目实际情况，按照国家标准《道路交通标志和标线》(GB 5768)、《高速公路交通工程及沿线设施设计通用规范》(JTG D80—2006)、《公路交通安全设施设计规范》(JTG D81—2017)、《公路交通安全设施设计细则》(JTG/T D81—2017)和《国家公路网交通标志调整工作技术指南》的有关规定执行。

2. 设计方案

根据本项目公路平纵面技术指标，桥梁通道、互通式立交及分离式立交等构造物的分布情况,本项目设置了交通标志、交通标线、护栏、隔离栅、防眩设施、防落物网、视线诱导标、防撞设施、里程牌、百米牌及公路界碑等安全设施。

1)交通标志

行驶在高速公路上的车辆,车速高是其显著特点。提前预告前方道路与环境实际状况,提醒道路使用者及早识别、判断是很重要的,因而本项目设置警告标志、禁令标志、指示标志和指路标志。全线标志除部分地点方向标志和被交道标志外均采用中、英文对照。本项目除互通式立交处采用路灯照明外,其余均无照明设施。因此所设标志均应采用反光材料制成,以提高交通标志的夜间可见性,保证交通安全。按照《道路交通标志和标线 第2部分:道路交通标志》(GB 5768.2—2022)的要求,标志膜根据需要分别采用一、二级反光膜,标志板采用铝合金板。

2)交通标线

按《道路交通标志和标线 第3部分:道路交通标线》(GB 5768.3—2009)的规定,全线设置反光交通标线。主线车行道右侧边缘线采用20 cm宽白色实线并在其上设置振荡标线,车行道左侧边缘线采用20 cm宽黄色实线并在其上设置振荡标线,车行道分界线采用15 cm宽白色虚线;匝道车行道边缘线采用15 cm宽白色实线,车行道分界线采用15 cm宽白色虚线。车距确认标线适用于车距确认标志处,采用45 cm宽白色平行粗实线。导向箭头按车速≤60 km/h、60~100 km/h、≥100 km/h分为三种,用于指示车辆的行驶方向,指示车辆行驶方向的导向箭头标记于出入口前后。路面文字标记于每过一座立交后适当位置,用于指示车辆行驶。立面标记适用于主线下穿被交道中央分隔带和路侧有构造物处。

按《道路交通标志和标线 第3部分:道路交通标线》(GB 5768.3—2009)的要求,全线连续设置定向反光型突起路标,普通路段布设间隔为15 m,匝道、车道变换等路段布设间隔为6 m,对称设置在车道边缘线外侧。突起路标的颜色与标线一致,采用白色或者黄色。

其他采用标线有出入口标线、收费岛地面标线以及收费车道减速振荡标线。

路面标线材料一般采用2 mm厚的反光热熔性涂料;标记于行车道上的标线采用5 mm厚的反光热熔性材料,并不得降低其覆盖路面部分的抗滑性。

3)护栏

全线除特大桥及大中桥、分离式立交桥上外侧设置防撞等级较高的Rcw-

PL2-R 钢筋混凝土墙式护栏外,其他路段、特大桥及大中桥、分离式立交桥上内侧均设置波形梁钢护栏,路侧采用单排单柱单面式。立柱直径为 140 mm,壁厚 4.5 mm,标准路段护栏立柱间距 4 m,加强路段护栏立柱间距 2 m。中央分隔带原则上每隔 2 km 设置一处开口。互通式立交、停车区内不设置开口。中央分隔带开口设活动护栏。

互通式立交双向匝道的中央分隔带护栏使用双排单面波形梁护栏。

涵洞、通道路侧设置加强型波形梁护栏,明涵、明通道路侧采用混凝土基础、抽换式立柱,其基础按设计要求与涵洞、通道同步施工;对于暗涵、暗通道,填土高度>1.4 m,采用正常路段的加强型波形梁护栏,填土高度≤1.4 m,使用混凝土基础、抽换式立柱。

护栏端部、有构造物的路段均应设置加强型波形梁护栏;在路基填土高度大于 8 m 的路段,除设置加强型波形梁护栏外,颜色设为红色。长度超过 50 m 的挖方路段,如无特殊要求,不设路侧护栏。

4) 隔离栅

为禁止行人和家畜随意横向穿越高速公路,于公路用地界外侧设置镀锌铁丝隔离栅和焊接网隔离栅,确保高速公路的横向"封闭"。

5) 防眩设施

全线桥梁、分离式立交桥中央分隔带以及中央分隔带开口活动护栏设置防眩板防眩;其余路段在中央分隔带内种植树木防眩。防眩板采用绿色和墨绿色两种颜色交替布置。

6) 防落物网

在上跨主线的分离式立交、人行天桥两侧设置防落物网,设置长度与桥长一致。防落物网金属材料均做热浸镀锌处理。分离式立交、人行天桥两头的接线工程,填土高度大于 2 m 的路段设置波形梁钢护栏。

7) 视线诱导标

视线诱导标主要包括轮廓标和分、合流诱导标以及指示性线形诱导标。

轮廓标全线连续设置,在路线前进方向左、右两侧对称设置,附着于波形梁护栏中间的槽内。在行车道右侧安装含白色逆反射材料的轮廓标;在行车道左侧或中央分隔带上安装含黄色逆反射材料的轮廓标。主线上设置间距 28 m,车道变化处、匝道等特殊路段按 8 m 间距设置。

分、合流诱导标在互通式立交的进、出口附近,主线交通分、合流点前方的适当位置设置。分流诱导标设在分流端部前方主线上适当位置,合流诱导标设在合流端部前方主线上适当位置,均置于土中。指示性线形诱导标设置在半径较小的立交匝道的曲线外侧和主线通视效果不良地段。

8)防撞设施

在互通式立交、服务区出口楔形端处设置防撞桶;在匝道收费广场未设护栏地段设置隔离墩,以便保证上、下高速公路的车辆各行其道。

9)其他安全设施

里程牌、百米牌用于指示高速公路的里程。里程牌每隔 1 km 附设在高速公路路侧护栏立柱上,左右两侧对称布设;百米牌每隔 100 m 设置于里程牌之间,附设在高速公路路侧护栏立柱上,左右两侧对称布设。公路界碑采用预制 C25 混凝土,设置在公路两侧征地界处,间隔 200 m 对应设置,小半径和匝道处适当加密。

6.3 路基、路面设计

6.3.1 沿线地质情况

该路沿线前 13 km 内上部地基土以褐黄色、棕黄色、棕红色低液限黏土为主,硬塑状为主,局部软塑状,局部含有少量钙质结核;下部为奥陶系灰岩,小溶孔、小溶洞发育,一般 3 cm 左右,分布不均。该段上部土层承载力一般为 125~150 kPa,工程性质稍好。地下水埋深大于 10 m。中间一段路线经过的地貌单元为丘陵—中低山,路区土多为山前冲积层、洪积层、残坡积层,土层上细下粗,为二元结构,有多个沉积韵律,土层变化频繁,多呈透镜体状。岩性以褐黄色亚黏土为主,含多层碎石土,碎石以灰岩、石英岩及花岗岩为主,粒径大小不均,具二元结构,厚度 0~50 m,工程性质较好。路线后段大部分地段为裸露基岩,灰色,矿物成分为方解石,细粒微晶结构,块状构造,最大厚度 322 m。

湿陷性黄土分布情况详见表 6.2。

表 6.2　湿陷性黄土地质分段表

岩土类型	分布范围	软弱土层厚/m	岩性特征
湿陷性黄土	K0+000～K0+550	0～6	该路段内上部地基土以褐黄色、棕黄色、棕红色低液限黏土为主,软塑至硬塑状,为非自重湿陷性黄土,湿陷等级Ⅰ级,下部为奥陶系灰岩,小溶孔、小溶洞发育
	K3+000～K3+340		
	K4+400～K5+400		
	K11+000～K12+000		
	K12+000～K13+000	0～6	该路段内上部地基土以褐黄色、棕黄色低液限黏土为主,软塑至硬塑状,为非自重湿陷性黄土,湿陷等级Ⅰ级

6.3.2　一般路基设计

1. 设计原则及方案比选论证

本项目线位主要处于太行山地与华北平原的过渡地带,山峦起伏,高峰突兀,沟壑纵横,总地势为西高东低。在确保路基强度、稳定性及耐久性的条件下,合理确定填挖高度,做好支挡、防护及排水设计,减少占地,防止水土流失。

路基设计从地基处理、路基填料选择、路基强度与稳定性、防护工程、排水系统等方面进行综合设计。积极采用成熟的新技术、新结构、新材料和新工艺,确保路基稳定、安全、耐久。

路基防护以安全、经济、环保为原则。因地制宜,树立绿色环保的防护设计理念,加强边坡绿色防护,减少圬工防护,同时,注重景观与绿化设计,顺应自然、融入自然。

路面排水根据路基的填挖性质,采用分散排水方式,并做好路面结构内部及中央分隔带排水设计。

黄土重丘区路基排水做好"远接远送",并与当地排灌系统相协调,防止出现堵塞、溢流、渗漏、淤积、冲刷等现象。

2. 公路路基横断面

路基宽度在丘陵区段(K0+000～K18+300)为 26 m,山岭区段(K18+300～K39+470)为 24.5 m。路基宽度为 26 m 时,其组成为:中分带为 2.0 m,左侧路缘带为2×0.75 m,行车道为2×2×3.75 m,硬路肩宽2×3.00 m(含右侧路缘带2×0.5 m),土路肩为2×0.75 m。路基宽度为24.5 m时,其组成为:中分带为2.0 m,左侧路缘带为2×0.5 m,行车道为2×2×3.75 m,硬路肩宽2×2.50 m(含右侧路缘带2×0.5 m),土路肩为2×0.75 m。路面横坡为2%,土路肩横坡为3%。部分路段采用分离式路基,路基宽14.75 m,其组成为:左侧硬路肩为0.75 m,行车道为2×3.75 m,硬路肩宽2×2.50 m,土路肩为2×0.75 m。路面设计标高为中央分隔带外侧边缘处路面标高。路面横坡为2.0%,路肩横坡为3.0%。

3. 路基填高控制因素及最大、最小填高

本项目沿线地形复杂,特别是后段山岭区,山大,海拔高,沟壑纵横,全线大桥、中桥都是跨冲沟居多。山岭区为克服设计高差,展线困难,故全线纵断面填挖交错分布,最大填方一般以15 m控制,最大挖方一般以30 m控制。

由于本项目地下水位很低,地表基本无积水现象,互通立交匝道路段的最小填高基本不受地下水位、地表积水水位及保持路基处于中湿状态等因素控制。

本项目高填深挖路段情况见表6.3。

表6.3 高填深挖路段一览表

起讫桩号	长度/m	中心最大高度/m	最大边坡高度/m	平台设置
K23+240～K23+540	300	−23.95	−31.7	每8米设平台
K24+240～K24+360	120	−19.9	−21.1	每8米设平台
K29+120～K29+500	380	−20.96	−26.6	每8米设平台
K34+440～K34+620	180	−36.38	−43.3	每8米设平台
K35+560～K35+640	80	24.49	26.0	8米、12米设平台

4. 路基设计方案

1) 路基组成部分细部尺寸

①边坡坡率。

填土路基边坡坡率:路基高度小于8 m时,边坡坡率为1:1.5;路基高度在8 m<H≤14 m时,上部8 m坡率为1:1.5,下部坡率为1:1.75;当路基高度在14 m<H≤20 m时,上部8 m坡率为1:1.5,下部坡率为1:1.75,并在8 m处设边坡平台,平台设向外侧3%横坡。

填石路基边坡坡率:路基高度小于 8 m 时,边坡坡率为 1:1.5;路基高度在 8 m<H≤20 m 时,上部 8 m 坡率为 1:1.5,下部坡率为 1:1.75;当路基高度 H>20 m 时,上部 8 m 坡率为 1:1.5,下部 12 m 坡率为 1:1.75,再下部坡率为 1:2,并在变坡处设 2 m 宽边坡平台,平台设向外侧 3% 横坡。

挖土方路基边坡坡率:当路堑高度 H≤4 m 时,坡率放缓至 1:1.5;当路堑高度 H≤10 m 时,坡率为 1:1;当路堑高度 H>10 m 时,采用 8 m 一级边坡,第一、二级坡率为 1:1,第三级坡率为 1:1.25,设 2 m 平台并设排水沟,湿陷黄土路段设置同土质边坡,第一级坡率为 1:0.5,第二、三级坡率为 1:0.75,并在坡脚处以上 2 m 范围内设置浆砌片石坡脚墙。

②边沟。

填方边沟采用底宽 60 cm、深度不小于 60 cm 的倒梯形边沟,边沟内外侧坡率均为 1:1。边沟外侧设高 0.3 m、顶宽 0.3 m、内外侧坡率均为 1:1 的挡水埝,防止边沟水漫入农田。填方边沟采用 25 cm 厚 M7.5 浆砌片石护砌。

挖方路段采用矩形边沟+盖板形式,一般路段边沟底宽 80 cm,深 70~120 cm,采用 30 cm 厚 M7.5 浆砌片石砌筑。渗水路段,边沟底采用宽 40 cm×高 60 cm 碎石盲沟,阻断渗水,保证路基稳定。

当堑顶水流倾向路基时,设截水沟,截水沟底宽 60 cm、深 60 cm,内外侧坡率均为 1:1。靠近路基一侧设置挡水埝,挡水埝顶宽 50 cm、高 60 cm,内外侧坡率均为 1:1。截水沟及挡水埝顶部及内侧采用 M7.5 浆砌片石底部护砌,其下铺防水土工膜及 10 cm 砂砾垫层,堑顶附近地表夯拍密实。

③护坡道及碎落台。

填方路堤坡脚设置 2 m 宽护坡道,采用浆砌片石进行防护。

挖方边沟外侧设置碎落台,碎落台宽 2 m,植草绿化。石质路段,碎落台适当下挖,回填一定厚度种植土,结合路基防护,种植攀缘类植物。

2)用地范围

路堤边沟外缘 1.0 m、不设截水沟路堑边坡坡顶外缘 3.0 m、设截水沟路堑边坡截水沟外缘 1.0 m 以内的土地为公路用地范围。

3)路基填料

路基填料应结合路基所在区域的自然条件选择,尽量选择强度高、水稳定性好的土进行填筑。本项目土质多为低液限黏土,又富含开挖的碎石土和石料,填料可满足现行规范的要求。但考虑到本项目以行驶重载车辆为主,应进一步提高路基的强度和稳定性。因此路床上部 40 cm 均采用掺石灰进行处治,挖方路段路床 80 cm 采用掺石灰进行处治,石质挖方路床不处理。路基填筑时不同填料应分层填筑,每一层填料应一致,不得使用淤泥、腐殖土,或含杂草、树根等及含水饱和的湿土。用透水性不良的土作为填料时,应控制其含水量在最佳含水量±2%之内。路床顶面横坡应与路拱横坡一致。路基填料最小强度要求如表6.4 所示。

表 6.4　路基填料最小强度要求

项目分类		路面底面以下深度/cm	填料最小强度 CBR/(%)
填方路基	上路床	0～30	8
	下路床	30～80	5
	上路堤	80～150	4
	下路堤	>150	3
零填及路堑路床		0～30	8
		30～80	5

4) 路基压实

路基压实应根据现场试验确定松铺厚度、最佳含水量,最大松铺厚度不应超过 30 cm。路基压实度应符合表 6.5 的要求。

表 6.5　路基重型压实度指标

项目分类		路面底面以下深度/m	压实度/(%)
填方路基	上路床	0～30	≥96
	下路床	30～80	≥96
	上路堤	80～150	≥96
	下路堤	>150	≥95
零填及路堑路床		0～80	≥96

注:1. 表中压实度数值系指按《公路土工试验规程》(JTG 3430—2020)重型击实试验法求得的最大干密度的压实度。

2. 为保证土路肩的稳定,土路肩培土的压实度要求≥90%。

5) 路基填挖交界处理

填挖交界路基应对挖方区路床 0.8 m 范围内进行超挖回填碾压,回填采用碎石砂砾,并在填挖交界处路床中、底各设置一层双向土工格栅,横向错位 2 m。

锚固采用 $\phi 8$ mm 钢筋钉。

6)高填方路基处理

为了减少高路堤工后沉降,确保路堤稳定性,对填高大于 10 m 的路基采用补强措施,对地表(含坡脚外 3 m)进行强夯处理,每填高 3 m 路基再进行强夯补强一次。

7)桥涵台背处理

为减少构造物两侧路基产生不均匀沉降,减少跳车现象,提高车辆行驶的舒适性,对桥梁、明涵、明通道两侧路基填筑需进行特殊处理。除加强地基处理以外,桥涵台背采用石灰土或碎石土处理,顶部长度不小于 $2.5H$(H 为桥台高度),压实度不低于 96%。

6.3.3 特殊地质路基设计原则及方案比选论证

1. 特殊地质路基设计原则

根据路线地质调查结果,该路线前路段内上部地基土(1～6 m 内)以褐黄色、棕黄色、棕红色低液限黏土为主,软塑至硬塑状,含有少量钙质结核,为非自重湿陷性黄土,具轻微湿陷性(湿陷等级Ⅰ级);下部为奥陶系灰岩,小溶孔、小溶洞发育,一般 3 cm 左右,分布不均。本次特殊地质设计的原则是经过方案比选,选择合理的地基处理方案,通过沉降和稳定两方面控制,提高路基的稳定性和路面行车舒适性。

2. 特殊地质路基设计方案比选

结合本项目地形地貌、土质、地下水位等因素,结合以往山岭重丘区高速公路经验,本项目适宜的地基处理方案主要为灰土桩、冲击压实、强夯。下面分别进行比选论证。

灰土桩采用振动沉管成桩工艺,挤密后桩体的灰土对周围土层具有改良作用,可提高地基土的强度,消除湿陷性,同时,具有造价低、施工简便等优点。

冲击压实是利用凸轮强大的势能就地将地基压实的一种方法,它能够有效地消除表层土体不均匀的现象,可以使地表以下 1 m 范围内的土体的密实度得到明显提高,消除其湿陷性。

强夯法是反复将重锤提到高处使其自由落下夯击地基,从而使地基的强度得到提高、压缩性得到降低的方法。它具有加固效果好、设备简单、施工方便、工期短、节约材料、施工费用低等优点,但是振动波会影响居民的房屋安全,需设置隔振沟。

综合以上比选,本路段湿陷等级轻,宜采用方便简单的施工方法,对于普通轻微湿陷性黄土路段,采用冲击压实即可,对于高填桥头路段,采用强夯即可消除湿陷性。

6.3.4 路基防护工程方案比选论证

本项目为山岭重丘区高速公路,项目区降雨量不大,地表覆盖有厚度不一的黄土及亚黏土、碎石土等,地面径流较快,沟谷处极易产生冲刷。因此,根据项目所在地的气候、水文、地形、地质及筑路材料分布情况,采取工程防护与植物防护相结合的综合措施,防治路基病害,确保路基稳定,并与周围环境景观相协调,做到工程建设与环境保护的和谐统一。

1. 路基防护工程方案比选

路基防护方案比选情况见表 6.6 和表 6.7。

表 6.6 路基防护方案比选表(土质边坡)

防护形式	优点	缺点	适用条件	造价比较
三维网植草护坡	环保、简便快捷,可在草坪尚未成形之前起到固土护坡作用,防止水土流失	对于高填土路段防护效果不好	适用于路基边坡不高的路段	低
浆砌片石拱形骨架内植草护坡	排水顺畅、施工方便、景观较好,无须增加排水设施	浆砌片石砌筑功效慢。砌筑质量不易保证,易渗水	适用于路基边坡较高的路段	较高
预制混凝土拱形骨架内植草护坡	质量易保证,施工效率高,排水顺畅,经济,操作简便	预制工作量稍大	适用于路基边坡较高的路段	较高
预制混凝土菱形网格内植草护坡	防护效果好,操作简便,施工效率高	预制工作量大,造价高,景观较差,坡面排水不顺畅	适用于路基边坡较高的路段	较高

表 6.7　路基防护方案比选表(石质路堑边坡)

防护形式	优点	缺点	适用条件	造价比较
喷锚防护	防止边坡继续风化,避免雨水进入,有利于边坡稳定	全圬工防护,视觉效果不好	适用于风化较严重、岩石节理发育、岩石破碎的路段	较高
护面墙防护	防止边坡继续风化,避免雨水进入,有利于边坡稳定	全圬工防护,视觉效果不好,占用人工多,工期长	适用于易风化的软质岩层和岩石破碎路段	较高
挂网+攀缘类植物	提高边坡稳定性,防止石块滑落,攀援类植物绿化效果好	不能防止边坡继续风化,攀缘类植物需要较长生长周期	适用于岩质破碎、有碎石滚落可能的路段	较低
不防护	保持岩石原貌,工期短	不能防止边坡继续风化,不如植物绿化效果好	适用于不易风化、风化较轻、岩石边坡稳定的路段	最低

2. 路基防护设计方案

通过表 6.6 和表 6.7 的比选,结合项目区土质不耐冲刷的特点,采用以下路基防护设计方案。

1)填方路基边坡

根据不同路段的洪水位,坡脚采用不同高度的 M7.5 浆砌片石防护,一般坡脚防护斜长 1.0 m。

①浆砌片石护脚以上路基高度小于 4 m 的路段,鉴于边坡汇水面积不大,边坡采用三维网植草防护。

②浆砌片石护脚以上路基高度大于 4 m 的路段,边坡汇水面积较大,从尽快将水排离路基的角度考虑,路面采用分散排水方式,边坡采用 M7.5 浆砌片石拱形骨架内三维网植草进行防护、绿化。

③受洪水影响的桥头路基和锥坡采用 M7.5 浆砌片石防护,不受洪水影响的桥头路基和锥坡采用与路基一样的防护类型。

④在陡山坡上,为了保证路堤稳定,收缩坡脚,减少占地,部分路段设置了挡

土墙。鉴于所设挡土墙墙身较高,从减小圬工断面、易于保证施工质量角度考虑,挡土墙墙身采用 C25 片石混凝土。

挡墙基础应置于稳定的土层上,基础埋深及承载力满足规范及设计要求,并每隔 10～15 m 设置一道沉降缝。

2) 挖方路基边坡

本项目挖方路段多处在黄土路段、岩质路段、一般土质路段。岩石及黄土直立性较好,但绿化困难,本项目结合岩石及黄土的特点,从环境保护、景观设计等角度考虑,根据挖方路堑高度,与排水设计相结合,采用多种工程防护与植物防护类型,努力将本项目建设成为景观路、生态路。挖方路段采用如下边坡防护措施:

①路堑高度小于 4 m 的土质路段,边坡坡率放缓为 1∶1.5,边坡采用三维网植草绿化。

②路堑高度大于 4 m 的非自重湿陷性黄土路段,坡脚采用 2.0 m 高矮墙,以上部分尽量利用黄土的直立性,不进行防护,保持自然地黄土边坡地貌。

③路堑高度大于 4 m 的一般土质路段,采用 M7.5 浆砌片石拱形骨架内三维网植草进行防护。

④石质挖方路段,若路堑边坡石质较好、稳定,边坡采用原貌,不进行防护。

⑤石质挖方路段,若岩石风化较严重,岩质破碎,有碎石滚落可能,采用挂网防护,碎落台适当下挖,填种植土,种植攀缘类植物。

3) 护坡道及碎落台

填方路堤坡脚设置 2 m 宽护坡道,采用 25 cm 厚 M7.5 浆砌片石进行防护。

挖方边沟外侧设置碎落台,碎落台宽 2 m,植草绿化。石质路段,碎落台适当下挖,回填一定厚度种植土,结合路基防护,种植攀缘类植物。

6.3.5 取弃土方案及节约用地的措施

经过勘测、调查,广泛征求当地意见,并综合考虑沿线自然环境、水文、气象和农作物生长情况,决定采用集中取土和弃土,以最大限度地减少对环境的破坏,取弃场的设置与节地造地相结合。

项目地处丘陵山岭区,岗壑交错,设计时尽可能移挖作填。由于路线跨深沟路段多采用高架桥形式,跨越山岭时采用隧道通过,路段挖方多于填方,弃土场均选择在冲沟沟头,填平造林。

弃土时应根据弃土场的自然状况、流水方向、汇水面积等设置截水沟,防止弃土期间上方来水对土体的冲刷,弃土前应先对底部进行处理,可采用冲碾设备压实或局部湿软路段换填碎石土,弃土堆可采用适当的绿化方式,使弃土、造田和恢复自然环境有机结合。

设置取土场、弃土场应与当地政府达成共识,土场使用后要尽快平整还耕,防止水土流失。全线取土需借土方 46 万 m^3,废弃土方 5 万 m^3,废弃石方 97 万 m^3,共设置 8 个取、弃土场,均设置在荒地或沟谷,可满足工程需要。

6.3.6 路面设计

1. 设计原则、依据、标准

根据交通量、道路等级、交通组成等基础资料,考虑沿线气候、水文、地质及筑路材料分布情况,遵循因地制宜、合理选材、便于施工、利于养护、节约投资和积极采用新技术、新工艺的原则,并结合设计路段的交通特点,综合拟定路面设计方案。

依据本项目工程可行性研究报告提供的各项基础资料,按照交通运输部颁发的设计规范、规程进行设计。

设计以双轮组单轴轴载 100 kN 为标准轴载,沥青混凝土路面设计年限为 15 年。

2. 交通量及交通组成

根据工可报告提供的交通量、交通组成、重载、超载等实测资料,经过统计分析,交通量预测情况如表 6.8 所示,车型比例构成情况如表 6.9 所示。

表 6.8　交通量预测表　　　　　　　　单位:辆小客车/日

起点	终点	2013 年	2023 年	2027 年	2032 年	2039 年
起点互通	陵阳互通	10020	22024	25902	30361	32866
陵阳互通	红旗渠互通	12155	26717	31421	36830	39868
红旗渠互通	终点	12949	28462	33473	39235	42473
全线平均		12279	26989	31741	37205	40274

表 6.9 车型比例构成

车型	车型比例/(%)
小货车	13.87
中货车	10.07
大货车	11.36
拖扶车	24.22
小客车	33.12
大客车	7.36

根据工可报告提供的交通量数据及汽车运输效率表,经计算,结果如下。

一个车道上大客车及中型以上的各种货车日平均交通量为 2088 辆/日,属重交通等级。

当以设计弯沉值和沥青层层底拉应力为指标时,路面营运第一年双向日平均当量轴次为 6348,设计年限内一个车道上的累计当量轴次为 2.720203E+07,属重交通等级。

当以半刚性材料结构层层底拉应力为设计指标时,路面营运第一年双向日平均当量轴次为 8173,设计年限内一个车道上的累计当量轴次为 3.50224E+07,属特重交通等级。

本路段路面设计交通等级为特重交通等级,路面设计弯沉值 L_d 为 21.5 (0.01 mm)。

3. 路面结构方案比选

根据交通量及其车型组成和使用任务、服务功能、当地材料、自然条件、施工便利性以及经济性等多方面因素,路面设计进行了以下四种路面结构方案的比选,充分考虑到道路运煤的功能。

方案Ⅰ:4 cm 细粒式玛蹄脂碎石混合料 SMA-13+6 cm 中粒式改性沥青混凝土(AC-20C)+10 cm 密级配沥青稳定碎石 ATB-25+热喷改性沥青下封层+透层油+40 cm 水泥稳定碎石+20 cm 低剂量水泥稳定碎石。

方案Ⅱ:4 cm 细粒式玛蹄脂碎石混合料 SMA-13+6 cm 中粒式改性沥青混凝土(Sup-20)+10 cm 粗粒式沥青混凝土(Sup-25)+热喷改性沥青下封层+透层油+40 cm 水泥稳定碎石+20 cm 低剂量水泥稳定碎石。

方案Ⅲ:4 cm细粒式改性沥青混凝土AC-13C＋2 cm应力吸收层＋热喷改性沥青下封层＋28 cm水泥混凝土面板＋20 cm水泥稳定碎石＋20 cm水泥石灰稳定土。

方案Ⅳ:4 cm细粒式玛蹄脂碎石混合料SMA-13＋6 cm中粒式改性沥青混凝土(AC-20C)＋10 cm密级配沥青稳定碎石ATB-25＋热喷改性沥青下封层＋透层油＋40 cm水泥粉煤灰稳定碎石＋20 cm低剂量水泥粉煤灰稳定碎石。

沥青路面与复合式路面方案比选:近年来研究及实践经验表明,加厚的沥青路面改善了行车荷载在路面结构内部的应力分布,设置的密级配沥青稳定碎石对于抑制半刚性基层反射裂缝效果明显,能够更好地保证基层的强度及稳定性,使得沥青路面的损坏仅局限于路面表层,维修时不必进行开膛破肚式施工,仅处理表层损坏即可,虽然初期投资增加,但具有良好的服务功能和耐久性能,全寿命周期成本较低;而复合式路面结构依靠强度大的刚性混凝土面板提供承载能力,同时考虑混凝土面板存在接缝多、易产生反射裂缝、行驶性能差等因素后,在面板上加铺细粒式沥青混凝土应力吸收层和SMA面层,整体来讲,该结构具有较高的结构性能和使用性能,但近年来,采用复合式路面的很多项目均出现较多的横向裂缝,这就说明采用复合式路面虽然初期造价低,但后期不仅养护费用高,而且使用效果并不理想。综上所述,本项目推荐采用沥青路面结构。

沥青面层方案比选:根据工可报告推荐以及近年来河南高速公路实践经验,SMA是典型的间断级配结构,高温抗车辙、低温抗裂及抗疲劳性能优异且抗滑、耐磨,但造价较高;AC-C(密级配粗型沥青混合料)改善了传统密级配沥青混凝土高温稳定性较差的缺点,而且保持了水稳定性较好的优点,但耐久性不及SMA;Superpave方法考虑了实际沥青路面高、低温状态,但采用该方法生产出的沥青混合料性能采用力学检验较少,对于矿质集料级配的确定经验性较强,抗滑性能及耐久性也不及SMA。根据国内外沥青路面发展趋势,虽然厚沥青面层初期造价较高,但能在较长时间内保持良好的路用性能,因而道路行车成本较低,后期养护量较少,综合经济、社会效益较佳。根据交通运输部近年来组织召开的有关会议精神并结合本项目交通、环境、社会等重要影响因素,经综合比较,采用以下沥青混凝土层:表面层采用SMA-13结构,中面层采用AC-20C结构,下面层采用沥青稳定碎石ATB-25结构,表、中面层沥青混凝土均采用SBS(Styrene-Butadiene-Styrene,丁苯橡胶)改性沥青。

基层方案比选:虽然水泥粉煤灰稳定碎石的反射裂缝较少,但初期强度低于水泥稳定碎石,抵抗冲刷性能差。目前,对水泥稳定碎石结构采用覆盖湿润养护

措施,重视配合比设计,已能够做到大大减少反射裂缝。本项目沿线地材特别丰富,山皮土、碎石土、石料等天然材料储量丰富,根据河南省高速公路建设成功经验,推荐采用水泥稳定碎石作为基层,采用振动成型确定水泥剂量,调整集料级配,以形成密实骨架型级配,减少温缩开裂、干缩开裂。底基层推荐采用低剂量水泥稳定碎石结构。

4. 推荐的路面结构方案

(1)根据以上比选,主线及匝道采用方案Ⅰ的路面结构。

(2)收费站水泥混凝土路面结构:28 cm 水泥混凝土面板＋20 cm 水泥稳定碎石基层＋20 cm 低剂量水泥稳定碎石底基层。

(3)被交道路路面结构。

①等级路:沥青混凝土路面为 4 cm 细粒式沥青混凝土 AC-13C＋6 cm 中粒式沥青混凝土 AC-20C＋32 cm 水泥稳定碎石基层＋18 cm 石灰水泥稳定土底基层;水泥混凝土路面为 20 cm 水泥混凝土板＋15 cm 水泥稳定碎石基层＋15 cm 石灰水泥稳定土底基层。

②等外路:3 cm 沥青表处＋15 cm 水泥稳定碎石基层＋15 cm 石灰水泥稳定土底基层。

③机耕道:3 cm 沥青表处＋15 cm 石灰水泥稳定土基层＋15 cm 石灰水泥稳定土底基层。

5. 路面材料要求

面层:表面层及中面层采用 SBS 改性沥青;表面层石料采用玄武岩,磨光值大于 40,中、下面层石料采用石灰岩;沥青与面层石料的黏附性不低于 4 级,基质沥青及非改性沥青均采用 A 级 70 号道路石油沥青。

基层及底基层:均采用 32.5 号水泥,基层采用振动压实成型,基层宜采用骨架密实型级配,底基层可采用密实悬浮型级配。根据本路段所处的交通等级,基层 7 d 无侧限抗压强度为 4.5 MPa,不大于 5 MPa,底基层 7 d 无侧限抗压强度不小于 2.5 MPa,不大于 3 MPa。

路面结构设计参数如表 6.10 所示。

表 6.10 路面结构设计参数表

路面结构层	20 ℃ 抗压回弹模量 /MPa	15 ℃ 抗压回弹模量 /MPa	劈裂强度 /MPa	容许拉应力 /MPa	厚度 /cm
SMA-13 细粒式玛蹄脂碎石混合料	1400	1800	1.65	0.42	4
AC-20C 中粒式改性沥青混凝土	1200	1600	1.0	0.26	6
ATB-25 密级配沥青稳定碎石	1000	1200	0.8	0.21	10
水泥稳定碎石	1400	1400	0.45	0.19	40
低剂量水泥稳定碎石	1000	1000	0.30	0.13	16
土基	60	—	—	—	—

6.3.7 路基、路面排水设计原则及方案比选论证

1. 设计原则

水是危害公路的主要自然因素,路基沉陷、冲刷、塌滑都不同程度地与地表水的侵蚀有关,稳固的路基对保证公路的使用性能和使用寿命具有十分重要的意义。结合本项目自然地理特点,公路路基排水设计以地表排水为重点,做好山岭重丘区地貌的排水工程设计,使道路排水自成系统,与灌溉沟渠互不干扰,注重防、排、疏的结合,在满足排水主功能的前提下,做到节约用地、少占农田,选择与周围自然景观相协调的排水设施形式,实现公路与自然环境的和谐。

路基排水设施的设置,以排除路基、路面范围内的地表水和地下水,保证路基、路面的稳定,防止路面积水影响行车安全为原则。根据公路等级、沿线地形、地质、气象、桥涵位置等综合考虑,合理布置,并有足够的排水能力,同时完善对进出水口的处理,使各项排水设施衔接配合,确保排水通畅和养护工作量最小。路基排水设施与农田水利建设规划相协调,防止冲毁农田或危害农田水利设施。

路基设计洪水频率为 100 年一遇。

2. 路基排水设计方案比选论证

路基排水系统由边沟、急流槽、截水沟、排水沟、边沟涵等组成,与桥梁、涵洞相结合,将路界范围内或汇向路界的地表水迅速引离路基,排入天然河沟。

根据本项目环境特征,进行植草浅蝶形边沟、梯形浆砌片石边沟、浆砌片石墙身+混凝土盖板边沟比选,见表6.11。

表 6.11 边沟方案比选

边沟形式	使用功能	与环境融洽度	安全性	后期养护	造价	方案推荐原则
植草浅蝶形边沟	采用该边沟,蓄水能力有限,集中降雨会引起水流满溢,流入农田。适用于纵坡较缓、沿线排水沟渠较少、路基降水排出困难路段	该类型边沟与周围环境融洽度较好	一般	养护简单,工作量少	造价较低,养护成本不高	以满足使用功能为前提,综合考虑安全、经济、环保等因素
梯形浆砌片石边沟	为高速公路常用边沟类型,蓄水能力强,耐冲刷,淤积土容易清理,降水不易流入农田	该类型边沟与周围环境融洽度不好	一般	养护简单,工作量少	造价较高,养护成本不高	
浆砌片石墙身+混凝土盖板边沟	边沟水不易自然蒸发,淤积清除困难,适用于排水困难路段,加大尺寸时,增加造价较多。为高速公路路堑段常用类型	该类型边沟与周围环境融洽度较好	较好	需要定期对沟底进行清理,工作量较大	造价较高,养护成本较高	

根据表 6.11 比选内容,考虑到重丘区地势起伏大,特别是黄土路段不耐冲刷,路基排水应特别注意防、排、疏的结合。填方段根据不同路段的排水要求,分

别设置不同尺寸的梯形边沟。挖方段设置矩形边沟,集中收集路面水、坡面水,在挖方段或填挖交界处将水排离;为防止产生冲刷,边沟出水口处设置固定于坡面上的急流槽将水排离路基;当路堑上方水倾向路基时,设置截水沟,在挖方段或填挖交界处设急流槽将水排离。路堑坡顶应做好压实,防止土体产生湿陷变形。

采用的边沟排水设计方案如下。

①填方边沟尺寸:填方边沟采用底宽 60 cm、深度不小于 60 cm 的倒梯形边沟,边沟内外侧坡率均为 1∶1。边沟外侧设高 0.3 m、顶宽 0.3 m、内外侧坡率均为 1∶1 的挡水埝,防止边沟水漫入农田。填方边沟采用 25 cm 厚 M7.5 浆砌片石护砌。边沟水一般在 500 m 内通过涵洞或沿线沟渠排离。

②挖方路段采用矩形边沟+盖板形式,一般路段边沟底宽 80 cm、深 70~120 cm,采用 30 cm 厚 M7.5 浆砌片石砌筑。渗水路段,边沟底采用 40 cm 宽×60 cm 高碎石盲沟,阻断渗水,保证路基稳定。

3. 路面边缘排水设计方案论证

鉴于沥青混凝土固有的孔隙率和施工不均匀性的影响,降水仍或多或少地残存于路面层间或路面内部,在冰冻、重车等的影响下,路面常有翻浆、裂缝、沥青剥落,甚至产生坑槽,因此,必须及时将路面内部的自由水排离,保持高速公路沥青路面良好的使用性能。

本次路面边缘排水设计采用在填方路肩下设置碎石排水层,挖方路段设置无砂混凝土排水层的方式将路面渗水排出,排水层下设置防水土工布,从而改善路面结构内部干湿状态,确保路面强度的发挥和良好使用性能的体现。

4. 路面排水设计方案比选论证

路面设置 2% 的横坡,以利于排水,在外侧采用分散排水方式,不设置拦水带阻滞路基降水的横向排流,水沿坡面漫流或者拱形骨架的泄水槽流至边沟内。超高路段在水流汇集的分隔带一侧设置集水沟和集水井收集降水,然后通过集水井内的横向排水管将汇水排出。

5. 中央分隔带排水设计方案比选论证

单侧加宽路基与原路基之间设置中央分隔带排水设施,中央分隔带底部设置深 20 cm 的集水槽,内填粒径 10~15 mm 米石,外敷防渗土工布,槽顶铺设反滤土工布,槽底设内径 11.0 cm 的 HDPE(high density polyethylene,高密度聚乙烯)纵向排水管,集水槽每隔 60~80 m 设一道直径 11.0 cm 的 HDPE 横向排水管,将分隔带内渗水排离路基。超高段内横向排水管伸入集水井内,将水排入集水井,由集水井内设置的横向排水管排出。

第7章 高速公路施工组织设计

7.1 施工组织设计概述

7.1.1 高速公路施工的特点

高速公路是通过设计和施工,消耗大量的物资、人力而完成的建筑产品。和工业生产比较,高速公路施工同样是把一系列的资源投入产品(即工程)的生产过程,其生产上的阶段性和连续性、组织上的专业化和协作化,与工业生产相一致。但是,由于高速公路施工的特殊性,其与房屋、水利等土建工程施工存在一定差异。

(1)线性分布工程,施工流动性大。

高速公路是沿地面延伸的线性人工构筑物。它的线性特性导致施工流动性大,临时工程多,施工作业面狭长,施工组织与管理的工作量大,也给施工企业员工的生活安排带来一定的困难。

高速公路工程数量分布不均匀。大、中型桥梁,隧道,高填深挖路段的路基土石方工程等,往往是控制工期的集中工程。路面工程、交通工程及小桥、涵洞、环境绿化等工程,可视为线性分布工程。

(2)固定性的建筑,占用土地多。

高速公路工程的全部构筑物固定于一定地点的自然地面上,因此占用土地多,不仅有高速公路构筑物本身的永久性占地,而且有施工期间的临时占地,临时占地包括便道、便桥、工棚、施工场地等。如设计速度 100 km/h 的一级高速公路的永久性占地,一般不会低于每公里 33333 m^2(50 亩),这是任何一项土建工程无法相比的。因此,精心设计、精心施工是十分必要的。

(3)类型繁多,施工协作性要求高。

高速公路线形及构造物形式受地形、地质、水文等自然条件的影响,又因高速公路使用要求而异。因此,高速公路工程类型多种多样,标准化难度大,必须

个别设计,施工组织亦需个别进行。即使同一地区相同技术等级的高速公路,也不可能采用同样的施工组织,这是因为施工时的技术条件(物资供应、机具设备、技术力量等)、自然条件(季节、气候等)和工期要求等不尽相同。

为了按计划正常施工,建设、设计、施工、监理等单位必须密切配合,施工单位的材料、动力、运输各部门应通力协作,还需要地方各级政府部门和施工沿线各相关单位的大力支持。因此,高速公路施工过程中的综合平衡和合理调度、严密的计划和科学的管理是特别重要的。

(4)工程形体庞大,施工周期长。

高速公路结构物与其他土建工程一样,具有体形庞大的特点,加之高速公路工程的线性特性,对施工的影响很严重。首先是同一地点要依次进行多个分部工程作业,致使施工周期长,特别是集中土石方、特大桥等处,在较长时间内占用和消耗大量的人工、材料、机具,直到整个施工周期结束,才能得到直接使用的建筑产品;其次是施工各阶段、各环节必须有机地组成整体,在时间上不间断,空间上不闲置,才能有正常的施工秩序,否则将导致工期延迟,造成人力、物力和财力的大量浪费。

(5)野外作业,受外界干扰和自然因素影响。

高速公路施工大都是野外露天作业,自然地理及气候条件,特别是灾害性天气、不良地质、不良水文等,不但影响施工,而且会给工程造成损失。另外,来自自然的(如地形艰险、地质条件变化)和人为的(如拆迁受阻、与其他工程交叉)干扰以及环境因素等,如果处理不当,将对工程的进度、质量、造价等造成很大的影响。

(6)工程质量影响国民经济各部门。

高速公路关系到一个地区的总体规划和国民经济的发展。高速公路一般位于经济较发达的地区,如高速公路施工质量不符合要求,不仅造成高速公路建设的直接经济损失,而且严重影响工农业生产和人民生活,其间接经济损失和不良的社会影响将是无法估量的。因此,"百年大计,质量第一"的方针应落实到每一个施工环节。

7.1.2 施工组织设计的基本概念

高速公路施工组织设计,是高速公路建设项目在设计、施工阶段必须提交的技术文件,它是准备、组织、指导施工和编制施工作业计划的依据。因此,施工组织设计是高速公路工程建设管理规定的主要管理制度之一,是对整个施工活动实行全面控制的基础。

　　施工组织设计是在工程施工前编制的,用来指导拟建工程施工准备和组织施工的全面性技术、经济文件。施工组织设计应从工程施工的全局出发,根据工程的特点,按照客观的施工规律及当时、当地的具体施工条件和工期要求,统筹考虑施工活动中的人工、材料、机械、资金和施工方法等主要因素,对整个工程的施工在时间和空间上做出科学而合理的安排。

　　施工组织设计可以是对整个基本建设项目起控制作用的总体战略部署,也可以是对某一单位工程的具体施工作业起指导作用的战术安排。以上二者均称为高速公路建设项目的"施工组织设计",只是前者以施工的宏观控制为核心,后者以施工现场的实施为重点。做好施工组织设计的关键是根据客观的施工条件,充分考虑施工过程中可能出现的各种情况,选择切实可行的施工方案和效果最好的施工组织方法。由于高速公路施工受到各种因素的制约,因此不存在固定模式的、标准化的施工组织设计。

7.1.3　施工组织设计的任务与作用

　　工程施工需要时间(工期)、占用空间(场地)、消耗资源(人工、材料、机具等)、投入资金(造价)、确定施工方案、选择施工方法等。高速公路施工需要具备哪些基本条件,如何按照施工的客观规律来考虑工期的安排、场地的布置、资源的消耗等要素,成为高速公路施工组织设计中必须认真解决的问题。

　　施工组织设计的主要任务:确定开工前必须完成的准备工作;做好施工部署,制定经济、合理的施工方案,选择合适的施工方法和施工机具;统筹安排施工顺序,确定合理可行的施工进度计划;确定施工需用到的人工、材料、机具等资源的数量;布置施工现场,做到少占农田、节约开支、有利生产、方便生活;拟定切实有效的施工技术、质量、安全措施,确保工程顺利进行。

　　施工组织设计的作用:使复杂的施工过程明细化、程序化,实现有组织、有计划、有秩序的施工;制订合理的施工进度计划,确保待建项目费用省、效率高、质量好,按合同工期完成;在施工前使工程技术人员和管理人员对工程所需的各种施工资源数量和先后顺序做到心中有数,对施工现场平面进行合理布置,实现安全生产、文明施工;针对预计可能出现的各种情况进行相应的准备,能防患于未然;可以把工程的设计与施工、技术与经济、前方与后方、整个企业的施工安排和具体工程的施工组织紧密地联系起来。

　　编制施工组织设计是施工准备工作的一项重要内容。高速公路施工从准备工作开始,施工组织设计起着指导施工准备工作、全面布置施工活动、控制施工进度、进行劳动力和机械调配的作用,同时对施工活动内部各环节的相互关系和与外部的联系、确保正常的施工秩序起着有效的协调作用。总之,对于能否优质、高效、按时、低耗地完成高速公路工程施工任务,施工组织设计起着决定性的作用。

7.1.4 高速公路施工组织设计的一般原则

虽然我国在20世纪50年代就已开始公路工程施工组织设计研究,但是自改革开放20余年来,公路工程施工组织设计才真正形成制度并在公路建设中发挥举足轻重的作用。根据高速公路建设的现实情况,以及实施施工组织设计中的经验和教训,施工组织设计一般应遵循以下基本原则。

1) 认真贯彻我国公路建设和经济发展的方针政策

高速公路工程建设的投资巨大,耗用的人力、物力等各种资源多,必须纳入国家或地方政府的计划安排,高速公路建设才有可靠的保障。高速公路施工组织应严格按基本建设程序办事,认真做好施工组织设计,充分发动群众,建立和健全各项施工的技术保障措施和相应的施工管理制度,确保施工秩序正常。

随着国家经济的发展,公路建设突飞猛进,建设资金从单一的国家投资,增加到地方投资、银行贷款、国外投资、发行股票及债券等多种渠道。公路施工特别是高速公路的施工,更应该以现行政策为依据,利用施工组织设计调动各方面的积极性,努力提高劳动生产率,加快工程进度,提高工程质量,降低成本,全面完成公路建设计划。

2) 根据建设期限的要求,统筹安排施工进度

高速公路施工的目的在于保质保量地把拟建项目迅速建成,尽早交付使用,早日发挥工程的社会效益和经济效益。因此,保证工期是施工组织设计中考虑的首要问题。应根据规定的建设期限,按轻重缓急对工程项目进行排队,全面考虑、统筹安排施工进度,做到保证重点,让控制工期的关键项目早日完工。在施工部署方面,既要集中力量保证重点工程的施工,又要兼顾全面,避免过分集中而导致人力、物力的浪费,同时注意协调各专业之间的关系,按期完成施工任务。

3) 采用先进技术,实现快速施工

先进的科学技术是提高劳动生产率、加快施工速度、提高工程质量、降低工程成本的重要源泉。同时,积极运用和推广新技术、新工艺、新材料、新设备,减轻施工人员的劳动强度,是现代化文明施工的标志。

施工机械化是实现高速公路工程建设优质、快速的根本途径,扩大预制装配化程度和采用标准构件是高速公路施工的发展方向。只有这样,才能从根本上尽可能减少高速公路施工的手工操作,实施快速施工。在组织施工时,应结合当时的实际机具配备情况、工程特点和工期要求,做出切实可行的布置和安排。注意机械的配套使用,提高综合机械化水平,充分发挥机具设备的效能。对于基础工程、路基土石方、起重运输等用工多和劳动强度大的工程,以及特殊路基、高级路面等工序复杂的工程,尤其应优先考虑机械化施工。

4) 实现连续、均衡而紧凑的施工

高速公路施工属野外流动作业,受外界的干扰很大,要实现连续、均衡而紧凑的施工,必须科学、合理地安排施工计划。计划的科学性就是对施工项目做出总体的综合判断,采用现代数学的方法,使施工活动在时间上、空间上得到最优的统筹安排,也就是施工优化。计划的合理性是指对各个项目相互关系的合理安排,如施工程序和工序的合理确定等。要做到这些,必须采用系统分析、流水作业、统筹方法、电子计算机辅助管理和先进的施工工艺等现代化科学技术成果。

施工的连续性和均衡性对于施工物资的供应、减少临时设施、生产和生活的安排等都是十分有利的。安排计划时,在保证重点工程施工进度的同时,可以适当穿插一些辅助的或附属的工程项目。还应考虑季节特点,将一些后备项目作为施工中的转移调节项目。采取这些措施,可以使各专业机构、各工种工人和施工机械不间断地、有次序地进行施工,尽快地由一个项目转移到另一个项目上,从而实现连续、均衡而又紧凑的施工。

5) 保证工程质量和安全施工

高速公路是永久性的构筑物,工程质量的好坏不但影响施工效果,而且直接影响沿线国民经济的发展和人民的生活。本着对国家建设高度负责的精神,严肃、认真地按设计要求组织施工,确保工程质量,是每个施工管理者应有的态度。安全施工既是施工顺利进行的保障,也是党和国家对劳动者关怀的体现。如果施工中发生质量事故或安全事故,不但会耽误工期、造成浪费,而且会引起施工工人思想情绪波动,造成难以弥补的损失。

为此,在进行施工组织设计时,要有保证工程质量和安全施工的措施。在组织施工时,要经常开展质量、安全教育,使工人遵守有关规范、规程和制度。落实

"预防为主"的方针,制定具体可靠的质量和安全保障措施并认真贯彻执行,把质量事故和安全事故消灭在萌芽状态。

6)增产节约,降低工程成本

高速公路工程建设耗费的巨额资金和大量的物资是按工程概、预算的规定计算的,即有一个"限额"(承包人则以合同价格为限额)。如果施工时突破这一限额,不仅施工企业没有经济收益,而且从基本建设管理角度出发也是不允许的。因此,施工企业必须实行经济核算,贯彻增产节约的方针,不断降低工程成本,增强企业自身的经济实力和社会竞争力。

社会经济实力的增长,一方面是以现有生产条件为基础,挖掘潜力、增加生产,另一方面是依靠资金的积累,进行投资,增加生产设备,实现扩大再生产。高速公路施工涉及面广,需要的资源品种繁杂,在施工组织设计和施工管理中,只有认真实行经济核算,增加生产,厉行节约,科学合理地安排施工计划,才能收到更大的经济效益。此外,一切施工项目都要有降低成本的技术组织措施,尽可能减少临时工程,充分利用当地资源,降低一切非生产性开支和管理费用。

7.2 施工组织设计的阶段与内容

在高速公路基本建设项目的设计阶段和施工阶段,都必须编制相应的施工组织设计文件。在初步设计阶段编制施工方案(也称为"施工组织规划设计"),在技术设计阶段编制修正施工方案(也称为"施工组织总设计"),在施工图设计阶段编制施工组织计划,在施工阶段编制实施性施工组织设计。

7.2.1 施工方案

高速公路工程两阶段初步设计和三阶段初步设计中的施工组织设计文件称为施工方案。施工方案由以下文件和内容组成。

1)施工方案说明

①施工组织、施工力量的设想和施工期限的安排,关键工程项目的施工方案比较、论证、决策情况。

②主要工程、控制工期的工程和特殊工程采用的施工方案。

③主要材料的供应、施工机具、设备的配置及临时工程的安排。

④下一设计阶段应解决的问题及注意事项。

2) 人工、主要材料及机具、设备安排表

列出主要材料、机具、设备的名称、单位、总数量和人工数量,并分上半年、下半年编列。主要材料一般指施工中价格高的钢材、木材、水泥、沥青等和施工中用量大的如石料、砂等,以及施工中有特殊重要用途的如处理软土地基的土工织物、高强度水泥混凝土外加剂等。

3) 工程概略进度图

根据劳动力、施工期限、施工条件以及施工方案,按年和季度进行施工进度概略安排。图中应列出工程项目名称、单位、数量,按年度和季度列示出各项工程施工的起止时间、机动时间、衔接时间等。

4) 临时工程一览表

列出临时工程名称,如便桥、便道、预制场、电力设施、通信设施等,并列出各项临时工程的地点或桩号、工程项目及数量等。

5) 高速公路临时用地表

列出临时用地的位置或桩号、工程名称、隶属(县、镇、村、个人)关系、长度、宽度、土地类别及数量等。

上面的施工方案说明列入初步设计文件的第一篇即总说明书中,其余4项构成第十篇即施工方案文件。

7.2.2 修正施工方案

采用三阶段设计的高速公路工程,在技术设计阶段编制的施工组织设计文件称为修正施工方案。修正施工方案根据初步设计的审查意见和施工方案说明中提出的应进一步解决的问题及注意事项进行编制,修正施工方案的编制深度和提交的文件内容,介于施工方案和施工组织计划之间。

7.2.3 施工组织计划

高速公路工程不论采用几个阶段设计,都要在施工图设计阶段编制施工组织计划。施工组织计划由以下文件组成。

1) 说明

①初步设计(或技术设计)批复意见的执行情况。

②施工组织、施工期限、主要工程的施工方法、工期、进度及采取的措施。

③劳动力计划及主要施工机具的使用安排。

④主要材料供应、运输方案及临时工程的安排。

⑤对缺水、风沙、高原、严寒等地区以及冬季、雨季施工所采取的措施。

⑥对高速公路的交通工程及沿线设施施工协调和分期实施有关问题的说明。

⑦施工准备工作的意见，如拆迁、用地、修建便道、便桥、临时房屋，架设临时电信设施等。

2) 工程进度图

图中应列出工程项目名称、单位、数量、劳动力等，按年、月分别绘出各工程项目施工延续工期并标出其月计划工日数，绘出劳动力安排示意图等。

3) 主要材料计划表

表中列出主要材料的名称、规格、单位、数量、来源、运输方式，以及按年、季的计划用量等。

4) 主要施工机具、设备计划表

表中列出机具、设备的名称、规格、数量（台班数、台数）、使用期限（开始和结束时间），以及按年、季的计划用量等。

5) 临时工程数量表

临时工程包括便道、便桥、预制场地、施工场地、电力设施及通信线等。表中列出各项临时工程的地点或桩号、工程名称、工程说明、工程数量等。

6) 高速公路临时用地表

表中列出临时用地的位置或桩号、工程名称、土地的隶属（县、镇、村、个人）关系、长度、宽度、土地的类别及数量。施工组织计划为施工图设计文件的第十二篇。

7.2.4　实施性施工组织设计

在高速公路工程的招标、投标阶段和施工阶段，由施工单位编制的施工组织设计统称为实施性施工组织设计，招标、投标阶段由施工企业的经营管理层编制的施工组织设计文件称为标前施工组织设计，中标后由施工项目管理层编制的施工组织设计文件称为标后施工组织设计。标前施工组织设计是规划性的，目的是力争中标、签订工程承包合同，施工条件是一种计划，内容较为概略。标后施工组织设计是操作性的,目的是组织项目施工、提高效益,施工条件确定,内容全面而具体。根据高速公路工程招标文件的规定,如果中标,标后施工组织设计应与标前施工组织设计基本保持一致。

投标时编制的施工组织设计文件通常又称为施工组织设计大纲,内容必须符合招标文件的要求,一般由以下7张表或图组成:施工组织设计的文字说明、分项工程进度计划、工程管理曲线、施工总平面布置图、主要分项工程施工工艺框图、分项工程生产率和施工周期表、施工总体计划表。其中文字说明部分应包括以下内容:设备、人员动员周期以及设备、人员、材料运到施工现场的方法;主要工程项目的施工方案、施工方法;各分项工程的施工顺序,确保工程质量和工期的措施;重点(关键)和难点工程的施工方案、施工方法及其措施;冬季和雨季的施工安排;质量、安全保证体系;其他应说明的事项。

工程中标后,正式开工前编制的实施性施工组织设计文件,根据编制对象的不同又分为施工组织总设计、单位工程施工组织设计和分部分项工程施工组织设计。施工组织总设计的编制对象是整个施工项目,在高速公路施工项目的准备阶段编制;单位工程施工组织设计针对某一单位工程,在其开工前编制;分部分项工程施工组织设计针对现场作业按施工工序编制。施工组织总设计、单位工程施工组织设计和分部分项工程施工组织设计是同一工程项目的不同广度、深度和作用的三个层次的施工组织设计,它们是一个相互关联的整体,层层细化,实现对工程施工活动的有效管理与控制。

编制实施性施工组织设计文件时,施工原则、施工方案和施工方法已确定,施工条件明确。为确保这一阶段的施工组织设计能在工程施工中顺利实施,必须根据不同的工程对象,分别对各单位工程、各分部分项工程、各工序和施工队进行施工进度的日程安排和具体的操作设计。实施性施工组织设计文件的内容与施工图设计阶段的施工组织计划相似,但更具体、更详细。工程进度图应按月、旬、周安排。以分部分项工程为编制对象时,应列出各工序的施工持续时间,并编制相应的人工、材料、机具、设备计划。

综上所述,从施工方案到实施性施工组织设计,后一阶段比前一阶段的要求更高,内容也更详细,但是各个阶段既是独立的,又是相互联系的。前一阶段是后一阶段施工组织设计的基础,后一阶段是对前一阶段施工组织设计的深化和落实。

上述施工组织设计文件的内容,是就通常情况而言的,对于某一具体工程的施工组织设计,应结合该工程的实际情况,以满足高速公路工程的设计、施工要求为原则进行适当的调整和补充。

7.3 原始资料的调查与分析

7.3.1 调查的目的和方法

开展任何工作首先都应深入了解有关情况，以避免盲目性，做出正确的决策。要编制出切实可行的施工组织设计，事先必须掌握准确可靠的原始资料，以此为依据，才能做好施工方案、安排施工进度、编制资源供应计划，才能做出正确的施工部署。

高速公路施工涉及面广、专业多、材料及机具类型繁多、投资大，需要协调各种各样的问题。如果原始资料出现差错，对施工组织设计的编制和施工作业的正常进行都会造成不利影响，常常导致工期延误、质量低劣、事故频繁等严重后果。因此，施工前应有计划、有步骤地认真做好原始资料的调查、收集和分析工作。

为编制设计阶段的施工组织设计文件而进行的原始资料调查，是由设计单位在高速公路的勘察设计阶段进行的。为编制施工阶段的施工组织设计文件而进行的原始资料调查，则由施工单位在高速公路施工准备阶段进行。勘察阶段的原始资料调查，由负责高速公路设计外业勘测的调查组在调查高速公路设计资料的同时完成。施工阶段的调查是对设计阶段调查结果的复核和补充，由开工前组建的调查组来完成。设计阶段和施工阶段的调查方法及内容基本相同，都要深入现场，通过实地勘察、座谈访问、查阅历史资料，并采取必要的测试手段来获得所需数据及资料。

调查的主要内容有：工程所在地点的地形、地质、水文、气候条件，以及自采加工材料储量、地方生产材料情况、施工期间可供利用的房屋数量；当地劳动力资源、工业生产加工能力、运输条件和运输工具；施工场地的水源、水质、电源，以及生活物资供应情况；当地民俗风情、生活习惯等。

7.3.2 自然条件调查

1）地形、地貌

重点调查高速公路沿线大桥、隧道、附属加工厂、工程困难地段。调查资料用于选择施工用地、布置施工平面图、规划临时设施、掌握障碍物及其数量等。

2)地质

地质调查资料用以选择路基土石方施工方法、确定特殊路基处理措施、复核地基基础设计及其施工方案、选定自采加工材料料场、制订障碍物的拆除计划等。

3)水文地质

①地下水。判定水质及其侵蚀性质和施工注意事项,研究降低地下水位的措施,选择基础施工方案,复核地下排水设计。

②地面水。制定水下工程施工方案,复核地面排水设计,确定临时供水的措施。

4)气象

①气温。确定冬季施工及夏季防暑降温措施,估计混凝土、水泥砂浆的强度增长情况,选择水泥混凝土工程、路面工程及砌筑工程的施工季节。

②降雨。确定雨季施工措施、工地排水及防洪方案,确定当年施工作业的有效工作天数及桥涵下部构造的施工季节。

③风力及风向。布置临时设施,确定高空作业及吊装的方案与安全措施。

5)其他自然条件

其他自然条件如地震、泥石流、滑坡等,必要时亦需要进行调查,并注意它们对基础和路基的影响,以便采取专门的施工保障措施。

7.3.3　施工资源调查

1)筑路材料

①外购材料的供应及发货地点,材料规格、单价、可供应数量、运输方式及运输费用。

②地方材料的产地、质量、单价、运输方式、运输距离及运输费用。

③自采加工材料的料场、加工场位置,可开采数量,运距等情况。

2)交通运输条件

工地沿线及邻近地区的铁路、公路、河流的位置,车站、码头到工地的距离和卸货、存储能力,装卸运输费用标准;公路、桥梁的最大承载力,航道的封冻、洪水及枯水期;当地汽车修理厂的情况及能力、民间运输能力。

3）供水、供电、通信

施工现场由当地水厂供水的可能性，当地供水的水量、水压、水质、输水管道的长度；工地自选水源的可能性、水质、引水方式、投资费用及设施；当地电源供电的容量、电压、电费、每月停电次数，如需自行发电，应了解发电设备、燃料、投资费用等；对于通信，应了解当地邮电机构的设置情况。如当地能为施工提供水、电力及通信服务，应签订相应的协议书或意向书，以利于施工现场的相关部门提前做好准备。

4）劳动力及生活设施

①当地可用的劳动力数量、技术水平，如系少数民族地区，还应了解当地风俗习惯。

②可作为临时施工用房的房屋栋数、面积、地点，以及房屋的结构、设备情况。

③工地所在地区的文化教育、生活、医疗、消防、治安情况及其支援能力。

④环境条件，如附近有无有害气体、污水及地方性疾病等。

5）地方施工能力

例如，当地钢筋混凝土预制构件厂、木材加工厂、采石场、混凝土搅拌站等建筑施工附属企业的生产能力，这些地方企业的数量和满足高速公路施工需求的可能性。

7.3.4 施工单位能力调查

在高速公路设计阶段，如可行性研究报告没有明确对施工单位的要求，应向建设单位调查了解，确定是由专业队伍施工还是由地方力量施工。对于施工单位，主要调查其施工能力，如施工工人数量及水平、技术人员数量及类别、施工机械设备的装备水平、施工资质等级及近年的施工业绩等。

对于实行招标、投标的工程，在设计阶段不可能明确施工单位，编制施工组织设计时，应从工程设计的角度出发，提出优化的、最合理的意见作为依据。在施工阶段，施工单位已确定，施工单位能够调动的施工力量，包括本单位自身的施工能力和按合同规定允许分包的其他施工能力，都是编制施工组织设计的依据。

7.4 施工组织的基本方法

公路施工组织的主要方法是流水作业法和网络计划法,个别情况下也可采用顺序作业法和平行作业法。由于不同地区、不同等级公路的建设规模、技术复杂程度、施工要求等差异较大,采用的施工组织方法也有所不同。

1. 流水作业法

高速公路工程的流水作业法,是将拟建工程划分为若干个施工段,按工序或按相同的施工过程分别组建专业施工队,各专业施工队按照一定的施工顺序依次在各施工段上完成各自的施工作业任务,从而保证拟建项目的施工全过程在时间和空间上连续、均衡而有节奏地进行。高速公路工程流水作业法的表现形式是产品(即工程)固定、生产者流动。而工厂化施工或工业生产的流水作业正好相反,即产品(或构件)在生产流水线上移动,加工机械或工人则在固定位置上作业。

2. 网络计划法

每条高速公路所处的地理环境和地形条件互不相同,从总体上讲,高速公路工程是线性非均布工程,不但不同结构的构筑物有不同的工程量,而且常常会出现几个同一结构和尺寸的构筑物,由于地质条件的差异,其工程数量也不尽相同的情形,山区高速公路尤其显著。若用流水作业法组织施工,除个别情况外,要实现连续而均衡的施工,难度是相当大的,而且不容易得到最佳方案。随着我国高速公路建设的迅猛发展,对工程质量和进度的要求越来越严,施工规模和技术难度也越来越大。因此,将新的、更科学的施工组织方法引入高速公路工程的施工组织管理中是十分必要的。网络计划法是一种能从头绪众多的施工环节中较快得到相对最优方案的施工组织方法。前述的其余三种施工组织方法也可以通过网络计划法来安排施工进度。

网络计划法是指 20 世纪 50 年代以来,为适应大规模生产的发展和关系复杂的现代科学研究的需要,国外陆续采用的一些以网络图为基础的计划管理新方法。如 1957 年美国杜邦公司将网络分析中的"关键线路法"(critical path method,简称 CPM)成功地在若干工程的计划和管理工作中进行应用,1958 年美国海军武器局又研究出了一种称为"计划评审法"(program/project evaluation and review technique,简称PERT)的管理方法,有效地解决了存在若干未知因素干扰情况下的工程进度安排问题。从1959年起,网络计划法广泛应用于军事、计算机、太空、电信、建筑等领域。1969年7月,美国阿波罗登月计划成功、顺利实施,就借助了PERT法。

尽管这些方法名目繁多,但是基本原理相同,内容大同小异。我国著名数学家华罗庚在20世纪50年代中期研究了这些方法,他结合我国的实际情况,把它们概括为"统筹方法",并先后在一些工厂、企业进行了试验和推广,取得了良好的效果。我国于1981年成立了中国优选法统筹法与经济数学研究会,1992年发布了《网络计划技术》系列国家标准,1999年原建设部(现中华人民共和国住房和城乡建设部)又发布了《工程网络计划技术规程》,使网络计划的应用走上法治化、规范化的轨道。

网络计划采用网络图的形式表达各项工作的先后顺序和相互关系,所以又称为网络计划法或网络分析法。它逻辑严密,主要矛盾突出,有利于计划的优化、调整和应用电子计算机进行计算。因此,网络计划法在我国推广以来,已在工业、建筑、国防、农业和科学研究等领域得到了广泛的应用。

在建筑工程的施工中,通常用网络图来安排施工进度计划。在进行施工组织设计时,首先绘制工程施工的网络图,然后分析各个施工过程(或工序)在网络图中的地位,通过计算找出关键工作和关键线路,接着按照一定的目标不断调整、优化计划安排,选择最优方案,并在计划的执行过程中进行有效的控制和监督,确保以最小的消耗取得最大的经济效果,按时完成施工任务。

3. 顺序作业法

将拟建工程项目划分成若干段,每段又分解成若干施工过程,按照一定的施工顺序,前一个施工过程完成后,后一个施工过程才开始进行,或前一段施工结束后,后一段才开始施工,这就是顺序作业的组织方法,如路面一段一段地铺筑、涵洞一座一座地修建等。这是最基本的、原始的施工组织方法。

4. 平行作业法

将拟建工程项目分段或划分施工项目,分别组织施工队,在同一时间的不同空间上同时进行作业,这样的施工组织方法为平行作业法。工程被划分成多少段(或施工项目),就相应地组织多少个施工队。

7.5 机械化施工组织

7.5.1 机械化施工组织的任务

现代工程建设离不开施工机械,高速公路工程体形庞大,又是露天作业,影响因素很多,只有实行机械化施工才能取得保证工期、提高工程质量、控制造价的综合最佳效果。由于机械化施工速度快、需要一定的作业场地、专业性强、一次投入较大,因此,采用前述方法进行机械化施工组织时,除了满足施工任务的要求外,特别需要考虑的是如何使机械化施工发挥最大的经济效益。

高速公路工程机械化施工组织的主要任务有以下几点。

1)制定切实可行的机械化施工方案和进度计划

路基土石方、水泥混凝土、处治地质病害等工程的施工,当采用不同的施工机械时,施工方案截然不同,应考虑工程规模、工期长短、作业安全,并结合地形、地质条件等因素因地制宜地选择和制定施工方案,并合理安排施工进度。路面工程通常采用专用机械,施工方案相对较单一,这种情况下应着重抓好机械的组合与配套。

2)认真进行施工机械的选型与配套

高速公路施工大都是多种机械的联合作业,即综合机械化作业。进行施工机械选型时,首先应根据施工现场的具体条件,充分考虑各种施工机械的性能和用途,经过技术经济比较后选定主要施工机械;然后确定在不同作业环境及施工方案下的作业配套机械,实现施工机械的最佳配套组合,提高机械化施工的经济效益。

3)优化分部分项工程的机械平面运行设计

各种施工机械(特别是路基土石方施工机械)都有若干特定的运行模式,分部分项工程的机械化施工应针对作业场地条件(如地形、土质、施工干扰)、工程要求(如挖方用作填方、弃方还是借方)等采用最适合的运行模式进行作业,最大限度地提高施工效率。对于关键工程的机械化施工,更应做好这方面的工作。

4)做好施工机械数量的安排及调度计划

施工机械的数量必须满足施工任务的要求。但是,高速公路的施工环境随时都在变化,随着工程的进展,不同施工阶段所需要的施工机械的数量和型号也不尽相同,为保证机械化施工的连续性,应根据施工进度安排做好施工机械调度计划。施工机械的合理安排和及时调度,可以充分发挥机械的施工能力,最大限度地避免机械闲置现象的发生。

5)机械的维修保养与施工进度协调

施工机械的技术状况直接关系到工程质量和施工进度。因此,及时进行机械的维修保养,提高机械完好率,是机械化施工所必需的保障条件。由于高速公路施工常常受到天气、地质变化、交叉作业等外部因素的干扰,因而施工进度不可能是均匀的,有时会出现短期内集中使用较多机械的情况,这就要求机械设备的维修保养与施工进度相协调,确保满足施工现场作业对机械的需求。

7.5.2 施工机械的选型与配套组合

1. 选择施工机械的原则

工程量和施工进度是选择施工机械(特别是主要机械)的重要依据,但影响施工机械选择的因素是多方面的,选择施工机械时一般应遵循以下原则。

1)施工机械必须与工程具体情况相适应

绝大多数高速公路工程都是线性非均布工程,施工条件千变万化。一方面,选用的机械类型要适应工地的气候、地形、土质、场地大小、运输距离、工程断面形状尺寸、工程质量要求等;另一方面,机械的容量要与工程进度及施工任务相吻合,避免因机械工作能力不足造成工期延缓或机械工作能力过剩导致机械利用效率太低的现象。在条件允许的情况下,应尽量选择最能满足施工内容要求的机种和机型,保证施工顺利进行。

2)选用的机型应有较好的经济性

施工机械经济性选择的基础是机械施工单价,主要和机械作为固定资产的消耗及运行费用有关。固定资产消耗与施工机械的投资成正比,包括折旧费、大修费和投资的利息等;施工机械的运行费用与完成的工程量成正比,包括劳动工资、直接材料费、燃油费、润滑材料费、劳保设施费等。采用大型机械虽然一次性投资大,但其投资可以分摊到较大的工程量当中,对工程成本的影响反而较小。因此在选择施工机械时,必须权衡工程量与机械费用的关系,同时要考虑机械的先进性和可靠性,这是影响经济效益的重要因素。采用先进的机械设备,由于其技术性能优良、构造简单、易于操作、故障少、维修费低,最终可取得较好的经济效益。

3)应能保证工程质量要求和施工安全

合适的施工机械是保证工程质量的重要因素之一。对于技术要求较高的作业项目,应考虑采用性能优良的或专用的机械,以保证工程质量和较高的生产率。但应注意不可片面追求高性能专用机械,应在满足工程质量要求的前提下,与机械的通用性相结合。同时,机械应具有可靠的安全性能,如行驶稳定、有翻车或落体保护装置、防尘隔音、危险施工项目可遥控作业等。

此外,在保证施工人员和设备安全的同时,还应注意保护自然环境。

4)从全局出发,统筹考虑施工机械的选择

从全局出发就是不仅考虑本项工程需要,而且考虑所承担的同一施工现场的其他工程施工的需要。也就是说,从局部考虑,选择可能不合理,但从全局考虑是合理的。例如,几个工程需要的混凝土量大,又相距不远,采用混凝土拌和站比多台分散的拌和机要经济,而且可以更好地保证混凝土的质量。

2. 机械的合理配套组合

机械的合理配套组合是发挥机械设备整体效能的重要因素,也是机械化施工的一个基本要求,它包括技术性能和机械类型及数量两个方面的合理配置与优化组合。

1)主要机械与配套机械的组合

与主要机械相配套的配套机械,其工作容量、数量及生产率应稍有储备。机械的工作能力应配合适宜,以充分发挥主要机械的生产率。

2)牵引车与配套机具的组合

某些辅助性机具或拖式机械没有独立的动力行走装置,需要配以另外的牵引车才能工作,这时,两者组合要协调、平衡,应避免动力剩余过大造成浪费,或动力不足而不能完成要求的作业内容。

3)配合作业机械组合数尽量少

综合机械化作业的组合数越多,其总的效率越低。而且每一组合中,当其中一台机械发生故障停机时,组合中的其他机械便无法正常工作。因此,在能完成作业内容的前提下,应尽量减少机械组合的数量。为了避免这种不利情况的发生,应尽可能组织多个系列的组合,并列进行施工,从而减少组合中一台机械停机而造成全面停工的现象,以减少配合机械工作能力的损失。

4)尽量选用系列产品

整个机械化施工中,应减少同一功能机械的品种类型,尽可能使用统一的、标准化的系列产品,以便全场调配使用和维修管理。尤其是主要机械,应选用系列产品,配套机械亦应力求做到这一点。

3.选择施工机械的方法

选择高速公路工程的施工机械时,需要综合考虑各种因素。通常根据机械的技术性能,针对各项作业的具体情况,从以下几个方面出发,进行机械的合理选择。

1)根据作业内容选择

不同的机械适应不同的工程类别和作业内容。实践表明,中小型工程宜选择通用性好的机械;大型工程应当更注重根据作业内容进行选择,以便获得最佳的技术经济指标。具体选择时,首先选定作业的主要机械,再根据其生产能力、工作参数及施工条件选择配套机械,以保证工程施工连续均衡地开展。

2)根据土质条件选择

土石是高速公路施工机械作业的主要对象,土石的性质和状态直接影响施工机械作业的质量、工效及成本。因此,土质条件是选择施工机械的一个重要依据。首先要考虑机械的通行性,即施工机械在工地土质条件下正常行驶的可能程度,然后根据土质的工程特性选择适宜的施工机械。土质条件不仅影响机械的通行性,而且直接关系到机械进行各种施工作业的可能性和难易程度。显然,土质的工程特性不同,施工时应选择不同的机械。

3)根据运距选择

根据运距选择施工机械,主要针对铲土运输机械而言,根据土的状态、性质以及工程规模、现场条件,可参考表7.1选择施工机械。

表7.1 施工机械经济运距表

项目	施工机械						
	履带推土机	履带装载机	轮胎装载机	拖式装载机	自引式铲运机	轮式拖车	自卸汽车
经济运距/m	<80	<100	<150	100～500	200～1000	>2000	>2000
道路条件	土路不平	土路不平	土路不平	土路不平	土路不平	平坦路面	一般路面

4)根据气象条件选择

气象条件对机械作业的影响很大,尤其是雨季和冬季施工时,应特别予以重视。降雨或积雪融水会直接影响土的状态,从而导致机械通行性下降,工作环境恶化。在此期间如需施工,就不得不考虑使用效率较差的履带式机械代替干燥条件下机动灵活、效率较高的轮胎式机械进行作业。冬季施工应选择适合低温作业的机械,必要时还需选用破冻土等特殊作业的机械。

5)根据作业效率选择

施工机械的生产率一般是按假定的标准工作条件进行计算的。但实际工程施工的条件是变化的,机械的工作能力(即生产率)应在计入作业效率后确定。由于不同的机械在相同条件下的作业效率并不相同,因此,准确求出作业效率有一定困难,表7.2列出了在各种作业条件和机械技术状况下作业效率的参考值。综合机械化作业如何发挥机械组合的作业效率,是选择机械时必须考虑的问题。

表7.2 施工机械作业效率参考值

作业条件	机械技术状况				
	优秀	良好	普通	较差	很差
优秀	0.83	0.81	0.76	0.70	0.63
良好	0.78	0.75	0.71	0.65	0.60
普通	0.72	0.69	0.65	0.60	0.54
较差	0.63	0.61	0.57	0.52	0.45
很差	0.52	0.50	0.47	0.42	0.32

6)综合分析选择

以上是从工程本身的角度选择施工机械,有时还要考虑与工程间接相关的条件,比如大型企业可能同时承担几个不同的施工项目,这时应考虑机械设备的相互调用。此外,诸如电力、燃油、润滑材料的供应,以及机械的完好率、保养条件、大中修、迁移等情况,都对机械的选择有一定的制约。利用现有机械与购置新机械,或租赁机械,因地制宜采用机械化、半机械化相结合等都是机械选择的方式。总之,要综合分析,抓住主要矛盾,认真选择施工机械,切实做到技术上合理、经济上有利,达到两方面的有机统一。

7.5.3 机械组织措施

1. 施工前的准备

施工机械确定后,按施工进度计划的安排投入使用。为确保工程施工正常进行,施工机械投入使用前要做好以下工作。

1)检查施工机械

投入现场的施工机械应技术状况良好,不带故障进场。因此,使用前对机械的认真检查、调试、检修是十分必要的。

2)制订机械的使用计划

按施工进度安排制订机械进出现场的时间表,以及作业地点使用的机械类型、台数、施工量的形象图和计划表,以便按计划使用机械。

3)建立机械的现场保障设施

在现场设置机械车场、工地简易修理所、常用机械配件库、油料库等。机械车场最好能照顾到各工点,避免机械行走到施工点的时间过长而影响实际的有效作业时间,并减少机械磨损。施工机械不可能在施工中不发生故障,工地简易修理所能及时排除和修理机械故障。一般在土方施工中,有 5 台以上土方机械作业时,应建立工地简易修理所。

2. 施工进度安排注意事项

1)要有足够的工作面

各种型号机械所要求的工作面不同,主要机械和配套机械的工作面有时还会发生交叉。当多台机械联合作业或组合机械同时作业时,工作面的大小应根据每台机械的运行路线,在不影响机械作业效率和保证施工安全的前提下确定。

2)合理划分施工段和施工层

施工段和施工层的划分,除了能使施工机械正常作业外,还应使机械在每个施工段或施工层上的作业持续时间为整天数(个别特殊情况下可为半天),当机械需要转移时可利用下班时间,以提高机械的利用效率。

3)安排一定的组织间歇时间

机械化施工的每一作业循环完成后,为保证工程质量和构筑物位置的准确性,常常需要进行检查、试验和测量,进度计划中必须安排这一组织间歇时间。

4) 注意与人工施工协调

在施工段的某些边角处,因工作面狭小无法使用机械作业时,需辅以人工或半机械化作业。由于人工施工速度缓慢,应注意与机械的快速施工相协调,可采取增加人工或加班等措施加快人工施工速度,尽量保证机械作业正常进行。

5) 落实安全保障措施

大型项目的机械化施工通常实行三班制连续作业,为使施工进度能按计划实施,必须落实施工人员和机械设备的安全保障措施。

3. 施工中的组织管理工作

1) 施工中的机械调度

由于施工现场受到地形、地质条件和天气等因素的影响,虽然编制了较完善的施工计划,但是现场的实际情况在不断变化,施工机械的作业情况也随之发生变化,这就要求管理人员及时发现和解决可能存在的问题。为使实际的施工进度与施工计划保持一致,在施工过程中对施工机械的调度工作是必不可少的,机械调度是执行施工计划和补充计划不足的一种措施。

2) 施工机械实际运转记录

施工机械实际运转记录能反映每班的工作内容、运转小时数、台班产量、动力与燃油消耗、故障和维修保养情况等,通过分析可以发现完成工程量的情况,找出未能完成任务的原因,以便能及时采取补救措施。它是非常重要的施工原始记录,也是基层单位经济核算的主要依据。

第8章　高速公路路基施工

8.1　一般路基施工

路基的几何尺寸由宽度、高度和边坡坡度组成。根据路基设计标高和原地面的关系,路基可分为路堤、路堑和填挖结合路基。

填方路基称为路堤;低于原地面的挖方路基称为路堑;位于山坡上的路基,设计上常采用道路中心线标高作为原地面标高,可以减少土(石)方工程量,避免高填深挖和保持横向填挖平衡,形成填挖结合(或半填半挖)路基。

8.1.1　填方路基施工

1. 路基填料的选择

1) 路基填料的一般要求

含草皮、生活垃圾、树根、腐殖质的土严禁作为填料。

泥炭、淤泥、冻土、强膨胀土、有机质土及易溶盐超过允许含量的土,不得直接用于填筑路基。确需使用时,必须采取技术措施进行处理,经检验满足设计要求后方可使用。

液限大于50%、塑性指数大于26、含水量不适宜直接压实的细粒土,不得直接作为路基填料。需要使用时,必须采取技术措施进行处理,经检验满足设计要求后方可使用。

粉质土不宜直接填筑于路床,不得直接填筑于冰冻地区的路床及浸水部分的路堤。

填料强度和粒径应符合表8.1的规定。

表 8.1 路基填方材料最小强度和最大粒径表

填料应用部位(路床顶面以下深度)/m		高速公路填料最小强度(CBR)/(%)	填料最大粒径/mm
路堤	上路床(0～0.30)	8	100
	下路床(0.30～0.80)	5	100
	上路堤(0.80～1.50)	4	150
	下路堤(>1.50)	3	150
零填及挖方路基	0～0.30	8	100
	0.30～0.80	5	100

注:列表强度按《公路土工试验规程》(JTG 3430—2020)规定的浸水 96 h 的 CBR 试验方法测定。

表 8.1 中上、下路堤填料最大粒径 150 mm 的规定不适用于填石路堤和土石路堤。

2)路基填料的工程性质

路基填料的工程性质如表 8.2 所示。

表 8.2 路基填料的工程性质

项目	内容
石质土	石质土是指粒径大于 2 mm 的碎(砾)石,其含量由 25%～50%及大于 50%两部分组成。如碎(砾)石土,孔隙度大,透水性强,压缩性低,内摩擦角大,强度高,属于较好的路基填料
砂土	砂土没有塑性,但透水性好,毛细水上升高度很小,具有较大的摩擦系数。砂土路基强度高,水稳定性好。但砂土黏性小,易于松散,受水流冲刷和风蚀易损坏,在使用时可掺入黏性大的土改善质量
砂性土	砂性土是良好的路基填料,既有足够的内摩擦力,又有一定的黏聚力。一般遇水干得快、不膨胀,易被压实,易构成平整坚实的表面
粉质土	粉质土不宜直接填筑于路床,必须掺入较好的土体后才能用作路基填料,且在高速公路中只能用于路堤下层(距路槽底 0.8 m 以下)
轻、重黏土	轻、重黏土不是理想的路基填料,规范规定,液限大于 50%、塑性指数大于 26、含水量不适宜直接压实的细粒土,不得直接作为路基填料,需要使用时,必须采取技术措施进行处理,经检验满足设计要求后方可使用

续表

项目	内容
黄土、盐渍土、膨胀土	黄土、盐渍土、膨胀土等特殊土体不得已必须用作路基填料时,应严格按其特殊的施工要求进行施工。泥炭、淤泥、冻土、有机质土、强膨胀土、含草皮土、生活垃圾、树根和含有腐殖物质的土不得用作路基填料
煤渣、高炉矿渣、钢渣、电石碴	满足要求(最小强度CBR、最大粒径、有害物质含量等)或经过处理之后满足要求的煤渣、高炉矿渣、钢渣、电石碴等工业废渣可以作路基填料,但在使用过程中应注意避免造成环境污染

2. 路堤填筑

1) 土方路堤填筑

(1) 填筑要求。

性质不同的填料不能混合在一起,而是根据填料的性质水平分层、分段填筑,最后分层压实。需要注意的是,每种填料的填筑层在完全压实之后的厚度最小为 500 mm,最后一层的厚度最小为 100 mm。

路基的最上层应该填筑对潮湿或者冻害敏感度低的材料。越是强度小的材料,越应该填筑在底层。如果路基施工的地带存在地下水或者临水,那么填料应该选择透水性好的材料。

在透水性不好的压实层上填筑透水性较好的填料前,应在其表面设 2%~4% 的双向横坡,并采取相应的防水措施。不得在由透水性较好的填料所填筑的路堤边坡上覆盖透水性不好的填料。每种填料的松铺厚度应通过试验确定,每一填筑层压实后的宽度不得小于设计宽度。

路堤填筑时,应从最低处起分层填筑,逐层压实;当原地面纵坡大于 12% 或横坡陡于 1:5 时,应按设计要求挖台阶,或设置坡度向内并大于 4%、宽度大于 2 m 的台阶。

填方分几个作业段施工时,接头部位如不能交替填筑,先填路段应按 1:1 坡度分层留台阶;如能交替填筑,则应分层相互交替搭接,搭接长度不小于 2 m。

(2) 一般填筑方法。

① 水平分层填筑。

填筑时,按照横断面全宽分成水平层次,逐层向上填筑。如原地面不平,应由最低处分层填起。每填一层,经压实合格后再填上一层。此法施工操作方便、安全,压实质量易保证。

②纵坡分层填筑。

适用于推土机或铲运机从路堑取土填筑运距较短的路堤。依纵坡方向分层、逐层推土填筑。原地面纵坡小于 20°的地段可用此法施工。

③横向填筑。

从路基一端按各横断面的全部高度,逐步推进填筑,适用于无法自下而上分层填土的陡坡、断岩或泥沼地区。此法不易压实,还有沉降不均匀的缺点。为此,应采用必要的技术措施,如选用高效能的压实机械(振动压路机)碾压,采用沉陷量较小的砂性土或废石方做填料等。

④混合填筑。

当高速公路路线穿过深谷陡坡,尤其是要求上部的压实度标准较高时,下层施工应采用横向填筑,上层施工应采用水平分层填筑,此种方法称为混合填筑法。

(3)机械填筑路堤作业方式。

①推土机填筑路堤作业方式。

推土机作业包含四个环节:切土、推土、堆斜和空反。对推土机的工作效率影响最大的环节为切土与推土。切土环节的速度以及推土过程中对能量的利用程度是决定推土机推土效率的主要因素。推土机的作业方式很多,常见的有坑槽推土、波浪式推土、并列推土、下坡推土和接力推土。

②挖掘机填筑路堤作业方式。

填筑路堤这项工作也可以由挖掘机来完成。

挖掘机有两种工作方式:第一,挖掘机直接从路基的一层挖土,然后将这些土卸向另一侧,用来填筑路堤。一般情况下,采用这种方式施工时,施工人员会使用反铲挖掘机。第二,使用运土车辆配合挖掘机进行工作。挖掘机将挖出的土壤装至运土车内,由运土车将土壤运送到需填筑路堤的路段。这是目前使用较为广泛的作业方式,尤其适用于取土场地比较集中、运送距离相对较长的工作环境,且正铲挖掘机与反铲挖掘机都能够适应这种工作方式。

2)填石路堤的填筑

(1)基底处理。

填方地段的基底需要进行严格处理。如果地面的坡度大于 1:2.5,应挖台阶,如果基底下有淤泥、地下水等,需要进行特殊处理。在施工之前报请监理工程师,得到签字批准之后,才能进行施工。

填石路堤的填料较为坚硬,进行压实工作比较困难,填石材料又具有较高的透水性,水非常容易通过路面、边坡等位置进入基底,导致路基潮湿,严重时可能会使路面产生不均匀沉降等问题。

为了防止这一问题,在施工过程中,除了满足土质路堤表面处理的规定之外,还应该满足不同路堤填高对地基承载力的要求。如果路堤高度在 10 m 以内,地基的承载力必须大于 150 kPa;如果路堤高度为 10～20 m,地基的承载力必须大于 200 kPa;如果路堤高度大于 20 m,路基需要在岩石地基面上进行填筑。

(2)填筑要求。

填石路堤填筑应根据试验路段得出的施工技术参数,按照运输车辆运量测算的尺寸,用白灰画框格卸填料(方格不小于 4 m×4 m),严格进行拉线施工,控制每层的松铺厚度。

在进行填石路堤施工时,每填筑一层都需要对其宽度进行放样处理,清晰地标记出设计边线,以便后期随时检查,避免填筑的宽度不符合要求。需要注意的是,在用白灰绘制设计边线时,应从超填宽度的边缘起碾压路基,由外向内推进。

用大型推土机按其松铺厚度摊平,个别不平处人工找平。在整修过程中,发现有超粒径的石块应予以剔除,做到粗颗粒分布均匀,避免出现粗颗粒集中现象。

填石路堤应进行边坡码砌,边坡码砌石料强度要求不低于 30 MPa,码砌石块最小尺寸不小于 30 cm,石块应形状规则。填高小于 5 m 的填石路堤,边坡码砌厚度不小于 1 m;填高 5～12 m 的填石路堤,边坡码砌厚度不小于 1.5 m;填高大于 12 m 的填石路堤,边坡码砌厚度不小于 2 m。

应分层填筑、分层压实。最后一层碎石粒径应小于 15 cm,其中小于 0.05 mm 的细粒含量应不小于 30%。当上层为细粒土时,应设置土工布作为隔离层。

如填石路堤的填料的岩性相差较大,特别是岩石强度相差较大时,应将不同岩性的填料分层或分段填筑。

(3)填筑方法。

填筑方法主要有竖向填筑法、分层压实法、冲击压实法三种。

①竖向填筑法。

竖向填筑法适用于在陡峻山坡施工特别困难或大量爆破以挖作填路段,以及无法自下而上分层填筑的陡坡、断岩、泥沼地区和水中作业的填石路堤。该方法施工路基压实、稳定问题较多。因此,该方法在高速公路施工中很少采用。

②分层压实法。

分层压实法是目前采用最为普遍且作业质量较高的方法之一。分层压实法从下到上分为若干个层次,依次填筑,依次压实。高速公路的填石路堤施工基本采用分层压实法施工。

填石路堤将填方路段分为四级施工台阶、四个作业区段、八道工艺流程进行分层施工。

四级施工台阶:在路基面以下 0.5 m 为第 1 级台阶,0.5~1.5 m 为第 2 级台阶,1.5~3.0 m 为第 3 级台阶,3.0 m 以下为第 4 级台阶。

四个作业区段:填石区段、平整区段、碾压区段、检验区段。施工中填方和挖方作业面形成台阶状,台阶间距视具体情况和适应机械化作业而定,一般长为 100 m 左右。填石作业自最低处开始,逐层水平填筑,每一分层先是机械摊铺主集料,平整作业铺撒嵌缝料,将填石空隙以小石或石屑填满铺平,采用重型振动压路机碾压,压至填筑层顶面石块稳定。

八道工艺流程:施工准备、填料装运、分层填筑、摊铺平整、振动碾压、检测签认、路基成型、路基整修。

③冲击压实法。

冲击压实机的冲击碾周期性、大振幅、低频率地对路基填料进行冲击,压实填方;强力夯实法用起重机吊起夯锤从高处自由落下,利用强大的动力冲击,迫使岩土颗粒位移,提高填筑层的密实度和地基强度。

3)土石路堤施工

(1)填筑要求。

利用卵石土、块石土、红砂岩等天然土石混合材料填筑的路堤称为土石混填路堤。在土石混合填料中不得采用倾填法施工,应分层填筑,分层压实,分层松铺厚度宜为 0.3 m(应根据压实机械类型和规格经试验后确定),石料最大粒径不得超过压实厚度的 2/3。

当土石混合填料中石料含量小于 70% 时,应将土石混合填料分层铺填、整平压实,避免尺寸较大的石块集中。当石料含量大于 70% 时,应执行填石路基技术规范和设计要求。

在路床顶面以下 0.8 m 的范围内,应填已有适当级配的土石混合料,最大粒径不超过 100 mm。

天然土石混合填料中,中硬、硬质石料的最大粒径不得大于压实层厚度的 2/3;石料为强风化石料或软质石料时,其 CBR 值应符合相关技术规范,石料最大粒径不得大于压实层厚度。

压实后透水性差异大的土石混合材料应分层或分段填筑,不宜纵向分幅填筑;如确需纵向分幅填筑,应将压实后渗水良好的土石混合材料填筑于路堤两侧。

填料由土石混合材料变为其他填料时,土石混合材料最后一层的压实厚度应小于 300 mm,该层填料最大粒径宜小于 150 mm,压实后,该层表面应无孔洞。

中硬、硬质石料的土石路堤,边坡的石料强度、尺寸及码砌厚度应符合实际要求。边坡码砌与路基填筑宜基本同步进行。软质石料土石路堤的边坡按土质路堤边坡处理。

土石混填压实必须使用 18 t 以上的羊足碾和重型振动压路机、大功率推土机及平地机分层组合压实。

(2)施工方法。

土石路堤不允许采用倾填方法,均应分层填筑,分层压实,每层铺填厚度应根据压实机械类型和规格确定,一般宜不超过 40 cm。施工方法主要包括以下几点。

①按填料渗水性能来确定填筑方法,即压实后渗水性较大的土石混合填料应分层分段填筑,如需纵向分幅填筑,则应将压实后渗水性较好的土石混合填料填筑于路堤两侧。

②按土石混合料不同来确定填筑方法,即当所有土石混合料岩性或土石混合比相差较大时,应分层分段填筑。当不能分层分段填筑时,应将硬质石块混合料铺筑于填筑层下面,且石块不得过分集中或重叠,上面再铺含软质石料混合料,然后整平碾压。

③按填料中石料含量来确定填筑方法,即当石料含量超过 70% 时,应先铺填大块石料,且大面向下,放置平稳,再铺填小块石料、石碴或石屑嵌缝找平,然后碾压;当石料含量小于 70% 时,土石可以混合铺筑,且硬质石料(特别是尺寸大的硬质石料)不得集中。

3. 桥涵及其他构造物处的填筑

1)填筑要求

台背及其与路堤间的回填施工应符合以下规定。

高速公路应按设计做好过渡段,过渡段路堤压实度应不小于 96%,并应按设计做好纵向和横向防排水系统;台背回填部分的路床宜与路堤路床同步填筑;桥台背和锥坡的回填施工宜同步进行,一次填足并保证压实整修后能达到设计宽度要求。

涵洞回填施工应符合以下规定:洞身两侧,应对称分层回填压实,填料粒径宜小于 150 mm;两侧及顶面填土时,应采取措施防止压实过程对涵洞产生不利影响。

2)施工方法

(1)填料。

由于路基压缩沉陷和地基沉降,桥涵端头会产生跳车现象。为了保证台背处路基的稳定,除设计文件另行规定外,填料应尽可能采用砂类土或透水性材料。选用非透水性材料时,应在土中增加外加剂,如石灰、水泥等。应特别注意的是,不要将从构造物基层挖出的土混入填料中。

(2)填土范围。

台背后填筑不透水材料,应满足一定长度、宽度和高度的要求。

一般情况下,台背填土顺路线方向的长度,顶部距翼墙尾端不小于台高 2 m,底部距基础内缘不小于 2 m,拱桥台背填土长度不小于台高的 4 倍,涵洞两侧填土长度不小于孔径长度的 2 倍;填筑高度应从路堤顶面起向下计算,在冰冻地区一般不小于 2.5 m,无冰冻地区填至高水位处。

(3)填筑。

桥台背后填土宜与锥形护坡同时进行;涵洞缺口填土应在两侧对称均匀分层回填压实;回填土时,对桥涵圬工的强度等要求应按照《公路桥涵施工技术规范》(JTG/T 3650—2020)有关规定进行处理;分层松铺厚度宜小于 20 cm;当采用小型夯实设备时,松铺厚度宜不大于 15 cm;涵洞顶部的填土厚度小于 100 cm 时,不得允许重型机械设备通过。

挡墙背面填料宜选用砾石或砂类土;墙趾部分的基坑应及时回填压实,并做成向外倾斜的横坡;在填土过程中,应防止水的侵害;回填完成后,顶部应及时封闭。

8.1.2 挖方路基施工

1. 土质路堑施工

1)土质路堑施工注意事项

(1)路堑排水。

路堑区域施工时,应保证在施工过程中和竣工后能顺利排水。因此,应先在适当的位置开挖截水沟,设置排水沟,以排除地面水和地下水。

路堑设有纵坡时,下坡的坡段可直接挖到底,上坡的坡段必须先挖成向外的斜坡,再挖去剩下的土方;路堑为平坡时,两端都要先挖成向外的斜坡,再挖去余下的土方。

(2)废方处理。

路堑挖出的土方,除利用外,多余的土方应按设计的弃土堆进行废弃,不得妨碍路基的排水和路堑边坡的稳定。同时,弃土应尽可能用于改地造田,美化环境。

(3)设置支挡工程。

为了保证土方路堑边坡的稳定,应及时设置支挡工程。开挖时,应自上而下、逐层进行,以防边坡塌方,尤其在不良地质地段,应分段开挖,分段支护。

2)路堑开挖的方法

路堑开挖是将路基范围内设计标高之上的天然土体挖除并运到填方地段或其他指定地点的施工活动。深长路堑往往工程量巨大,开挖作业面狭窄,常常是路基施工的控制性工程。因此,应综合考虑工程量大小、路堑深度和长度、开挖作业面大小、地形与地质情况、土石方调配方案、机械设备等因素,确定切实可行的开挖方法。根据路堑深度和纵向长度,路堑开挖可按下列几种方法进行。

(1)横向挖掘法。

①单层横挖法。

单层横挖法是从路堑的一端或两端按路堑横断面全高和全宽,逐渐地向前开挖,挖出的土石一般向两头运送。这种开挖方法因工作面小,仅适用于短而浅的路堑,可一次性挖到设计标高。

②多层横挖法。

如果路堑较深,可以在不同高度上分成几个台阶同时开挖,每一开挖层都有单独的运土出路和临时排水措施,做到纵向拉开,多层、多线、多头出土,这种开挖方法为多层横挖法。这样能够增加作业面,容纳更多的施工机械,形成多向出土,以加快工程进度。

(2)纵向挖掘法。

①分层纵挖法。

沿路堑全宽,以深度不大的纵向分层挖掘前进的作业方式称为分层纵挖法。本法适用于较长的路堑开挖。

施工中,路堑长度较短(<100 m)、开挖深度不大于 3.0 m、地面较陡时,宜采用推土机作业,其适当运距为 20~70 m,最远宜不大于 100 m。当地面横坡较平缓时,表面宜横向铲土,下层宜纵向推运。当路堑横向宽度较大时,宜采用两台或多台推土机横向联合作业。当路堑前方为陡峻山坡时,宜采用斜铲推土。

②通道纵挖法。

通道纵挖法是沿路堑纵向挖掘一通道,然后将通道向两侧拓宽,上层通道拓宽至路堑边坡后,再开挖下层通道,按此方向直至开挖到挖方路基顶面标高。这是一种快速施工的有效方法,通道可作为机械行驶和运输土方车辆的道路,便于挖掘和外运的流水作业。

③分段纵挖法。

沿路堑纵向选择一个或几个适宜处,将较薄一侧路堑横向挖穿,将路堑在纵方向上,按桩号分成两段或数段,各段再纵向开挖,称为分段纵挖法。本法适用于路堑较长、弃土运距较远的傍山路堑或一侧的堑壁不厚的路堑开挖。

(3)混合式开挖法。

混合式开挖法即将横挖法与通道纵挖法混合使用,这种方法适用于路堑纵向长度和深度都很大时。先将路堑纵向挖通,然后沿横向坡面进行挖掘,以增加开挖坡面。为了加快工程进度,施工中,每一个坡面分别设置一个机械施工班组进行作业。

2. 石质路堑施工

1) 开挖要求

确定开挖程序之后,根据岩石的条件、开挖尺寸、工程量以及施工技术要求选择合适的开挖方法。石质路堑开挖的基本要求如下:必须保证施工安全与开挖质量;保证开挖强度,并且能够在既定工期内完工;施工方法要有利于维护岩体的完整和边坡的稳定性;减少辅助工程的数量。

2) 开挖方法

(1)爆破法。

①光面爆破。

在开挖限界的周边,适当排列一定间隔的炮孔,在有侧向临空面的情况下,用控制抵抗线和药量的方法进行爆破,使之形成一个光滑平整的边坡。

②预裂爆破。

在开挖限界处按适当间隔排列炮孔,预先炸出一条裂缝,使拟爆体与山体分开,作为隔震减震带,起减弱开挖限界以外山体或建筑物的地震破坏作用。

③微差爆破。

两相邻药包或前后排药包以毫秒级的时间间隔(一般为 15～75 ms)依次起爆,称为微差爆破,亦称毫秒爆破。多发一次爆破最好采用毫秒雷管。多排孔微差爆破是浅孔深孔爆破发展的方向。

④洞室爆破。

为使爆破设计断面内的岩体大量抛掷(抛坍),减少爆破后的清方工作量,保证路基的稳定性,可根据地形和路基断面形式采用抛掷爆破、定向爆破、松动爆破的方法。

(2)松土法。

利用岩体的各种裂缝和结构面采用松土法开挖。该方法是先用推土机牵引松土器将岩体翻松,再用推土机、装载机与自卸汽车配合,将翻松的岩块搬运到指定地点。

松土法开挖避免了爆破作业的危险性,有利于挖方边坡的稳定和附近建筑设施的安全。凡能用松土法开挖的石质路堑,应尽量不采用爆破法施工。随着大功率施工机械的产生和使用,松土法越来越多地应用于石质路堑的开挖,而且开挖的效果越来越好,适用的施工范围也越来越广。

采用松土法开挖时,岩体需具有较大的岩体破裂面或风化程度较严重。当岩体已裂成小石块或呈粒状时,松土只能劈成沟槽,效率较低。沉积岩有沉积层面,比较容易松开,沉积层越薄,越容易松开。变质岩松开的难易程度和破裂面发育程度有关。对于岩浆岩,由于其不呈层状或带状,松开比较困难,较少采用松土法开挖。

(3)破碎法。

破碎法开挖是利用破碎机凿碎岩块,然后进行挖运等作业。这种方法是将凿子安装在推土机或挖土机上,利用活塞的冲击作用使凿子产生冲击力,以凿碎岩石,其破碎岩石的能力取决于活塞的大小。

破碎法主要用于岩体裂缝较多、岩块体积小、抗压强度低于 100 MPa 的岩石。由于开挖效率不高,破碎法只能用于前述两种方法不能使用的局部场合,作为爆破法和松土法的辅助作业方式。

石质路堑开挖前和施工过程中,应随时检查坡顶、坡面的危石、裂缝和其他不稳定情况,并及时处理。

8.1.3 路基压实

1. 路基压实的意义与作用机理

1) 路基压实的意义

路基施工破坏了土体的天然状态,致使其结构松散,颗粒重新组合。试验研究表明,土基压实后,土体的密实度提高,透水性降低,毛细水上升高度减小,避免了水分积聚和侵蚀而导致的土基软化,或因冻胀而引起的不均匀变形,提高了路基的强度和水稳定性。因此,路基的压实工作既是路基施工过程中的一个重要工序,也是提高路基强度与稳定性的根本技术措施之一。

2) 路基压实机理

路基土是由土粒、水分和空气组成的三相体系。三者具有各自的特性,并相互制约,共存于一个统一体中,构成土的各种物理特性——渗透性、黏滞性、弹性、塑性和力学强度等。若三者的组成情况发生改变,则土的物理性质也随之不同。因此,要改变土的特性,得从改变其组成着手。

压实路基就是利用机械的方法来改变土的结构,以达到提高土的强度和稳定性的目的。路基土受压时,土中的空气大部分被排出土外,土粒则不断靠拢,重新排列成密实的新结构。土粒在外力作用下不断靠拢,土的内摩阻力和黏结力也不断增加,从而提高土的强度。同时,由于土粒不断靠拢,水分进入土体的通道减少,阻力增加,降低了土的渗透性。

2. 土质路基的压实

1) 影响土质路基压实效果的因素

① 含水量对压实效果的影响。

土中含水量对压实效果的影响比较显著。当含水量较小时,由于粒间引力使土保持着比较疏松的状态或凝聚结构,土中孔隙大都互相连通,水少而气多,在一定的外部压实功能作用下,虽然土孔隙中气体易被排出,密度可以增大,但由于水膜润滑作用不明显以及外部功能不足以克服粒间引力,土粒相对移动不容易,因此压实效果比较差。含水量逐渐增大时,水膜变厚,粒间引力减小,水膜起润滑作用,外部压实功能比较容易使土体相对移动,压实效果较佳。土中含水量过大时,孔隙中出现了自由水,压实功能一部分被自由水所抵消,减小了有效压力,压实效果反而降低。然而,含水量较小时,土粒间引力较大,虽然干密度较小,但其强度可能比最佳含水量时还要高。可此时因密实度较低,孔隙多,一经饱水,其强度会急剧下降。这又得出结论:在最佳含水量情况下,压实的土水稳性最好,最佳含水量和最大干密度是两个十分重要的指标,对路基设计和施工很有用处。

②土质对压实效果的影响。

不同的土质具有不同的最佳含水量及最大干密度,其压实效果也不同。土粒越细,比面积越大,土粒表面的水膜越多。加之黏土中含有亲水性较高的胶体物质,因此,分散性(液限、黏性)较高的土,其最佳含水量较高而最大干密度较低。对于砂土,由于其颗粒粗,呈松散状,水分易于散失,故最佳含水量对其没有更多的实际意义。

③压实功能对压实效果的影响。

压实功能是指压实机具的重量、碾压次数、作用时间等,压实功能是影响压实效果的又一重要因素。通常对同一种土,随着压实功能的增大,最佳含水量会减小,最大干密度会增加。因此,增大压实功能是提高土基密实度的另一方法。由于压实功能增加到一定程度后,土的密度增长不明显,因此,这种方法有一定局限性。最经济的办法是严格控制工地现场含水量,使碾压在接近最佳含水量时进行,这样容易达到规定的压实度。

2)压实工作的技术要领

以压实原理为依据,以尽可能小的压实功能获得良好的压实效果为目的,必须很好地组织压实工作,并注意以下要点:填土层在压实前应先整平,可自路中线向路堤两边做2%～4%的横坡;压实机具应先轻后重,以适应逐渐增长的土基强度;碾压速度应先慢后快,以免松土被机械推走;压实机具的工作路线应先两侧后中间,以便形成路拱,再从中间向两边顺次碾;在弯道部分设有超高时,由低的一侧边缘向高的一侧边缘碾压,以便形成单向超高横坡,前后两次轮迹(或夯击)须重叠15～20 cm;压实时应特别注意均匀,否则可能引起不均匀沉陷;经常检查土的含水量,并视需要采取相应措施。

3. 填石路基的压实

在压实填石路基前,应用大型推土机摊铺平整,个别不平处,应用人工配合以细石屑找平。由于压实施工是将各石块之间的松散接触状态改变为紧密咬合状态,因此,应选择工作质量在 12 t 以上的重型振动压路机、工作质量在 2.5 t 以上的重锤或 25 t 以上的轮胎式压路机压(夯)实。

在压实填石路基时,应先碾压两侧(即靠近路肩部分)再碾压中间,压实路线对于轮碾应纵向平行,反复碾压。压实路线对夯锤应呈弧形,当夯实密实程度达到要求后,再向后移动一夯锤位置。行与行之间应重叠 40~50 cm,前后相邻区段应重叠 100~150 cm。其余注意事项与土质路基相同。

4. 土石路基的压实

土石路基的压实方法与技术要求,应根据混合料中巨粒土含量多少来确定。当巨粒土的含量大于 70% 时,应按填石路基的方法和要求进行压实;当巨粒土的含量小于 50% 时,应按填土路基的方法和要求进行压实。

8.2 特殊路基施工

特殊路基指在软土、黄土、膨胀土、盐渍土、多年冻土与季节性冻土及岩溶地区的土体上修筑的路基。因这些土体的性质与一般路基土体有较大区别,在施工时应区别对待。

8.2.1 软土路基施工

从广义上讲,所谓软土就是指强度低、压缩性高的软弱土层。在软土地基上修筑路基,若不加处理,将会发生路基失稳或过量沉陷,导致道路破坏或不能正常使用。习惯上常把淤泥、淤泥质土、软黏性土称为软土。软土的特性主要表现为天然含水量高,孔隙比大,含水量为 34%~72%,孔隙比为 1.0~1.9,饱和度一般大于 95%,液限一般为 35%~60%,塑性指数为 13~30。

由于软土路基强度较低,一般不能直接在上面修筑路基,需要经过特殊处理加固后方可修筑。其加固后,可按一般方法进行路基施工,软土路基加固的关键是排水和固结。

1. 换填法施工

换填法施工即将地基软弱层全部或部分挖出,换填以强度较高、透水性好、性能稳定、无侵蚀性的材料并压实,以提高地基承载力,减小沉降量。换填的材料有碎(砾)石、砂、灰土、素土或煤渣等。换填方法有开挖换填法、抛石挤淤法、爆破排淤法等。

1)开挖换填法

将需要处理的软弱层挖出,采用适当换填材料回填并压实。此法适用于软弱土层埋藏较浅、挖换深度不超过 3 m 的情况。

2)抛石挤淤法

一般采用块径不小于 30 cm 的片石,沿路中线向前抛填,再渐次向两侧扩展,或者从软弱层底面由高向低依次抛填,从而将基底的淤泥或泥炭等软弱土挤出。此法适用于排水困难的洼地,软弱土层较薄易于流动,表层无硬壳的情况。

3)爆破排淤法

在软弱土层中实施爆破作业,利用爆破冲击力将软弱土层中的淤泥或泥炭排走,再用良好的填料置换回填。此法换填深度大,功效高,但应注意避免爆破对周围环境的不良影响。

含水量小、回淤较慢的软土或泥沼,应先爆后填,即爆即填;含水量大而回淤较快的软土或泥沼,可先填后爆,填料随爆下沉,以免回淤。

2. 排水固结法施工

1)排水固结法概述

排水固结法是在软土地基中设置竖向排水体,然后对软土地基预先施加一个外部荷载,使得软土土体中的孔隙水逐渐被排出加固区外而固结,从而使土的含水量降低、孔隙比减小、抗剪强度提高,以达到提高地基承载力和减少工后沉降的目的。

排水固结系统通常由排水系统和加压系统两部分组成。

排水系统主要是为了改变软土地基原有排水边界条件,增加孔隙水排出的通道,缩短排水路径。该系统由竖向排水体和水平向排水体组成,竖向排水体有普通砂井、袋装砂井、塑料排水带,水平向排水体有砂垫层、软式透水管或盲沟,两者共同组成立体的排水管网。

加压系统可以对软土地基施加一个临时起固结作用的荷载,促使土中的孔隙水在压差的作用下向外渗流,从而达到固结的目的。

按加压方式的不同,排水固结法可分为堆载预压法、真空预压法、真空堆载联合预压法、电渗降水法、降低地下水位法等。

2)施工方法

①砂井法。

砂井法是用锤击、振动、射水等方式成孔,在孔内灌砂形成砂井。砂井表面铺设 0.5~1.0 m 厚的砂垫层或砂沟。排水固结速度与堆载量大小、加载速度、砂井直径、间距、深度等因素有关。

实践证明,预压加载量大致与设计荷载接近,这样,可预压至 80% 的固结度。就路基而言,加载工作往往可以直接用填土取代。填土速度根据施工工期、地基强度增长情况确定,以每昼夜地面沉降量不超过 1.5 cm、坡脚侧向位移不超过 0.5 cm 来控制。

砂井直径多为 30~40 cm,间距 2~4 m,平面上呈梅花形或正方形布置,尤以梅花形布置效果为佳;其深度以穿越路基可能的滑动面为宜。砂井用砂为中粗砂,含泥量宜不大于 3%。为了缩短砂井排水距离,往往预先在直径约 7 cm 的圆筒状编织袋里装满砂,然后放入成孔中,此法称袋装砂井法。该法能保证砂井的密实性和连续性,成孔时对土层扰动小,具有施工机具简单、成本低等优点。袋装砂井间距一般为 1~1.4 m,其他与普通砂井相同。

②排水板法。

排水板法是用纸板、纤维、塑料或绳子代替砂井的砂做成排水井,其原理和方法与砂井法完全相同。目前,基本上以带沟槽的塑料芯板作为排水板,因此该法又称塑料板法。

③盲沟排水法。

盲沟排水法是在路堤填方前深挖纵向、横向沟,回填碎石,排出地下水,以达到路基固结的目的。

此外,排水固结法还包括降水预压和真空预压等新技术。

3. 其他特殊地基处理方法

1)砂桩挤密法

砂桩挤密法指用振动、冲击或水冲等方式在软弱地基成孔后,再将砂挤压入已成的孔中,形成大直径的以砂所构成的密实柱体。

2)碎石挤密桩法

用碎石挤密桩加固软弱地基,主要是利用夯锤垂直夯击填入孔中的碎石,夯击能量通过碎石向孔底及四周传递,将孔底及桩周围的土挤密,并有一些碎石挤入碎石桩四周的软土中。在形成碎石桩的同时,桩周也形成一个与碎石胶结的挤密带,提高了原地基的承载力,碎石桩与桩间地基土形成复合地基,共同承担上部荷载。

3) CFG 桩法

水泥粉煤灰碎石桩(cement fly-ash gravel pile)简称 CFG 桩,是在碎石桩基础上加进一些石屑、粉煤灰和少量水泥,加水拌和制成的一种具有一定黏结强度的桩,和桩间土、褥垫层一起形成复合地基。CFG 桩法也是近年来新开发的一种地基处理技术。

4) 树根桩法

树根桩是一种用压浆方法成桩的微型桩。树根桩是指桩径在 70~250 mm,长径比大于 30,采用螺旋钻成孔、加强配筋和压力注浆工艺成桩的钢筋混凝土就地灌注桩。

5) 夯实扩底桩法

夯实扩底灌注桩(简称夯实扩底桩)通过击入沉管全部现浇混凝土,利用重锤夯击桩端现浇混凝土,在最大限度扩大桩头的同时,对桩端地基强制夯实挤密。该法通过桩端截面的增大和对地基土的挤密,显著提高桩头地基承载能力,进而提高桩端竖向承载力,然后现浇混凝土桩身,形成桩侧摩阻力。

8.2.2 湿陷性黄土地区路基施工

1. 湿陷性黄土路基病害

在自重湿陷性黄土地区,由于降雨或灌溉,在路侧形成积水并持续下渗,湿陷性黄土层发生湿陷,在地表面形成平面为椭圆形的湿陷坑。一般的湿陷坑直径为 15~30 cm,中心坑深度为 30~60 cm。最大的湿陷坑直径可达 500~600 cm,中心坑深度可达 90~100 cm。在湿陷坑范围内的路基、路面、桥涵、挡土墙随之发生沉陷、变形、开裂和破坏。

形成湿陷坑要具备两个条件:一是黄土层具有自重湿陷性且具有一定厚度;二是浸水要达到一定的范围和足够的时间。

一般情况下,浸水坑或积水洼地的边长或直径大于 10 m 才会形成湿陷或湿陷坑。在浸水坑直径足够大的情况下,浸水一到数天即开始发生湿陷,一般经过两周以后,浸透整个湿陷性土层并形成最终的湿陷坑。

2. 湿陷性黄土路基施工

1)湿陷性黄土路堤填筑

路床填料不得使用老黄土,路堤填料不得含有粒径大于 100 mm 的块料;在填筑横跨沟堑的路基土方时,应做好纵横向界面的处理;黄土路堤边坡应拍实,并及时予以防护,防止路表水冲刷;浸水路堤不得用黄土填筑。

2)湿陷性黄土路堑施工

路堑施工前,应做好堑顶地表排水导流工程;路堑施工期间,开挖作业面应保持干燥;路堑路床土质符合设计规定时,应将其挖除,另行取土,分层摊铺、碾压至规定的压实度,挖除厚度根据道路等级对路床的要求而定,高速公路宜挖除 50 cm;路堑施工中,如边坡地质产生变形,应采取措施进行边坡的防护加固。

8.2.3 膨胀土地区路基施工

1. 膨胀土的工程特性

膨胀土在受潮后体积会变大,即膨胀;在失水后体积会变小,产生收缩开裂的现象。膨胀土中的主要矿物成分以强亲水性矿物蒙脱石和伊利石为主。一般情况下,膨胀土多以硬塑或坚硬状态存在于自然界中,表面存在裂隙,并且裂隙会随着气候的变化扩大或者缩小。膨胀土在二级或者二级以上的阶地、山前丘陵和盆地边缘,地形坡度平缓,无明显自然陡坎的位置较多,主要特征有胀缩性、裂隙性和超固结性。膨胀土地区的路基易发生剥落、冲蚀、泥流、溜坍、塌滑、滑坡、沉陷、纵裂、坍肩等病害。

2. 膨胀土路基施工

1)路堤填筑

强膨胀土稳定性差,不应作为路堤填料;中等膨胀土宜经过加工后作为填料,用于高速公路路堤填料时,改性处理后胀缩总率应不大于 0.7%;弱膨胀土可根据当地气候、水文情况及道路等级加以应用。

直接使用中、弱膨胀土填筑路堤时,应及时对边坡及顶部进行防护,对于高度不足 1 m 的路堤,应按设计要求采取换填或改性处理等措施。表层为过湿土时,应按设计要求采取换填或固化处理等措施。填土高度小于路面和路床的总厚度,基底为膨胀土时,宜挖除地表 0.30～0.60 m 的膨胀土,并将路床换填为非膨胀土或掺灰处理。若为强膨胀土,挖除深度应达到大气影响深度。

2)路堑开挖

挖方边坡不要一次挖到设计线,沿边坡预留厚度 30～50 cm,待路堑挖完时,再削去边坡预留部分,并立即浆砌护坡封闭。膨胀土地区的路堑、高速公路的路床应超挖 30～50 cm,并立即用粒料或非膨胀土分层回填或用改性土回填,按规定压实。

3)路基填筑

膨胀土路基填筑松铺厚度不得大于 300 mm,土块粒径应小于 37.5 mm。路基完成后,当年不能铺筑路面时,应按设计要求做封层,其厚度应不小于 200 mm,横坡不小于 2%。

8.2.4 盐渍土地区路基施工

1. 盐渍土路基的主要病害

易溶盐在土中的移动(垂直移动、水平移动、灌区的移动),会造成盐渍土路基的一些主要病害,通常有溶蚀、盐胀、冻胀、翻浆等。

1)溶蚀

主要是氯盐渍土,其次是硫酸盐渍土,受水后土中盐分溶解,可形成雨沟、洞穴,甚至湿陷、塌陷等路基病害。

2)盐胀

路基边坡和路肩表层在昼夜温度变化所引起的盐胀反复作用下,变得疏松、多孔,易遭风蚀,并伴随沉陷。

3)冻胀

对于氯盐渍土,当含盐量在一定范围内时,由于冰点下降,水分积聚流动时间加长,可加重冻胀。当含盐量更多时,由于冰点降低很多,路基将不冻结或减少冻结,从而不产生冻胀或只产生轻冻胀。硫酸盐渍土具有和氯盐渍土类似的作用,但冰点降低不如氯盐渍土多,因此影响不如氯盐渍土显著。

4)翻浆

当氯盐渍土的含盐量在一定范围内时,不仅会加剧冻胀,而且会加重翻浆。这是因为氯盐渍土聚冰多,液塑限低,蒸发缓慢。当含盐量更多时,也因不冻结或减少冻结而不翻浆或减轻翻浆。硫酸盐渍土在降低冰点方面的作用和氯盐渍土类似,因此会加重翻浆,但不如氯盐渍土显著。

春融时,结晶硫酸盐脱水可加重翻浆;而氯盐渍土由于透水性差,可减轻冻胀和翻浆。

2. 盐渍土路基施工

1)路基基底的处理

必须先处理盐渍土地区路堤基底。

一般含盐量大的土层多分布于地表,所以必须严格清除表层植被、盐壳、腐殖土等;在具有湿陷性的地段,必须挖除表层湿土后进行换填,换填厚度应不小于30 cm。换填砂砾石,分层碾压密实,然后分层填筑砂砾料,碾压达到规定压实度。

对于路基基底(包括护坡道内)范围内表层的盐霜、盐壳、高含量盐土、腐殖质土等和植被及其根系,必须严格清除,清除表土深度不小于30 cm;清除后的基底做成双向1.5%左右的外倾横坡并按规定回填,严格压实。

2)路基毛细水隔断层的设置

设置毛细水隔断层时,在路基边缘以下0.4~0.6 m处(或路基底部)的整个路基宽度上设置。隔断层的材料可用卵石、碎石或其他粒径为5~50 mm的砂砾,厚度采用0.15~0.3 m,并在上、下面各铺设一层5~10 cm厚的粗砂或石屑作为反滤层,以防止隔断层失效。

3)路基高度

根据有关地区的经验,碱土地段路基填土高度可比非盐渍土地段适当降低;在过干地区,深度饱和的地下盐水地段的路基填土高度可比地下水为低矿化度水或淡水的路段适当降低。

4)路基边坡与路肩的处理

①边坡坡度。

对于盐渍土路堤的边坡值,没有水浸时,可按表 8.3 选用;有水浸时,可按表 8.4 采用。

表 8.3　无水浸的边坡值

路堤填土高度/m	边坡值
小于 1.5	1∶1.5
大于 1.5	1∶2.0

表 8.4　有水浸的边坡值

浸水程度	填细粒土	填粗粒土	备注
短期浸水	1∶2～1∶3	1∶1.75～1∶2	当流水速度引起冲刷时,边坡应加防护
长期浸水	不可用	1∶2～1∶3	

②边坡及路肩加固。

对于强盐渍土,无论其路基结构如何,都必须加固边坡及路肩。为保证路基有效宽度,当路基容易遭受雨水冲刷、淋溶和松胀时,强盐渍土及过盐渍土的路基宽度应较标准路基宽度增加 0.5～1.0 m。在过盐渍土地区,对路肩的加固可用粗粒浸水材料掺在当地土内封闭路肩表层,也可用沥青材料封闭路肩或用 15 cm 的盐壳加固。

8.2.5　冻土地区路基施工

1. 冻土地区公路的病害

1)翻浆

在高寒冻土地区,由于土壤冻结过程中汇聚了过多的水分,且土质状态不好,到春暖化冻时水分不能及时排出,从而造成土基软弱、强度降低,在车辆荷载的作用下,路面出现不均匀起伏、弹簧或破裂冒浆等现象,称为翻浆。

2)冻胀

冻胀是指高寒不良土质中所含的水分在低温下结晶,生成各种形状的冰侵入土体而导致土体积增大。其主要表现是土层表面不均匀升高。冻胀土与结构物基础之间主要产生冻结力和冻胀力(分为切向冻胀力、法向冻胀力、冻胀反力)。

冻胀本身不仅引起道路破坏,而且可引起桥梁、涵洞基础的冻害。桥梁冻害主要表现为桥梁墩、柱基础冻胀隆起,融化下沉,台身在切向冻胀力和法向冻胀力共同作用下出现裂缝,甚至墩(台)基础整体上抬或倾斜。涵洞冻害主要表现为洞身的冻胀隆起和融化下沉,端墙、八字翼墙圬工开裂及涵洞管节的错位和脱离。

3)融沉

在多年冻土地区,由于地下冰层埋藏较浅,施工及运营过程中的各种因素使多年冻土局部融化,上覆土层在土体自重和外力作用下产生沉陷,从而造成路基严重变形。主要表现为路基下沉,路堤向阳侧路肩及边坡开裂、下滑,路堑边坡溜塌等。融沉病害多发生在低路堤地段。

4)其他病害

除了以上几种常见病害外,冰丘、冰锥、涎流冰等也容易使路面产生纵向裂缝、横向裂缝和网状裂缝等。

2. 冻土路基施工的要求和工序

1)一般要求

①应根据设计文件并结合当地气候条件进行现场核查,合理选择施工方法,并采取有效的抗冻措施。

②对于多年冻土地区,必须严格遵守保护冻土的原则,使路基施工后仍处于热学稳定状态。对于季节性冻土地区,应编制路基处理专项施工方案,经批准后实施。

③地温、沉降观测。施工前,在不同冻土类型和融沉等级的路段设置地温观测对比断面和沉降观测对比断面,定期对观测结果进行整理和分析。

2)施工工序

冻土路基施工工序如图8.1所示。

3. 冻土挖除换填处理

1)适用范围

冻土挖除换填处理适用于冻土厚度较薄且埋深较浅、多年地温较高、多年冻

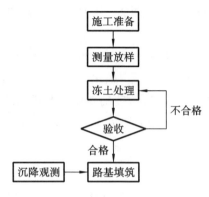

图 8.1 冻土路基施工工序图

土不够稳定地带的富冰冻土、饱冰冻土和含土冰层地基。

2)换填材料要求

①碎石:粒径宜为 19~63 mm,含泥量不大于 10%,针片状颗粒含量小于 15%,洛杉矶法(又名粗集料磨耗试验)磨耗率小于 60%。

②砂砾:天然级配砂砾,最大粒径小于 100 mm,含泥量不大于 5%,砾石强度为洛杉矶法磨耗率小于 60%,含量不大于 70%。

③石碴:最大粒径不大于 200 mm,石料单轴保水抗压强度不小于 30 MPa。

3)施工要点

①按设计要求,将冻土全部挖除或挖至不融沉或弱融沉层。两侧开槽坡度不小于 1∶0.75。

②在清理的基底上铺筑一层粒径较大的片石或卵石,碾压稳定后再分层填筑,分层铺筑压实厚度不得超过 300 mm,换填厚度符合设计要求。

③换填应宽出路基边脚不小于 1 m,两侧按设计防护。

④压实时应严格控制压路机的吨位、碾压遍数、速度,且无明显的粗细集料离析现象。

⑤施工过程中应避免填料受到污染,对于已污染的填料应废弃。

4.水泥稳定粒料桩冻土复合地基

1)适用范围

水泥稳定粒料桩冻土复合地基适用于多冰、富冰、饱冰冻土,冻土融沉等级较高且冻土埋深在 3~5 m 的冻土路段。

2)施工工序

水泥稳定粒料桩冻土复合地基施工工序如图 8.2 所示。

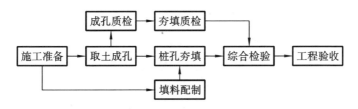

图 8.2　水泥稳定粒料桩冻土复合地基施工工序图

3)施工要点

①根据施工图放出桩位线,由专人验线并报监理工程师,做好桩位预检记录。

②移桩机就位,调整设备水平,使重锤中心与桩位对齐,控制钻进速度,保证孔壁圆滑,满足设计孔径要求。

③施工前在桩架或钢管上标出控制深度的标记,正常钻进速度为 0.5 m/min。成孔后清除孔内积水和残渣,夯平孔底,夯实次数不少于 5 次。如遇到含土冰层和饱冰冻土,应继续加深。如不能及时进行填料成桩,应围护和封盖桩孔。

④水泥稳定混合料拌和。要求采用机械拌和水泥稳定混合料,按设计配合比进行配料拌和,要求拌和均匀并严格控制含水量。

⑤夯填成桩。在向孔内填料前,应先夯实孔底 3~4 锤,逐层定量向桩孔内填料,每层回填厚度 40~50 cm,采用机械分层夯实,夯填度(夯实后的层厚度与填料厚度的比值)不得大于 0.9。

⑥水泥稳定粒料桩的夯实,应按照试验确定的工艺参数连续施工,分层夯实。成桩时,间隔时间不得过长或隔日施工,以免影响成桩质量。

⑦应根据现场条件确定每次填料量,每层料夯击 3~4 次(可边填料边夯击),重锤重 0.5~1.0 t,落距 2~5 m(浅部未冻层选用较小落距),保证最后两次贯入度平均值不大于 5 cm。表层融土范围内,由于土的侧限约束较小,采用 2 m 低落距多次夯击。

5. 碎石挤密桩冻土复合地基

1)适用范围

碎石挤密桩冻土复合地基适用于多冰、富冰、饱冰冻土,冻土融沉等级较高且冻土埋深在 3~5 m 的冻土路段。

2)施工工序

碎石挤密桩冻土复合地基施工工序如图 8.3 所示。

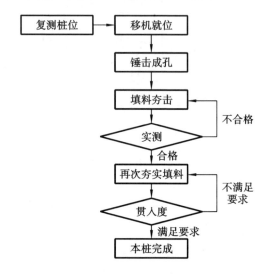

图 8.3 碎石挤密桩冻土复合地基施工工序图

3)施工要点

①准备工作:施工放线、标定桩位、试机等。

②桩位放线:根据施工图放出桩位线,由专人验线并报监理工程师核验。

③桩机就位:确定桩位后,移桩机就位,调整设备水平,使重锤中心与桩位对齐。调整重锤垂直,确保其垂直度偏差不大于 1%。

④开锤成孔:先低落距轻夯成孔,然后增大落距成孔,重锤夯击成孔至设计高程,并保证最后两次的夯击贯入度平均值在 5 cm 以内。

⑤填料夯实:每次填料量为 0.06~0.10 m³,高 50~80 cm,每层夯击 3~4 次,落距 5 m。测最后一击贯入度,要求不大于 10 cm。浅层软土可采用 2 m 低落距多次夯击。重复填料、夯击直至设计高程。成桩过程中,应随时观察地面隆起,控制落锤高度和夯击次数。

⑥夯至地面时,应采取低落距夯击,以地面隆起不超过 5 cm 为宜。

⑦成桩参数可根据现场试桩及地质条件确定。

8.2.6 岩溶地区路基施工

1. 岩溶的危害

岩溶是可溶性岩石受水体化学溶蚀作用(包括侵蚀、崩塌以及物质的携出、转移和再沉积等综合地质作用)及由此所产生的现象的统称。

岩溶对工程的不良影响主要体现在以下几个方面。

(1)地基不均匀下沉。覆盖型岩溶,溶槽、石芽、落水洞、漏斗等岩溶形态造成基岩面起伏,导致上覆土质地基压缩变形不均,引起位于其上的公路及其附属构造物发生不均匀下沉或开裂。

(2)地基承载力不足,岩溶地表塌陷。覆盖型岩溶,盖层松软、强度低,荷载过大时易引起剪切破坏,主要受力层范围内有溶洞、暗河、土洞等时,在上部荷载或振动的作用下,位于溶洞上的公路及其附属构造物易发生塌陷或不均匀下沉。

(3)地基滑移。裸露型岩溶,当基础靠近竖向岩溶裂隙、落水洞、漏斗等时,基础可能向临空面滑动。

(4)岩溶水侵袭。岩溶洼地或谷地等岩溶形态处地表水的消水洞穴阻塞,或地下岩溶水的动态变化,导致路基基底冒水、水淹路基、水冲路基,使得路堤坍滑或冲毁。

2. 岩溶路基施工的一般要求

(1)对路基基底的岩溶泉或冒水进行处理后,应保证路床范围内的土石方不受浸润,保证不因温差作用而使水汽上升。

(2)对于路基上方的岩溶泉或冒水,可采用排水沟将水引离路基,不宜堵塞;对于路基基底的岩溶泉或冒水,宜设涵洞(管)将水排除;对于流量较大的暗洞及消水洞,可用桥涵跨越通过;对于路堑边坡上危及路基稳定的干溶洞,可采用砂砾石、碎石、干砌或浆砌片石等回填密实。

(3)路基基底干溶洞的顶板太薄或顶板较破碎时,可将顶板加固或将顶板炸除之后,以桥涵跨越;路基基底干溶洞的顶板较为完整、有较大厚度时,根据验算结果确定处治方案。

(4)当路基溶洞位于边沟附近,而且较深时,可采用钢筋混凝土板封闭,防止边沟水渗漏到溶洞内。

(5)为防止溶洞发生沉陷或坍塌,以及处理岩溶水引起的病害,可视溶洞的具体情况分别采用洞内加固(如桩基加固、衬砌加固)、盖板加固、封闭加固(如锚喷加固)等方法。

(6)对影响路基稳定的人工坑洞(如煤矿采空区、古墓、枯井、掏砂坑、防空洞等),应查明原因后,参照岩溶处治方法进行处理。

3. 岩溶路基的施工要点

1)路堑开挖的溶洞处理

(1)对于路堑边坡上的溶洞,采用洞内片石堵塞,洞外干砌片石铺砌,砂浆勾缝或浆砌片石封闭。

(2)路堑基床部分溶洞的处理方法与路堤基底溶洞处理方法相同。

(3)对于靠近天沟的溶洞,可用第(1)点的方法封闭。砌筑不易的深溶洞,宜采用钢筋混凝土盖板封闭,并防止天沟水渗漏。

2)路堤填筑

(1)现场调查核实,确定各个岩溶的形态、类型及发育因素。通过检测确定岩溶的产状、宽度、位置,制定相应的处理措施。

(2)采用全站仪、水准仪进行测量放样。

(3)人工配合机械进行施工。

①对岩溶水以疏导为主,采用明沟、涵洞(管及泄水洞)等构造物进行疏导,并在高出地表水位 25 cm 处设置隔离层,将水排到侧沟。

②路基通过溶洞或岩溶水时,跨越和施工条件较好时,采用跨越方法。对于流量较大的暗河、冒水洞或涓水洞,采用桥跨通过;一般岩泉采用涵洞跨越;跨越季节性和经常性积水而水不深的溶蚀洼地,可采用片石透水路堤。

③若为干溶洞,采用浆砌片石支墙、支柱及码砌片石进行加固;深而小的溶洞,采用石盖板或钢筋混凝土盖板封堵;洞径深而小、顶板薄或岩层破碎的溶洞,采用爆破顶板后用片石回填处理。

④靠近边侧的溶洞,采用洞内片石堵塞,洞外干砌片石铺砌,砂浆勾缝或浆砌片石封闭。

⑤基底为蜂窝麻面状结构或顶板薄、岩层破碎的暗溶洞,采用压浆处理。

8.3 排水工程

8.3.1 路基的排水设施

1) 边沟

挖方路基及填土高度低于路基设计要求临界高度的路堤,在路肩外缘均应设置纵向人工沟渠,即边沟。边沟的主要功能在于排除路基用地范围内的地面水,包括路面、路肩和边坡流水。边沟断面形式主要有梯形、矩形、三角形等。

2) 截水沟

截水沟是设置在挖方路基边坡坡顶以外或山坡路堤上方,用以截引路基上方水流流向的排水设施。设置截水沟有利于减缓地表径流的冲刷和侵蚀,减轻边沟泄水负担。降水量较少、边坡较低、坡面坚硬的地段,可不设截水沟;降水量较多、边坡较高、坡面松软、水土流失严重的地段,应设置截水沟。

3) 排水沟

排水沟用于将路基范围内的各种水流引至桥涵或路基范围外的指定地点。当路线受到多段水道或沟渠影响时,应设置排水沟调节水流,减缓路基的水流冲刷和侵蚀。排水沟的断面形式一般为梯形,尺寸经水力水文计算后确定。

4) 跌水与急流槽

跌水用于降低流速和消减水的能量,一般设置在需要排水的高差较大而距离较短或坡度陡峻的地段。急流槽是具有很陡的坡度的水槽,用于距离较短、高差较大的地段。一般在重丘、山岭地区,地形险峻,排水沟渠纵坡较陡,水流湍急,冲刷力强,为减小其流速,降低其能量,防止对路基造成危害,要求跌水与急流槽稳固耐久,并使用浆砌块石或水泥混凝土预制块砌筑。

5) 盲沟

设在路基边沟下面的暗沟被称为盲沟,其目的是拦截地下水或降低地下水水位。盲沟造价通常高于明沟,发生淤塞时疏通困难,甚至需要开挖重建。设置在边沟下的盲沟主要用于降低水位,防止出现翻浆或冻胀。盲沟设置在地面以下,起引排、集中水流的作用。简易的盲沟结构主要由粗粒碎石、细粒碎石及不透水层组成。

6)渗沟

渗沟是采用渗透方式将地下水汇集在沟内,将水排到指定地点的排水设施。渗沟具有截断和引排地下水、提高坡面稳定性的作用。在路基中,浅埋的渗沟在 2～3 m,深埋时可达 6 m 以上。渗沟按结构形式的不同可分为填石渗沟、管式渗沟和洞式渗沟。

7)渗井

渗井是在地层中开凿立式孔洞,将地面水和上层地下水引向更深的地下层,符合自然渗水规律,是一种立式地下排水设施。渗井一般采用直径 50～60 cm 的圆井,井内填充料应使用筛洗过的不同粒径的材料,并按单一粒径分层填筑,不得粗细材料混杂填塞。井壁和填充料之间应设反滤层。

8)检查井

为检查、维修渗沟,每隔 30～50 m 或在平面转折和土坡坡度由陡变缓处宜设置检查井。检查井一般采用圆井,内径不小于 1.0 m。检查井的井底应铺设一层强度达到 5 MPa、厚度为 0.1～0.2 m 的混凝土。深度大于 20 m 的检查井,蹬出梯要牢固。井口顶部应高出附近地面 0.3～0.5 m,并设井盖。井框、井盖进口周围无积水。

8.3.2 路基排水设施施工

1. 边沟施工

1)路基边桩放样

当路基土方完成并达到设计标高后,即可整修边沟,并放出路基边坡边桩。直线路段的路基边桩应每隔 10～20 m 设一桩,曲线路段应每隔 5～10 m 设一桩,同时要保证路基边坡线平滑顺直。

2)边沟边线放样

由于边沟施工时路基已成型,因此可根据路基边缘线桩先定位沟底左边线,通常做法是按路基中桩对应桩号,定位边沟内底边和中线,再按边沟底宽放出沟底外边缘线,最后进行整个沟形尺寸的放样。

3)挂线并且刷坡

定出边沟控制样桩后,用白灰标出控制线,然后开始刷坡。采用机械刷坡时,应预留 20 cm 由人工清除,以保证边坡的密实度;采用人工刷坡时,应用坡度尺测量边坡坡度,以保证内边坡的外观线形。

4)开挖沟槽夯实

在坡顶及坡脚处,应根据设计要求开挖沟槽,同时进行夯实。在边坡完工后,按照设计图纸和施工规范要求进行施工,如先铺设土工布,再用混凝土加固边沟时,土工布要尽量与坡面贴敷紧密,防止悬空,保持平整。

5)边沟底面操平

施工时,每 10~20 m 要沿着边沟沟底钉以竹钉或钢筋桩,分别测定桩顶和桩底的标高。计算各桩位的理论标高,并挂线整修、夯实边沟底面。

6)边沟挂线整修

当边沟的尺寸和底坡都符合要求后,进一步整修。当需要加固时,检查是否预留加固尺寸。加固前,沟底和内外边坡需要进一步夯实。断面尺寸与沟底纵坡都应符合设计要求。

7)加固边沟断面

①土质路基地段,当边沟纵坡大于 3‰ 或经过急弯陡坡地段,土质路基边沟冲刷严重时,一般采用混凝土或浆砌片石加固。边沟经过土质和不良地质地段时,宜采用浆砌石或混凝土等加固。

②用干砌片石加固时,应选用有平整面的片石,各砌筑缝隙要用小石块嵌紧。浆砌时应注意石料的错缝咬码,石料衔接处不留孔洞,砌筑砂浆要饱满。

为防止不均匀沉降,每隔一定距离要设置沉降缝,缝内用嵌缝材料填实,确保沟身不漏水。

8)出口处理方法

①边沟和填方衔接出口处理。边沟与填方的衔接出口应设置跌水或急流槽,将水直接引到边坡外。

②边沟与涵洞衔接出口处理。当使用涵洞将沟水引至路基范围以外时,在进口前应设置跌水或急流槽,将水流引入涵洞。

③边沟与沟渠衔接处理。水引出路基时,应防止水流冲刷路基边坡,可用浆砌石或混凝土加固,引水渠衔接到自然沟渠。加固边沟和自然沟渠衔接处,在引水沟渠出口处设置深度不低于 1 m 的截水墙。

2. 截水沟施工

1) 平面定位放样

平面定位放样是按照截水沟的设计位置和尺寸放样,首先进行截水沟轴线的放样,再进行整个沟形尺寸的放样。

2) 开挖截水沟

可根据坡面土质情况,采用合适的截水沟开挖方式。当采用爆破施工时,要注意不能危及路基安全。

3) 纵面底面操平

截水沟开挖到一定深度时,用水准仪沿截水沟底面打桩,进行操平挂线,以确定沟底纵坡。

4) 开挖土方处理

对于开挖截水沟形成的土石方,要在路堑坡顶与截水沟之间的下坡一侧堆置,并整理成一定的尺寸和形状,还需要对弃土堆进行夯实。弃土堆坡脚离开挖方路基坡脚应不小于 10 m,台顶筑成 2% 倾向截水沟的横坡。

5) 防渗漏加固

截水沟应进行防渗漏加固,以避免水流冲刷和下渗。透水性大、土质松软及裂缝较多的路段,尤其要注意采用加固措施。

3. 排水沟施工

1) 布置要求

①线形要求:直线处应做成直线形,转弯处应采用弧线形。

②排水沟位置:排水沟的具体位置与地形有关,排水沟沿线路布设时,应设置在距离路基较远的位置。

③排水沟长度:排水沟长度根据实际需要而定,通常不小于 500 m。

2) 施工要点

①平面定位放样:按照排水沟的设计位置和尺寸放样,首先进行排水沟轴线的放样,再进行整个沟形尺寸的放样。

②开挖排水沟:可根据坡面土质情况,采用合适的开挖方式。当采用爆破施工时,应注意控制超挖与欠挖,且不要危及路基安全。

③纵面底面操平:排水沟开挖到一定深度时,用水准仪沿排水沟底面打桩,进行操平挂线。

④排水沟间衔接:由于排水沟的主要功能是排除各种沟渠的水流,因此为了排水顺畅,其应与当地的水系规划协调,特别是平原微丘区的排水沟,要合理布置沟渠走向和沟底纵坡。同时,流量选择和核算要满足排水需要,衔接处要做铺砌并做截水墙,同时做好防漏处理。

⑤排水沟加固:用干砌片石加固时,应选用有平整面的片石,各砌筑缝隙用小石块嵌紧;砌筑时,注意石料的错缝咬码,石料衔接处不留孔洞,砌筑砂浆要饱满,沟身不得漏水。

8.4 防护与支挡工程

8.4.1 一般规定

(1)防护工程应按照"安全稳定、植物防护为主、圬工防护为辅"的原则实施。边坡防护应优先采用植物防护,必须采用工程防护时,应采用工程防护和植物防护相结合的方式。

(2)砌体用砂浆必须集中拌和,采用能够准确计量的强制式搅拌机进行拌和,且应随拌随用,砂浆必须在初凝前使用,已初凝的砂浆必须废弃。

(3)路堑开挖与防护工程应同步实施,开挖一级防护一级。风化泥页岩、千枚岩或膨胀土边坡开挖后,应及时防护,并做好排水设施。

(4)高度小于 20 m 的石质边坡,防护时宜选用主动柔性防护形式;高度大于 20 m 的石质边坡,防护时宜采用被动柔性防护形式。

(5)防护工程采用的混凝土构件应集中、工厂化预制。

(6)黄土高边坡应按"多台阶、陡边坡、宽平台、固坡脚"的原则进行防护;膨胀土高边坡应按"缓边坡、宽平台、固坡脚"的原则进行防护,其综合坡率应满足稳定性要求。

(7)路堑段支挡工程基础开挖应分段进行。路堤段支挡工程施工与路基填筑应同步实施。

(8)挡墙工程泄水孔数量、位置及排水坡度应符合实际需求。

8.4.2 边坡工程防护

边坡工程防护类型、方法较多,实施时应按照设计文件的要求,严格选用施工工艺,达到稳定边坡、预防灾害、减少水土流失的效果,具体要做到以下几点。

(1)施工前,应对设计文件提出的方案现场核查,结合当地类似工程经验,对设计方案进行优化、完善,选择较为成熟、经济合理、施工简单、利于环保的方案。

(2)边坡防护应积极推行预制构件施工方式,尽量减少浆砌、现浇混凝土施工方案。所有预制构件需集中预制。

(3)集中预制构件应使用高强塑料模具,采用振动台法成型试件,并做好养护工作。

(4)预制构件在运输、安装过程中应采用机械吊装、运输方式,不宜人工搬运。

(5)边坡防护工程实施时,应严格按照施工技术规范的要求,控制工艺和过程,满足设计要求,施工质量符合验收标准,达到形状美观、自然协调的效果。

(6)施工过程中应做好排水设施,保障排水畅通,具备条件时及时完成排水设施的施工。

1. 浆砌片(块)石骨架坡面防护

(1)路堤边坡防护在完成刷坡后应由下往上分级砌筑施工。路堑边坡防护应根据开挖情况由上往下分级防护,开挖一级防护一级。

(2)浆砌护坡施工前,须清理坡面,达到平整顺适。

(3)砌筑石料表面应干净、无风化、无裂缝和其他缺陷,石料应符合规范要求。砌筑时石料应大面朝下、平铺卧砌,坡脚、坡顶等外露面应选用较大的石料,并加以修整。

(4)浆砌片(块)石应分层砌筑,一般砌石顺序为先砌角石,再砌面石,最后砌腹石。

(5)砌筑片(块)石时,需注意利用片(块)石的自然形状,使其相互交错衔接在一起,石块应大小搭配、相互错叠、咬接紧密。

(6)采用坐浆法、挤浆法砌筑时,砂浆应饱满密实,做到坡面顺适、勾缝平顺、养护及时。

(7)路堤边坡铺砌,垫层应与铺砌层配合施工,随铺随砌;铺砌时应分段施工,按图纸要求设置伸缩缝,在基底地质有变化处应设置沉降缝,也可将伸缩缝与沉降缝合并设置。泄水孔的位置、反滤层设置须符合设计要求。

(8)骨架防护砌筑完成后,应及时进行坡面绿化施工。

(9)对于软弱地基段,路堤边坡浆砌片(块)石施工须在路基沉降稳定后实施。

(10)在坡面防护完成前,应采取临时防、排水措施,确保坡面稳定。

2. 混凝土预制块坡面防护

(1)混凝土预制块应统一集中预制。同一分项工程宜使用同一厂家或同一料场的水泥、粗(细)集料等材料,确保混凝土颜色一致。

(2)预制模具应使用不易变形的塑钢模,每循环一次应进行检查,确保预制块规格一致。

(3)制作预制块时,将模具摆放平稳,涂抹脱模剂,先往模具内加1/2的混合料,振捣密实后再加满混合料,继续振捣直至密实为止。

(4)预制块浇筑完成并抹平顶面,待混凝土终凝后及时养护;脱模时应避免发生缺边、掉角、开裂的现象,脱模完成后及时清理模具,以便下次使用。

(5)成型后的预制块要堆放整齐并及时养护,养护期一般不少于7 d。

(6)预制块的混凝土强度达到设计要求后方可进行安装,运输过程中应轻装轻卸,避免损坏。

(7)安装前,应进行平面位置、坡度和高程的施工放样,以保证预制块的安装质量和外观效果。

(8)预制块基槽底部和后背填料应夯实,安装时注意线形和高程的调整,做到安砌稳固、顶面平整、缝宽均匀、线条顺直、曲线圆滑美观。完工后,及时做好现场清理工作,空心预制块安装完成后,应及时进行回填土、绿化及美化等工作。

3. 现浇混凝土坡面防护

(1)混凝土骨架护坡施工前,须清理坡面,达到平整顺适。

(2)根据路基边坡长度、坡度、坡顶面形状准确测放骨架位置,经验收合格后,方可进行基槽开挖。

(3)现浇混凝土骨架应分段施工,骨架基槽采用人工从上往下开挖,不得欠挖。若超挖,应用同级混凝土回填。基槽完成后,及时安设锚杆,不得有松土留在基槽内,基槽暴露时间不宜太长。

(4)严格控制模板安装质量,采取混凝土垫块等措施确保钢筋保护层厚度。

(5)混凝土采用集中厂拌,坍落度宜控制在 3～5 cm。混凝土浇筑由下而上,采用插入式振动器振捣密实,人工抹平收浆。

(6)骨架混凝土终凝后,应及时覆盖洒水养护,养护期一般不少于 7 d。

(7)混凝土养护结束后,应及时进行绿化、美化工作。

4. 主动柔性防护

1)施工流程

主动柔性防护的施工流程为:清除危岩→锚孔定位→钻凿锚杆孔→锚杆锚固→纵横向支撑绳安装→格栅网及钢绳网缝合张拉→自检评定。

2)施工要点

(1)锚孔定位前,应对坡面防护区域的浮土及浮石进行清除。

(2)从防护区域下沿中部开始向上和两侧测量放线,确定锚杆孔位。

(3)钻凿锚杆孔并清除孔内粉尘,孔深应比设计锚杆长 5 cm 以上,孔径不小于设计要求。受凿岩设备限制时,构成每根锚杆的两股钢绳可分别锚入两个锚孔内,形成人字形锚杆,两股钢绳间夹角为 15°～30°,以达到同样的锚固效果。

(4)注浆并插入锚杆,采用强度等级不低于设计强度的水泥砂浆,优先选用粒径不大于 3 mm 的中细砂,确保浆液饱满。注浆体养护不少于 3 d。

(5)安装纵横向支撑绳,张拉紧后两端各用 2～4 个(支撑长度小于 15 m 时为 2 个,大于 30 m 时为 4 个,其间为 3 个)绳卡与锚杆外露环套固定连接。

(6)应从上向下铺挂格栅网,格栅网间重叠宽度应不小于 5 cm。格栅网与支撑绳间用 ϕ1.2 mm 铁丝按 100 cm 间距进行扎结;应从上向下铺设钢绳网,缝合绳为 ϕ8 mm 钢绳,每张钢绳网均用缝合绳与四周支撑绳进行缝合并预张拉,缝合绳的两端各用 2 个绳卡进行固定。

(7)路基边沟平台及边坡碎落台,可种植藤本植物进行绿化、美化。

5. 被动柔性防护

1)施工流程

被动柔性防护的施工流程为:锚孔及基座测量定位→基坑开挖与混凝土浇筑→基座及钢绳锚杆安装→钢柱及拉锚绳安装与调试→钢绳网的铺挂与缝合→格栅网的铺设→自检评定。

2)施工要点

(1)按设计并结合现场地形情况对钢柱基础和锚孔进行测量定位。

(2)坚硬地质采用 A 类锚固,松软地质采用 B 类锚固,见图 8.4。

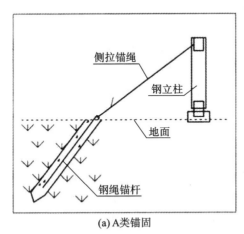
(a) A 类锚固

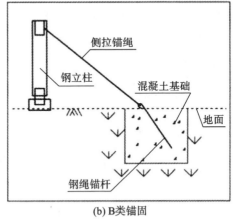
(b) B 类锚固

图 8.4 被动柔性防护

(3)将基座套入地脚螺栓并用螺帽拧紧。

(4)将钢柱顺坡向上放置并使钢柱底部位于基座处,按设计方位调整好钢柱,拉紧上拉锚绳。

(5)将第一根上支撑绳的挂环暂时固定于端柱(分段安装时为每一段的起始钢柱)的底部,调直支撑绳,并将减压环调节就位。在第二根钢柱处,用绳卡将支撑绳固定悬挂于挂座的外侧。在第三根钢柱处,将支撑绳置于挂座内侧。直到本段最后一根钢柱将支撑绳向下绕至该钢柱基座的挂座上,调整减压环位置,当确认减压环全部正确就位后,拉紧支撑绳并用绳卡固定。

(6)将第一根下支撑绳的挂环挂于钢柱基座的挂座上,调直支撑绳并放置于基座的外侧,减压环调节就位。在第二个基座处,用绳卡将支撑绳固定悬挂于挂座的外侧。在第三个基座处,将支撑绳放在挂座内下侧。按此顺序安装支撑绳直至最后一个基座,并将支撑绳缠绕在该基座的挂座上,检查减压环位置,拉紧支撑绳并用绳卡固定。

(7)按上述(5)、(6)步骤安装第二根下支撑绳,但反向安装,且减压环位于同一跨的另侧。在距减压环约 40 cm 处用一个绳卡将两根底部支撑绳相互联结,如此在同一挂座处形成内下侧和外侧两根交错的双支撑绳结构。

(8)钢绳网采用钢丝绳穿越网孔,固定在邻近钢柱的顶端,并悬挂于上支撑绳。将缝合绳按单张网周边长的1.3倍截断,并在其中点出标记。钢绳网缝合从系统的一端开始,并先与上支撑绳缝合,再与下支撑绳缝合,最后使左右侧的缝合绳端头重叠100 cm。

(9)格栅网应铺挂在钢绳网的内侧,即靠山坡侧,叠盖钢绳网上缘并折到网的外侧15 cm,用扎丝将格栅网固定到钢绳网上,扎结点间距不大于100 cm,每张格栅网重叠约5 cm。格栅网底部应沿斜坡向上敷设50 cm左右,并用土钉将格栅网底部压住。

6.边坡锚固防护

1)施工流程

锚杆锚固施工流程为:坡面清理、搭设工作平台→测量定位→安装钻机→成孔→清孔→制作和安装锚杆→注浆→浇筑混凝土梁→自检评定。

预应力锚索锚固施工流程为:坡面清理、搭设工作平台→测量定位→安装钻机→成孔→清孔→制作和安装锚索→锚固段注浆→高压劈裂注浆→浇筑混凝土梁、安装锚具→锚索张拉锁定→检验→自由段封孔注浆→封锚→自检评定。

2)施工要点

(1)成孔。

①施工脚手架应满足相应承载能力和稳固性的要求,根据测放孔位准确安装固定钻机,钻孔纵横误差不得超过±5 cm,高程误差不得超过±10 cm,钻孔倾角和方向应符合设计要求。

②宜采用潜孔钻机或锚杆钻机冲击成孔。在岩层破碎或松软饱水等地层中,应采用跟管钻进技术。

③应采用无水干钻,严格控制钻孔速度,防止钻孔扭曲和变径。应注意岩芯的拾取,并尽量提高岩芯采取率,锚固段必须进入中风化或更坚硬的岩层。

④做好现场施工记录。如遇塌孔等情况,应进行固壁灌浆处理后,重新钻进。

⑤钻进达到设计深度后,稳钻1~2 min,防止孔底沉淀。原则上要求使用高压空气(风压0.2~0.4 MPa)将孔内岩粉及水体全部清出孔外。

⑥钻孔完成并经检验后,应在24 h内及时安装锚筋体并注浆。

(2)锚索制作与安装。

①锚索制作。制作前,应清除钢绞线表面的污渍、锈迹等。下料长度应大于

设计长度1.5 m,用砂轮机切割。锚索编束应在专门的加工厂或钻孔现场的加工棚内进行,应保证钢绞线从孔口到孔底排列平顺,防止钢绞线交叉。锚索编束时,应将一次注浆管同锚索一起绑扎牢固,在管底50 cm的长度内割开3～5个出浆孔,用胶带临时密封,注浆管应超出孔口外不小于1.0 m。采用二次劈裂注浆时,将二次注浆管穿在锚索中间,将一次注浆管绑扎在锚索外部并捆扎牢固。注浆管在锚固段范围内每间隔10 cm钻$\phi 5$ mm的出浆孔,出浆孔呈螺旋状布置。

②锚索防腐一般处理。锚索制作后,应检查外观质量、根数、长度、牢固程度、防腐密封性、注浆管路畅通性等,经验收合格的挂牌标识待用。锚索防腐等级应根据锚索的设计使用年限和所处的地层有无腐蚀性确定。锚索应随时制作随时使用,不宜长期存放。

③锚索自由段防腐处理。第一层在钢绞线表面均匀地涂刷防腐油漆,第二层在油漆面层均匀地涂抹一层专用防腐油脂,第三层在钢绞线外套防护管。防护套管不得有接头,自由段与锚固段分界处的端头必须密封严实,密封可用胶带缠3～5层,也可用18号火烧丝绑扎。自由段应安装聚乙烯材料类的对中架,对中架沿锚索轴线方向安装,间距为2.0 m,并保证水泥浆保护层厚度不小于20 mm。

④锚索锚固段防腐处理。在锚索头部安装导向头,使锚索与土层隔离,并保护注浆管不被孔底泥土堵塞。沿锚索轴线方向交错安装扩张环和箍环,使锚固段钢绞线形成葫芦状,间距为1.0 m,并在锚固段外包裹一层孔眼为10 mm×10 mm的钢绳网。

⑤锚索运输、安装。采用机械吊装时应注意各支点间距宜不大于2 m。锚索安装采用人工推送,用力要均匀一致,不得使锚索体转动、扭压、弯曲。预留锚索张拉工作长度从张拉面起计算,不小于1.2 m。当锚索入孔困难造成损坏时,应重新制作并验收合格后再安装入孔。当锚索倾角大于30°时,应采取措施将锚索固定。锚索入孔后,应及时注浆充填,对成批进行注浆的,应将未注浆的锚索孔口临时封堵,防止钻渣及泥水进入孔内。

(3)注浆施工。

①水泥为普通硅酸盐水泥,水灰比宜为0.40～0.45,注浆压力以0.4～0.8 MPa为宜。搅拌后的泌水率宜控制在2%,最大不超过3%。浆液应用机械拌制,达到均匀、稳定的要求。

②因特殊原因要求速凝时,可以掺入对预应力钢绞线无腐蚀作用的速凝剂

或其他外加剂,其品种与用量由试验确定。

③锚孔浆液容量一般取设计用浆量的120%～130%,裂缝发育和存在溶洞时将会超注,应采取特殊措施控制。

④注浆过程中,应认真排除孔内的气、水,注浆作业应连续紧凑,不得中断。采用孔底注浆、孔口返浆方式,浆体终凝前不得挠动锚筋体。

⑤如遇孔道阻塞,须更换注浆口,应将第一次注入的水泥浆排出,以免两次注入的水泥浆之间有气体存在。锚索入孔后6 h内必须注浆,当有地下水,成孔后4 h内不能下锚时,应在下锚前重新洗孔,速洗、速设锚、速注浆。锚索注浆时,应等待锚孔水泥浆面稳定后停注,不稳定时,应继续缓慢加压注浆,不稳定不得停注。在注满孔道并封闭排气孔后,宜继续加压至0.5～0.6 MPa,稍后再封闭注浆孔。注浆过程中需缓慢搅拌浆液,一直到注浆结束。

(4)张拉。

①锚具的型号和规格应根据设计要求选用,并符合国家标准。

②锚索张拉应采用穿心千斤顶,应用百分表(磁性表座固定)测读变形量,张拉前,对张拉设备进行标定。锚固段、承压台(或梁)等混凝土构件强度达到设计要求,操作人员经技能培训,持证上岗,熟悉设计文件、操作要领,并进行技术交底后,方可张拉。

③张拉前,应确认锚具、千斤顶、油压表等张拉设备安装牢固,运转正常。

④锚索张拉应分级进行,通常采用5级,分级荷载为0.2Nt、0.4Nt、0.6Nt、0.8Nt、1.0Nt(Nt为设计张拉荷载),每级加载至分级值后,持荷稳压至少5 min,测读3次千斤顶的伸长量、框架(地)梁体的位移量,读数准确到0.2 mm,并如实记录测读数,记录每级荷载与锚索位移的关系。

⑤锚索超张拉值通常取设计拉力的105%～110%,最大不宜超过115%。

(5)锚孔封锚。

锚索张拉结束,应对锚索长度、抗拔力进行检测,验收合格后,方可按照设计要求进行封锚工作。

须用机械切割余露锚索,严禁采用电弧焊或氧焊切割,并应留长5～10 cm外露锚索。最后用水泥净浆注满锚垫板及锚头各部分空隙,并按设计要求进行封锚处理。

8.4.3 边坡植物防护

1. 施工要点

1) 植物选择

本着"稳定边坡,保持水土,融合自然"的原则,尽量选用根系发达、易成活、易生长、抗病虫的乡土植物,在气候湿润的南方地区,宜采用草、灌、乔三层结构进行人工植被恢复,实现植物搭配立体化、绿化效果生态化的目标。在干旱、半干旱地区,多选用耐旱性强的草本植物以及灌木搭配种植。

2) 坡面清理

为了融合自然,应对边坡的坡顶及坡脚进行圆弧化处理,避免人工开挖的折角存在,边坡两侧应进行衔接过渡处理,使其与周边自然地形连成一体,自然过渡。坡面应回填到位,使坡面大面平整、排水顺畅。

3) 种子质量标准

根据设计调查,确定拟选择的优势植物种类和配比,并结合种子千粒重、发芽率、发芽速度、苗木生长速度、边坡的岩性和坡率等确定边坡绿化植物的种类、数量。种子质量应不低于二级质量标准,如使用自行采集的乡土树种、乡土草种,在使用前必须进行发芽试验,以确定合适的播种量。

4) 植物配比试验

选择不同环境条件有代表性地段的边坡进行植物配比试验,选用多种植物配比方案进行对比试验、观测,筛选出分别适用于不同气候段、不同坡面土壤条件、景观要求,且满足目标群落(如灌草丛、常绿阔叶混交林、针阔混交林等)的各类边坡最优植物配比方案。

2. 直播法

1) 撒播、点播

(1) 按照设计要求放线。

(2) 每平方米挖 4~6 穴,按丁字形开挖,穴深 3~5 cm,穴宽 10~15 cm。

(3) 绿化材料的混合:种子经催芽处理后,与肥料按 1∶2 的体积充分混合,并搅拌均匀。

(4)将混合后的种子和肥料一次性点播到种植穴内,每穴点播种子5~10粒。

(5)种子点播结束后,及时对种植穴覆盖表土,一般覆土厚度为2~3 cm。

(6)浇水要均匀,同时水量不宜过大,可多次反复浇灌。

2)铺植草皮

(1)边坡平缓处采用平铺。较高、较陡处采用钉铺,即自坡脚处向上钉铺,用小尖木桩或竹签将草皮钉固于边坡上。

(2)绿地草坪整体图案应美观。草坪应无杂草,无枯黄,无明显病虫害,无连续0.5 m²以上空白面积。草坪成活率应≥95%。

(3)养护时间以坡面植被生长情况而定,一般不少于45 d。养护期间加强病虫害防治,并根据植物生长需要及时施肥,对稀疏无草区进行补种。

(4)洒水养护应用高压喷雾器使养护水呈雾状均匀地润湿坡面,避免射流水冲击坡面形成径流。

3. 喷播

(1)清理坡面。边坡修整后凸出或凹进均应不大于10 cm。不利于草种生长的坡面应回填改良客土,厚度不小于10 cm,并用水润湿,让改良客土自然沉降至稳定。

(2)可采取客土喷播或液压喷播的施工方法。将客土、水、木纤维、草籽、黏合剂、保水剂等按照规定程序加入罐内搅拌,持续搅拌5~10 min。喷播时,由高向低进行喷播,喷洒幅宽5~6 m,幅高1 m,喷播接茬时应压茬40 cm。喷播的混合浆体应当具有良好的附着力及明显的颜色,喷射面不遗漏、不重复且均匀。

(3)喷播后应及时覆盖无纺布,坡顶延伸30 cm用土压住,两幅相接叠加10 cm,用竹筷或8号铁丝做成的"U"形钉按间距100 cm进行固定。

(4)喷播后应加强绿化坡面管理,适时适度喷水、施肥,加强病虫防治工作。草长到5~6 cm时,揭去无纺布,根据出苗的密度进行间苗、补苗。

4. 三维网植被绿化

(1)清理坡面碎石和塑料垃圾等,将粒径超过20 cm的土块打碎,使其有利于有机基材和坡面的紧密结合。

(2)按照坡面纵向间距20 cm开挖3~5 cm深平行横沟。

(3)将各种物料在现场进行拌和,铲入湿喷机的搅拌罐中,加入水后机械混合搅拌至少 5 min,喷射宜从正面进行,厚度应均匀。

(4)每平方米灌木种子播种量为 30～50 g。按比例放入液压喷播机,加入水、木纤维、黏合剂、保水剂、肥料,搅拌均匀后喷播。

(5)三维网在坡顶延伸 50 cm 埋入截水沟或土中,然后自上而下平铺到坡脚,网间平搭、紧贴坡面,无褶皱和悬空现象。

(6)固定三维网。

①填方边坡:选用 $\phi 6$ mm 钢筋和 8 号铁丝做成的 U 形钉进行固定,在坡顶、搭接处采用主锚钉固定,坡面其余部分采用辅锚钉固定。坡顶锚钉间距为 70 cm,坡面锚钉间距为 100 cm。

②挖方边坡:主锚钉选用 $\phi 8$ mm 钢筋做成的 U 形钢钉,辅锚钉选用 $\phi 6$ mm 的 U 形钢钉,在坡顶、搭接处采用主锚钉固定,坡面其余部分采用辅锚钉固定。坡顶锚钉间距 50 cm,坡面锚钉间距 100 cm。

(7)喷播种子后,及时用无纺布覆盖好,然后用 8 号铁丝做成的 U 形钉进行固定,固定间距为 100 cm。当幼苗植株长到 6～7 cm 时,揭去无纺布。

5. 土工格室绿化

(1)清除坡面浮石、危石后,人工修坡。

(2)在坡面上按设计的锚杆位置放样,锚杆安设完成后,即悬挂土工格室,注意各单元间的连接,使土工格室张开紧贴坡面,并设置混凝土锚锭锚块。

(3)土工格室固定好后,向格室内充填客土。客土应尽量选择种植土,充填前可适当润湿土体,使之成团,有利于施工。充填时可自下而上逐层进行,应使每个格室中的客土密实、饱满,并低于格室表面 1～2 cm。

(4)按设计比例配制草种、木纤维、保水剂、黏合剂、肥料、染色剂及水的混合物料,并通过喷播机均匀喷射。

(5)喷播后及时用无纺布覆盖,按 40 cm×40 cm 的间距设置竹钉固定。

(6)根据植物生长需要及时追肥。草种发芽后,及时对稀疏无草区进行补播。

6. 固化边坡绿化

(1)清理坡面、整平,按照设计图纸确定锚杆位置。

(2)安设锚杆,主锚杆为直径 16 mm、长度 100 cm 的螺纹钢筋,次锚杆为直径 12 mm、长度 50 cm 的螺纹钢筋,用早强水泥砂浆固定。

(3)将铁丝网沿坡面顺势铺设,拉紧网,铺整平顺后,用主锚杆与次锚杆将网从上至下固定,固定时,铁丝网与坡面保持5~7 cm距离。主锚杆与次锚杆交错排列,间距为1.5 m。

(4)种植基材的准备。根据现场实际情况,将种植土、腐殖土、复合肥、保水剂、固化剂等按比例配制并混合均匀。

(5)用干式喷浆机将基材分3~4次喷射,总厚度为8~10 cm。为了防止开裂,合理控制喷射时间间隔,第一层喷射的厚度以2~3 cm为宜,使改良土与施工面充分结合。

(6)基材喷射完成后,用液压喷播机将混有草种(配比比例一般为8 g/m²)的营养泥均匀喷射于有机基材上。

(7)覆盖无纺布,定期进行养护。

8.4.4 支挡工程

1. 浆砌片(块)石挡土墙

1)基坑开挖和检验

(1)基坑开挖应进行详细的测量定位并标出开挖线,做好施工区域范围的截、排水及防渗设施,边坡稳定性差且基坑开挖较深时,应分段跳槽开挖,并采取临时支挡防护或放缓坑壁边坡坡度。

(2)基坑开挖至设计高程,进行基底承载力及埋深检测,基底平面位置、断面尺寸、基底高程、埋深等满足设计要求,方可进行下道工序施工。若基底承载力不能达到设计要求,应报监理工程师进行变更设计处理。

(3)坑内积水应随时排干,确保基坑不受水浸泡。

2)挡土墙基础

(1)基础的埋深、几何尺寸应符合设计及规范要求。

(2)岩体破碎或土质松软、地下水丰富的地段,宜避开雨季分段施工。

(3)基础设计有倒坡时,应按设计一次开挖成形,不得欠挖和超挖填补。

(4)基础位于岩体斜坡上时,应清除表面风化层,横向凿成台阶,台阶的高宽比不得大于2∶1,台阶宽度应不小于50 cm;沿墙长度方向有纵坡时,应沿纵向按设计及规范要求凿成台阶。

(5)基础应设置伸缩缝和沉降缝,在地质变化分界处应增设沉降缝。

(6)砌筑第一层基础时,如基底为岩石,应先清洗、湿润基底表面,再坐浆砌筑或浇筑混凝土。

3)挡土墙墙身

(1)浆砌片(块)石挡土墙砌筑时,必须立杆或样板挂线,内、外坡面线应顺适整齐,逐层收坡。在砌筑过程中应经常校正线杆,以保证砌体各部尺寸符合设计要求。

(2)石料抗压强度不小于设计规定,石质均匀,无风化,无裂纹,镶面石外露面及两个侧面、上下面须修凿,做到缝宽一致、整齐美观。

(3)砌筑墙身时,应先将基础表面加以清理、湿润,采用坐浆法或挤浆法砌筑。当中断砌筑时,砌体的顶部不得用砂浆覆盖,继续砌筑施工时,应将砌层表面加以清理、湿润后,再重新坐浆。

(4)砌筑上层时,不应扰动下一层,不得在已砌好的砌体上抛掷、翻转和敲击石块。

(5)挡土墙应分段砌筑,分段位置宜在伸缩缝或沉降缝处,各段水平缝应一致,相邻分段的高差宜不超过120 cm。

(6)在地质变化处必须设置沉降缝,伸缩缝和沉降缝要求垂直、上下贯通,不得错缝,缝隙用沥青、麻絮等弹性材料填塞,深度为15 cm。

(7)挡土墙在砌筑过程中,必须按设计要求设置泄水孔,并在墙背进水孔设置反滤层,第一排泄水孔应高于边沟底30 cm,最低一排泄水孔应高出常水位30 cm。为保证泄水孔有效,泄水孔宜采用PVC(polyvinyl chloride,聚氯乙烯)管理置。

(8)砌体石块应互相咬接,砌缝砂浆饱满,砌缝宽度一般不大于3 cm(浆砌块石),上下层错缝不小于8 cm;砌筑时,一般应按先砌角石,再砌面石,最后砌填腹石的顺序进行。

(9)砌体砂浆强度达到设计强度的75%时,方可进行墙背回填。

2. 挂板式桩板墙

(1)桩基施工完成后,应将桩侧土体整平、夯实,做好临时排水措施,防止浸泡,脚手架应根据专项方案实施。

(2)根据设计要求,进行钢筋的制作及安装工作,竖向钢筋宜采用等强直螺纹连接。

(3)模板宜采用钢模,模板的强度和刚度满足设计和规范要求。采用对拉螺杆等措施对模板进行加固。

(4)应采用集中厂拌、串筒下料、分层浇筑、振捣,分层厚度不大于50 cm,振捣时,振动棒应插入下一层5~10 cm。混凝土应及时养护,养护时间不得小于7 d。

(5)桩身混凝土强度达到设计强度的75%及以上,方可进行挡土板安装。

(6)挡土板安装过程中,应按设计要求同步进行墙背回填,并设置排水设施。

8.4.5 抗滑桩

1. 技术准备工作

(1)抗滑桩平面位置应按图纸放样,整平孔口地面,做好桩区地表截、排水及防渗工作。在雨季施工时,孔口应搭雨棚。

(2)孔口地面下0.5 m内应先加强衬砌,孔口地面上加筑适当高度的围埝。做好桩孔内排水、通风、照明工作。

(3)设置好对滑坡变形、移动的观测设施,在滑体和建筑物上建立位移和变形观测标志。做好作业人员的安全防护措施,防止施工期间突发事故。

2. 挖孔

(1)相邻抗滑桩应跳桩位间隔开挖,跳桩位开挖应待桩身混凝土浇筑达到一定强度后,再开挖相邻桩位。挖孔时应分节开挖,每节高度宜为0.6~2.0 m,挖一节立即支护一节。围岩较松软、破碎或有水时,分节应较短。不应在土石层变化和滑动面处分节,具体要求见表8.5。

表8.5 抗滑桩开挖要求

序号	地质类别	每节开挖深度/m	说明
1	扰动松散土或弃渣	0.6~1	(1)灵活掌握含水地层; (2)井口一节应高出地面0.3~0.5 m
2	中密土夹石	1~1.5	
3	密实黏土、砂黏土、夹卵石、碎石	1.5~2	

(2)孔下工作人员不宜超过2人,必须戴安全帽。随时测量孔下空气污染物浓度,必要时应增设通风设施。孔下照明必须采用安全电压。

(3)出渣进料的升降设备宜采用3~5 kN(0.3~0.5 t)的电动卷扬机,无条件时可采用人力绞车。

(4)井下爆破,孔深 3 m 以内可采用火花起爆,大于 3 m 宜采用迟发雷管电器引爆。爆破时孔口应上盖封闭,爆破后用高压风管吹风排烟、喷水降尘,15 min 后人员方可下井作业。

(5)施工过程中,因土层软弱、松散、地下水作用产生孔壁塌方时,护壁厚度、钢筋应适当加强,塌腔内使用同级混凝土填充。塌方较严重时可采用钢护壁。

(6)井内人员上下用直径 16~19 mm 的钢筋梯,每节长度 2~4 m,宽 0.3~0.5 m,使用时,顶节插入预埋环中,其余逐级挂口,或分节扣挂于井壁预埋 U 形杆件上。

3. 其他施工注意事项

(1)护壁浇筑前,应清除孔壁上的松动石块、浮土。护壁厚度应符合设计要求。在地质松软破碎或有滑动面的节段,应在护壁内加强支护,并注意观察其受力情况。浇筑护壁混凝土时,不得侵占抗滑桩截面空间。

(2)浇筑桩身混凝土。钢筋笼宜采用工厂化制作,整体吊装或分节安装。灌注混凝土必须连续作业,浇筑混凝土时孔底积水不得超过 5 cm,必须采用振捣器捣实。

(3)桩间支挡结构,排水、防渗等设施,均应与抗滑桩正确连接,配套完成。

8.5 太原东二环路基工程施工实践案例

8.5.1 工程概况

1. 项目概况

太原东二环高速公路起点位于太原市阳曲县凌井店乡南庄村北,以枢纽式立体交叉的形式与太阳高速相接,路线向南在南庄村西设大桥上跨石太高铁隧道段,终点在晋中市榆次区什贴镇龙白村西侧。

本路基工程案例所选取的路段为太原二环高速公路凌井店至龙白段(简称"东二环")ZBLJ6 合同段的某一分部。本工程设计车速 100 km/h,整体式路基宽度 33.5 m,路基设计洪水频率为 1/100,桥梁设计荷载采用公路-Ⅰ级。本分部路线全长 3.399 km,起点桩号为 K29+800,终点桩号为 K33+199.325。

2. 地质环境特点

施工区位于黄土丘陵区,微地貌为黄土宽谷、冲沟、陡坡,地势起伏较大,谷底地表沉积 Q_4 冲洪积物,两侧桥台表层覆盖 Q_3 黄土。

项目区总体属北温带大陆性季风气候区,降水少,昼夜温差大,四季分明,冬季寒冷干燥,秋季凉爽宜人,夏季炎热多雨,春季风沙肆虐,春旱频繁;沿线地下水埋藏较深,工程取水比较困难。

8.5.2 路基工程施工方案

1. 路堑土方施工

土方开挖采用推土机配合挖掘机分层分段进行施工,从两侧边坡顶部开始,先挖边后挖心。路基挖运土方由挖掘机配合自卸汽车进行,开挖前对土质进行检测试验,合格的填料直接用于路堤填筑,否则运至弃土场。结合不同地段、不同深度,路堑开挖采用错台、纵向分段、分层拉槽三种方式。

路堑土方施工工艺流程如图 8.5 所示。

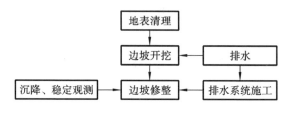

图 8.5 路堑土方施工工艺流程图

2. 填土路基

采取分层填筑、分层压实的施工方法,按"四个作业区段、八道工艺流程"的程序组织施工。本工程的"四个作业区段"是将作业面分为卸料区、摊铺区、碾压区和检测区,以便于严格控制摊铺厚度、平整度、含水量,控制碾压范围和碾压遍数。"八道工艺流程"是填料选择、基底处理、摊铺平整、含水量控制、振动碾压、检测签认、路基成型、边坡修整。

1) 试验段

在正式填筑施工之前,先选择 150~200 m 的路段作为填筑施工试验段,以取得以下施工参数：①压实设备类型、最佳组合方式；②最佳松铺厚度；③碾压遍数和碾压速度；④施工组织的合理性。

试验段成功完成以后，向监理工程师提交试验段的施工成果，经监理工程师批准后，将其作为指导该种填料施工控制的基本依据。

2）填土路基施工工序

填土路基施工工序如图8.6所示。

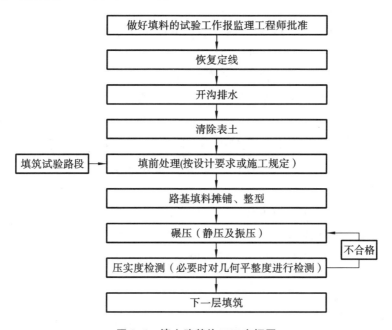

图8.6 填土路基施工工序框图

3）施工方法

①清表。

a.对设计线路宽度内的地表进行清理与掘除工作，清除原地表的草皮、树木、植物残骸，至清除表层土为止，图纸要求清除表土厚度约20 cm。

b.拆除正线范围内的旧结构物。

c.挖除地表非适用材料。

d.对清理完成的地面进行填前碾压，宽度为坡脚以外0.5 m，压实度应大于90%，并报监理工程师检验。

②路堤填筑。

路堤填筑按水平分层进行，每一填筑段落，先从最低处开始填筑。填筑中，注意形成的路拱横坡度与设计路拱横坡度一致,填筑宽度每侧应宽于设计宽度30 cm。根据最大松铺厚度和所选用的运输车辆的容积确定网格的尺寸大小,使用石灰撒布网格。专人负责指挥,根据网格位置卸土。用推土机(平地机)摊铺整平,最大摊铺厚度控制在30 cm以内(具体施工时,摊铺厚度根据现场试验数据进行操作)。在两个结构物中间的填筑段落,注意根据线路纵坡填筑,给结构物施工留下适宜的操作空间。

③碾压。

碾压按水平分层进行,在纵断面上,均由低处向高处进行,横断面方向,如在直线段,自两侧向中间进行,如在设有超高横坡的曲线段,则从曲线的内侧向外侧碾压,纵向进退式进行。横向接头重叠0.4~0.5 m,相邻两区段纵向重叠1.0~1.5 m,使路基各点都得到压实,避免因此造成路基不均匀沉陷。

地面铺料推平后,用18 t振动压路机压实,根据试验段确定的压实遍数进行压实。路堤分段施工时,其交接处不在同一时间填筑,则先填段按1∶1坡度分层留台阶;如两段同时施工,则分层相互交叠衔接,其搭接长度不小于2 m。

④检测。

根据《公路路基施工技术规范》(JTG/T 3610—2019)和《公路工程质量检验评定标准 第一册 土建工程》(JTG F80/1—2017)要求的频率进行压实度检测。

只有本层的压实度经监理工程师检测合格后,才能够进行下一层的填筑施工。

⑤路基成型。

路基施工遵循填筑一段、成型一段的原则。成型路基的关键指标是高程和平整度,因此在施工中要专人负责、专人指挥,确保工程质量和进度。

3. 半挖半填及路线纵向填挖衔接处路基施工

对于纵断面方向填挖交界处,若天然地面横坡陡于1∶5,应按要求挖台阶,台阶宽度不小于2 m,高填方中段台阶宽度不小于3.0 m,并按要求对台阶进行填筑压实,达到规范要求的压实度,保证填挖交界面良好结合。纵断面方向的填挖结合部的纵向在挖方段内设置过渡段,过渡段长10 m,高0.3~0.8 m,然后与填方段一起分层填筑、分层碾压,达到规范要求的压实度。

横断面方向的半填半挖路段,当天然地面横坡陡于1∶5或填土高度大于5 m时,为加强填挖结合部的横向结合部之间的整体性,在挖方原山体边坡上挖成宽度不小于2 m的台阶,高填方路段台阶宽度不小于3.0 m,阶面呈4%向内横坡,并按要求对台阶进行填前压实,达到规范要求的压实度,保证填挖交界面有良好结合。由于填挖交界处压实较困难,是压实控制中的薄弱环节,为此要求所有填挖交界处在开挖台阶后必须对每层台阶进行重锤排夯处理,沿台阶方向横向宽度不小于 8 m,夯实遍数 3 遍,夯击能不低于 500 kN·m。对填方路堤压实度要求提高 1 个百分点,即上路堤大于等于 95%,下路堤大于等于 94%。

路基半填半挖、陡坡路堤、纵向填挖交界处设土工格栅加固,以协调填挖间路基不均匀沉降和避免路基裂缝,土工格栅采用宽式筋带,幅宽 4 m,延伸率≤10%,纵(横)向抗拉强度≥50 kN/m。两幅搭接宽度 30 cm,一般端部采用地锚锚固在原状土中,表面采用 U 形钉固定。铺设土工格栅的土层表面平整,不出现褶皱,采用单向一次成型的塑料土工格栅,2% 伸长率时的拉伸强度大于 50 kN/m,5% 伸长率时的拉伸强度大于 120 kN/m,极限拉伸率小于 10%。

填挖交界处施工工艺流程为:基底清表处理→挖台阶→填方、摊铺整平→振动压路机碾压(分层)→进行下道工序。

4. 零填挖路基施工

(1)对于零填挖路基,先清除表土,再超挖至路床顶面以下 80 cm,并按路基施工规范要求分层碾压,压实度不小于 96%;对于土质及全风化岩石段,为确保路床压实度达到 96%,对路床范围内土层及全风化岩层进行超挖、回填及压实处理,若土质不能满足路用性能的要求,需进行改良换填;在超挖之前,应完成对坡面的防护加固工程。

(2)填土高度小于 2.5 m 的低填路基,视路堤高度超挖,开挖后原地面压实度要求不小于 90%,并保证路床范围回填透水性好的碎石。

5. 桥台台背、涵洞及其他结构物背后路基填筑

结构物完成且强度达到设计要求后,进行土方填筑。过渡段处理长度均按 $(2H+3)$ m(H 为路堤高度)确定,桥隧相接或桥头处纵向地面坡度较大,不适合按本高度进行处理,可按 1∶1 纵向坡度开挖台阶。完全深入挖方路段的桥头开挖以适应桥台施工为原则,台背回填浆砌片石或片石混凝土。桥涵、通道等结构物,挡墙背采用渗水性良好的碎石土回填。回填要分层、对称进行,每层厚度不超过 15 cm,压实度从填方底部或涵洞顶部至路床顶面均为 96%。使用机械压实并保持结构物完好无损。压路机械压不到的地方,使用小型夯实机夯实;拐角局部无法用机械夯实时,采用透水性材料回填并用人工夯实。

对于桥、涵连接处地段,根据规范或按监理工程师的指示处理,一般宜用透水性较好的填料填筑,并待桥台混凝土及砂浆的强度达到设计标号的80%时方可填筑。用机械填土时,涵洞顶上填土厚度必须大于1.0 m,才允许机械通过。填筑台背后的填料在桥两端同时进行。

桥梁、挡土墙等构造物台、墙背回填时,填料采用透水性良好的砂砾或碎石材料。当不得不用非透水性土填筑时,应该做好反滤层,使水能顺利地从泄水孔流出。为保证挡土墙内填方压实质量,在比较宽阔的部位使用压路机碾压,在邻近构造物边缘50 cm内采用小型夯实机分薄层夯压密实。当浆砌砌体强度达到80%以上、干砌砌体到夯填位置面以上一定高度时,方可分层填筑压实。

6. 特殊路基处理

1) 处置方案

特殊路基处理是路基施工中很重要的环节,其施工工艺和质量控制更是关键。特殊路基地段应根据设计文件要求进行处理,对此需予以高度重视,在施工中严格控制工序,做好施工管理。

对于Ⅱ级自重湿陷性黄土填方路基,采用重夯处理,Ⅲ级自重及以上湿陷性黄土填方路基或填土高度大于10 m的地基,采用强夯处理,Ⅰ-Ⅱ级非自重、Ⅰ级自重湿陷性黄土挖方路段,先超挖100 cm,回填压实至上路床底,上路床厚度30 cm掺4%水泥土处理;Ⅱ级自重湿陷性黄土挖方段,先超挖90 cm,再重夯,回填压实至上路床底,上路床厚度30 cm掺4%水泥土处理;Ⅲ级及Ⅲ级以上自重湿陷性黄土挖方路段,先超挖70 cm,再强夯,回填压实至上路床底,上路床厚度30 cm掺4%水泥土处理;桥头填方段采用水泥土桩处理;不具备强夯路段如含水量大于17%时,应取消夯实处理而采用碎石垫层处理;对村庄及构造物影响路段,基底设厚度50 cm的4%水泥土垫层,两侧坡脚设隔水墙(2 m深,1.2 m宽)。

2) 主要施工方法及注意事项

(1) 重夯、强夯施工。

①重夯夯锤采用圆台型,质量宜不小于2 t,锤底直径一般为1.2～1.4 m,锤底面静压力应控制在20 kPa以上,落距控制在5～10 m;强夯夯锤质量一般为10～20 t,锤底直径为2.3～2.8 m,锤底面压力为25～40 kPa,落距一般为10～20 m。对于Ⅱ级自重湿陷性地基,单点夯击能一般路基为1000 kN·m,桥

头路基为 2000 kN·m;对于Ⅲ级自重湿陷性地基,单点夯击能一般路基为 2000 kN·m,桥头路基为 3000 kN·m。

②夯实前,检查地基土的含水量,当地基土的含水量超过 20% 时,改用其他处治措施。

③工程开工前,通过试夯确定施工方案。按现场试夯得到的夯击次数和夯沉量关系曲线确定夯点的夯击次数,并满足下列条件:当采用强夯时,最后两击的平均夯沉量不大于 50 mm;当采用重夯时,最后两击的平均夯沉量不大于 20 mm。

④每遍每点夯实 8 击,前两遍按 3~4 m 间距跳夯,最后一遍排夯,互相搭接不大于 1/2 夯痕。夯实后,对上部振松的土层碾压至规定压实度。

⑤质量检验:夯实处理完毕后,强夯最后两击的平均夯沉量要求不大于 5 cm,重夯要求不大于 2 cm,否则增加夯实遍数。夯击地基内每个夯点的累计夯沉量,不小于试夯时各夯点平均夯沉量的 95% 为合格。检查后,如质量不合格,应进行补夯,直至合格为止。

⑥安全措施:注意吊车、夯锤附近人员的安全;为防止飞石伤人,在吊车驾驶室加防护网。起锤后,人员应在 10 m 以外并戴好安全帽,严禁在吊臂前站立。

(2)土工格栅施工。

①土工格栅采用 GSL 高密度聚乙烯双向土工格栅,抗拉强度应不小于 35 kN/m,拉伸率不大于 10%,幅宽不小于 4 m。

②在铺设加筋材料单向土工格栅时,应将强度高的方向置于垂直于路堤轴向方向,材料之间的连接应牢固,在受力方向连接处的强度不得低于材料设计抗拉强度,且其叠合长度应不小于 15 cm,层与层之间回折搭接应不小于 2 m。

③土工格栅的铺设不允许有褶皱,应用人工拉紧,必要时可采用插钉等措施固定土工格栅于填土层表面,表面应平整,严禁有碎石、块石等坚硬物,在距土工格栅 8 cm 以内的路堤填料,其最大粒径不得大于 6 cm。

④土工格栅摊铺后,应及时填筑填料,间隔时间应不超过 48 h,土工格栅上的第一层填土摊铺宜采用轻型摊土机或前置式装载机,填料的摊铺与填筑从路堤的中线位置开始,对称地向两侧填土,一切车辆、施工机械只容许沿路堤的轴线方向行驶。

(3)水泥土施工。

采用现场路拌法施工,现场路拌法施工工艺流程如下:清扫下层→备土→测定土的含水量→摊铺、洒水闷料→放样、平地机整平→轻型压路机碾压一遍→备水泥→人工摊铺水泥→稳定土拌和机拌和→推土机排压→平地机初平→灰点法放样→平地机整平→碾压成型→洒水养护。

现场拌和前,将下层表面杂物清除干净,用6~8 t压路机碾压一遍,使其表面平整。此后将水泥均匀地摊铺在整平的表面上,即可采用稳定土拌和机拌和。拌和过程中及时检查含水量,使其等于或略大于最佳值,同时使土和水泥充分拌和均匀,不得留有"素土"夹层。

(4)碎石垫层。

碎石垫层的碎石采用粒径为10~30 mm的碎石,含泥量不大于5%。

施工放样:在路基两侧和中线位置每10 m设置控制碎石垫层厚度的控制桩,控制桩上标注碎石摊铺厚度。

碎石垫层的摊铺:碎石垫层设计厚度为30 cm,分层施工,压实厚度为30 cm。碎石填筑前,根据车辆载重数量,打好10 m×9 m方格网,装载机配合自卸车把碎石装运至方格网内,推土机均匀摊铺粗平,粗平后测量人员恢复路线中线,并进行高程测量,与设置控制桩对照,然后按照控制桩标注的碎石厚度使用平地机精平,重复以上作业,直至满足要求为止。

碾压碎石垫层:采用18 t振动压路机压实,行走速度控制在3~5 km/h,碾压时,轮迹要重叠轮宽的1/3~1/2,按从低到高的顺序碾压。碎石垫层采用沉降法进行检测,压路机碾压至沉降量不大于3 mm为止,使碎石充分密实。碾压后,恢复路基的控制线,并检查压实情况及厚度、宽度,符合各项要求后,进行下一步工序。

(5)旋喷桩施工。

高压喷射注浆法是利用钻机把带有喷嘴的注浆管钻进土层的预定位置后,以高压设备使浆液或水成为20~40 MPa的高压射流从喷嘴中喷射出来,冲切、扰动、破坏土体,同时钻杆以一定速度逐渐提升,将浆液与土粒强制搅拌混合,浆液凝固后,在土中形成一个圆柱状固结体(即旋喷桩),以达到加固地基或止水防渗的目的。

施工工艺流程如下:施工准备→钻机就位→调整钻架角度→钻孔→插管、制浆→试喷→高压喷射注浆作业→喷射结束→拔管→机具清理→钻机移位。

(6)灰土挤密桩施工。

施工工艺流程如下:测量放样→清出工作面,平整场地→桩孔放线→设备组装→成孔→成孔检测→夯填灰土→取样试验→送检→交工验收→设备退场。

桩位放样根据场地情况布设桩位点,钻机就位后,锤中心对准桩点开锤,成孔后及时对桩孔进行检查验收,高程误差应小于 200 mm。灰土夯填前,应先对桩孔清底夯实,使拔锤过程中回落得到充分夯实,夯击次数一般不小于 6 击,孔内的回落厚度应小于 300 mm,填料时采用 0.05 m³ 6 击,至顶面成桩。

8.6 西宝改扩建 B-C19 标段路基工程施工实践案例

8.6.1 工程概况

1. 项目概况

西宝高速公路改扩建工程(潘家湾至凉泉段)及宝鸡过境公路(凉泉至苟家岭段)路基桥隧工程 B-C19 标段(简称"西宝改扩建 B-C19 标段")起止里程为 K319+800~K322+800,线路长度 3 km。本项目位于陕西省宝鸡市,采用双向六车道高速公路标准建设,设计行车速度 80 km/h,路基宽度 32 m,汽车荷载等级为公路-Ⅰ级。本合同段主要工程项目包括隧道、桥涵、路基土石方、排水及防护工程等。

2. 工程自然条件

(1)地形地貌。

本标段位于宝鸡市郊区,属秦岭北坡,塬高沟深,海拔高程 600~800 m,地层主要为老黄土、粗砂、粉质黏土,主要水系有石坝河、三岔河、清姜河。

(2)气象特征。

宝鸡属于温带大陆性半湿润、半干旱气候。该段年平均降水量在 679 mm,最大降水量 951 mm,是关中降水量最大的地区;平均气温 11.6~13.6 ℃,1 月份平均气温-1.2 ℃,极端最低气温-18.6 ℃,极端最高气温 42.7 ℃;年最大积雪厚度 17 cm,最大冻结深度 10~45 cm。

(3)水文地质。

工程区属于渭河水系,线路经过河流多为渭河支流,这些河流径流较短,受降水量影响水位和流量变化很大。降雨季节,雨水一部分渗入地下形成黄土裂隙水,绝大多数水系(降雨量较大时)沿山坡形成暂时性细流和洪流。

3. 工程特征

经过现场调查分析,本工程具有以下特点:

(1)本标段工程规模大,工期要求紧。

(2)三车道大跨径黄土隧道,地质差;桥梁薄壁空心墩较高,桥位处山高沟深。

(3)本标段紧邻市区,材料运输需经过城市道路,利用通村水泥路,施工干扰大,征地拆迁和协调难度大。

(4)本标段弃渣量大,弃渣需占用大量土地。弃渣是本标段路基工程的难点。

8.6.2 路基工程

1. 路基施工方案

路基施工全部采用机械化施工。土方开挖以挖掘机为主,并配以装载机及自卸汽车装运。本标段的填方量较大,除本桩利用外,还需要到指定取土场借土和借砂砾回填。运输采用 15 t 以上自卸汽车,摊铺整平采用推土机和平地机,压实采用 25 t 振动压路机。压实度以试验段取得数据进行控制,密实度检测采用灌砂法。

2. 机械设备配置

主要机械投入如下:挖掘机 2 台、推土机 1 台、平地机 1 台、振动压路机 2 台、装载机 2 台、15 t 自卸汽车 10 台、路拌机 1 台、洒水车 1 台。

3. 路堑施工

(1)恢复定线,放出边线桩,对不同路段采取不同的施工方法,全线土质路堑边坡以粉土及粉质黏土为主。边坡按 5 m 分级,各级边坡坡率为 1∶1～1∶1.25,平台宽度 2～3 m,坡面采用拱形骨架护坡。

(2)部分挖方路段受灌溉作用,土质较为松散,为防止路基开挖边坡失稳而设置挡土墙。刷坡及挡土墙基础施工分段间隔实施,刷坡一段,砌筑一段,间隔施工。

(3)路基土方开挖采用机械化施工方法,由于运距在 100 m 以上,采用挖掘机挖装配合自卸式汽车运弃。路堑坡脚是应力集中部位,为减少对其的扰动,开挖路堑必须从上到下按图纸坡率进行,避免在土体较湿时大段落刷坡及开挖基础,发现坡面渗水时立即停止刷坡,在渗水部位设置仰斜式排水管进行疏导,并加强边坡监测。边坡按设计修整后,应立即进行边坡防护,边开挖,边防护,防止雨水直接侵蚀。

(4)路基开工前,考虑排水系统的布设,防止在施工中线路外的地表水流入线内,并将线路内的水(包括地面积水、雨水、地下渗水)迅速排出路基,保证施工顺利进行。暴雨时必须采用塑料布等对土质边坡进行覆盖,并尽早完成堑顶截水沟施工,整平夯实堑顶坡面,严防雨水侵入坡体或破坏坡面。对危及路基安全的冲沟及时回填夯实。

(5)路堑开挖后各道工序要紧密衔接,连续施工,分段完成。施工过程中加强巡视监测,发现堑顶开裂或坡体移动等异常现象,立即采取措施,确保安全。

(6)低填浅挖路基(路床)采用80 cm填筑砂砾施工,填方的上路堤采用1∶1砂砾拌和土施工。

4. 路堤施工

1)工艺流程

路堤施工工艺流程如图8.7所示。

2)施工方法

①施工准备。

施工准备的主要内容包括核对设计文件、施工测量及监理复测、施工场地清理以及施工场地防排水。

路堤基底为耕植土、腐殖土及人工填筑的场地时,需清除表土,之后进行填前夯(压)实处理,路基基底压实度(重型)不小于90%。

位于路基范围内的树根等必须挖除。

路基填筑前,应对填筑密度、含水量、最大干密度等进行测定,压实过程中经常检查土的含水量,压实后检查填料的密实度是否符合设计要求。

②试验段。

本路段填方路基(填土或填土石混合物)正式开工前,选择150 m长的具有代表性的路段进行压实试验,以确定正确的压实方法、各类压实设备的类型及组合工序、最佳组合下的压实遍数以及压实厚度,用以指导路基的压实施工。

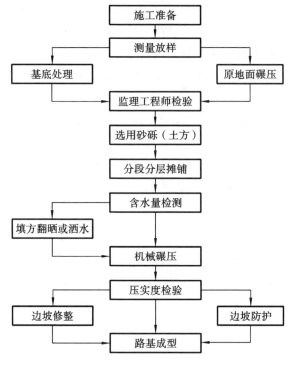

图 8.7 路堤施工工艺框图

③路基填筑。

路基填筑按四区段、八流程水平分层填筑。

四区段：填筑区段、平整区段、碾压区段、检验区段。

八流程：施工准备及测量放样→基底处理→分层填筑→摊铺平整→洒水或晾晒→机械碾压→检验签证→路基整型。为保证修整路基边坡后的路堤边缘有足够的压实度，每侧路基宽填 30 cm。

路基填筑采用水平分层填筑法施工，即按照横断面全宽分成水平层次逐层向上填筑。如原地面不平，由最低处分层填起，每填一层，经过压实检验符合规定要求之后，再填上一层；路基填筑分几个作业段施工，两段交接处不在同一时间填筑时，则先填地段按 1∶1 坡度分层预留台阶。若两个地段同时填筑，则分层相互交叠衔接，其搭接长度不小于 2 m。

路基填筑，必须根据设计断面分层填筑，逐层压实，分层的松铺厚度通过试验确定，填筑至路床顶面最后一层的最小压实厚度不应小于 10 cm。

为保证路基边坡的强度和稳定，施工时每侧超填 30 cm，超填宽度与路堤同步填筑,均匀压实,严禁出现贴坡现象;当地面横坡或纵坡陡于1∶5时,填筑前将原地面挖成宽度大于等于2 m、内倾坡度为4%的台阶。对于填筑交界落差过大或地面陡峭、开挖台阶难度大的地段,按宽2 m、高1 m的台阶施工,设向内4%横坡。

④路基压实。

施工中采用平地机整平,使每层在碾压之前都能获得均匀一致的厚度。每层压实厚度不大于30 cm,其压实后的压实度不小于规定值。路基碾压采用压路机压实。填土层在压实前先整平,并做成3%的横坡。碾压时,前后两次轮迹重叠20 cm。在施工过程中对填料的含水量及时测定,及时调整,在接近最佳含水量时进行压实。施工中每层填料都进行压实度试验,利用灌砂法检测。

⑤路基整修成型。

修整路基边坡采用人工配合机械刷坡。各段路基全部完工后应及时进行整修成型。

8.6.3 特殊地段路基处理

1. 台背处理

台背采用5%灰土填筑,台背填料压实度不小于96%,基底压实度不小于91%。当路桥的施工顺序采用先填筑路基后施工桥台时,其压实机具要求同一般路基;当施工顺序采用先施工构造物后填筑路基时,对于大型机具难以压实的地方,应采用小型振动压实设备进行碾压。对涵洞洞顶50 cm以内填土尽量采用轻型静载压路机压实,以达到规定的压实度标准。

为保证桥头路基稳定,应加强桥头路基的防护排水设计,黄土冲沟路段桥头路基排水按照"远接、远送"的原则,急流槽等排水构造物长度延伸至冲沟底。

2. 半填半挖路基(填挖交界)处理

为减少半填半挖路基的纵向、横向不均匀沉降,需要对填挖交界处进行强化处理。纵向填挖交界处设置长度不小于20 m的过渡段,过渡段堤压实度应提高一个百分点,基底压实度不小于91%。挖方区在山坡一侧的自然坡上设置宽度不小于2 m的内倾4%的反向台阶。对于横向半填半挖路段,在挖方侧的自然坡上设置宽度不小于2 m的内倾4%的反向台阶,在挖方一侧的台阶应与每个车道的宽度一致、位置重合。填方侧路堤压实度应提高一个百分点,基底压实度不小于91%。

3. 强夯施工

强夯施工工艺流程见图8.8。

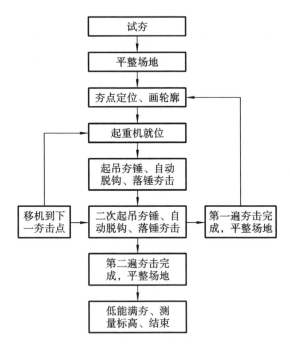

图8.8 强夯施工工艺框图

强夯施工要点如下。

(1)强夯试夯。强夯前根据设计文件提供的地质资料,选取地质条件具有代表性的场地进行强夯试夯。根据试夯的结果和提出的问题,可确定重夯施工参数,并以此指导施工。

(2)夯锤落距。实际施工中可选用不同的落距,以获取满足设计要求的最佳夯击能。每次夯击前,检查落距并做详细记录,以确保夯击能量达到设计要求。重锤不宜小于 60 kN,落距一般控制在 2.5～4.5 m,最后两击的平均夯沉量小于 10 mm 时可以停止夯击。

(3)夯击点布点及夯击遍数。第一遍应按照一夯挨一夯的顺序进行,第二遍在第一遍的夯点间隙夯击,如此反复进行,最后两遍应一夯搭半夯。当基坑底面标高不一致时,按先深后浅的顺序逐层夯击。

(4)夯前含水量检查。夯前检查基坑(槽)中土的含水量,根据试夯结果决定是否加水。如需加水,应待水全部渗入土中一昼夜后方可夯击。若土的表面含水量过大,夯击成软塑状态时,可采用生石灰换土或其他有效处理措施。

(5)在基坑(槽)的周边应做好排水措施,防止向坑(槽)内灌水。有地下水时应采取降水措施,冬季施工还应采取防冻措施。与建筑物保持100 m以上距离,对段落短不能采用冲击碾压的进行段落补充。

(6)质量检验。

①施工过程中质量检验。

认真检查施工过程中的各项测试数据和施工记录,仔细复核各个技术参数。对于不符合设计要求的,应补夯或采取其他有效措施。

②施工后的质量检验。

施工后的质量检验应在重夯后2~4周(超孔隙水压力消散后)进行,用原位测试法和室内土工试验法进行检验。检验频率:每一工点3000 m² 抽检12点。

原位测试:测试项目夯前夯后相同,可采用标准贯入试验、静力触探试验、荷载试验等。试验孔布置应包括坑心、坑侧,以验证夯点间距。

室内土工试验:夯前夯后相同,测试抗剪指标、压缩模量、密度、含水量、孔隙比、渗透系数、湿陷系数。

4. 灰土挤密桩施工

(1)灰土桩直径40 cm,桩间距为1~1.2 m,桩长5~10 m,桩体采用10%灰土。桩体不允许含有机物,土颗粒不得大于15 mm。石灰采用新鲜的消石灰,其颗粒不得大于5 mm。

(2)灰土挤密桩采用沉管法施工,使素土向桩孔周围挤密;地基湿度应接近最佳含水量,当含水量过低时,宜加水增湿;向孔内填料前,孔底必须夯实,回填夯实时,单点夯击能不得小于20 kN·m。分层填料厚度不得大于35 cm。施工中应注意将灰土拌和均匀,分层回填夯实,压实度不小于96%。

(3)灰土回填采用连续施工,每个孔径一次性分层回填夯实,不得间隔停顿或隔日施工,以免降低桩的承载力。夯填时尽可能打一孔填一孔,打孔时采用间隔打孔法。成孔和回填夯实施工顺序为先外排后里排,采用隔排隔桩跳打的方法。雨季施工应防雨,冬季施工应防冻。

(4)质量检验。桩孔偏差范围:桩孔中心点位置不应超过桩距设计值的5%,桩孔垂直度偏差不应大于1.5%。桩孔直径和深度应与设计值相同;桩间土平均挤密系数不小于0.93,最小的挤密系数不小于0.9。挡土墙采用灰土挤密桩处理后,承载力应满足设计要求。

8.6.4 石灰土施工

石灰土填筑正式施工前,首先根据设计配方现场取样做室内试验,以确定石灰土的配比、强度、最大干密度和最佳含水量;然后按照室内试验确定的配合比进行配料,之后进行试验段施工,以确定路堤基床底层石灰土填筑施工工艺参数,包括松铺厚度、掺灰剂量、压实遍数、配套机械、填筑速度、检测技术等;经监理工程师批准后,全面展开施工。

石灰土填筑施工前,对基底进行检测验收,如果不合格或两次施工间隔时间太长,须对基底(下承层)重新进行处理后方可施工。

1. 填料试验选定及修筑试验段

1)室内试验

石灰土填筑前先对改良土进行室内工艺性试验,在采用石灰(水泥)对土进行改良时,为确定石灰(水泥)最佳掺入量,并研究其特性,剂量分别选择 4%、5%、6%、7%、8%、10%。然后在室内进行改良前后颗粒成分试验、重型击实试验、液塑限试验、塑性指数试验、承载比试验、无侧限抗压强度试验、抗剪强度试验、压缩性试验等,通过试验结果确定掺料最佳掺入量。

2)试验段施工

石灰土填筑正式施工前,首先在监理工程师的监督下,按照技术规范要求做一个路基试验段,按照室内试验结果,根据配合比换算摊铺厚度,按事先计算好的每车填料摊铺面积,等距离堆卸石灰土。进行碾压层厚度试验时,灰土摊铺厚度选择 20 cm、25 cm、30 cm、40 cm 四种虚铺厚度,配备不同的碾压机具,采用不同的碾压遍数,随碾压随检测其地基系数 K_{30} 值、动态变形模量 E_{vd}、压实系数 k。现场压实试验应进行到能有效地使该种填料达到规定的压实度为止,从而确定压实设备的类型、最佳组合方式、碾压遍数及碾压速度、工序、每层材料的松铺厚度、材料的含水量及最佳压实厚度等。

试验结果经监理工程师批准后,即可作为使用该种配比填料施工时的依据。试验结束时,如果试验段达到规范规定标准,可作为路堤基床底层的一部分,否则应予挖除,重新进行试验。

2. 施工工序

1)准备下承层

①石灰土施工前,应对路槽进行严格验收,验收内容除包括压实度、弯沉、宽度、标高、横坡度、平整度等项目外,还必须进行碾压检验,即在各项指标都合格的路槽上,用18～21 t压路机连续碾压2遍。碾压过程中,若发现土过干、表层松散,应适当洒水继续碾压;如土过湿,发生翻浆、软弹现象,应采用挖开晾晒、换土、加外掺剂等措施处理。路基必须达到表面平整、坚实,没有松散和软弱点,边沿顺直,路肩平整。

②按要求设置路面施工控制桩。

2)备土、铺土

用于石灰土施工的土必须符合规范要求,不含树皮、草根等杂物。备土前要用土培好路肩,路肩应同结构层等厚。

3)备灰、铺灰

备灰前,用压路机对铺开的松土碾压1～2遍,保证备灰时不产生大的车辙,严禁重车在作业段内掉头。备灰前应根据灰剂量、不同含水量情况下的石灰松方干容重及石灰土最大干容重计算每延米的石灰用量。

根据计算出的每延米石灰的松方用量,分两条呈梯形状均匀地码条备灰,并用卡尺逐段验收数量,不准用汽车直接大堆备灰。备灰前应事先在灰条位置标出两条灰线,以确保灰条顺直。铺灰前应在灰土的边沿打出标线,然后将石灰均匀地铺撒在标线范围内,铺灰应用人工铺撒。

4)拌和

采用人工拌和和灰土拌和机拌和,铧犁作为辅助设备配合拌和。

①土的含水量小,应首先用铧犁翻拌一遍,使石灰置于中、下层,然后洒水补充水分,并用铧犁继续翻拌,使水分分布均匀。考虑到拌和、整平过程中的水分损失,土的含水量应适当大些(根据气候及拌和整平时间长短确定),若土的含水量过大,则用铧犁翻拌晾晒。

②水分合适后,用平地机粗平一遍,然后用灰土拌和机拌和第一遍。拌和时要指派专人跟机进行挖验,每间隔5～10 m挖验一处,检查拌和是否到底。对于拌和不到底的段落,及时提醒拌和机司机返回重新拌和。

③桥头两端在备土时应留出2 m空间,将土摊入附近,拌和时先横向拌和两

个单程,再纵向拌和,以确保桥头处灰土拌和均匀。

第二遍拌和前,宜用平地机粗平一遍,然后进行第二遍拌和。

若土的塑性指数高,土块不易拌碎,应增加拌和遍数,并注意下一次拌和前要对已拌和过的灰土进行粗平和压实,然后拌和,以达到拌和均匀,满足规范要求。压实的密度愈大,对土块的破碎效果愈好,采用此法可达到事半功倍的效果,否则即使增加更多的拌和遍数,也收效甚微。拌和时拌和机各行程间的搭接宽度不小于10 cm。对于桥头处拌和,同样采用先横向拌和2个单程,再纵向拌和。

5)整平

用平地机结合少量人工整平。

①灰土拌和符合要求后,用平地机粗平1遍,消除拌和产生的土坎、波浪、沟槽等,使表面大致平整。

②用振动压路机或轮胎压路机稳压1~2遍。

③利用控制桩用水平仪或挂线放样,用石灰粉做出标记,样点分布密度视平地机司机水平确定。

④平地机由外侧起向内侧进行刮平。

⑤重复步骤③~④,直至标高和平整度满足要求为止。灰土接头、桥头、边沿等平地机无法正常作业的地方,应由人工完成清理、整平工作。

⑥整平时多余的灰土不准废弃于边坡上。

⑦要点提示:最后一遍整平前,宜用洒水车喷洒一遍水,以补充表层水分,有利于表层碾压成型。最后一遍整平时平地机应"带土"作业,切忌薄层找补。备土、备灰要适当考虑富余量,整平时宁刮勿补。

6)碾压

碾压采用振动压路机和18~21 t三轮静态压路机联合完成。整平完成后,首先用振动压路机由路边沿起向路中心碾压,有超高段落由内侧起向外侧碾压,碾压采用大摆轴法,即全轮错位,搭接15~20 cm。用此法碾压6~8遍,下层压实度满足要求后,改用三轮压路机低速1/2错轮碾压2~3遍,消除轮迹,达到表面平整、光洁,边沿顺直。路肩要同路面一起碾压。

7)接头处理

对于碾压完毕的石灰土的端头,应立即将拌和不均,或标高误差大,或平整度不好的部分挂线垂直切除,保证接头处顺直、整齐。下一作业段与之衔接处,铺土及拌和应空出 2 m,待整平时再按松铺厚度整平。桥头处亦按上述方法处理,铺土及拌和应空出 2 m,先横拌 2 遍再纵拌,待整平时再按松铺厚度整平。

8)养护

不能及时覆盖上层结构层的灰土,养护期不少于 7 d,采用洒水养护法,养护期间要保持灰土表面经常湿润。养护期内应封闭交通,除洒水车外禁止一切车辆通行。有条件的,对 7 d 强度确有把握的,灰土完成后经验收合格,即可进行下道工序施工,可缩短养护期;但一旦发现灰土强度不合格,则需返工处理。

8.6.5 路基防护及排水工程

排水分施工排水和永久性排水,施工排水在施工前先做,即路基施工先排水,路堑施工先截水,永久性排水与临时施工排水相结合,防护、永久性排水工程安排在路基相对稳定和沉降后进行。

1. 填方路基边坡防护

(1)拱形骨架护坡。填方边坡高度大于 3 m 时,采用 M7.5 浆砌片石(或黏土砖)拱形骨架防护,骨架内铺草皮、种植灌木,骨架上设置导流槽,以拦截水流,使路面排水及坡面雨水在边坡上集中排除,并通过坡道导流槽直接流入路基排水沟。处理范围:路床顶面以下,路基坡脚以上。

(2)浆砌片石护坡。桥头路段及临河路基在设计水位高度+50 cm 安全高度的边坡范围内,采用 30 cm 厚 M7.5 浆砌片石护坡满铺防护。处理范围:路床顶面以下,路基坡脚以上。

(3)挡土墙。挡土墙高度小于 15 m 时,墙体采用 M10 号浆砌片石砌筑;大于 15 m 时,为保证墙身的整体稳定性,墙体全部采用 C15 片石混凝土现浇。本项目地基多具湿陷性,故挡土墙墙底均应设置 50 cm 3∶7 灰土垫层。

2. 挖方路堑边坡防护

(1)坡面植草防护。路堑边坡高度小于等于 3 m 的土质边坡采用坡面植草防护。

(2)拱形骨架护坡。土质挖方边坡高度大于 3 m 时,对挖方边坡坡率不陡于 1∶0.75 的挖方坡面采用拱形骨架护坡。

(3)路堑挡土墙。部分路段受灌溉影响,土质较为松散,在坡脚设置路堑挡土墙。墙高一般不高于 4 m,采用 M10 浆砌片石砌筑。

3. 石砌护坡、挡土墙的施工工艺及要求

(1)石料的选择。砌体石料应选择质地坚硬、均匀、不易风化的片石,片石强度不小于 30 MPa,其尺寸不小于 15 cm,一条边长大于等于 30 cm。片石用作镶面时选择表面较平整的材料,尺寸较大者,要加以修整。

(2)砌筑及施工要点。采用坐浆法砌筑,准确放线,砌筑曲面做到曲面圆滑,不能砌成折线面相连。分层砌筑,砂浆饱满,丁顺结合。

(3)勾缝。勾缝砂浆严格按设计标号控制,砂子过筛,用中细砂,含泥量不超过 0.5%,水泥安定性等指标符合要求。勾成凹缝,勾出的缝面平整光滑、密实,砂浆凝固到一定时间再开始修整缝面,施工中用括板保证缝条的宽度一致,严格控制勾缝时间,不在低温下进行,勾缝后加强养护,防止局部脱落。

(4)排水工程。本工程的排水工程包括截水沟、排水沟、边沟、急流槽等。预制块统一由预制场统一预制,混凝土由拌和站统一运送。在路基挖方施工前截水沟必须先行施工,整个排水系统必须完全闭合,确保水流统一排放到路基以外。

4. 浆砌块(片)石防护流程

基槽开挖→修整基槽→分层浆砌块(片)石→洒水养护→墙顶抹平→沉降缝沥青麻筋嵌缝→回填。

5. 砌片石(混凝土)排水工程流程

沟槽开挖→修整沟槽(支立模板)→坐浆砌石(混凝土浇筑)→表面勾缝、抹平→洒水、养护。

第 9 章　高速公路路面施工

9.1　路面基层(底基层)施工

路面基层直接位于沥青混凝土面层或水泥混凝土面板之下,是路面结构体系中的主要承重层或下承层,在路面结构中起着"承上启下"的作用。路面基层可以是一层或多层,可以是一种材料或多种材料。基层由多层构成时,除最上层外的其他层被称为底基层,在此情况下,最上层相应地被称为基层。应注意鉴别基层概念在不同情况下的内涵。

通常按照基层材料差异,将基层分为 4 类:无机结合料稳定类、粒料类、沥青结合料类和水泥混凝土类基层。它们的具体材料类型及适用交通等级见表9.1。

表 9.1　基层和底基层材料的类型和适用交通等级

类型	材料描述	基层和底基层材料适用的交通等级
无机结合料稳定类	水泥稳定级配碎石或砾石、水泥粉煤灰稳定级配碎石或砾石、石灰粉煤灰稳定级配碎石或砾石	各交通荷载等级的基层和底基层
	水泥稳定未筛分碎石或砾石、石灰粉煤灰稳定未筛分碎石或砾石、石灰稳定未筛分碎石或砾石	轻交通荷载等级的基层、各交通荷载等级的底基层
	水泥稳定土、石灰稳定土、石灰粉煤灰稳定土	轻交通荷载等级的基层、各交通荷载等级的底基层
粒料类	级配碎石	重及以下交通荷载等级的基层、各交通荷载等级的底基层
	级配碎石、未筛分碎石、天然砂砾、填隙碎石	中等和轻交通荷载等级的基层、各交通荷载等级的底基层

续表

类型	材料描述	基层和底基层材料适用的交通等级
沥青结合料类	密级配沥青碎石、半开级配沥青碎石、开级配沥青碎石	极重、特重和重交通荷载等级的基层
	沥青贯入碎石	重及以下交通荷载等级的基层
水泥混凝土类	水泥混凝土或贫混凝土	极重、特重交通荷载等级的基层

目前,我国高速公路的基层使用最多的是水泥稳定碎石、水泥稳定砂砾,其次是二灰碎石、二灰砂砾,其他还有用水泥稳定砂掺碎石、水泥稳定砂砾掺碎石、粉煤灰土加水泥的。底基层以石灰土为最多,其次有水泥稳定土、水泥石灰稳定土、水泥石灰粉煤灰稳定土等。

9.1.1 无机结合料稳定基层施工

1. 一般规定

①无机结合料稳定基层施工宜在气温较高的季节组织。无机结合料稳定材料施工期的日最低气温应在5 ℃以上。在有冰冻的地区,应在第一次重冰冻(一般指气温达到−5～−3 ℃)到来的30 d之前完成施工。

②宜避免在雨季施工,且不应在雨天施工,也不适宜在高温季节施工。

③无机结合料稳定材料在过分潮湿路段上施工时应采取措施,降低潮湿程度,消除积水。

④在正式施工前,必须铺筑试验段,对施工工艺进行总结,试验段的质量检查频率应是正常路段的2倍。

⑤压实厚度应不超过20 cm,设计厚度超过20 cm时,应分层铺筑,最小压实厚度为10 cm。压实厚度可根据所选用的压路机种类、吨位确定。

混合料摊铺应保证足够的厚度,碾压成型后,每层的摊铺厚度宜不小于160 mm,最大厚度应不大于200 mm。具有足够的摊铺能力和压实功率时,可增加碾压厚度,应根据试验结果确定具体的摊铺厚度。大厚度摊铺施工时,应提高相应的拌和能力。

2. 原材料选择

1) 水泥

① 强度等级为 42.5 的普通硅酸盐水泥、矿渣硅酸盐水泥或火山灰质硅酸盐水泥等均可使用。不应使用早强、快硬及受潮变质的水泥。

② 所用水泥初凝时间应大于 3 h,终凝时间应大于 6 h 且小于 10 h。

2) 石灰

① 石灰技术要求应符合表 9.2 和表 9.3 的规定。

表 9.2 生石灰技术要求

指标	钙质生石灰			镁质生石灰		
	Ⅰ级	Ⅱ级	Ⅲ级	Ⅰ级	Ⅱ级	Ⅲ级
有效氧化钙加氧化镁含量/(%)	≥85	≥80	≥70	≥80	≥75	≥65
未消化残渣含量/(%)	≤7	≤11	≤17	≤10	≤14	≤20
钙镁石灰的分类界限,氧化镁含量/(%)	≤5			>5		

表 9.3 消石灰技术要求

指标		钙质消石灰			镁质消石灰		
		Ⅰ级	Ⅱ级	Ⅲ级	Ⅰ级	Ⅱ级	Ⅲ级
有效氧化钙加氧化镁含量/(%)		≥65	≥60	≥55	≥60	≥55	≥50
含水率/(%)		≤4	≤4	≤4	≤4	≤4	≤4
细度	0.60 mm 方孔筛的筛余/(%)	0	≤1	≤1	0	≤1	≤1
	0.15 mm 方孔筛的筛余/(%)	≤13	≤20	—	≤13	≤20	—
钙镁石灰的分类界限,氧化镁含量/(%)		≤4			>4		

② 高速公路用石灰应不低于 Ⅱ 级技术要求。

③ 高速公路的基层宜采用磨细消石灰。

3) 粉煤灰等工业废渣

① 干排或湿排的硅铝粉煤灰和高钙粉煤灰等均可用作基层或底基层的结合料。粉煤灰技术要求应符合表 9.4 的规定。

表 9.4　粉煤灰技术要求

检测项目	技术要求
二氧化硅(SiO_2)、氧化铝(Al_2O_3)和三氧化铁(FeO_3)总含量/(%)	＞70
烧失量/(%)	≤20
比表面积/(cm^2/g)	＞2500
0.3 mm 筛孔通过率/(%)	≥90
0.075 mm 筛孔通过率/(%)	≥70
湿粉煤灰含水率/(%)	≤35

②高速公路的底基层使用的粉煤灰,通过率指标不满足表 9.4 的要求时,应进行混合料强度试验,达到相关要求的强度指标时,方可使用。

③煤矸石、煤渣、高炉矿渣、钢渣及其他冶金矿渣等工业废渣可用于修筑基层或底基层,使用前应崩解稳定,宜通过不同龄期条件下的强度和模量试验以及温度收缩或干湿收缩试验评价混合料性能。

④水泥稳定煤矸石不宜用于高速公路。

⑤工业废渣类作为集料使用时,公称最大粒径应不大于 31.5 mm,颗粒组成宜有一定级配,且不宜含杂质。

4)水

①基层材料用水应符合现行《生活饮用水卫生标准》(GB 5749—2022)的规定。饮用水可直接作为基层、底基层材料拌和与养护用水。

②拌和使用的非饮用水应进行水质检验,技术要求应符合表 9.5 的规定。养护用非饮用水可不检验不溶物含量,其他指标应符合表 9.5 的规定。

表 9.5　非饮用水技术要求

项次	项目	技术要求
1	pH 值	≥4.5
2	氯离子含量/($mg·L^{-1}$)	≤3500
3	硫酸根离子含量/($mg·L^{-1}$)	≤2700
4	碱含量/($mg·L^{-1}$)	≤1500
5	可溶物含量/($mg·L^{-1}$)	≤10000
6	不溶物含量/($mg·L^{-1}$)	≤5000
7	其他杂质	不应有漂浮的油脂和泡沫及明显的颜色和异味

5)粗集料

①用作被稳定材料的粗集料宜采用各种硬质岩石或砾石加工成的碎石,也可直接采用天然砾石。粗集料应符合表9.6中Ⅰ类规定,用作级配碎石的粗集料应符合表9.6中Ⅱ类规定。

表9.6 粗集料技术要求

指标	层位	高速公路			
		极重、特重交通		重、中、轻交通	
		Ⅰ类	Ⅱ类	Ⅰ类	Ⅱ类
压碎值/(%)	基层	≤22	≤22	≤26	≤26
	底基层	≤30	≤26	≤30	≤26
针片状颗粒含量/(%)	基层	≤18	≤18	≤22	≤18
	底基层	—	≤20	—	≤20
0.075 mm以下粉尘含量/(%)	基层	≤1.2	≤1.2	≤2	≤2
	底基层	—	—	—	—
软石含量/(%)	基层	≤3	≤3	≤5	≤5
	底基层	—	—	—	—

注:对花岗岩石料,压碎值可放低至25%。

②基层、底基层的粗集料规格要求宜符合表9.7的规定。

表9.7 粗集料规格要求

规格名称	工程粒径/mm	通过下列筛孔(mm)的质量百分率/(%)								公称粒径/mm
		53	37.5	31.5	26.5	19.0	13.2	9.5	4.75	2.36	
G1	20~40	100	90~100	—	—	0~10	0~5	—	—	—	19~37.5
G2	20~30	—	100	90~100	—	0~10	0~5	—	—	—	19~31.5
G3	20~25	—	—	—	90~100	0~10	0~5	—	—	—	19~26.5
G4	15~25	—	—	—	90~100	—	0~10	0~5	—	—	13.2~26.5
G5	15~20	—	—	—	—	90~100	0~10	0~5	—	—	13.2~19

续表

规格名称	工程粒径/mm	53	37.5	31.5	26.5	19.0	13.2	9.5	4.75	2.36	公称粒径/mm
G6	10~30	—	100	90~100	—	—	—	0~10	0~5	—	9.5~31.5
G7	10~25	—	—	100	90~100	—	—	0~10	0~5	—	9.5~26.5
G8	10~20	—	—	—	100	90~100	—	0~10	0~5	—	9.5~19
G9	10~15	—	—	—	—	100	90~100	0~10	0~5	—	9.5~13.2
G10	5~15	—	—	—	—	100	90~100	40~70	0~10	0~5	4.75~13.2
G11	5~10	—	—	—	—	—	100	90~100	0~10	0~5	4.75~9.5

③高速公路极重、特重交通荷载等级基层的 4.75 mm 以上粗集料应采用单一粒径的规格料。

④作为高速公路底基层稳定材料的天然砾石材料宜满足表 9.6 的要求,并满足级配稳定、塑性指数不大于 9 的要求。

⑤应选择适当的碎石加工工艺,用于破碎的原石粒径应为破碎后碎石公称最大粒径的 3 倍以上。碎石生产设备应包括二次或以上破碎方式的碎石生产线(其中至少有一次采用反击式或圆锥式破碎方式)、除尘设备、振动喂料机和 3 层以上的振动筛。

⑥碎石加工中,根据筛网放置的倾斜角度和工程经验,应选择合理的筛孔尺寸。粒径尺寸与筛孔尺寸对应关系宜符合表 9.8 的规定。根据破碎方式和石质的不同,可适当调整筛孔尺寸,调整范围宜为 1~2 mm。

表 9.8 粒径尺寸与筛孔尺寸对应表

粒径尺寸/mm	筛孔尺寸/mm
4.75	5.5
9.5	11
13.2	15

续表

粒径尺寸/mm	筛孔尺寸/mm
16	18
19	22
26.5	31
31.5	36
37.5	43

⑦用作级配碎石或砾石的粗集料应采用具有一定级配的硬质石料,且不应含有黏土块、有机物等。

⑧级配碎石或砾石用作基层时,高速公路公称最大粒径应不大于 26.5 mm;用作底基层时,公称最大粒径应不大于 37.5 mm。

6)细集料

①细集料应洁净、干燥、无风化、无杂质,并有适当的颗粒级配。

②高速公路用细集料技术要求应符合表 9.9 的规定,规格要求应符合表 9.10 的规定。

表 9.9 细集料技术要求

项目	水泥稳定[a]	石灰稳定	石灰粉煤灰综合稳定	水泥粉煤灰综合稳定
颗粒分析	满足级配要求			
塑性指数[b]	≤17	适宜范围 15～20	适宜范围 12～20	—
有机质含量/(%)	<2	≤10	≤10	<2
硫酸盐含量/(%)	≤0.25	≤0.8	—	≤0.25

注:a.水泥稳定包含水泥石灰综合稳定。
　　b.应测定 0.075 mm 以下材料的塑性指数。

表 9.10 细集料规格要求

规格名称	工程粒径/mm	通过下列筛孔(mm)的质量百分率/(%)							公称粒径/mm
		9.5	4.75	2.36	1.18	0.6	0.3	0.15	0.075	
XG1	3～5	100	90～100	0～15	0～5	—	—	—	—	2.36～4.75
XG2	0～3	—	100	90～100	—	—	—	—	0～15	0～2.36
XG3	0～5	100	90～100	—	—	—	—	—	0～20	0～4.75

③对于0～3 mm和0～5 mm细集料,应分别严格控制大于2.36 mm和4.75 mm颗粒含量。对于3～5 mm细集料,应严格控制小于2.36 mm颗粒含量。

④对于高速公路,细集料中小于0.075 mm颗粒含量应不大于15%。

⑤级配碎石或砾石中的细集料可使用细筛余料,或专门轧制的细碎石集料。

⑥天然砾石或粗砂作为细集料时,其颗粒尺寸应满足工程需要,且级配稳定,超尺寸颗粒含量超过《公路路面基层施工技术细则》(JTG/T F20—2015)或实际工程的规定时应筛除。

3. 施工方法选择

无机结合料稳定基层施工方法主要有路拌法和厂拌法两种。在实际工程中,高速公路基层(底基层)的施工方法参考表9.11。对于边角部位施工,混合料拌和方式应与主线相同,可采用推土机摊铺、平地机整平的人工方式摊铺,并与主线同步碾压成型。

表9.11 高速公路基层(底基层)施工方法选择

材料类型	结构层位	拌和工艺		摊铺工艺	
		推荐	可选择	推荐	可选择
无机结合料稳定中、粗粒材料	基层	集中厂拌	—	摊铺机摊铺	—
无机结合料稳定细粒材料	底基层	集中厂拌	—	摊铺机摊铺	推土机摊铺,平地机整平

4. 厂拌法施工

厂拌法施工是目前国内技术条件较成熟,也是使用最广泛的无机结合料路面基层施工方法,因此对厂拌法施工的施工内容必须做到完全掌握。厂拌法施工工艺流程具体见图9.1。

1)稳定土拌和厂建设

①场地布置。

a.施工总体布置合理,拌和场地要选在空旷、干燥、交通便利,并远离工厂、居民区、经济农作物及畜牧业集中的区域,避免对当地居民的生产、生活和居住环境带来不利影响。

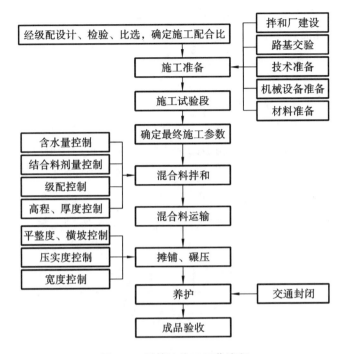

图 9.1　厂拌法施工工艺流程

b. 拌和厂的面积要根据项目工程量、拌和设备型号、施工工期、材料供应速度等经过计算确定。拌和厂占地面积应满足施工需要,一般不小于 1500 m²(特殊路段地理条件受限时可分成几个拌和厂),并将生活区及工作区分开。

c. 拌和场地要有良好的排水、防水措施。堆料仓内应纵向每隔 5~10 m、横向每隔 15~20 m 设盲沟,坡度不小于 0.5%,盲沟应与场地排水明沟相连。在堆料仓前后应设置排水明沟,保持排水通畅,场地内不允许积水。

d. 要求对基层堆料场地进行硬化(厚度不小于 20 cm)。设专人每天对拌和厂、场区道路等及时进行洒水清扫,减少扬尘对集料的二次污染。

e. 拌和场地内应设有安全防护措施,配备消防设备。

②原材料堆放和质量管理。

a. 项目经理部要采取有效措施,按原材料质量管理程序进行检验,不合格材料不得进入料场。

b. 不同规格砂石材料要严格分档,隔离堆放,严禁混堆。各档材料间应设置高于 2 m 的硬分隔墙,2 m 以上部分可采用软隔离;分隔墙顶面高度应高于料堆坡脚至少 50 cm,料堆形状为梯形。砂石材料堆放时应防止离析。

c.基层 4.75 mm 及以下集料须设防雨棚或覆盖防雨油布,防雨棚仓储面积大于 2000 m² 并满足实际施工需要;袋装水泥应在室内架空堆放。

③拌和厂内施工标牌。

a.拌和厂内施工标牌要结合监理规程有关原材料及混合料报验制度的规定,在材料堆放处设立原材料品名牌及报验牌。在拌和设备前设混合料配合比标牌,并严格按施工配合比施工。

b.不同规格的材料应设置明显的标识牌,原材料报验牌上应注明材料品名、用途、规格、产地、检验时间、检验结果、监理工程师是否同意使用等内容。

2)无机结合料稳定材料组成设计

①无机结合料稳定材料组成设计应包括原材料检验、目标配合比设计、生产配合比设计和施工参数确定四部分,其设计流程见图 9.2。

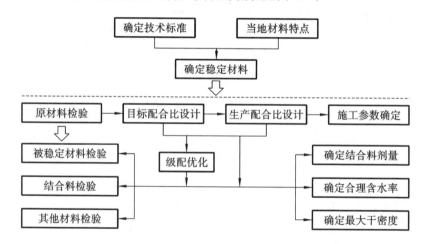

图 9.2　无机结合料稳定材料组成设计流程

②无机结合料稳定材料应满足《公路工程无机结合料稳定材料试验规程》(JTG 3441—2024)规定的强度要求。

③高速公路应验证所用材料的 7 d 龄期无侧限抗压强度与 90 d 或 180 d 龄期弯拉强度的关系。

④水泥稳定类材料强度要求较高时,宜采取控制原材料技术指标和优化级配设计等措施,不宜单纯通过增加水泥剂量来提高材料强度。

3)施工准备

①路基交验。路面基层开始施工前,应按照规范规定进行路基质量验收及

交接,交验合格后方可开始进行路面结构施工。

路基交验时,首先对填方路基上路床(路基顶面以下 30 cm)、挖方路基换填(土质路段不少于 80 cm,石质路段不少于 50 cm)的填筑质量、软土地基路段的月沉降量进行检查。软土地基路段的月沉降量必须符合设计和《公路路基设计规范》(JTG D30—2015)要求(应保证连续 2 个月的月沉降量小于 5 mm,软基沉降必须由第三方进行监测),否则不得进行路基交验。

路面施工单位进场后,建设单位、监理单位应督促路基施工单位及时与路面施工单位进行路基交验。路基交验完成后,必须报经省(市)质监局(站)抽检并认可合格后,方可开始路面施工。应对线形和外形尺寸、纵向高程、平整度、横坡、弯沉值、压实度等指标进行检查。

②技术准备。根据施工安排,完成路面基层(底基层)施工技术和安全交底等相关技术工作。

③机械设备准备。

a.施工机械:无机结合料稳定材料施工机械主要有拌和站、摊铺机、压路机、自卸汽车、装载机、洒水车、水泥钢制罐仓。应配置产量不小于 500 t/h 的拌和站,并与实际摊铺能力相匹配。为使混合料拌和均匀,拌缸要满足一定长度,至少要有 5 个进料斗,料斗上口必须安装钢筋网盖,筛除超出粒径规格的集料及杂物。拌和站用水应配有大容量的储水箱。料斗、水箱、罐仓都要求装配高精度电子动态计量器,电子动态计量器应经有资质的计量部门进行计量标定后方可使用。应根据路面底基层、基层的宽度、厚度,选用合适的摊铺机械。施工时应采用两台摊铺机梯队作业,要求两台摊铺机功率一致,最好为同一厂家、同一型号,而且机型较新,功能较全,以保证路面基层厚度一致、完整无缝、平整度好。压路机的吨位和台数必须与拌和站及摊铺机生产能力相匹配,至少应配备 12~15 t 压路机 1~2 台、18~20 t 稳压用压路机 2~3 台和轮胎压路机 1~2 台,从加水拌和到碾压终了的时间宜在 2 h 内,保证施工正常进行。自卸汽车、装载机、洒水车数量应与拌和设备、摊铺设备、压路机相匹配。由拌和站生产能力决定水泥钢制罐仓容量(1 个 80~100 t 或 2 个 50 t),罐仓内应配有水泥仓破拱器,以免水泥起拱停流。以上设备数量至少应满足每个工点、每日连续正常生产及工期要求。

b.检验试验仪器设备如表 9.12 所示。

表 9.12 检验试验仪器设备

检测室	仪器设备名称	数量	仪器规格		
			测量范围	分度值	准确度
集料室	电子天平	2 台	0～5 kg	0.1 g	0.1 g
	标准筛	1 套	—	—	—
	三或四片叶轮搅拌器	1 台	转速可调,最高达 600±60 r/min,直径 75±10 mm,定时精度 1 s		
	烘箱	2 台	0～300 ℃	1 ℃	1 ℃
	游标卡尺	1 台	0～150 mm	—	—
	压碎值试验仪	1 台	—	—	—
	台秤	1 台	50 kg	—	—
	浸水天平	1 台	0～3 kg	0.1 g	0.1 g
水泥室	负压筛析仪	1 台	负压可调范围为 4～6 kPa		
	水泥净浆搅拌机	1 台	—		
	标准法维卡仪	1 台	—		
	雷氏夹膨胀测定仪	1 台	标尺最小刻度为 0.5 mm		
	胶砂搅拌机	1 台	—		
	振实台	1 台	—		
	水泥抗折抗压试验机	1 台	—		
无机结合料室	重型击实仪	1 台	—	—	—
	压力机(或路面材料强度试验仪)	1 台	最大荷载不大于 200 kN		
	反力框架	1 台	400 kN 以上		
	脱模器	1 台	—		
	测钙仪或滴定设备	1 套	—		
	振动压实成型机	1 台	—		
养护室	养护室控制器	1 台	50 ℃	0.1 ℃	0.1 ℃
现场检测室	取芯机	1 台	功率不小于 4 kW		
	灌砂仪	2 套	灌砂筒直径>15 cm		
	电子台秤	2 台	0～30 kg	—	5 g

开工前要求加强对拌和站、检测仪器等设备的标定工作,监理、建设单位必须对标定情况进行检查、核验,确保拌和及检测数据真实可靠。施工过程中,应

加强对拌和站、检测仪器等设备的检修、维护,以便能及时发现设备出现的问题。对拌和站筛网应经常进行检查,发现堵塞和破损现象,应及时清理和更换,以便更好地控制配合比。基层集料加工场的石料破碎机必须配备振动预筛喂料装置(筛网长度不小于2 m),以减少集料中的泥土含量。

④材料准备。按照施工实际需要进行原材料采购,其中基层(底基层)集料宜结合集料最大粒径等,按照表9.13的要求进行分档采购及存储。经试验检测合格,拌和厂建设完成后,提前进行备料工作。原材料储备应充足(一般不低于合同段设计总量的30%),以满足大规模连续施工需要。

表9.13 高速公路骨料分档要求

层次	极重、特重交通	重、中、轻交通
基层	≥5	≥4
底基层	≥4	≥3 或 4*

注:* 表示一般工程可选择不少于3档备料,对于极重、特重交通荷载等级且强度要求较高时,为了保证级配稳定,宜选择不少于4档备料,即9.5~31.5 mm、4.75~9.5 mm、2.36~4.75 mm、2.36 mm以下。

4)试验段施工

正式开工前,应先进行试验段施工。试验段施工应选择在经验收合格的下承层进行,其长度为200~500 m。试验段施工的主要目的为:

①验证用于施工的混合料配合比。

②确定铺筑的松铺厚度和松铺系数。试验段的松铺系数可先参考表9.14,最后通过试验确定。

表9.14 混合料松铺系数推荐值

混合料类型	材料名称	松铺系数	备注
水泥稳定材料	中、粗粒材料	1.30~1.35	—
	细粒材料	1.53~1.58	现场人工摊铺土和水泥,机械拌和,人工整平
石灰稳定材料	石灰土	1.53~1.58	现场人工摊铺土和石灰,机械拌和,人工整平
		1.65~1.70	路外集中拌和,运到现场人工摊铺
	石灰土砾石	1.52~1.56	路外集中拌和,运到现场人工摊铺

续表

混合料类型	材料名称	松铺系数	备注
石灰粉煤灰稳定材料	细粒材料	1.5～1.7	—
	中、粗粒材料	1.3～1.5	—
	石灰煤渣土	1.6～1.8	人工铺筑
	石灰煤渣稳定材料	1.3～1.5	—
	天然砂砾	1.2～1.3	用机械拌和及整形
级配碎石		1.4～1.5	人工摊铺混合料
		1.25～1.35	平地机摊铺混合料

③确定标准施工方法,包括混合料配合比的控制方法,混合料摊铺方法和适用机具(包括摊铺机行进速度、摊铺厚度控制方式、梯队作业时摊铺机间隔距离),含水量的增加和控制方法,压实机械选择和组合,压实顺序、速度和遍数(至少应选择两种确保能达到压实标准的碾压方案),拌和、运输、摊铺和碾压机械的协调和配合。

④确定每一碾压作业段的合适长度(一般建议 50～80 m)。

⑤确定质量检验内容、检验频率及检验方法。试验路段的检验频率应是标准中规定生产路面的 2～3 倍。

当使用的原材料和混合料、施工机械、施工方法及试验路段各检验项目的检测结果都符合规定时,可编写试验路段总结报告(报告中应明确混合料试件 7 d 无侧限抗压强度的上下限、水泥用量上下限),经监理单位审批后,即可作为申报正式路面施工开工的依据。试验路段总结报告经批准后,不得改变混合料级配、水泥剂量。因特殊原因要调整时,应重新进行混合料组成设计和试验路段验证,并报经监理单位审批。

5)混合料拌和

①开始拌和前,拌和厂的备料应至少能满足 3～5 d 的摊铺用料。石灰应在使用前一周充分消解,并全部通过 1 cm 筛孔。

②每天开始搅拌前,应检查厂内各处集料的含水量,计算当天的施工配合比,外加水与天然含水量的总和要比最佳含水量略高。同时,在充分估计施工富余强度时,要从缩小施工偏差入手,不得以提高无机结合料(水泥、石灰、粉煤灰等)用量的方式提高路面基层强度。

③无机结合料添加装置应配有高精度电子动态计量器,电子动态计量器应

经有资质的计量部门进行标定后方可使用。

④拌和厂出料不允许采取自由跌落式落地成堆、装载机装料运输的办法。一定要配备带活门漏斗的料仓,成品混合料先装入料仓内,由漏斗出料装车运输。装车时车辆应前后移动,分3次或5次装料,避免混合料离析(见图9.3)。

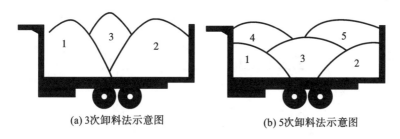

图 9.3 混合料正确的装料方式

6)混合料运输

①在每天开工前,要检验运输车辆的完好情况,装料前应将车厢清洗干净。运输车辆数量一定要满足拌和出料与摊铺需要,并略有富余。

②应尽快将拌成的混合料运送到铺筑现场。车上的混合料应加以覆盖,防止水分损失、扬尘及遗撒。

③运输车辆中途出现故障,必须在最短时间内排除;若车内水泥稳定混合料不能在水泥初凝时间内运到工地摊铺压实,必须予以废弃。拌和好的二灰混合料不得过夜,应当天碾压成型。

7)混合料摊铺

①每一层基层摊铺施工前,应检查下承层施工质量(高程、中线偏位、宽度、横坡度、平整度、反射裂缝、压实度、月沉降速率等)。外观检查中,有松散、严重离析等情况的路段应进行返工处理。对裂缝应做相应封闭处理,裂缝严重路段应做返工处理。

②摊铺前,应将下结构层表面洒水或喷洒水泥净浆润湿。

③可采用单机或多机成梯队联合摊铺。采用两台摊铺机梯队作业时,两台摊铺机前后间距宜控制在10 m以内,前台摊铺机采用路侧钢丝和设置在路中的导梁控制路面高程,后台摊铺机采用路侧钢丝、路中滑靴控制高程和厚度,前后两台摊铺机的轨道应重叠50~100 mm。

开始摊铺的前一天应测量放样,按摊铺机宽度与传感器间距(一般在直线上间隔为10 m,在平曲线(匝道)上为5 m)进行测量放样,并及时搭设好高程控制线支架(见图9.4)。根据松铺系数算出松铺厚度,决定控制线高度,挂好控制线。用于摊铺机摊铺厚度控制线的钢丝拉力应不小于800 N。

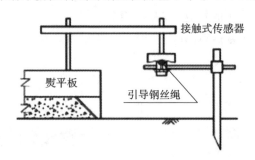

图 9.4 路侧钢丝高程控制

④待摊铺机前备有足够数量的运料车(一般为5辆)等候时,开始进行摊铺作业。运料车按每车10 m间距停放在基层外侧排队等待,待接到指令后,方可倒车行驶至摊铺机前,距摊铺机20~30 cm处停车,防止碰撞摊铺机。摊铺机迎上去并推动卸料车辆前行,此时,卸料车辆将车厢缓慢顶起1/2,摘下挡位(挂空挡),在摊铺机的推动下,边行走边顶升车厢卸料,卸料速度与摊铺机铺筑速度相协调。在摊铺机前安排2名辅助工及时清除摊铺机行走履带下的混合料。

⑤摊铺宜连续,应保证其速度一致、摊铺厚度一致、松铺系数一致、路拱坡度一致、摊铺平整度一致、振动频率一致等,两机摊铺接缝平整。如拌和站生产能力较小,应采用最低速度摊铺,禁止摊铺机停机待料。摊铺机摊铺速度一般宜在1 m/min左右。

⑥摊铺机的螺旋布料器应有2/3埋入混合料中,以防止混合料离析。

⑦在安装、操作摊铺机时应采取混合料防离析措施,如降低布料器前挡板的离地高度。在摊铺机后面应设专人消除离析现象,应该铲除局部粗集料"窝",并用新拌混合料填补。

⑧混合料从加水拌和到碾压成型,施工延迟时间不得超过水泥初凝时间(普通水泥约2 h,专用固基水泥约4 h),否则要设置施工横缝。

⑨摊铺机操作手要随时注意观察摊铺机的工作状态和摊铺质量,发现异常情况,及时调整。

⑩在摊铺机后专设2名辅助工及时处理摊铺层出现的局部缺陷。

8)混合料碾压

①对于水泥稳定材料或水泥粉煤灰稳定材料,宜在2 h之内完成碾压成型,应取混合料初凝时间与容许延迟时间两者中较短的时间作为施工控制时间。石

灰稳定材料或石灰粉煤灰稳定材料层宜在当天碾压完成,最长应不超过4 d。

②每台摊铺机后面应紧跟三轮或双钢轮压路机、振动压路机和轮胎压路机进行碾压,一次碾压长度一般为50～80 m。碾压段落必须层次分明,设置明显的分界标志,有专人指挥,并有监理旁站。

③碾压程序和碾压遍数应遵循试验路段确定的程序与工艺,驱动轮朝向摊铺机方向,按由路边向路中、先轻后重、先下部密实后上部密实、低速行驶及轮迹重叠碾压的原则,避免出现推移、起皮和漏压现象。压实时,遵循初压(遍数适中,压实度达到90%)→轻振动碾压→重振动碾压→稳压的程序,压至无轮迹为止。注意初压要充分,振压不起浪、不推移。碾压过程中,可用核子密度仪初查压实度,如果不合格,重复碾压(注意检测压实时间)。碾压完成后用灌砂法检测压实度。

④对于压路机碾压速度,第1～2遍为1.5～1.7 km/h,以后各遍应为1.8～2.2 km/h。压路机须增设限速装置。

⑤对于水泥(二灰)稳定碎石类基层,为保证边缘压实度,要求在基层边缘进行方木或型钢模板支撑(见图9.5),且应有一定超宽(碾压到边缘30 cm范围,以10 cm/次向外推进)。

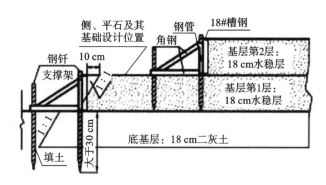

图9.5 稳定碎石类基层边缘模板支撑示意图

⑥压路机碾压不到的部位用小型振动机械施振密实。

⑦压路机倒车应自然停车,无特殊情况,禁止刹车;换挡要轻且平顺,不要拉动基层。在第一遍初步稳压时,倒车后应原路返回。换挡位置应在已压好的段落上,在未碾压的一头换挡倒车,位置错开呈齿状。出现个别拥包时,应进行铲平处理。

⑧压路机停车要错开,相隔间距不小于3 m,应停在已碾压好的路段上。

⑨严禁压路机在刚完成或正在碾压的路段上掉头和急刹车。

9)接缝设置

①水泥稳定类混合料摊铺时,应连续作业,如因故中断时间超过 2 h,则应设横缝。

②不同施工日期的施工段落也要设置横缝,要特别注意桥头搭板前无机结合料基层的碾压质量。

③横缝应与路面车道中心线垂直设置,接缝断面应是竖向平面。其设置方法如下。

a.压路机碾压完毕,沿端头斜面开到下承层上停机过夜。

b.第二天将压路机沿斜面开到前一天施工的基层上,将 3 m 直尺纵向放在接缝处,定出基层面离开 3 m 直尺的点作为接缝位置。沿横向断面垂直挖除坡下部分混合料,清理干净后,摊铺机从接缝处起步摊铺。

c.压路机沿接缝横向碾压,由前一天压实层上逐渐推向新铺层,碾压完毕再纵向正常碾压。

d.碾压完毕,接缝处纵向平整度应符合规范规定。

④应清除横向和纵向接缝浮料后涂刷水泥浆,加强新旧混合料间的黏结。

⑤两台摊铺机并行摊铺时,应避免出现纵向接缝。不能避免出现纵向接缝的情况下,纵缝必须垂直相接,严禁斜接,并按下述方法处理。

a.在前一幅摊铺时,在靠后一幅的一侧用方木或钢模板做支撑。方木或钢模板的高度应与稳定土层的压实厚度相向。

b.养护结束后,在摊铺另一幅之前,拆除支撑木(或板),应避免出现纵向接缝。当摊铺机的摊铺宽度不够,必须分两幅摊铺时,宜采用两台摊铺机一前一后相隔 5～8 m 同步向前摊铺混合料,并一起进行碾压。

10)养护

①无机结合料稳定材料层碾压完成并经压实度检查合格后,应及时养护。无机结合料稳定材料的养护期宜不少于 7 d,养护期宜延长至上层结构层开始施工前 2 d。

可采取洒水养护、薄膜覆盖养护、土工布覆盖养护、铺设湿砂养护、草帘覆盖养护、洒铺乳化沥青养护等养护方式,宜结合工程实际情况选择适宜的方式。养护期间应封闭交通,除洒水车和小型通勤车辆外,严禁其他车辆通行。

②洒水养护宜作为水泥稳定材料的基本养护方式,并应符合下列规定。

a.每天洒水次数应视气候而定。高温期施工,宜上、下午各洒水 2 次。

b. 养护期间，稳定材料层表面应始终保持湿润。

c. 对于石灰稳定或石灰粉煤灰稳定材料层，应注意表层情况，必要时可用两轮压路机补充压实。

③薄膜覆盖养护应符合下列规定。

a. 混合料摊铺碾压成型后，可覆盖薄膜，薄膜厚度宜不小于 1 mm。

b. 薄膜之间应搭接完整，避免漏缝。薄膜覆盖后，应用砂土等材料呈网格状堆填，局部薄膜破损时，应及时更换。

c. 养护至上层结构层施工前 1～2 d，方可将薄膜掀开。

d. 对蒸发量较大的地区或养护时间大于 15 d 的工程，在养护过程中应适当补水。

④土工布覆盖养护应符合下列规定。

a. 宜采用透水式土工布全断面覆盖，也可铺设防水土工布。

b. 铺设过程中应注意缝之间的搭接，不应留有间隙。

c. 铺设土工布后，应注意洒水，每天洒水次数应视气候而定。高温期施工，上、下午宜各洒水一次。

d. 养护至上层结构层施工前 1～2 d，方可将土工布掀开。

e. 养护过程中应采取有效措施防止土工布破损。

⑤铺设湿砂养护应符合下列规定。

a. 砂层厚度宜为 70～100 mm。

b. 砂铺匀后，宜立即洒水，并在整个养护期间保持砂的潮湿状态，不得用湿黏性土覆盖。

c. 养护结束后，应将覆盖物清除干净。

⑥草帘覆盖养护应符合下列规定。

a. 全断面铺设草帘。

b. 草帘铺设后应注意洒水，每天洒水的次数应视气候而定。高温期施工，上、下午宜各洒水一次，每次洒水应将草帘浸润。

c. 必要时可采用土工布与草帘双层覆盖养护。

⑦对于沥青面层厚度大于 20 cm 的结构或二级及以下公路无机结合料稳定材料基层，可采用洒铺乳化沥青方式养护，并应符合下列规定。

a. 表面干燥时，宜先喷洒少量水，再喷洒沥青乳液。

b. 采用稀释沥青时，宜待表面略干时再喷洒沥青。

c. 采用乳液养护前，应将基层清扫干净。

d.沥青乳液的沥青用量宜采用 0.8~1.0 kg/m², 分两次喷洒。

e.第一次喷洒时,宜采用沥青含量约 35% 的慢裂沥青乳液,第二次宜喷洒浓度较大的沥青乳液。

f.不能避免施工车辆通行时,应在乳液破乳后撒布粒径 4.75~9.5 mm 的小碎石,做成下封层。

11) 交通管制

①无机结合料稳定材料养护期间应封闭交通,高速公路养护期间车辆不得通行。

②无法安排施工便道而车辆需要通行时,应符合下列规定。

a.合理安排施工工序,保障 7~15 d 的养护期。

b.宜在硬路肩或临时停车带的位置画出专门车道,由专人指挥车辆通行,小型车辆和洒水车的行驶速度应小于 40 km/h。

c.应适当提高无机结合料稳定材料的早期强度。

d.限定载重车辆的轴载应不大于 13 t。

③无机结合料稳定材料养护 7 d 后,施工需要通行重型货车时,应由专人指挥,按规定的车道行驶,且车速不大于 30 km/h。

④级配碎石、级配砾石基层未做透层沥青或未铺设封层时,严禁开放交通。

5. 施工质量检验及评定

①外形尺寸检查应符合表 9.15 的规定。

表 9.15 高速公路外形尺寸检查项目、频率和质量标准

工程类别	检查项目		频率	质量标准
基层	纵断高程/mm		高速公路每 20 m 1 个断面,每个断面 3~5 点	+5~-10
	厚度/mm	均值	每 1500~2000 m² 6 点	≥-8
		单个值		≥-10
	宽度/mm		每 40 m 1 处	>0
	横坡度/(%)		每 100 m 3 处	±0.3
	平整度/mm		每 200 m 2 处,每处连续 10 尺(3 m 直尺)	≤8
			连续式平整度仪的标准差	≤3.0

续表

工程类别	检查项目		频率	质量标准
底基层	纵断高程/mm		高速公路每 20 m 1 个断面,每个断面 3~5 点	+5~-15
	厚度/mm	均值	每 1500~2000 m² 6 点	≥-10
		单个值		≥-25
	宽度/mm		每 40 m 1 处	>0
	横坡度/(%)		每 100 m 3 处	±0.3
	平整度/mm		每 200 m 2 处,每处连续 10 尺(3 m 直尺)	≤12

②高速公路无机结合料稳定材料基层及底基层压实度应符合下述规定。

a. 基层材料压实标准:水泥稳定材料≥98%,石灰粉煤灰稳定材料≥98%,水泥粉煤灰稳定材料=98%。

b. 底基层材料压实标准:稳定中、粗粒材料的水泥稳定材料≥97%,石灰粉煤灰稳定材料≥97%,水泥粉煤灰稳定材料≥97%,石灰稳定材料≥97%;稳定细粒材料的水泥稳定材料≥95%,石灰粉煤灰稳定材料≥95%,水泥粉煤灰稳定材料≥95%,石灰稳定材料≥95%。

③7 d 龄期无侧限抗压强度满足相关规定。高速公路的水泥稳定材料、石灰粉煤灰稳定材料、水泥粉煤灰稳定材料、石灰稳定材料的 7 d 龄期无侧限抗压强度标准如表 9.16 至表 9.19 所示。

表 9.16　水泥稳定材料的 7 d 龄期无侧限抗压强度标准　　　　单位:MPa

结构层	极重、特重交通	重交通	中、轻交通
基层	5.0~7.0	4.0~6.0	3.0~5.0
底基层	3.0~5.0	2.5~4.5	2.0~4.0

注:1. 高速公路推荐取上限强度标准。
2. 表中强度标准指的是 7 d 龄期无侧限抗压强度的代表值。

表 9.17　石灰粉煤灰稳定材料的 7 d 龄期无侧限抗压强度标准　　　单位:MPa

结构层	极重、特重交通	重交通	中、轻交通
基层	≥1.1	≥1.0	≥0.9
底基层	≥0.8	≥0.7	≥0.6

注:石灰粉煤灰稳定材料强度不满足表中的要求时,可外加混合料质量 1%~2%的水泥。

表 9.18　水泥粉煤灰稳定材料的 7 d 龄期无侧限抗压强度标准　　单位:MPa

结构层	极重、特重交通	重交通	中、轻交通
基层	4.0～5.0	3.5～4.5	3.0～4.0
底基层	2.5～3.5	2.0～3.0	1.5～2.5

表 9.19　石灰稳定材料的 7 d 龄期无侧限抗压强度标准　　单位:MPa

结构层	高速公路
基层	—
底基层	≥0.8

9.1.2　粒料基层施工

粒料基层也称为柔性基层、无机结合料基层,公路工程中常采用级配碎石、级配砾石及填隙碎石等材料。

级配碎石可用于高速公路的基层和底基层,也可用作较薄沥青面层与半刚性基层之间的中间层。级配砾石、填隙碎石以及符合级配、塑性指数等技术要求的天然砂砾,可适用于高速公路的底基层。

1.级配碎(砾)石施工

级配碎(砾)石施工主要有人工路拌法和集中厂拌法。集中厂拌法施工步骤与无机结合料稳定路面基层集中厂拌法类似,参见 9.1.1 节相关内容。

2.填隙碎石施工

1)一般要求

①填隙碎石可采用干法或湿法施工。干旱缺水地区宜采用干法施工。单层填隙碎石的压实厚度宜为公称最大粒径的 1.5～2.0 倍。填隙碎石施工时,应符合下列规定。

a.填隙料应干燥。

b.宜采用振动压路机碾压。碾压后,表面骨料间的孔隙应填满,但表面应看得见骨料。填隙碎石层上为薄沥青面层时,宜使骨料棱角外露 3～5 mm。

c.碾压后基层的固体体积率宜不小于 85%,底基层的固体体积率宜不小于 83%。

d. 填隙碎石基层未洒透层沥青或未铺封层时,不得开放交通。

②填隙碎石施工前,应按有关规定准备下承层和施工放样。

③应根据各路段基层或底基层的宽度、厚度及松铺系数,计算各段需要的骨料数量,并根据运料车辆的车厢体积,计算每车料的堆放距离。填隙料用量宜为骨料质量的30%～40%。

④材料装车时,应控制每车料的数量基本相等。

⑤应由远到近地将骨料按计算的距离卸置于下承层,严格控制卸料距离。

⑥用平地机或其他合适的机具将骨料均匀地铺在预定范围内,表面应平整,并有规定的路拱。应同时摊铺路肩用料。

⑦应检验松铺材料层厚度,不满足要求时应减料或补料。

2)填隙碎石干法施工

①初压宜用两轮压路机碾压3～4遍,使骨料稳定就位。初压结束时,表面应平整,并具有规定的路拱和纵坡。

②应采用石屑撒布机或类似的设备将填隙料均匀地撒布在已压稳的骨料层上,松铺厚度宜为25～30 mm;必要时,可用人工或机械扫匀。

③应采用振动压路机慢速碾压,将全部填隙料振入骨料间的孔隙中。无振动压路机时,可采用重型振动板。路面两侧宜多压2～3遍。

④再次撒布填隙料,松铺厚度宜为20～25 mm,应用人工或机械扫匀。

⑤同第③条,再次振动碾压,将局部多余的填隙料扫除。

⑥碾压后,应对局部填隙料不足之处进行人工找补,并用振动压路机继续碾压,直到全部孔隙被填满,应将局部多余的填隙料扫除。

⑦填隙碎石表面孔隙全部填满后,宜再用重型压路机碾压1～2遍。碾压过程中不应有任何蠕动现象。碾压之前,宜在表面洒少量水,洒水量宜不少于3 kg/m²。

⑧需分层铺筑时,应将已压成的填隙碎石层表面骨料外露5～10 mm,然后在其上摊铺第二层骨料,按第①～⑦条要求施工。

3)填隙碎石湿法施工

①开始工序与填隙碎石干法施工第①～⑦条要求相同。

②骨料层表面空隙全部填满后,宜立即用洒水车洒水,直到饱和。

③宜用重型压路机跟在洒水车后碾压,将湿填隙料及时扫入出现的空隙中,必要时,宜再添加新的填隙料。

④应洒水碾压至填隙料和水形成粉浆,粉浆应填塞全部孔隙,并在压路机轮前形成微波纹状。

⑤对于碾压完成的路段,应让水分蒸发一段时间,待结构层变干后,将表面多余的细料以及细料覆盖层扫除干净。

⑥需分层铺筑时,宜待结构层变干后,将已压成的填隙碎石层表面填隙料扫除一些,使表面骨料外露5~10 mm,然后在其上摊铺第二层骨料。

9.2 沥青混凝土路面施工

9.2.1 沥青路面基础概述

1. 沥青路面层位

沥青路面主要有面层、基层(底基层)和功能层,其中沥青路面面层可分为2层或3层铺筑。高速公路沥青路面面层总厚度18~20 cm,可分为上、中、下3层铺筑,并根据各分层要求采用不同的级配。

相对于其他类型的路面结构,沥青路面面层还有3个用于增强及保护面层的处理层,分别是透层、黏层和封层。

透层是为使沥青面层与非沥青材料基层结合良好,在基层上浇洒乳化沥青、煤沥青或液体沥青而形成的透入基层表面的薄层。沥青路面各类基层都必须喷洒透层油。沥青层必须在透层油完全渗入基层后方可铺筑。基层上设置下封层时,透层油不宜省略。

黏层使上、下层沥青结构层或沥青结构层与结构物(或水泥混凝土路面)完全黏结成一个整体,位于双层或三层热拌沥青混合料路面的沥青层之间。

封层主要有四个作用:封闭某一层,起保水防水的作用;起基层与沥青表面层之间的过渡和有效黏结作用;路的某一层表面破坏、离析、松散处的加固补强;基层在沥青面层修筑前,要临时开放交通,防止基层因天气或车辆作用出现水毁。封层可分为上封层和下封层。

2. 沥青路面类型

1)按技术品质和使用情况分类

①沥青混凝土路面:由适当比例的各种不同大小颗粒的集料、矿粉和沥青,

加热到一定温度后拌和,经摊铺压实而成的路面面层。采用相当数量的矿粉是沥青混凝土的一个显著特点。较高的黏结力使路面具有较高的强度,可以承受比较繁重的车辆交通。但沥青混凝土路面的允许拉应变值较小,会产生规则的横向裂缝,因而需要强度较高的基层。沥青混凝土路面对高温稳定性与低温稳定性都有要求,较小的孔隙率使沥青混凝土路面透水性小、水稳性好、耐久性高,有较强的抵抗自然因素的能力,使用年限达 15 年以上。沥青混凝土路面在高速公路中使用较多。

②沥青碎石路面:用有一定级配或同粒径的碎石与沥青拌和而成的混合料,称为沥青碎石混合料,用其铺成的面层称为沥青碎石面层。沥青碎石又被称为黑色碎石。

用沥青碎石作为面层的路面高温稳定性好,路面不易产生波浪,冬季不易产生冻缩裂缝,行车荷载作用下裂缝少;路面较易保持粗糙,有利于高速行车,对石料级配和沥青规格要求较宽,材料组成设计比较容易满足要求;沥青用量少,且不用矿粉,造价低。但其孔隙较大,路面容易渗水和老化。

我国按矿料的最大粒径对沥青碎石混合料进行分类,共分为 6 种类型,并在最大粒径之前冠以字母 LS,即粒径 LS-35、LS-30(粗粒式),粒径 LS-25、LS-20(中粒式),粒径 LS-15、LS-10(细粒式)。LS-35 表示最大粒径为 35 mm 的沥青碎石混合料。中粒式、粗粒式沥青碎石宜用作沥青混凝土面层下层、联结层和整平层。

沥青玛蹄脂碎石混合料(SMA)是一种新型混合料,是由间断级配集料构成粗集料嵌挤骨架,并由沥青玛蹄脂(由沥青、填料、砂和纤维稳定剂组成)填充骨架孔隙而组成的沥青混合料,具有良好的抗剪切变形性能、抗疲劳开裂性能和耐久性,以及良好的抗滑和降低噪声的性能。但这种混合料工程造价较高,适用于特重和重交通荷载等级公路,经常应用于高速公路的表面层。

③沥青贯入式路面:用沥青贯入碎(砾)石作为面层的路面,即把沥青浇洒在铺好的主层集料上,再分层撒布嵌缝石屑和浇洒沥青,分层压实,形成一个较致密的沥青结构层。沥青贯入式路面的强度和稳定性主要由石料的相互嵌挤作用决定,其厚度通常为 4~8 cm,但乳化沥青贯入式路面的厚度宜不超过 5 cm。当沥青贯入式路面上部加铺拌和的沥青混合料封层时,总厚度宜为 6~10 cm,其中拌和层的厚度宜为 2~4 cm。

沥青贯入式路面需要 2~3 周的成型期,在行车碾压与重力作用下,沥青逐渐下渗包裹石料,填充孔隙,形成整体的稳定结构层,温度稳定性好,热天不易出现推移、拥包,冷天不易出现低温裂缝。贯入式路面最上层应撒布封层料或加铺拌和层。

沥青贯入式碎石适用于沥青混凝土面的联结层。

④沥青表面处治路面:用沥青和集料按层铺法或拌和法在具有一定强度的基层或面层上铺筑而成的厚度不超过 3 cm 的沥青路面。沥青表面处治路面厚度一般为 1.5~3.0 cm。层铺法可分为单层、双层、三层。单层沥青表面处治路面厚度为 1.0~1.5 cm,双层厚度为 1.5~2.5 cm,三层厚度为 2.5~3.0 cm。沥青表面处治路面的使用寿命不及沥青贯入式路面,设计时一般不考虑其承重强度,其主要是对非沥青承重层起保护和防磨耗作用。

沥青表面处治路面适用于旧沥青面层上加铺罩面或抗滑层、防磨耗层等。

2)按施工工艺分类

按施工工艺的不同,沥青路面可分为路拌法沥青路面和厂拌法沥青路面。

①路拌法沥青路面:在路上用机械将矿料和沥青材料就地拌和摊铺、碾压密实形成沥青面层。此类面层所用的矿料若为碎(砾)石,则称为"路拌沥青碎(砾)石";所用的矿料若为土,则称为"路拌沥青稳定土"。路拌沥青面层通过就地拌和,沥青材料在矿料中的分布比层铺法均匀,路面成型期较短。但因所用的矿料为冷料,需使用黏稠度较低的沥青材料,故混合料的强度较低。

②厂拌法沥青路面:将规定级配的矿料和沥青材料用专用设备加热拌和,然后送到工地摊铺碾压形成沥青路面。矿料中细颗粒含量少,不含或含少量矿粉,混合料为开级配的(孔隙率达 10%~15%),称为"厂拌沥青碎石";若矿料中含有矿粉,混合料是按最佳密实级配配制的(孔隙率在 10%以下),称为"沥青混凝土"。

3)按混合料铺筑温度分类

按混合料铺筑时温度的不同,可分为热拌热铺沥青路面和热拌冷铺沥青路面两种。热拌热铺是将混合料在专用设备中加热拌和后立即趁热运到路上摊铺压实的方法。如果混合料加热拌和后储存一段时间再在常温下运到路上摊铺压实,则为热拌冷铺。

3. 沥青路面混合料分类

1)按组成结构分类

①密实-悬浮结构:采用连续密级配矿料配制的沥青混合料中,一方面,矿料颗粒由大到小连续分布,并通过沥青胶结作用形成密实结构,见图 9.6(a);另一

方面,较大一级的颗粒只有留出充足的空间才能容纳下一级较小的颗粒,这样粒径较大的颗粒往往被较小一级的颗粒挤开,造成粗颗粒之间不能直接接触,也就不能相互支撑而形成嵌挤骨架结构,而是彼此分类悬浮于较小的颗粒和沥青胶浆中间,形成密实-悬浮结构。工程中常用的 AC-I 型沥青混凝土就是这种结构的典型代表。

②骨架-孔隙结构:采用连续开级配矿料与沥青组成沥青混合料时,由于矿料多集中在较粗粒径的颗粒上,因此粗粒径的颗粒可以相互接触,彼此相互支撑,形成嵌挤骨架。但因混合料中很少含有细颗粒,粗颗粒形成的骨架孔隙无法填充,从而压实后在混合料中留下较多的孔隙,形成骨架-孔隙结构,见图 9.6(b)。工程中使用的沥青碎石混合料和排水沥青混合料是典型的骨架-孔隙结构。

③密实-骨架结构:采用间断型密级配矿料与沥青组成沥青混合料时,由于颗粒集中在级配范围的两端,缺少中间颗粒,因此一端的粗颗粒相互支撑嵌挤形成骨架,另一端较细的颗粒填充于骨架的孔隙中间,使整个矿料结构呈现密实状态,形成密实-骨架结构,见图 9.6(c)。SMA 是一种典型的密实-骨架结构。

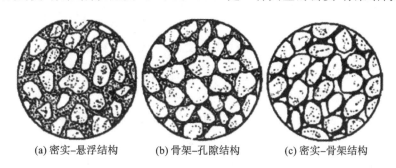

(a) 密实-悬浮结构　　　(b) 骨架-孔隙结构　　　(c) 密实-骨架结构

图 9.6　沥青混合料结构组成示意图

2)按矿料级配分类

①密级配沥青混凝土混合料:各种粒径的颗粒级配连续、相互嵌挤密实的矿料,与沥青拌和而成,且压实后的剩余孔隙率小于 10% 的混凝土混合料。剩余孔隙率为 3%～6%(行人道路 2%～6%)的是Ⅰ型密实式改性沥青混凝土混合料;剩余孔隙率为 4%～10% 的是Ⅱ型半密实式改性沥青混凝土混合料。代表类型有沥青混凝土、沥青稳定碎石。

②半开级配沥青混合料:由适当比例的粗集料、细集料及少量填料(或不加填料)与沥青拌和而成,压实后剩余孔隙率在 10% 以上的半开式改性沥青混合料。代表类型有改性沥青稳定碎石,用 AM 表示。

③开级配沥青混合料:矿料级配主要由粗集料组成,细集料和填料较少,采用高黏度沥青结合料黏结形成,压实后孔隙率大于15%的开式沥青混合料。代表类型有排水式沥青磨耗层混合料,用 OGFC 表示;另有排水式沥青稳定碎石基层,用 ATPCZB 表示。

④间断级配沥青混合料:矿料级配组成中缺少1个或几个档次而形成的级配间断沥青混合料。代表类型有沥青玛蹄脂碎石混合料(SMA)。

3)按矿料粒径分类

①砂砾式沥青混合料:矿料最大粒径等于或小于 4.75 mm(圆孔筛 5 mm)的沥青混合料,也称为沥青石屑或沥青砂。

②细粒式沥青混合料:矿料最大粒径为 9.5 mm 或 13.2 mm(圆孔筛 10 mm 或 15 mm)的沥青混合料。

③中粒式沥青混合料:矿料最大粒径为 16 mm 或 19 mm(圆孔筛 20 mm 或 25 mm)的沥青混合料。

④粗粒式沥青混合料:矿料最大粒径为 26.5 mm 或 31.5 mm(圆孔筛 30 mm 或 40 mm)的沥青混合料。

⑤特粗粒式沥青混合料:矿料最大粒径等于或大于 37.5 mm(圆孔筛 45 mm)的沥青混合料。

4)按施工温度分类

①热拌沥青混合料:沥青与矿料经加热后拌和,并在一定的温度下完成摊铺和碾压过程的混合料。HMA 是热拌沥青混合料(hot mixture asphalt)的简称。

②冷拌(常温)沥青混合料:采用乳化沥青或稀释沥青在常温下(或者加热温度很低)与矿料拌和,并在常温下完成摊铺和碾压过程的混合料。

③温拌沥青混合料:一类拌和温度介于热拌沥青混合料(150~180 ℃)和冷拌沥青混合料(常温)之间,性能达到(或接近)热拌沥青混合料的新型节能减排沥青混合料。

各种沥青混合料的主要性能见表 9.20。

表 9.20 各种沥青混合料性能

项目	混合料类型		
	冷拌沥青混合料	热拌沥青混合料	温拌沥青混合料
拌和温度	10~40 ℃	150~180 ℃	110~120 ℃
性能	路用性能不稳定	性能好	性能好,但长期性有待验证

续表

项目	混合料类型		
	冷拌沥青混合料	热拌沥青混合料	温拌沥青混合料
能耗	低	高	相比 HMA 节能 20% 左右
有害气体	几乎无	气体排放量大	气体排放量小
规范标准	有标准的试验方法和规范	有标准的试验方法和规范	无标准规范
经济成本	低	一般	相比 HMA 较高
施工	方便	时间、距离有限定	相比 HMA 工期长,运输方便
应用	一般用于路面养护	应用广泛、技术成熟	目前处于试验阶段

4. 沥青路面原材料一般规定

①沥青路面使用的各种材料运至现场后必须取样进行质量检验,经评定合格后方可使用,不得以供应商提供的检测报告或商检报告代替现场检测。

②沥青路面集料的选择必须经过认真的料源调查,料源应尽可能就地取材,质量应符合使用要求。石料开采必须注意环境保护,防止破坏生态平衡。

③集料粒径规格以方孔为准。不同料源、品种、规格的集料不得混杂堆放。

9.2.2 热拌沥青混合料路面施工

1. 一般规定

①沥青混合料集料的最大粒径宜从上至下逐渐增大,并与压实层厚度相匹配。对于热拌热铺密级配沥青混合料,沥青层一层的压实厚度宜不小于集料公称最大粒径的 3 倍,SMA 和 OGFC 等嵌挤型混合料宜不小于公称最大粒径的 2.5 倍,以减少离析,便于压实。

②石油沥青加工及沥青混合料施工温度应根据沥青标号及黏度、气候条件、铺装层厚度确定。

a. 普通沥青混合料的施工温度宜通过在 135 ℃ 及 175 ℃ 条件下测定的黏度-温度曲线确定。缺乏黏度-温度曲线数据时,可参照表 9.21 选择,并根据实际情况确定使用高值或低值。当表中温度不符合实际情况时,容许做适当调整。

表 9.21 热拌沥青混合料的搅拌和施工温度　　　　　　　　单位：℃

施工工序		石油沥青标号			
		50号	70号	90号	110号
沥青加热温度		160～170	155～165	150～160	145～155
矿料加热温度	间隙式拌和机	集料加热温度比沥青温度高10～30			
	连续式拌和机	矿料加热温度比沥青温度高5～10			
沥青混合料出料温度		150～170	145～165	140～160	135～155
混合料贮料仓贮存温度		上料过程中温度降低不超过10			
混合料废弃温度		≥200	≥195	≥190	≥185
运输到现场温度		≥150	≥145	≥140	≥135
混合料摊铺温度	正常施工	≥140	≥135	≥130	≥125
	低温施工	≥160	≥150	≥140	≥135
开始碾压的混合料内部温度	正常施工	≥135	≥130	≥125	≥120
	低温施工	≥150	≥145	≥135	≥130
碾压终了表面温度	钢轮压路机	≥80	≥70	≥65	≥60
	轮胎压路机	≥85	≥80	≥75	≥70
	振动压路机	≥75	≥70	≥60	≥55
开放交通的路表温度		≤50	≤50	≤50	≤45

注：1. 沥青混合料施工温度采用具有金属探测针的插入式数显温度计测量。表面温度可采用表面接触式温度计测定。当采用红外线温度计测量表面温度时，应进行标定。

2. 表中未列入的130号、160号及30号沥青的施工温度由试验确定。

b. 聚合物改性沥青混合料的施工温度根据实践经验并参照表 9.22 选择，通常宜较普通沥青混合料施工温度提高 10～20 ℃。采用冷态胶直接喷入法拌和的改性沥青混合料，集料烘干温度应进一步提高。

表 9.22 聚合物改性沥青混合料的正常施工温度范围　　　　　　　单位：℃

工序	聚合物改性沥青品种		
	SBS类	SBR胶乳类	EVA、PE类
沥青加热温度	160～165		
改性沥青现场制作温度	165～170	—	165～170
成品改性沥青加热温度	≤175	—	≤175
集料加热温度	190～220	200～210	185～195

续表

工序	聚合物改性沥青品种		
	SBS 类	SBR 胶乳类	EVA、PE 类
改性沥青 SMA 混合料出厂温度	170～185	160～180	165～180
混合料最高温度(废弃温度)	195		
混合料贮存温度	拌和出料后降低不超过 10		
摊铺温度	≥160		
初压开始温度	≥150		
碾压终了表面温度	≥90		
开放交通时的路表温度	≤50		

注:1.同表 9.21。

2.当采用表列以外的聚合物或天然沥青改性沥青时,施工温度由试验确定。

c.SMA 混合料的施工温度应视纤维品种和数量、矿粉用量不同,在改性沥青混合料基础上适当提高。

③热拌沥青混合料面层施工前,应对混合料进行配合比设计,配合比设计分目标配合比设计、生产配合比设计和生产配合比验证 3 个阶段。在施工过程中,不得随意变更经设计确定的标准配合比。同一拌和厂的两台拌和机,如果使用相同品种的矿料和沥青,可使用同一目标配合比,但每台拌和机必须独立进行生产配合比设计。若矿料和沥青产地、品种等发生变化,必须重新进行设计。

④热拌沥青混合料面层施工应采用集中厂拌混合料、摊铺机摊铺、压路机碾压施工工艺。

⑤正式施工前,必须铺筑试验段,对施工工艺进行总结。试验段质量检查频率应是正常路段的 2 倍。

⑥沥青面层应在不低于 10 ℃气温下进行施工,同时严禁在雨天、路面潮湿情况下施工。施工期间应注意天气变化,已摊铺沥青层因遇雨未进行压实的应予以铲除。雨天过后,待下卧层完全干燥后,方可进行沥青面层施工。

2. 施工工艺流程

热拌热铺沥青混合料施工工艺流程如图 9.7 所示。

1)施工准备

①沥青混合料面层施工前的技术、机械、试验检测仪器、料场与材料及作业

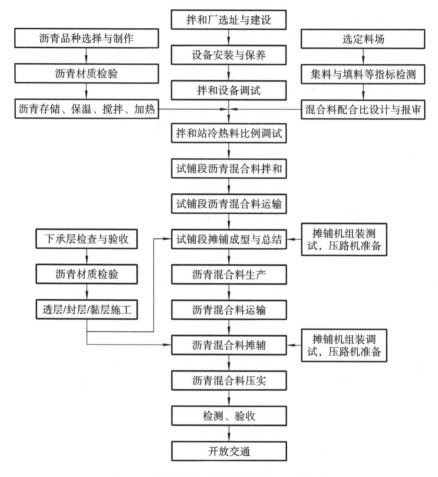

图 9.7　热拌热铺沥青混合料施工工艺流程

面等各项准备可参照《公路沥青路面施工技术规范》(JTG F40—2004)执行。

②应对沥青混合料拌和机、摊铺机、压路机等各种施工机械和设备进行调试,对机械设备的配套情况、技术性能、计量设备等进行检查或标定。

③应准备施工过程中所需要的各种记录表格和现场温度、厚度检测设备。根据摊铺长度估算当日生产吨位,明确拌和厂、施工现场、试验室责任联系人,实现拌和厂与施工现场联系畅通、动态控制。

④铺筑沥青面层前,应检查基层或下卧沥青层质量,不符合要求的不得铺筑沥青面层。下卧层已被污染时,必须清洗或经铣刨处理后方可铺筑沥青混合料。

⑤根据施工方案确定的高程及厚度控制方式进行测量放线,恢复中线、设置边桩,中面层桥头处和下面层摊铺前,中分带、路肩外侧直线段宜每 10 m 设一边

桩,平曲线段宜每 5 m 设一个边桩,中、上面层在中分带、路肩外边缘设置指示标志,对施工桩号应做明显标记,用白灰画出各结构层的边缘线。

2)试验段施工

高速公路沥青路面在施工前应铺筑试验段。当同一施工单位使用的材料、机械设备及施工方法与其他工程完全相同时,也可利用其他工程的结果,不再铺筑新的试验路段。

试验段开工前 28 d 安装好试验仪器和设备,配备的试验人员报请监理工程师审核。各层开工前 14 d 在监理工程师批准的现场备齐全部机械设备并进行试验段铺筑,以确定松铺系数、施工工艺、机械配备、人员组织、压实遍数,并检查压实度、沥青含量、矿料级配、沥青混合料马歇尔各项技术指标等。

①试验段应选在具有代表性的主线直线段,采用两种或两种以上的试铺碾压方案,每种方案长度通常不小于 250 m。

②热拌热铺沥青混合料路面试验段铺筑包括试拌和试铺两个阶段,需要确定以下试验内容。

a. 根据各种机械施工能力相匹配的原则,确定适宜的施工机械,依据生产能力结合实际工程决定机械数量与组合方式。

b. 通过试拌确定拌和数量、时间、温度及上料速度等参数,考察计算机打印装置的可信度;验证沥青混合料的配合比设计和沥青混合料的技术性质,提出生产用的标准配合比和最佳沥青用量。

c. 通过试铺确定以下内容:检验沥青混合料施工性能,评价其是否利于摊铺和压实,要求混合料均匀不离析、不结块;摊铺机的操作方式,包括摊铺温度、摊铺速度、初步振捣夯实的方法和强度、自动找平方式等;压实机具的选择、组合,压实顺序、碾压温度、碾压速度及遍数,建立用钻孔法与核子密度仪无损检测路面密度的对比关系,确定压实度的标准检测方法;透层油的喷洒方式和效果及摊铺、压实工艺,以及松铺系数;施工缝处理方法;试验段的渗水系数和路面平整度。

3)沥青混合料拌和

沥青混合料可采用间歇式拌和机或连续式拌和机拌制。高速公路宜采用间歇式拌和机拌制。连续式拌和机使用的集料必须稳定不变,一个工程从多处进料,料源或质量不稳定时,不得采用连续式拌和机。

①在施工过程中,应安排专人对沥青拌和机进行日常检查维护,确保拌和机运转正常。拌和厂应符合下列规定。

a. 拌和厂的设置必须符合国家有关环境保护、消防、安全等规定。

b. 拌和厂与工地现场距离应充分考虑交通堵塞的可能,确保混合料的温度下降不超过要求,且不致因颠簸造成混合料离析。

c. 拌和厂应具有完备的排水设施。各种集料必须分隔贮存,细集料场应设防雨顶棚,料场及场内道路应做硬化处理,严禁泥土污染集料。

d. 拌和厂宜备有保温性能好的成品储料仓,贮存过程中混合料降温不得高于 10 ℃,且不能有沥青滴漏。道路石油沥青混合料的贮存时间不得超过 72 h,改性沥青混合料的贮存时间宜不超过 24 h,SMA 混合料只限当天使用,OGFC 混合料宜随拌随用。

②高速公路施工用的间歇式拌和机须配备计算机设备,拌和过程中逐盘采集并打印各个传感器的材料用量和沥青混合料拌和量、拌和温度等各种参数,随时在线检查矿料级配和油石比,并定期对拌和机的计量和测温进行校核。每个台班结束时打印出一个台班的统计量,按《公路沥青路面施工技术规范》(JTG F40—2004)规定的方法进行沥青混合料生产质量及铺筑厚度的总量检验。总量检验资料有异常波动时,应立即停止生产,分析原因。

③拌和时间。道路石油沥青混合料每盘的拌和周期一般不少于 45 s,其中干拌时间一般不少于 5 s;改性沥青混合料拌和时间适当延长,改性沥青 SMA 混合料拌和周期一般为 60～70 s。拌和时间应根据具体情况由试拌确定,保证沥青均匀裹覆。

④生产添加纤维的沥青混合料时,纤维必须在混合料中充分分散、拌和均匀。拌和机应配备同步投料装置。松散的絮状纤维可与沥青同时或稍后喷入拌和锅,拌和时间宜延长 5 s 以上。颗粒纤维可与粗集料同时加入,干拌 5～10 s。工程量很小时,也可分装成塑料小包由人工直接投入拌和锅。

⑤使用改性沥青时,应随时检查沥青泵、管道、计量器是否堵塞,堵塞时应及时清洗。

⑥沥青和集料的加热温度以及沥青混合料的出厂温度应符合表 9.21、表 9.23 的规定,集料温度应比沥青温度高 10～15 ℃。每天开始几盘集料应提高加热温度,并干拌几锅集料废弃,再正式加入沥青拌和混合料。

表 9.23 普通沥青混合料正常施工温度控制范围

工序	规定指标/℃
沥青加热温度	150～170

续表

工序		规定指标/℃
矿料加热温度		165～190
混合料出厂温度		150～165,超过 185 废弃
混合料运输到现场温度		不低于 150
摊铺温度	正常施工	不低于 140～145,且不超过 170
	低温施工	不低于 145～150,且不超过 175
初压温度	正常施工	135～145
	低温施工	145～155
复压温度	正常施工	130～140
	低温施工	135～145
终压温度	正常施工	105～125
	低温施工	115～135

⑦沥青混合料出厂时,应逐车检测沥青混合料的质量和温度,目测检查混合料有无异常,如混合料有无花白、冒青烟和离析等现象。若有异常,应查明原因,及时调整。出厂时,应记录出厂时间,签发运料单。

4)混合料运输

①热拌沥青混合料宜采用大吨位的车辆运输,一般应不小于 15 t。车辆数量应根据运输距离、摊铺速度确定,适当留有富余,摊铺机前方应有不少于 5 辆运料车等候卸料,以确保现场连续摊铺需要。

②在运输车辆每天使用前后,要检验其完好性,装料前应将车厢清洗干净。为防止混合料黏在车厢板上,可在车厢板上涂一薄层隔离剂或油水混合液(柴油:水=1:3),但不得有余液积聚在车厢底部。

③拌和机或储料仓向运料车放料时,料车应按"前、后、中"的顺序移动,分 3～5 次装料。

④运料车应采用厚苫布覆盖严密,苫布至少应下挂到车厢板的一半,卸料过程中宜继续覆盖直到卸料结束。在气温较低时,运料车车厢侧面应加装保温层,确保混合料温度稳定。

⑤采用数字显示插入式热电偶温度计检测沥青混合料的出厂温度和运到现场温度,插入深度要大于 150 mm。在运料卡车侧面中部设专用检测孔,孔口距车厢底面约 300 mm。测试方法应符合《公路路基路面现场测试规程》(JTG

3450—2019)的规定。

⑥运输到摊铺现场的混合料,如温度不符合要求或遭雨淋,应做废弃处理。

⑦运料车进入摊铺现场时,轮胎上不得沾有泥土等可能污染路面的脏物,否则应将轮胎清洗后再进入施工现场。

⑧卸料过程中,运料车在摊铺机前10～30 cm处停住,运料车不得撞击摊铺机。卸料过程中运料车应挂空挡,靠摊铺机推动前进。

有条件时,运料车可将混合料卸入转运车,经二次拌和后向摊铺机连续均匀地供料。运料车每次卸料必须倒净,尤其是改性沥青或SMA混合料,如有剩余,应及时清除,防止硬结。

SMA及OGFC混合料在运输、等候过程中,如发现有沥青混合料沿车厢板滴漏,应采取措施予以避免。

5)混合料摊铺

热拌沥青混合料应采用沥青摊铺机摊铺。在喷洒有黏层油的路面上铺筑改性沥青混合料或SMA时,宜使用履带式摊铺机。

①沥青混合料摊铺时应单幅一次性摊铺,可采用两台或多台摊铺机呈梯队方式同时摊铺,也可采用一台摊铺机摊铺。两台摊铺机摊铺时,摊铺机必须为同一机型,新旧程度和性能相近,以保证摊铺均匀、一致。

②摊铺机开工前应提前0.5～1 h预热熨平板,使其温度不低于100 ℃。摊铺过程中,应使熨平板的振捣或夯锤压实装置有适宜的振动频率和振幅,以保证面层的初始压实度达85%左右。熨平板连接应紧密,避免摊铺的混合料出现划痕。

③沥青混合料底面层摊铺与桥面铺装层摊铺时,应采用钢丝引导控制高程的方式,简称"走钢丝"。钢丝为扭绕式,直径不小于3 mm,钢丝拉力大于800 N,每10 m设一钢丝支架。采用两台摊铺机进行摊铺施工时,靠中央分隔带侧摊铺机在前,其左架设钢丝,摊铺机上安装横坡仪或在右侧架设铝合金导梁控制摊铺层横坡;后面的摊铺机右侧架设钢丝,左侧在摊铺好的层面上走"雪橇"控制高程。中、上面层应采用非接触式平衡梁控制摊铺高度和厚度。两台摊铺机摊铺层的纵向热接缝应采用斜接缝,避免出现缝痕。两台摊铺机前后距离应不超过10 m。

④调好螺旋布料器两端的自动料位器,并使料门开度、链板送料器速度和螺旋布料器转速相匹配。螺旋布料器内混合料表面以略高于螺旋布料器2/3高度为宜,熨平板挡板前混合料高度应在全宽范围内保持一致,避免产生离析现象。

⑤摊铺机作业方向应与路面车辆行驶方向一致,摊铺速度应控制在 2～6 m/min,改性沥青摊铺速度宜放慢至 1～3 m/min。摊铺机的摊铺速度根据拌和机的产量、施工机械配套情况及摊铺厚度、摊铺宽度予以调整,做到缓慢、均匀、连续摊铺,每天仅在收工时停机一次。

⑥面层压实前,禁止人员踩踏,一般不宜人工整修。若出现局部离析等特殊情况,应在技术人员的指导下,由施工人员进场找补或更换混合料。

⑦在桥隧过渡段,应严格按照设计要求进行施工,提前做好工作面准备,处理好欠压实、松散、不平整等问题,并扫除松散材料和所有杂物。

⑧摊铺过程中,应随时检测松铺厚度,发现异常,应立即调整。

⑨中央分隔带路缘石应在摊铺面层前完工,铺筑时应在靠近路缘石位置适量多铺混合料,并确保该处沥青混合料压实度。

⑩在路面狭窄和加宽部分、平曲线半径过小的匝道、斜交桥头等摊铺机不能摊铺的部位,可辅以人工摊铺混合料。人工摊铺应严格控制操作时间、松铺厚度、平整度等。

⑪沥青路面施工的最低温度应根据铺筑层厚度、气温、风速及下卧层表面温度来确定。考虑到施工需要,根据下卧层表面温度调整沥青混合料的最低摊铺温度,且满足表 9.21 和表 9.23 规定的温度要求。每天施工开始阶段宜采用较高温度的混合料。温度测试仪器可选用手持式红外测温仪或数字插入式测温仪。

⑫摊铺过程中的其他注意事项如下。

a. 运料车辆在卸料更换时应做到快捷、有序,保证摊铺机料斗不脱料,尽量减少摊铺机料斗在摊铺过程中拢料。注意摊铺机接斗的操作程序,以减少粗集料离析。摊铺机集料斗在刮板尚未露出、尚有约 10 cm 厚的热料时拢斗,这应在运料车刚退出时进行,而且应该做到料斗两翼刚恢复原位时,下一辆运料车即可开始供料,做到连续供料,并避免粗集料集中。

b. 沥青混合料摊铺作业时,摊铺机驾驶台及作业现场要视野开阔,且注意清除障碍物。作业时,无关人员不得在驾驶台上停留,驾驶员不得擅离岗位。运料车向摊铺机卸料时,应同步进行、动作协调,防止互相碰撞,驾驶摊铺机应平稳。弯道作业时,熨平装置的端头与路缘石的间距不得小于 10 cm,以免发生碰撞。

c. 因遇到机器故障、下雨等情况不能连续摊铺时,及时将情况通知拌和组并报告技术负责人。摊铺遇雨时,立即停止施工,并清除已摊铺尚未压实成型的混合料。遭雨淋的混合料应废弃,不得卸入摊铺机。雨后在下承层未充分干前,不得继续摊铺。摊铺过程中由于各种原因停机超过 1 h，必须做施工缝处理。

d. 施工现场应备有涂抹乳化沥青的毛刷和散装的乳化沥青，以便对黏层受破坏的位置进行涂刷找补。

e. 施工人员不得随意在铺筑层内走动，防止将泥土、杂物带到已铺筑的沥青路面上，减少对铺筑路面的污染。

6) 混合料压实

在沥青混凝土道路施工中，必须对沥青混凝土进行压实，其目的是提高沥青混凝土混合料的强度稳定性和疲劳特性。所以，压实质量的好坏直接影响沥青路面的平整度和密实度。

沥青路面的压实度综合采用钻孔抽检压实度和核子密度仪法测定。碾压工艺的控制包括压路机的配置(台数、吨位及机型)、压路机排列和碾压方式、压路机与摊铺机的距离、碾压温度、碾压速度、压路机洒水(雾化)情况、碾压段长度、掉头方式等。

①碾压设备配置。沥青面层施工应配备足够数量的压路机。当施工温度低、风速大、碾压层薄时，应增加压路机数量。沥青混合料面层压实应采用重型压路机，双钢轮压路机应不小于 12 t，轮胎压路机应不小于 25 t，必要时应采用 30 t 以上的轮胎压路机进行碾压作业。OGFC 沥青混合料宜采用小于 12 t 的双钢轮压路机。压路机使用性能良好，不得出现漏油现象。

②应选择合理的压路机组合方式及碾压步骤。初压应在混合料不产生推移、开裂且较高温度下进行。初压一般采用双钢轮压路机，AC 和 Superpave 型混合料复压宜采用轮胎压路机，SMA、OGFC 宜采用双钢轮压路机，终压采用双钢轮压路机。

③碾压原则。为避免碾压时混合料推挤产生拥包，碾压时驱动轮应朝向摊铺机；碾压路线及方向不应突然改变；压路机启动、停止必须减速缓行，不得刹车制动；压路机折回位置应呈阶梯状，不应在同一横断面。

④碾压工序流程(遍数)。沥青混合料压实应按初压、复压、终压(包括成型) 3 个阶段进行。压路机应以缓慢而均匀的速度碾压，压路机的适宜碾压速度随初压、复压、终压及压路机的类型而不同。

⑤压实注意事项。

a. 碾压现场应设专岗对碾压温度、碾压工艺进行管理和检查，做到不漏压、不超压。初压、复压、终压段落应设置明显标志。

b. 在当天碾压完成的沥青面层上，不得停放压路机及其他施工设备，并防止矿料、油料和杂物散落在沥青面层上。

c.宜有沾有隔离剂的拖布擦涂轮胎,防止沥青混合料黏轮,禁止使用柴油、机油等作为压路机隔离剂。

d.钢轮压路机碾压过程中,应使用洁净的可饮用水作为隔离剂,喷水量不宜过大,以钢轮表面湿润不黏轮为度。

e.碾压成型的面层外观应均匀。压实完成12 h后或路面温度低于50 ℃时,方能允许施工车辆通行。

7)接缝处理

沥青路面接缝形式主要有纵缝、横缝、新旧路面的接缝等各类施工缝。施工缝往往由于压实不足而产生台阶、裂缝、松散等病害,影响路面的平整度和耐久性,施工时必须十分注意。

沥青路面施工必须接缝紧密、连接平顺,不得产生明显的接缝离析,上下层的裂缝应错开15 cm以上(热接缝)或30～40 cm(冷接缝)。相邻两幅及上下层的横向接缝均应错开1 m以上。接缝施工应用3 m直尺检查,确保平整度符合要求。

①纵向接缝处理要求如下。

a.采用梯队作业方式(两台或两台以上同时作业)摊铺形成的纵缝属于热接缝。施工时将已铺混合料部分留10～20 cm宽暂不碾压,作为后续摊铺部分的高程基准面,后摊铺部分完成后跨缝碾压,以消除缝迹。

b.冷接缝一般是指新铺层与压实后的已铺层的纵向搭接。当半幅施工或因特殊原因而产生纵向冷接缝时,宜加设挡板或加设切刀切齐,也可采用在沥青混合料尚未冷却前用镐刨除边缘留下毛茬的方式,但不宜在冷却后采用切割机做纵向切缝。加铺另半幅前,应在接缝处涂刷少量沥青,摊铺时重叠在已铺层上5～10 cm,再铲走铺在前半幅上的混合料。

碾压方式一:压路机位于热混合料上,由边向中进行碾压,接缝处留下10～15 cm,再做跨缝挤压。

碾压方式二:碾压时,压路机在已压实路面上行走,碾压新铺热混合料宽度为15 cm左右,然后碾压新铺筑部分。

②横向接缝处理要求。横向接缝形式有斜接缝、阶梯形接缝和平接缝。高速公路的表面层横向接缝应采用垂直的平接缝,以下各层可采用自然碾压的斜接缝,沥青层较厚时也可做阶梯形接缝。其他等级公路的各层均可采用斜接缝。横向接缝宜错开1 m以上。

a. 斜接缝的搭接长度与层厚有关,宜为 0.4~0.8 m。搭接处应洒少量沥青,混合料中的粗集料颗粒应予剔除,并补上细料,搭接平整,充分压实。阶梯形接缝的台阶经铣刨而成,并洒黏层沥青,搭接长度宜不小于 3 m。

b. 平接缝宜趁尚未冷透时用凿岩机或人工垂直刨除端部层厚不足的部分,使工作缝成直角连接。当采用切割机制作平接缝时,宜在铺设当天混合料冷却但尚未结硬时进行。刨除或切割不得损伤下层路面。必须冲洗干净切割时留下的泥水,待干燥后涂刷黏层油。铺筑新混合料接头应使接茬软化,压路机先横向碾压,再纵向碾压成为一体,充分压实,连接平顺。

③横向接缝的处理方法如下。

a. 平整度检查。首先用 3 m 直尺检查端部平整度,不符合要求时,垂直于路中线切齐清除。清理干净后,在端部涂黏层沥青,接着摊铺。摊铺时调整好预留高度,接缝处摊铺层施工结束后,再用 3 m 直尺检查平整度。

b. 横向接缝碾压。先用双轮双振压路机进行横向碾压,碾压时,压路机位于已压实的混合料层上,伸入新铺层的宽度为 15 cm,然后每压一遍,向新铺混合料方向移动 15~20 cm,直至全部在新铺层上为止,再改为纵向碾压。

8)施工质量检查与验收

①按现行《公路工程质量检验评定标准 第一册 土建工程》(JTG F80/1—2017)要求的频率认真做好原材料试验、施工温度试验、矿料级配试验、马歇尔试验、压实度试验等试验。

②在施工过程中随时检查铺筑厚度、平整度、宽度、横坡度、高程。

9.2.3 温拌沥青混合料路面施工

温拌沥青混合料(warm mix asphalt,简称 WMA)是拌和温度介于热拌沥青混合料(150~180 ℃)和冷拌沥青混合料(常温)之间,性能达到热拌沥青混合料(HMA)要求的新型沥青混合料。

温拌技术是一种高节能低排放的新型环保路面技术,降低了矿料、沥青加热温度及混合料施工温度,减少了气体和烟尘的排放量。从环境保护角度看,温拌技术在一定程度上缓解了修筑沥青路面造成的空气污染,温室气体排放量降低;沥青拌和厂选址更加灵活;对人体健康造成的影响也大大降低,提高了工作效率,尤其对封闭空间(如隧道)施工非常有利;拌和过程中,沥青烟气中有毒物质的排放减少了 87%,摊铺过程中,不产生难闻的烟雾和气味,降低了对环境的污染和对施工人员健康的损害;避免了沥青因拌和温度过高而老化,延长了沥青路面的使用寿命。

温拌沥青混合料路面施工目前没有统一的行业规范,各地都在积极探索相应的施工技术。温拌沥青混合料路面的施工工艺流程、质量控制要点与热拌沥青混合料路面基本相同,施工质量检查与验收完全遵循热拌热铺沥青混合料的质量标准。

温拌沥青混合料路面施工的关键技术在于温拌沥青混合料生产过程中温拌沥青混合料添加剂(简称"温拌剂")的添加及施工过程中施工温度的控制。

1. 温拌沥青混合料添加剂

多年来,经过国内外学者的大量研究,相继出现了多种温拌技术及温拌剂产品,应用最为广泛的有有机添加剂类、沸石类、乳化沥青和表面活性温拌剂,如Sasobit、Aspha-min 以及 Evotherm 等产品。每种温拌剂的原理不同,效果也不相同,但本质都是降低沥青在施工过程中的高温黏度,进而实现在较低温度下沥青混合料的拌和与压实。

2. 温拌沥青混合料施工温度

施工过程中可根据选择的温拌剂,在已有的实际施工经验的基础上,基于等黏原理,通过室内试验确定温拌沥青混合料的施工温度。表 9.24、表 9.25 为常用温拌沥青混合料的施工温度。

表 9.24　WMAAC-25C 普通沥青混合料的施工温度　　　　　　　　单位:℃

施工工序	70 号道路石油沥青
沥青加热温度	145(155~165)
矿料加热温度	145~155(170~180)
沥青混合料出料温度	135~145(160~170)
混合料摊铺温度	≥125(150)
开始碾压温度	≥120(140)
碾压终了温度	≥70(70)
开放交通的路表温度	≤50(50)

注:括号内的温度是对 70 号沥青 HMA 要求的施工温度。

表 9.25 WMAAC-20C、WMASMA-13 改性沥青混合料的施工温度　　　单位:℃

施工工序	温拌 SBS 改性沥青
沥青加热温度	155～165
矿料加热温度	150～160
沥青混合料出料温度	150～160
混合料摊铺温度	≥140
开始碾压温度	≥135
碾压终了温度	≥70
开放交通的路表温度	≤50

3. 施工质量检查标准

SMA-13 温拌沥青混合料施工质量检查标准如表 9.26 所示。

表 9.26　SMA-13 温拌沥青混合料施工质量检查标准

项目		检查频率	质量要求或允许差	试验方法
施工温度:沥青混合料出厂温度		每车料一次	应符合表 9.21 的规定	温度计测定
运输到现场温度				
初压温度				
碾压终了温度				
矿料级配与生产配比	0.075 mm	每台拌和机每天上、下午各 1 次	±2%	拌和厂稳定生产后取样,用抽提后的矿料筛分
	≤2.36 mm		±4%	
	≥4.75 mm		±5%	
沥青含量(油石比)与生产设计的差		每日每机上、下午各 1 次	±0.3%	拌和厂取样抽提
马歇尔试验	稳定度/kN	每日每机上、下午各 1 次	≥6.0	拌和厂取样,室内成型试验
	流值/0.1 mm		20～50	
	孔隙率/(%)		生产配合比±1	
压实度		1 次/200 m/车道	不小于 98%(马歇尔密度),94%(最大理论密度)	现场钻孔试验(可用核子密度仪随时检查)

续表

项目	检查频率	质量要求或允许差		试验方法
厚度	与压实度相同	总厚度	设计值−5%	钻孔检查并铺筑时
		上面层	设计值−10%	随时插入量取
平整度	每车道连续检测	≤1.2 mm		用连续式平整度仪检测
构造深度	1处/200 m	符合设计要求		铺砂法
摩擦系数				摆式摩擦仪
渗水系数	与压实度相同	≤70 mL/min		改进型渗水仪

9.2.4 冷拌沥青混合料路面施工

1. 一般规定

①冷拌沥青混合料适用于高速公路沥青路面的基层、联结层或整平层。冷拌改性沥青混合料可用于沥青路面的坑槽冷补。

②冷拌沥青混合料宜采用乳化沥青或液体沥青拌制，也可采用改性乳化沥青。

③冷拌沥青混合料宜采用密级配沥青混合料。当采用半开级配的冷拌沥青碎石混合料路面时，应铺筑上封层。

2. 冷拌沥青混合料配合比设计

①冷拌沥青混合料可参照相应的矿料级配使用，并根据已有的成功经验，经试拌确定设计级配范围和施工配合比。

②乳化沥青碎石混合料的乳液用量应根据当地实践经验以及交通量、气候、集料情况、沥青标号、施工机械等条件确定，也可按热拌沥青混合料的沥青用量折算。实际的沥青残留物数量可较同规格热拌沥青混合料的沥青用量减少10%~20%。

3. 冷拌沥青混合料路面施工

①冷拌沥青混合料宜采用拌和厂机械拌和及沥青摊铺机摊铺的方式。缺乏厂拌条件时，也可采用现场路拌及人工摊铺方式。冷拌沥青混合料施工应注意防止混合料离析。

②当采用阳离子乳化沥青时，在与乳液拌和前宜先用水使集料湿润；若集料

湿润后仍难以与乳液拌和均匀,应改用破乳速度更慢的乳液,或用1%～3%浓度的氯化钙水溶液代替水润湿集料表面。

③混合料适宜的拌和时间应根据实际情况调节并通过试拌确定。矿料中加入乳液后的机械拌和时间宜不超过30 s,人工拌和时间宜不超过60 s。

④已拌好的混合料应立即运至现场进行摊铺,并在乳液破乳前结束。在拌和与摊铺过程中,已破乳的混合料应予废弃。

⑤乳化沥青冷拌混合料铺后,宜采用6 t左右的轻型压路机初压1～2遍,使混合料初步稳定,再用轮胎压路机或钢筒式压路机碾压1～2遍。当乳化沥青开始破乳、混合料由褐色转变成黑色时,改用12～15 t轮胎压路机碾压,将水分挤出,复压2～3遍后停止,待晾晒一段时间,水分基本蒸发后,继续复压至密实为止。当压实过程中有推移现象时应停止碾压,待稳定后再碾压。当天不能完全压实时,可在较高气温状态下补充碾压。当缺乏轮胎压路机时,也可采用钢筒式压路机或较轻的振动压路机碾压。

⑥乳化沥青混合料路面的上封层应在压实成型、路面水分完全蒸发后加铺。

⑦乳化沥青混合料路面施工结束后宜封闭交通2～6 h,并注意做好早期养护。开放交通初期,应设专人指挥,车速不得超过20 km/h,不得刹车或掉头。

⑧冷拌沥青混合料施工遇雨应立即停止铺筑,以防雨水将乳液冲走。

9.2.5 冷补沥青混合料施工

1. 一般规定

①用于修补沥青路面坑槽的冷补沥青混合料宜采用适宜的改性沥青混合料拌制,并具有良好的耐水性。

②冷补沥青用量通过试验并根据实际使用效果确定,通常为4%～6%。其级配应符合补坑的需要,粗集料级配必须具有充分的嵌挤能力,以便在未经充分碾压的条件下开放通车碾压而不松散。

2. 冷补沥青混合料施工

冷补沥青混合料的质量应符合下列要求。

①制作冷补沥青混合料的集料必须符合热拌沥青混合料集料的质量要求。

②有良好的低温操作和易性。用于寒冷季节补坑的混合料,应在松散状态下经-10 ℃的冰箱保持24 h并无明显的凝聚结块现象,且能便于铁铲拌和。

③有良好的耐水性。混合料按水煮法或水浸法检验的抗水剥落性能(裹覆面积)不得小于95%。

④冷补沥青混合料应有足够的黏聚性,马歇尔试验稳定度宜不小于3 kN。

9.2.6 透层、黏层及封层施工

1. 透层施工技术

1)基本要求

①沥青路面各类基层必须喷洒透层油,沥青层在透层油完全渗透基层后方可铺筑。基层上设置下封层时,透层油不宜省略。气温低于10 ℃或大风天气,即将降雨时不得喷洒透层油。

②根据基层类型选择渗透性好的液体沥青、乳化沥青、煤沥青做透层油,喷洒后,通过钻孔或挖掘确认透层油渗入基层的深度,宜不小于5 mm(无机结合料稳定集料基层)~10 mm(无结合料基层),并能与基层结合成一体。透层油的质量应符合现行的《公路沥青路面施工技术规范》(JTG F40—2004)的要求。

③通过调节稀释剂用量或乳化沥青浓度得到适宜的透层油黏度,基质沥青的针入度通常宜不小于100(针入度的单位是1/10 mm)。透层用乳化沥青的蒸发残留物含量允许根据渗透情况适当调整。当使用成品乳化沥青时,可通过稀释得到要求的黏度。透层用液体沥青的黏度通过调节煤油或轻柴油等稀释剂的品种和掺量经试验确定。

④透层油用量应通过试洒确定,不宜超出表9.27要求的范围。

表9.27 沥青路面透层材料的规格和用量表

下卧层类型	液体沥青		乳化沥青		煤沥青	
	规格	用量/(L·m^{-2})	规格	用量/(L·m^{-2})	规格	用量/(L·m^{-2})
新建沥青层或旧沥青路面	AL(R)-3~AL(R)-6 AL(M)-3~AL(M)-6	0.3~0.5	PC-3 PA-3	0.3~0.6	T-1 T-2	1.0~1.5
水泥混凝土	AL(M)-3~AL(M)-6 AL(S)-3~AL(S)-6	0.2~0.4	PC-3 PA-3	0.3~0.5	T-1 T-2	0.7~1.0

注:表中用量是指包括稀释剂和水分等在内的液体沥青、乳化沥青的总量。乳化沥青中的残留物含量以50%为基准。

2)施工技术要求

①在无结合料粒料基层上喷洒透层油时,宜在铺筑沥青层前 1~2 d 喷洒。

②用于半刚性基层的透层油宜紧接在基层碾压成型后,表面稍变干燥,但尚未硬化的情况下喷洒。

③喷洒透层油前,应清扫路面,遮挡防护路缘石及人工构造物,避免污染。透层油必须喷洒均匀,有花白遗漏应人工补洒,喷洒过量的立即撒布石屑或砂吸油,必要时适当碾压。透层油洒布后不得在表面形成能被运料车和摊铺机黏起的油皮。透层油达不到渗透深度要求时,应更换透层油稠度或品种。

④透层油洒布后应不致流淌,应渗入基层一定深度,不得在表面形成油膜。

⑤透层油洒布后的养护时间应根据透层油的品种、气候条件以及试验确定,确保液体沥青中的稀释剂全部挥发,乳化沥青渗透且水分蒸发,然后尽早铺筑沥青面层,防止工程车辆损坏透层。

⑥喷洒透层油后一定要严格禁止人和车辆通行。

⑦透层油洒布后应待充分渗透,一般等待 24 h 后才能摊铺上层,但也不能在透层油喷洒后很久不做上层施工,应尽早施工。摊铺沥青前,应将局部多余的未渗入基层的沥青清除。

⑧对无机结合料稳定的半刚性基层喷洒透层油后,如果不能及时铺筑面层,又需要开放交通,应铺撒适量的石屑或粗砂,此时宜将透层油增加 10% 的用量。用 6~8 t 钢筒式压路机稳压 1 遍,并控制车速。摊铺上层时若发现局部沥青剥落,应修补,还需清扫浮屑或砂。

2.黏层施工技术

1)基本要求

①符合下列情况之一时,必须喷洒黏层油。

a. 双层式或三层式热拌热铺沥青混合料路面的沥青层之间。

b. 水泥混凝土路面、沥青稳定碎石基层或旧沥青路面层上加铺沥青层。

c. 路缘石、雨水口、检查井等构造物与新铺沥青混合料接触面的侧面。

②黏层油宜采用快裂或中裂乳化沥青、改性乳化沥青,也可采用快、中凝液体石油沥青,其规格和质量应符合《公路沥青路面施工技术规范》(JTG F40—2004)的要求,所使用的基质沥青标号宜与主层沥青混合料相同。

③黏层油品种和用量应根据下卧层的类型通过试洒确定,并符合表 9.28 的

要求。当黏层油上铺筑薄层大空隙排水路面时,黏层油的用量宜增加到 0.6~1.0 L/m²。在沥青层之间兼做封层而喷洒的黏层油宜采用改性沥青或改性乳化沥青,其用量宜不少于 1.0 L/m²。

表 9.28　沥青路面黏层材料的规格和用量表

下卧层类型	液体沥青		乳化沥青	
	规格	用量/(L·m⁻²)	规格	用量/(L·m⁻²)
新建沥青层或旧沥青路面	AL(R)-3~AL(R)-6 AL(M)-3~AL(M)-6	0.3~0.5	PC-3 PA-3	0.3~0.6
水泥混凝土	AL(M)-3~AL(M)-6 AL(S)-3~AL(S)-6	0.2~0.4	PC-3 PA-3	0.3~0.5

注:表中用量是指包括稀释剂和水分等在内的液体沥青、乳化沥青的总量。乳化沥青中的残留物含量以 50% 为基准。

2)施工技术要求

①黏层油宜采用沥青洒布车喷洒,并选择适宜的喷嘴,洒布速度和喷洒量保持稳定。当采用机动或手摇的沥青洒布机喷洒时,必须由熟练的技术工人操作,均匀洒布。气温低于 10 ℃时不得喷洒黏层油,寒冷季节施工不得不喷洒时可以分成 2 次喷洒。路面潮湿时不得喷洒黏层油,用水洗刷后需要待表面干燥后再喷洒。

②喷洒的黏层油必须呈均匀雾状,在路面全宽度内均匀分布成一薄层,不得有洒花漏空或呈条状,也不得有堆积。喷洒不足的要补洒,喷洒过量处应予刮除。喷洒黏层油后,严禁运料车外的其他车辆和行人通过。

③黏层油宜当天喷洒,待乳化沥青破乳、水分蒸发完成,或稀释沥青中的稀释剂基本挥发完成后,紧跟着铺筑沥青层,确保黏层不受污染。

3. 封层施工技术

1)基本要求

封层宜选择在干燥和较热的季节施工,并在最高温度低于 15 ℃到来前半个月及雨季前结束。

2)施工技术要求

①在磨损的旧路面上铺筑稀浆封层时,施工前应先修补坑槽、整平路面。
②封层施工时,其下承层应干燥。

③使用层铺法沥青表面处治铺筑上封层时,施工方法按层铺法表面处治工艺施工。

④使用层铺法沥青表面处治铺筑下封层时,施工工艺同上封层。矿料用量应根据矿料尺寸、形状、种类等情况确定,宜为 $5\sim 8\ m^3/1000\ m^2$。

⑤采用集中拌和法施工上、下封层时,应按照热拌沥青混凝土路面施工工艺进行。

⑥稀浆封层施工应使用稀浆封层铺筑机,其工作速度宜保持匀速,应达到厚度均匀、表面平整的要求。

⑦封层铺筑后,必须待乳液破乳、水分蒸发、干燥成型后方可开放交通。

9.3 水泥混凝土路面施工

水泥混凝土路面包括普通混凝土(素混凝土)、钢筋混凝土、连续配筋混凝土、预应力混凝土、装配式混凝土、钢纤维混凝土和混凝土小块铺砌等面层板和基(垫)层所组成的路面。目前所谓普通混凝土路面,是指除接缝区和局部范围(边缘和角隅)外不配置钢筋的混凝土路面。

相对于沥青混凝土路面而言,水泥混凝土路面的优点是使用寿命长、强度高、稳定性好、耐久性好、养护费用少、经济效益高,有利于夜间行车,有利于带动当地建材业的发展。水泥混凝土路面的缺点是对水泥和水的需要量大,有接缝,开放交通较迟,修复困难。

9.3.1 施工方法的选择

目前,通常采用的水泥混凝土路面铺筑技术有现浇水泥混凝土路面施工和装配式水泥混凝土路面施工两类。

现浇水泥混凝土路面是目前公路水泥混凝土路面最常见的一种,以小型机械设备施工法和滑模摊铺机施工法为主。高速公路水泥混凝土路面施工主要采用的是滑模摊铺机施工法。

滑模摊铺工艺是采用滑模摊铺机铺筑水泥混凝土面层的施工工艺。其特点是不架设边缘固定模板,布料、摊铺、振捣密实、挤压成型、抹面装饰等施工流程在摊铺机行进过程中连续完成。我国自 1991 年开始发展滑模摊铺技术,经过多年推广应用,该技术已经成为我国高速公路水泥混凝土路面施工中广泛采用的高新成熟技术。

装配式水泥混凝土路面是近年来发展起来的一种新型水泥混凝土路面结构,是在工厂中把混凝土预制成板块,然后运至工地现场装配而成。这种路面的优点是:混凝土板可以全年生产,不受气候影响,混凝土质量容易保证;施工进度快,铺筑完毕即可通车;损坏后易于拆换修理。装配式水泥混凝土路面的缺点是接缝多,整体性差,容易引起行车颠簸跳动,因而此法在高速公路中很少使用,下面不做介绍。

9.3.2 现浇水泥混凝土路面施工

现浇水泥混凝土路面施工工艺流程主要有:现场清理→测量放线、垫高抄水平→模板制作及安装雨水、污水管网,井篦子→混凝土搅拌、运输→铺筑混凝土→接缝施工→混凝土振捣、整平→混凝土抹面、压实→切缝、清缝、灌缝→养护。

下面对现浇水泥混凝土路面施工的要点进行简要说明。

1. 模板架设与拆除

①施工模板应采用刚度足够的槽钢、轨模或钢制边侧模板,不应使用木模板、塑料模板等易变形模板。

②支模前,在基层上应进行模板安装及摊铺位置的测量放样,核对路面标高、面板分块、胀缝和构造物位置。

③纵横曲线路段应采用短模板,每块横板中点应安装在曲线切点上。

④模板安装应稳固、平顺、无扭曲,应能承受摊铺、振实、整平设备的负载行进,冲击和振动时不发生位移。

⑤模板与混凝土拌和物接触表面应涂脱模剂。

⑥模板拆除应在混凝土抗压强度不小于 8.0 MPa 时进行。

2. 混凝土拌和物搅拌

①搅拌站的配备,应优先选配间歇式搅拌站,也可使用连续式搅拌站。

②每个搅拌站投入生产前,必须进行标定和试拌。在标定有效期满或搅拌站搬迁安装后,均应重新标定。施工中应每 15 d 校验一次搅拌站计量精确度。搅拌站配料计量偏差不得超过规定。不满足时,应分析原因,排除故障,确保拌和计量精确度。采用计算机自动控制系统的搅拌站应使用自动配料生产,并按需要打印每天(周、旬、月)对应路面摊铺桩号的混凝土配料统计数据及偏差。

③应根据拌和物的黏聚性、均质性及强度稳定性试拌确定最佳拌和时间。

④外加剂应以稀释溶液加入,其稀释用水和原液中的水量应从拌和加水量中扣除。

⑤拌和引气混凝土时,搅拌站一次拌和量应不大于其额定搅拌量的90%。纯拌和时间应控制在含气量最大或较大时。

3. 混凝土拌和物运输

①应根据施工进度、运量、运距及路况,选配车型和车辆总数。总运力应比总拌和能力略有富余,确保新拌混凝土在规定时间内运到摊铺现场。

②运输到现场的拌和物必须具有适宜摊铺的工作性。不同摊铺工艺的混凝土拌和物从搅拌站出料到运输、铺筑完毕的允许最长时间应符合时间控制的规定。不满足时,应通过试验加大缓凝剂或保塑剂剂量。

③运输过程中应防止混凝土漏浆、漏料和污染路面,途中不得随意耽搁。自卸车运输应减小颠簸,防止拌和物离析。车辆起步和停车应平稳。

4. 混凝土的现场铺筑

1) 三辊轴机械铺筑

三辊轴施工配备了施工效率更高的一体化设备,即三辊轴机组。其施工工艺如下。

①混凝土浇筑。

a. 施工前按照设计及规范要求安装模板。

b. 混凝土浇筑过程中,应沿横断面连续振捣密实,并注意路面板底、内部和边角处不得欠振或漏振。振捣棒在每一处的持续时间,应以拌和物全面振动液化、表面不再冒气浆为限,不宜过振,也不宜少于30 s。振捣棒移动间距宜不大于500 mm,至模板边缘的距离宜不大于200 mm。应避免碰撞模板、钢筋、传力杆和拉杆。

c. 在振捣棒已完成振实的部位,可开始振动板纵横交错2遍全面提浆振实,每车道路面应配备1块振动板。

d. 振动板移位时,应重叠100~200 mm,振动板在一个位置的持续时间应不少于15 s。振动板须由两人提位振捣和移位。

e. 对于缺料的部位,应辅以人工补料找平。

f. 采用振动梁振实,每车道路面宜使用1根振动梁。振动梁应垂直于路面中线沿纵向拖行,往返2~3遍,使表面泛浆均匀平整。

②整平饰面。

a.每车道路面应配备2根滚杠,每个作业面应配备2根滚杠。振动梁振实后,应拖动滚杠往返2遍提浆整平。

b.拖滚后的表面宜采用3 m刮尺,纵横各1遍整平饰面,或采用叶片式或圆盘式抹面机往返2~3遍压实整平饰面。

c.抹面机完成作业后,应进行清边整缝,清除黏浆,修补缺边、掉角。精平饰面后的面板表面应无抹面印痕,致密均匀,无露骨,平整度应达到规定要求。

d.使用真空脱水工艺时,混凝土拌和物的最大单位用水量可比不采用外加剂时增大3~12 kg/m³;对于拌和物适宜坍落度,高温天气为30~50 mm,低温天气为20~30 mm。

2)滑模摊铺机铺筑

滑模摊铺工艺宜用于高速公路普通水泥混凝土面层以及配筋混凝土面层、纤维混凝土面层、钢筋混凝土桥面、隧道混凝土面层、混凝土路缘石、路肩石及护栏等滑模施工。上坡纵坡大于5%、下坡纵坡大于6%、平面半径小于50 m或超高横坡超过7%的路段,不宜采用滑模摊铺机施工。滑模摊铺机的基本技术参数见表9.29。

表9.29 滑模摊铺机的基本技术参数

项目	发动机功率/kW	摊铺宽度范围/m	最大摊铺厚度/mm	摊铺速度范围/(m·min^{-1})	最大空驶速度/(m·min^{-1})	最大行走速度/(m·min^{-1})	履带数/个
三车道滑模摊铺机	≥200	12.5~16.0	≤500	0.75~3.0	≤5.0	≤15	4
双车道滑模摊铺机	≥150	3.6~9.7	≤500	0.75~3.0	≤5.0	≤18	2~4
多功能单车道滑模摊铺机	≥70	2.5~6.0	≤400（护栏最大高度≤1900)	0.75~3.0	≤9.0	≤15	2~4
路缘石滑模摊铺机	≥60	0.5~2.5	≤450	0.75~2.0	≤9.0	≤10	2~3

采用滑模摊铺机在基层上行走的铺筑方案时,基层侧边缘到滑模摊铺面层

边缘的宽度宜不小于 650 mm。

①铺筑前的准备工作如下。

a.摊铺段夹层或封层质量应检验合格,对于破损或缺失部位,应及时修复。表面应清扫干净并洒水润湿,并采取防止施工设备和机械碾坏封层的措施。

b.应检查并平整滑模摊铺机的履带行走区。行走区应坚实,不得存在湿陷等病害。应清除砖、瓦、石块、废弃混凝土块等杂物。

c.摊铺前应检查并调试施工设备。滑模摊铺机首次作业前,应挂线对铺筑位置、几何参数和机架水平度进行设置、调整和校准,满足要求后方可用于摊铺作业。

d.滑模摊铺面层前,应准确架设基准线。基准线架设与保护应符合下列规定。

滑模摊铺高速公路时,应采用单向坡双线基准线;横向连接摊铺时,连接一侧可依托已铺成的路面,另一侧设置单线基准线。

基准线桩纵向间距直线段宜不大于 10 m,桥面铺装、隧道路面及竖曲线和平曲线路段宜为 5~10 m,大纵坡与急弯道可加密布置。基准线桩最小距离宜不小于 2.5 m。

基层顶面到夹线臂的高度宜为 450~750 mm。基准线桩夹线臂夹口到桩的水平距离宜为 300 mm。基准线桩应固定牢固。

单根基准线的最大长度宜不大于 450 m,架设长度宜不大于 300 m。

基准线宜使用钢绞线。采用直径 2.0 cm 钢绞线时,张线拉力宜不小于 1000 N;采用直径 3.0 cm 钢绞线时,张线拉力宜不小于 2000 N。

基准线设置后,应避免扰动、碰撞和振动。多风季节施工,宜缩小基准线桩间距。

e.当面层传力杆、胀缝钢筋采用前置支架法施工时,应在表面先准确安装和固定支架,保证中缩缝切割位置位于传力杆中部,且不会因布料、摊铺而推移。支架可采用与锚固入基层的钢筋焊接等方法固定。

②混凝土布料要求如下。

a.滑模摊铺机前布料,应采用机械完成。滑模铺筑无传力杆水泥混凝土路面时,布料可使用轻型挖掘机或推土机;滑模铺筑连续配筋混凝土路面、钢筋混凝土路面、桥面和桥头搭板,路面中设传力杆钢筋支架、胀缝钢筋支架时,布料应采用侧向上料的布料机或供料机;当面层传力杆、胀缝与隔离缝钢筋采用前置支架法施工时,不得在支架顶面直接卸料。传力杆以下的混凝土宜在摊铺前采用手持振捣棒振实。

b. 布料高度应均匀一致,不得采用翻斗车直接卸料的方式,卸料、布料速度与摊铺速度协调一致,不得局部或全断面缺料。发生缺料时应立即停止摊铺。

c. 采用布料机布料时,布料机和滑模摊铺机之间的施工距离宜为 5～10 m;现场蒸发率较大时,宜采用较小值。

d. 坍落度为 10～30 mm 时,布料松铺系数宜为 1.08～1.15。

e. 应保证滑模摊铺机前的料位高度位于螺旋布料器叶片最高点以下,最高料位高度不得高于松方控制板上缘。使用布料犁布料时,应按松方高度严格控制料位高度。

③滑模摊铺机的施工参数设定及校准应符合下列规定。

a. 振捣棒应均匀排列,间距宜为 300～450 mm;混凝土摊铺厚度较大时,应采用较小间距。两侧最边缘振捣棒与摊铺边缘距离宜不大于 200 m。振捣棒下缘位置应位于挤压底板最低点以上。

b. 挤压底板的前倾角宜设置为 3°,提浆夯板位置宜在挤压底板前缘以下 5～10 mm。

c. 边缘超铺高度应根据拌和物稠度确定,宜为 3～8 mm;板厚较厚、坍落度较小时,边缘超铺高度宜采用较小值。

d. 搓平梁前沿宜调整到与挤压底板后沿高程相同的位置;搓平梁的后沿应比挤压底板后沿低 1～2 mm,并与路面高程相同。

e. 符合铺筑精度要求的摊铺机设置应加以固定和保护。当基底高程等摊铺条件发生变化,铺筑精度超出范围时,可由操作手在行进中通过缓慢微调加以调整。

④滑模摊铺机铺筑作业要点如下。

a. 滑模摊铺机起步时,应先开启振捣棒,在 2～3 min 内调整到合适的振捣频率;振捣频率应根据板厚、摊铺速度和混凝土工作性确定,以保证拌和物不发生过振、欠振或漏振为宜。振捣频率可在 100～183 Hz 间调整,宜为 150 Hz。待进入挤压底板前缘拌和物振捣密实,无大气泡冒出后,方可开动滑模摊铺机平稳推进摊铺。当天摊铺施工结束,摊铺机脱离拌和物后,应立即关闭振捣棒组。

b. 滑模摊铺应缓慢、匀速、连续不间断地作业。滑模摊铺速度应根据板厚、混凝土工作性、布料能力、振捣排气效果等确定,可在 0.75～2.5 m/min 间选择,宜采用 1 m/min。滑模摊铺水泥混凝土面层时,严禁快速推进、随意停机与间歇摊铺。

c.摊铺过程中,可根据拌和物的稠度大小,采取调整摊铺的振捣频率或速度等措施,保证摊铺质量。当拌和物稠度发生变化时,宜先采取调整振捣频率的措施,后采取改变摊铺速度的措施。

d.摊铺中应经常检查振捣棒的工作情况和位置。面层出现条带状麻面现象时,应停机检查振捣棒是否损坏;振捣棒损坏时,应更换振捣棒。摊铺面层上出现发亮的砂浆条带时,应检查振捣棒位置是否异常;振捣棒位置异常时,应将振捣棒调整到正常位置。

⑤抹面。滑模摊铺过程中,应采用自动抹平板装置进行抹面。对少量局部麻面和明显缺料部位,应在挤压板后或搓平梁前补充适量拌和物,由搓平梁或抹平板机械修整。滑模摊铺的混凝土面板在下列情况下可用人工进行局部修整。

a.用人工操作抹面抄平器,精整摊铺后表面的小缺陷,但不得在整个表面加薄层修补路面高程。

b.对于纵缝边缘出现的倒边、塌边、溜肩现象,应设置侧模或在上部支方形金属管进行边缘补料修整。

c.起步和纵向施工接头处应采用水准仪抄平,并采用大于3 m的靠尺边测边修整。

⑥滑模摊铺结束后的工作要点如下。

a.滑模摊铺结束后,必须及时清洗滑模摊铺机,进行当日保养等。

b.宜在第二天硬切横向施工缝,也可当天软做施工横缝。

c.应丢弃端部的混凝土和摊铺机振动仓内遗留下的纯砂浆,两侧模板应向内各收进20~40 mm,收口长度宜比滑模摊铺机侧模板略长。施工缝部位应设置传力杆,并满足路面平整度、高程、横坡和板长要求。

5.接缝施工

普通水泥混凝土、钢筋混凝土、碾压混凝土和钢纤维混凝土面层均应设置接缝。按平面位置分类,接缝可分为纵向接缝和横向接缝。面板的平面布局宜采用矩形分块,其纵缝和横缝应垂直相交,纵缝两侧的横缝不得相互错位。

1)纵缝施工

纵缝从功能上分为纵向施工缝和纵向缩缝两类,从构造上分为设拉杆平缝型和设拉杆假缝型。

①当一次铺筑宽度小于路面宽度时,应设置纵向施工缝,位置应避开轮迹,并靠近车道线或与其重合,构造可采用设拉杆平缝型。上部应锯切槽口,深度为

30～40 mm,宽度为 3～8 mm,槽内灌塞填缝料。采用滑模摊铺机施工时,纵向施工缝的拉杆可用摊铺机的侧向拉杆装置插入。采用固定模板施工方式时,应在振实过程中从侧模预留孔中手工插入拉杆。

②当一次铺筑宽度大于 4.5 m 时,应设置纵向缩缝,构造可采用设拉杆假缝型。锯切的槽口深度应大于纵向施工缝的槽口深度。纵缝位置应按车道宽度设置,并在摊铺过程中用专用拉杆插入装置插入拉杆。

③钢筋混凝土路面、桥面和搭板的纵缝拉杆可由横向钢筋延伸穿过接缝代替。钢纤维混凝土路面切开的纵向缩缝可不设拉杆,纵向施工缝应设拉杆。

④插入的侧向拉杆应牢固,不得松动、碰撞或拔出。若发生拉杆松脱或漏插,应在横向相邻路面摊铺前钻孔重新植入。当发现拉杆可能被拔出时,宜进行拉杆拔出力(握裹力)检验。

⑤纵缝应与路线中线平行。纵缝拉杆应采用螺纹钢筋,设在板厚中央,并应对拉杆中部 100 mm 范围内进行防锈处理。

2)横缝施工

横缝从功能上分为横向缩缝、横向胀缝和横向施工缝。横向缩缝从构造上分为设传力杆假缝型和不设传力杆假缝型;横向胀缝通常采用固定的结构形式;横向施工缝从构造上分为设传力杆平缝型和设拉杆企口缝型,通常与横向缩缝、横向胀缝合设。

①横向缩缝。

a.普通水泥混凝土路面横向缩缝宜等间距布置,不宜采用斜缝。必须调整板长时,最大板长宜不大于 6.0 m,最小板长宜不小于板宽。

b.在特重和重交通公路、收费广场、邻近胀缝或路面自由端的 3 条缩缝应采用设传力杆假缝型,在其他情况下可采用不设传力杆假缝型。

c.缩缝传力杆的施工方法可采用前置钢筋支架法或传力杆插入装置法。传力杆应采用光面钢筋。

d.横向缩缝的切缝方式有全部硬切缝、软硬结合切缝和全部软切缝 3 种。切缝方式的选用,应根据施工期间该地区路面摊铺完毕到切缝时的昼夜温差确定,可参照表 9.30 推荐的切缝方式。

表 9.30 根据施工气温推荐的切缝方式

昼夜温差/℃	切缝方式	缩缝切深
<10	最长时间不得超过 24 h	硬切缝,1/5～1/4 板厚

续表

昼夜温差/℃	切缝方式	缩缝切深
10~15	软硬结合切缝,每隔1~2条提前软切缝,其余用硬切缝补切	软切深度不应小于60 mm,不足者应硬切补深到1/3板厚,已断开的缝不补切
>15	宜全部软切缝,抗压强度为1~1.5 MPa,人可行走。软切缝不宜超过6 h	软切缝深度不小于60 mm,未断开的缝应硬切补深到不小于1/4板厚

②横向胀缝。

a.邻近桥梁或其他固定构造物处或与其他道路相交处,应设置横向胀缝(简称胀缝)。

b.普通混凝土路面、钢筋混凝土路面和钢纤维混凝土路面视集料的温度膨胀性大小、当地年温差和施工季节酌情设置胀缝。高温施工的,可不设胀缝;常温施工且集料温缩系数和年温差较小时,可不设胀缝;集料温缩系数或年温差较大,路面两端构造物间距不小于500 m时,宜设1道中间胀缝;低温施工且路面两端构造物间距不小于350 m时,宜设1道胀缝。

c.普通混凝土路面的胀缝应包括补强钢筋支架、胀缝板和传力杆。钢筋混凝土和钢纤维混凝土路面可不设钢筋支架。胀缝宽20~25 mm,使用沥青或塑料薄膜滑动封闭层时,胀缝板及填缝宽度宜加宽到25~30 mm。传力杆一半以上长度的表面应涂防黏涂层;端部应戴活动套帽,套帽材料与尺寸应符合有关规定的要求。胀缝板应与路中心线垂直,缝壁垂直,缝隙宽度一致,缝中完全不连浆。

d.胀缝应采用前置钢筋支架法施工,也可预留一块面板,高温时再铺封。采用前置法施工时,应预先加工、安装和固定胀缝钢筋支架,并在使用手持振捣棒振实胀缝板两侧的混凝土后再摊铺。宜在混凝土未硬化时,剔除胀缝板上部的混凝土,嵌入(20~25)mm×20 mm木条,整平表面。胀缝板应连续贯通整个路面板宽度。

③横向施工缝。

每日施工结束或临时中断施工时,应设置横向施工缝,其位置应尽可能选在胀缝或缩缝处。横向施工缝设在缩缝处时应采用设传力杆平缝型。施工缝设在胀缝处时,其构造与胀缝相同。确有困难需设置在缩缝之间时,横向施工缝应采用设拉杆企口缝型。

6. 抗滑构造施工

水泥混凝土路面抗滑构造是确保行车安全的一项关键技术措施。尤其是高速公路,当设计行车速度较高、抗滑构造指标不足时,车轮在雨天容易打滑,对行车安全很不利,极易出现交通事故。因此,高速公路水泥混凝土路面应做到"平而不滑",既要保证高平整度,细观抗滑构造又要满足要求。

目前,水泥混凝土路面抗滑构造主要通过拉毛处理、塑性刻槽和硬刻槽来实现。

1) 拉毛处理

水泥混凝土面层摊铺完毕或精整平表面后,使用钢支架拖挂1~3层叠合麻布、帆布或棉布,洒水湿润后做拉毛处理。布片接触路面的长度以 0.7~1.5 m 为宜,细度模数偏大的粗砂,拖行长度取小值;砂较细时,取大值。人工修整表面时宜使用木抹。用钢抹修整过的光面,仍需进行拉毛处理,以恢复细观抗滑构造。

2) 塑性拉槽

当日施工进度超过 500 m 时,抗滑沟槽制作宜选用拉毛机械施工。没有拉毛机时,可采用人工拉槽方式。在混凝土表面泌水完毕 20~30 min 内应及时进行拉槽。拉槽深度为 2~4 mm,槽宽 3~5 mm,槽间距 15~25 mm。可采用等间距或非等间距抗滑槽,考虑到减小噪声,宜采用后者。拉槽间距应保持一致,槽深基本均匀。

3) 硬刻槽

特重和重交通混凝土路面宜采用硬刻槽,凡使用真空吸水或圆盘、叶片式抹面机精平后的混凝土路面、钢纤维混凝土路面必须采用硬刻槽方式制作抗滑沟槽。

硬刻槽机有普通手推式、支架式及自行式三种。刻槽方法也有等间距和不等间距两种。为降低噪声,宜采用非等间距刻槽,尺寸宜为槽深 3~5 mm、槽宽 3 mm、槽间距在 12~24 mm 随机调整。对路面结冰地区,硬刻槽的形状宜使用上宽 6 mm、下宽 3 mm 的梯形槽,目的是向上分散结冰冻胀力,保持槽口完好。硬刻槽机质量宜重不宜轻,一次刻槽最小宽度应不小于 500 mm。硬刻槽时不应掉边角,也不得中途抬起或改变方向,并保证硬刻槽到面板边缘。抗压强度达到

40%后可开始硬刻槽,且宜在2周内完成。硬刻槽后随即冲洗干净路面,并恢复路面养护。

7. 灌缝

水泥混凝土路面由于构造的原因存在纵横向接缝,这些接缝的存在为雨水进入路面结构提供了通道,而水是诱发路面及路面结构病害的主要因素之一。因此,必须对水泥混凝土路面接缝进行填塞处理,又称为"灌缝作业"。高速公路水泥混凝土路面接缝在养护期满后必须及时灌缝,以提高路面板防水密封性、板间嵌锁和荷载传递能力。

1)清缝

应先采用切缝机清除接缝中夹杂的砂石、凝结的泥浆等,再使用压力大于或等于0.5 MPa的压力水和压缩空气彻底清除接缝中的尘土及其他污染物,确保缝壁及内部清洁、干燥。缝壁检验以擦不出灰尘为标准。

路面胀缝和桥台隔离缝等应在填缝前凿去接缝板顶部嵌入的木条。涂胶黏剂后,嵌入胀缝专用多孔橡胶条或灌进适宜的填缝料。当胀缝宽度不一致或有啃边、掉角等现象时,必须灌缝。

2)灌缝

使用常温聚氨酯和硅树脂等填缝料时,应按规定比例将两组分材料按1 h灌缝量混拌均匀后使用。填缝料配制要求随配随用。

使用加热填缝料时,应将填缝料加热至规定温度。加热过程中应将填缝料彻底熔化,搅拌均匀,并保温使用。

3)灌缝质量控制

灌缝的形状系数宜控制在1.5,钢筋混凝土面层、连续配筋混凝土面层、过渡板、搭板与桥面的灌缝形状系数为1.0;灌缝深度宜为15~20 mm,最浅不得小于15 mm。先挤压嵌入直径9~12 mm的多孔泡沫塑料背衬条,再灌缝。灌缝顶面热天应与板面齐平;冷天应填为凹液面,中心低于板面1~2 mm。填缝必须饱满、均匀、厚度一致并连续贯通,填缝料不得缺失、开裂和渗水。

4)灌缝料养护

常温施工式填缝料的养护期,低温天宜为24 h,高温天宜为12 h。加热施工式填缝料的养护期,低温天宜为2 h,高温天宜为6 h。在灌缝料养护期间应封闭交通。

8. 养护

①混凝土路面铺筑完成或软做抗滑构造完毕后,立即开始养护。机械摊铺的各种混凝土路面、桥面及搭板宜采用喷洒养护剂的同时保湿覆盖的方式进行养护。在雨天或养护用水充足的情况下,也可采用覆盖保湿膜、土工毡、土工布、麻袋、草袋、草帘等洒水湿养护方式,不宜使用围水养护方式。

②养护时间根据混凝土弯拉强度增长情况而定,不宜小于设计弯拉强度的80%,应特别注重前7 d的保湿(温)养护。一般养护天数宜为14~21 d,高温天宜不小于14 d,低温天宜不小于21 d。对于掺粉煤灰的混凝土路面,最短养护时间宜不少于28 d,低温天应适当延长。

③混凝土板养护初期,严禁人、畜、车辆通行。在达到设计强度的40%后,行人方可通行。在路面养护期间,平交道口应搭建临时便桥。面板达到设计弯拉强度后,方可开放交通。

第 10 章 高速公路交通安全设施施工

10.1 交通标志与标线施工

高速公路上的交通标志与标线是为道路使用者提供相关信息而设置的,应确保其所传递的信息能最大限度地为道路使用者接受和理解,从而减少事故的发生和避免在道路上迷失方向。它也是交通安全管理上必不可少的设施,对交通安全起着重要的作用。

交通标志与标线的有效性取决于目标显示度、易读性、公认度三方面。原则上要求标志与标线在夜间能具有和白天一样的可见性。标志与标线施工质量的好坏,不仅关系到道路环境是否美观,而且对其能否充分发挥出使用功能起着决定性的作用。

10.1.1 交通标志施工

交通标志可分为警告标志、禁令标志、指示标志和指路标志四种,其设置形式分为单柱式、双柱式、悬臂式、门式、附着式等几种。

交通标志施工包括标志的制作、标志的安装以及施工控制。

1. 标志的制作

(1)交通标志的形状、图案、颜色应符合《道路交通标志和标线》(GB 5768)系列国家标准的规定。指路标志的汉字必须采用黑体 28 号字体,阿拉伯数字也应符合《道路交通标志和标线》(GB 5768)系列国家标准的规定,不允许采用其他字体。

(2)标志的边框外缘应有衬底色。衬底色规定为:警告标志黄色,禁令标志白色,指示标志蓝色,一般道路的指路标志蓝色,高速公路的指路标志绿色。警告标志边长 a 为 1100 mm,禁令标志直径 D 为 1000 mm,衬底边的宽度 c 为 8 mm。

(3)在不降低标志结构强度的前提下,为了方便标志板的制作,对警告标志、禁令标志和指示标志的底板,可不要求做卷边加固处理。

(4)制作标志板的铝合金板厚度,如果受其他因素的影响,也可采用比设计图规定稍厚的板,但标志板的结构刚度不允许降低,标志板的总质量不允许出现对标志结构的力学性能计算不利的情况。

(5)标志板与活动滑槽、卷边加固件的连接,在保证连接强度和标志板面平整、不影响贴反光膜的前提下可采用铆焊或点焊。

(6)关于标志板外形尺寸,其长度和宽度的允许偏差为0.5%,标志板的4个端面应互相垂直,其不垂直度应不大于±2°。

(7)对于大型指路标志,考虑到在制造、运输、安装过程中的困难,宜采用拼接的方法来解决。

2. 标志的安装

(1)标志安装位置、结构、板面应与设计图相符。只有当基础混凝土达到设计强度后,才允许承受全部计算荷载。

(2)为减少标志板面对驾驶员的眩光,路侧设置的标志和悬空标志均应符合《道路交通标志和标线》(GB 5768)系列国家标准和施工规范的要求,即在水平轴和垂直轴方向旋转约5°。

(3)路侧设置的标志,其标志板内缘距路缘石一般为50 cm;悬臂或门架设置的标志,其标志板下端距路面的净空高度不得小于5 m。

(4)所有标志立柱都应焊接柱幅,柱帽用钢板冲压而成。

(5)在标志板运输、吊装过程中,应避免板体和反光膜的损伤。标志板平面翘曲的允许误差为±3 mm/m。

(6)立柱安装后应与地面垂直,其弯曲度不大于±2 mm/m。

3. 施工控制

(1)使用的材料应符合设计及规范要求,并且得到监理部门的认可。

(2)运到现场的粘贴反光膜的标志,不得有龟裂裂纹、明显的划痕及明显的颜色不均匀。反光膜在任何一处面积为10 cm×10 cm的表面上若存在2个或2个以上面积大于1 mm^2 的气泡,不允许安装。

(3)标志板面要保证4个单面垂直,其不垂直度应不大于±2°,不允许有超过规范要求+3 mm/m的翘曲。

(4)要对板面内的符号、字体、尺寸大小进行严格检查。

(5)对于标志基础,由于有些标志立于回填的边坡上,因此要保证基础开挖后基坑四周的土体不被扰动。在基础混凝土浇筑过程中,要注意混凝土的捣实,以保证混凝土的质量,并且保证预埋件不被移动。

(6)在安装标志过程中,要对已完工程进行保护,同时覆盖标志处的路缘石、路面等,以免引起污染和损坏。

(7)对于安装前运到现场的立柱,要认真检查其内、外径尺寸,镀锌层质量及厚度,要保证立柱外观镀锌或喷涂均匀美观,不要有花斑现象。

(8)在安装过程中要检查板面与水平轴或垂直轴的旋转角度,以及板面与道路的间距尺寸。若不符合要求,要及时调整。

10.1.2 标线施工

标线与道路标志共同为驾驶员指示行驶位置、前进方向以及有关限制,具有保障行车安全的重要作用。常见的标线有车行道分界线、停车线、人行横道线、导向箭头、路面边缘线、停车位标线、渠化(导流)线等。所有这些组织交通的线条、箭头、文字或图案的颜色,原则上以白色为主,禁止超车线、禁止停车线等禁令标线主要用黄色。

路面标线的施工有其特殊性,因此选择适合的标线材料及施工机具、方法是很有必要的。

只有把涂料涂敷在路面上才能有效地发挥作用。涂料的发展与涂敷技术的革新是分不开的。涂敷技术的进步推动了一些特殊涂料的设计和应用。

我国现采用的标线材料有油漆和热塑两种。油漆标线用于车行道边缘线和收费站标线;热塑标线用于永久性的车行道分界线、横向标线、人字及斑马纹导流标线、出入口标线和车道导向箭头。

1. 一般要求

(1)材料。必须提供足够的样品用于试验检验。检验合格后,经监理工程师书面批准后方能使用。

(2)标线位置。应明确是以路中心线为基准线,还是以其他参照物(如护栏、大方砖边、路边等)为基准。对于人字线,在画线前应用粉笔按设计图在路面放大样图,经驻地监理工程师检查符合设计要求后,方可开始施工。

(3)施工前应认真检查施工设备,尤其是热塑线的施工,要保证设备不发生泄漏现象,玻璃珠要能均匀撒布。

(4)对热塑线的施工,要注意材料的加热温度,并避免在已完工的路面上进行材料加热。

(5)画线前,应对准备画线的区域进行路面检查,路面画线区域必须干净,否则将影响黏结效果。画线的当天还要注意天气情况,当下雨、刮风、大气潮湿或气温低于4 ℃时不允许施工。

(6)对于热塑线,在画人字线时所使用的模具要平,以保证模具与路面紧紧黏住,使画出的线边缘整齐;在画虚线时,要保证画线车行走匀速、直顺,画出的线形要美观。对于油漆线,要检查画线车速度,以保证喷涂油漆量、撒玻璃珠量均能符合规范要求。

(7)标线施工完成后,要对其进行保护,防止污染和破坏。

2. 施工与控制

1)材料的技术要求

我国高速公路中路面标线材料的主要技术指标见表10.1。

表10.1 路面标线材料的技术指标

项目	指标
密度	1.8~2.3 g/cm³
软化点	>80 ℃
干焊性	3 min 后不粘橡胶轮胎
涂膜外观	看色正不正
耐磨耗性	<200 mg
耐压强度	>12 MPa
耐碱性	用饱和 Ca(OH)$_2$(氢氧化钙)溶液泡 18 h 后,无异常变化
耐水性	在水中泡 18 h 后无异常变化

2)样品检查

用密闭容器将样品提交至中心实验室进行试验,其数量为:道路标线漆4 L,用于道路标线漆的稀释剂4 L,热塑材料2 kg,用于热塑材料施工的黏层料4 L,球状玻璃珠500 mL。材料的试验应按照相关油漆试验方法进行。

①不挥发性物质的含量。任何一批油漆中不挥发性物质的含量应与批准的

样品相同,相差应不大于5%。

②浓度。任何一批油漆的浓度应和批准的样品相同,相差不大于5%。

③颜料的要求。颜料的含铅量不大于0.3%(如氯化铅),干燥时间(非黏着时间)应不超过5 min,覆盖能力至少是8.2 m²/L。

④包装与贮存的要求。玻璃珠应包装在下列材料内。

a. 柔软耐磨损的黄麻袋,衬以焦油胶结纸和最小厚度为10 μm的聚乙烯衬料。

b. 嵌入最小厚度为100 μm的聚乙烯衬料的聚丙烯编织抗滑袋,聚丙烯外壳应进行紫外线稳定处理。每一包装的净质量不得小于25 kg,不大于35 kg。当玻璃珠在不开口的包装袋贮存一年后,玻璃珠应不结块。

玻璃珠应是无机石英玻璃,无色、透明、能自由流动和耐稀盐酸,不透明的、乳色的、浅色的或其他物质的含量不能超过2%。

3)尺寸允许偏差

所有的路面标线位置应与图纸上规定的或监理工程师认定的位置相差不大于10 mm,纵向标线宽度应与图纸上规定的宽度相差不大于5 mm。

人字形标线、箭头和限速标记的尺寸应与图纸上规定的尺寸相差不大于5 mm。箭头和限速标记应正对着车道的中心线。

4)颜色

油漆标线的颜色应经过试验,即把油漆标线材料加压喷涂在一块洁净光滑的锡板上,喷涂率为8.2 m²/L,放置30 min后和标准色比较。

油漆喷涂于道路表面后,经使用应在3个月内没有显著褪色。以厚度为0.35~0.4 mm湿漆薄膜喷涂在平滑的沥青混凝土路面时,任其干燥,由于油漆和路面黏结料的互相溶解和吸收,油漆不应出现明显的褪色现象。

5)路面标记涂漆

喷漆时,道路表面应干净、干燥,喷漆工作应在白天进行。天气潮湿、灰尘过多、风速过大或温度低于4 ℃时,喷漆工作应暂停。

所有的纵向标线应由一种有效的自行式机械喷涂。喷涂工作只能使用真空喷涂装置,此装置应把油漆加压到11 kPa。为能顺利工作,使用的喷枪孔径是1.32 mm,出漆量是8 L/min。油漆应喷涂均匀,湿漆膜厚度是0.35~0.4 mm。

6)热塑材料的施工

根据有关规范标准及实际施工经验,热熔涂料内所混玻璃珠含量以18%左右为宜。

在使用热塑材料之前,应把热塑材料放在一个合适的油熔锅内均匀加热至批准的温度。

所有纵向标线应由一种有效的自行式机械喷涂。热塑材料应均匀地涂敷,涂膜厚度为 1.5~2.0 mm,表面应平滑。所有的横向标线、图例、符号和箭头都应用样板涂敷。

7)玻璃珠的使用

玻璃珠应以 0.34 kg/m² 的用量加压撒布在所有的纵向标线上,撒布玻璃珠要在油漆或热塑材料喷涂后立即进行。玻璃珠的实际使用率应根据玻璃珠撒布器和撒布作业的损失调整,撒布方法应经监理工程师批准。

玻璃珠的使用率应通过野外试验检查,具体方法是:关闭油漆开关,精确地操作玻璃珠撒布器 10 s 并测量玻璃珠的体积,其体积要求见表 10.2。当使用 2 个或更多的玻璃珠撒布器时,每个撒布器应单独检验。

表 10.2　玻璃珠的撒布

撒布速度/(km/h)	不同标线宽度所对应的体积/mL	
	150 mm	200 mm
8	724	990
13	1207	1608
16	1484	1980

注:表中玻璃珠的单位质量是 1.53 g/mL。

8)标线厚度检验

在施工过程中,应重视标线厚度的检测与控制。缺乏先进检测手段时,可将热塑材料涂敷后,取得样品进行厚度量测。

10.2　护栏施工

10.2.1　概述

护栏设施属于道路的基础设施,它对减轻事故的严重度,排除各种纵、横向干扰,提高道路服务水平,提供视线诱导,改善道路景观等起着重要的作用,特别是对充分发挥高速道路安全、快速、经济、舒适的功能具有特殊意义。

1. 护栏的分类

护栏按构造形式划分为柔性护栏、半刚性护栏和刚性护栏三类。护栏按设置位置划分为路侧护栏和中央分隔带护栏两类。护栏按材料划分为混凝土护栏和金属护栏两类。

2. 施工要求

护栏施工一般在路面施工完成后进行,但在施工前应做好施工组织设计及施工准备。护栏施工常用工具有打桩机、开挖工具、夯实工具、钳子、榔头及经纬仪、水准仪、卷尺等测量工具。

在立交桥、小桥、通道和涵洞等设施顶部设置护栏立柱时,应在这些设施施工时准确设置预埋件。

护栏施工时,应准确掌握各种设施的资料,特别是埋设于路基中的各种管道的准确位置,以免施工过程中对地下设施造成损坏。

3. 立柱位置放样

立柱位置放样应以道路固定设施如桥梁、通道、中央分隔带开口等为主要控制点,进行测距定位。

放样时可利用调整段调节间距,通过调整段调整后,立柱间距可能有不大于25 m 的间距零头数,可通过分配法将其调整至多根立柱。

为准确放样和保证护栏的线形,在条件允许时最好使用经纬仪、水准仪等测量仪器。

立柱位置放样后,应根据地基情况调整每根立柱的位置。如遇地下通信管线、泄水管等,或涵洞顶部埋土深度不足,应调整某些立杆的位置,改变立柱固定方式。

4. 立柱安装

立柱安装应与设计图相符,并与道路线形相协调。立柱应牢固地探入土中,达到设计深度,并与路面垂直。

(1)对于一般路段(如路肩和中央分隔带路基情况允许),可采用打入法设置立柱。施工时应精确定位,将立柱打入土中至设计深度。当打入过深时,不得只将立柱部分拔出加以矫正,须将其全部拔出,待基础压实后再重新打入。

(2)无法采用打入法施工时,可采用开挖法或钻孔法埋设立柱。埋设立柱时,回填土应采用良好的材料并分层夯实(每层厚不超过 15 cm),回填土的压实度应不小于相邻原状土。岩石中柱应用粒料回填并夯实。

(3)护栏立柱设置于构造物中时,应在结构物施工时做好混凝土基础。采用预留孔基础时,应先清除孔内杂物,吸干孔内积水。将化好的沥青在孔底涂 1 遍,然后放入立柱,控制好标高,即可在立柱周围灌砂。在灌砂时一定要保持立柱的正确位置和垂直度。将砂振实后,即可用沥青封口,防止雨水流入孔内。采用法兰盘基础时,应将下法兰盘和地脚螺栓、螺母清理干净,安装立柱时应控制立柱的方向和标高,调整其位置,经检查合格后,方可拧紧法兰盘地脚螺栓。

采用可抽换式基础时,承座器应先固定在构造物中,安装时把立柱插入其中,调整好高度,即可把迫紧器与承座器的连接螺栓拧紧,立柱即被锁固。

(4)沥青路面段设置立柱时,柱坑从路基至面层下 5 cm 采用与路基相同的材料回填并充分夯实,余下部分采用与路面相同的材料回填并夯实。在安装时须严格控制立柱位置、标高。

(5)考虑到护栏结构对景观及对驾驶员视线诱导的影响,立柱就位后,其水平方向和竖直方向应形成平顺的线形。

(6)渐变段及端部是护栏施工中需重点注意的部位,施工中应严格控制护栏立柱位置,以使其线形适顺。

5. 波形梁安装

波形梁通过拼接螺栓相互拼接,并由连接螺栓固定于立柱或横梁上。波形梁的拼接方向是安装的关键,拼接方向应与行车方向一致,如图 10.1 所示。

图 10.1 波形梁拼接方向示意

如波形梁拼接方向与行车方向相逆,即使是轻微的擦碰,也会造成较大的损失。

波形梁在安装过程中应不断进行调整,因此不应过早拧紧其连接螺栓和拼接螺栓,否则将无法发挥板上长圆孔的调节作用。待调节完成后,需按规定采用高强螺栓并拧紧拼接螺栓,需严格控制扭矩。调整后的波形梁应形成平顺的线形,避免局部凹凸。

波形梁顶面应与道路竖曲线相协调。当护栏的线形布置合格后,方可最后拧紧螺栓。但应注意的是,连接螺栓不宜拧得过紧,以便利用长圆孔调节温度应力。

6. 横隔梁、防阻块及端头安装

(1)横隔梁安装。设有横隔梁的中央分隔带护栏,在立柱准确定位后安装横隔梁。横隔梁应平行于路面(垂直于立柱)安装。在波形梁安装之前,横隔梁与立柱间的连接螺栓不应过早拧紧,以便进行整体调节。当横隔梁与波形梁准确就位后,方可最后拧紧螺栓。

(2)防阻块安装。防阻块能防止立柱阻绊车轮,避免护栏局部受力和碰撞时车辆减速,因此应保证其准确就位。防阻块通过连接螺栓固定于波形梁与立柱之间,在安装调整立柱之后,安装防阻块,最后把波形梁装上并进行统一调整。

(3)端头安装。中央分隔带开口处的端头梁应与分隔带标准段的护栏连接,端头附近的立柱应按设计进行加强处理。路侧护栏开口处应安装端头梁并进行锚固。端头锚固主要包括钢丝绳锚固件及混凝土基础。钢丝绳采用规定规格(即抗拉强度 170 kg/mm^2、由 1 号乙组镀锌钢丝制成的直径 17 mm 右同向锰钢丝绳),在端部基础混凝土达到设计强度的 50% 后,方可拧紧螺栓或固定缆索,否则会引起基础变形,造成绳索松弛。

7. 活动护栏的施工

采用钢管插入式活动护栏时,其基础埋设应与路面施工同步进行,预埋管件应采取保护措施,以防杂物掉入管内。钢管插入式活动护栏采用焊接成型,应使焊缝牢固、平顺,每片活动护栏应平整,尺寸正确,不能扭曲,应使钢管插拔自如。

活动护栏如采用抽换式立柱基础,则可使开口处的活动护栏达到正常路段的强度,其开放的灵活程度为,只要拧松两根立柱的六个螺栓,即可抽出一片护栏。

8. 混凝土护栏施工

1)混凝土护栏的预制施工

混凝土护栏的预制,应采用机械搅拌,并在指定的预制场进行。预制场地与一般的混凝土预制场地一样,并应满足以下条件。

①砂石料场、水泥仓库应分开,水泥仓库应有防雨、防潮设施,水泥充足,水质符合要求。混凝土拌和物运距不宜过远,应对拌和物质量进行控制。

②混凝土护栏模板应符合要求,应设有存放、清理、保养的地点。

③混凝土护栏浇筑现场平整、坚实、不易集水。

④电源供应方便。

⑤起吊和运输设备满足要求、交通便利。

混凝土护栏的模板是预制过程中不可缺少的重要工具,它直接影响预制混凝土护栏的质量,要求形状、尺寸准确,接缝严密,有足够的强度和刚度,并且装拆方便,能多次周转使用。

混凝土护栏数量大时应采用钢模板。钢模板的长度一般应根据吊装运输的条件确定,尽量采用固定尺寸。一定要确保混凝土护栏的强度和刚度,在浇筑振捣过程中不允许变形,不得出现漏浆现象。根据国内外对混凝土护栏模板的使用经验,模板材料应采用高强度钢材,厚度宜不小于 4 mm。为了使混凝土预制块表面平顺、光滑,没有麻面等现象,钢模板内侧面要抛光,拼接要紧密牢固,不得漏浆。在浇筑过程中,应把吊装孔、纵向企口、基础连接件、轮廓标附着件等预留件安装上。

混凝土搅拌站应与预制场配合设置,搅拌站应配备负责原材料、配料、拌和物质量控制的人员。搅拌机的容量应根据施工方法、工程量和施工进度等选择,同时搅拌站与预制场应保持密切联系。

混凝土护栏应按块浇筑,每块护栏必须一次浇筑完成,不得间断,也不允许在已初凝的混凝土上浇筑新的混凝土。

护栏采用钢模板成型,机械振捣。由于护栏上口较小,插入式振捣不易密实,可采用附着式振捣器,以侧墙振捣为主,再辅以其他手段,应以拌和物停止下沉、不再冒气泡并泛出水泥砂浆为准,不宜过振。振捣时应辅以人工找平,并应随时检查模板。如有下沉、变形或松动,应及时纠正。

预制混凝土护栏浇筑完毕后,应及时养护。为加快模板周转和施工进度,在停放 2~6 h 后可进行蒸汽养护。蒸汽养护的升温、恒温、降温应遵守下列规定。

①采用硅酸盐水泥或普通硅酸盐水泥时,混凝土配制强度等级应比正常养护提高 15%~20%;当采用低温(0 ℃以下)养护时,可仍按原规定。

②混凝土块浇筑完后,在蒸汽养护前应先停放 2~6 h,停放温度拟以 10~20 ℃为宜。

③升温速度。混凝土护栏块属于较厚大体积构件,每小时升温宜不超过30 ℃。

④恒温时混凝土护栏块的温度一般宜不超过 80 ℃;用矿渣硅酸盐水泥、火山灰质硅酸盐水泥或粉煤灰水泥拌制的混凝土,以 75～85 ℃为宜。

恒温时间一般为 8～12 h(相对湿度 80%～100%),采用低温养护时,应适当延长恒温时间。

⑤降温速度每小时应不大于 15 ℃,构件温度与外界温度之差应不超过 20 ℃。

⑥不得用蒸汽直接喷射混凝土。

从施工进度和经济角度考虑,模板周转越快越好。另外,拆模太早,护栏强度过低,由于自重的作用,护栏块会变形而被毁坏。因此,只有当混凝土护栏块强度达到设计强度的 70% 时,才允许拆模。

拆模时不得损坏混凝土护栏的边角,并应保持模板完好。另外,由于模板多次重复使用后可能会变形,因此每次使用模板前必须进行检验,只有满足精度要求时,才允许使用,这样才能使预制的护栏块满足要求。

护栏块的脱底模、移运、堆放以及吊装就位都是施工过程中的重要环节。如果处理不当,会直接影响护栏的整体强度、稳定性以及外表美观等。根据国内外使用经验以及理论分析,一般混凝土护栏块达到设计强度的 70% 时即可安装。起吊设备应根据护栏块的大小选用,既要起重能力够,又不能浪费,严格按照操作规程起吊。在混凝土护栏运输、安装和起吊过程中,尽量不要损坏边角和外露的各个面。如有损坏,应及时用高于混凝土护栏强度的材料进行修补。

在安装混凝土护栏前,应根据不同的基础处理方法做好基层。采用嵌锁基础时,应做好半刚性基层,并在基层上加铺一层混凝土,标高符合要求,才能吊装护栏块。采用传力钢筋与基础连接时,应在达到密实度、标高要求的基层上,放样定位传力钢筋混凝土块,然后才能吊装护栏块。

混凝土护栏的安装应从一端逐步向前进行。全线中央分隔带护栏种类尽量保持一致,包括一般桥梁、通道的中央护栏。如果中央分隔带护栏种类、形式不同,则必须处理好过渡段的长度。护栏安装时应与高速公路中心线相一致,在曲线路段和竖曲线路段应与高速公路线形相协调。

凡采用传力钢筋与基础连接的路段,要求放样精确,传力钢筋混凝土块的埋置必须与护栏底部的预留孔相符合。护栏块安装至各控制点的位置应精确测定,发现有长链(或短链)时应尽早采用分配法处理。

2) 混凝土护栏的就地浇筑施工

混凝土护栏就地浇筑前，必须根据设计文件进行现场核对，并根据施工条件及水文、地质、气象等不同情况，采取相应的技术措施。

施工单位应根据设计文件及施工条件确定施工方案，编制施工组织设计。施工前应解决水电供应，做好搅拌和堆料场地、办公生活用房、工棚仓库和消防等设施的准备工作。

施工单位还应根据设计文件，复测平面和高程控制桩，以定出护栏中心位置。

中央分隔带护栏沿高速公路长度方向的布设，主要受桥梁、通道、立交桥、隧道等的制约。因此，需要定好控制点，根据高速公路沿线构造物的实际情况合理布设。

混凝土护栏基层施工应符合下列要求。

①石灰稳定土基层，应做到土块粉碎、石灰合格、配料正确、拌和均匀、碾压密实。

②煤灰、粉煤灰、冶金矿渣等工业废渣类基层，应按其化学成分和颗粒组成，掺入石灰土或石碴组成混合料，加水拌和压实，洒水养护。

③泥灰结碎（砾）石基层，应严格控制泥灰的含量。施工可采用灌浆法或拌和法。

④级配碎（砾）石掺石灰基层，颗粒应符合级配要求。

⑤水泥稳定砂砾基层，砂砾应有一定级配，压实应在水泥终凝前完成。

浇筑混凝土护栏的模板应适合现场施工的要求，在有条件时可采用滑模施工。模板应具有足够的强度、刚度，拆装容易，操作方便、安全，模板内部光滑，尺寸准确，可以多次重复使用。

混凝土护栏上的各种预埋件及受力钢筋应在混凝土浇筑前安装完毕。这些预埋件包括护栏与防眩设施连接件、轮廓标连接件、吊装孔预埋钢管、纵向钢筋连接件、与基础连接的传力钢筋插入孔、横向排水的泄水孔等。各种预埋件经检查合格后，方可浇筑混凝土。

混凝土拌和物还应符合下列规定：砂石料和散装水泥必须过秤，严格控制加水量。搅拌机装料顺序宜为砂、水泥、碎（砾）石，或碎（砾）石、水泥、砂。进料后，边搅拌边加水。混凝土拌和物的最短搅拌时间应符合规范的规定。

每块护栏构件的混凝土必须一次浇筑完成，不得有间断面。混凝土拌和物的振捣应符合下列规定。

①以附着式振捣器为主,辅以插入式振捣器,表面用手工抹平。
②振动持续时间应以拌和物停止下沉,不再冒气泡并泛出水泥砂浆为准。
③振捣过程中应随时检查模板,如有下沉、变形或松动,应及时纠正。

就地浇筑的混凝土护栏,采用湿法养护时,应符合下列规定。
①混凝土护栏脱模后,宜用草袋、草包等覆盖其表面,均匀洒水,经常保持潮湿状态。
②昼夜温差大的地区,为防止混凝土护栏产生收缩裂缝,应在混凝土浇筑3 d内采取一定的保温措施。
③养护时间宜根据混凝土强度增长情况确定,一般宜为14~21 h。

就地浇筑的混凝土护栏,采用塑料薄膜养护时,应符合下列规定。
①薄膜溶剂具有易燃或有毒等特性,使用、贮运时要注意安全。
②塑料薄膜的配比应严格遵照说明,必要时由试验确定。
③塑料薄膜施工宜采用喷洒法。当混凝土表面不见浮水和用手指压无痕迹时,可进行喷洒,喷洒厚度以能形成薄膜为准。用量控制在每千克溶剂喷洒3 m^2左右。
④在高温、干燥、刮风时,在喷膜前后,应用遮阳棚加以遮盖。
⑤养护期间应保证塑料薄膜完整,当破裂时应立即修补。

当混凝土拌和物温度在30~35 ℃时,混凝土护栏的施工应按夏季施工规定进行,具体如下。
①混凝土拌和物浇筑中应尽量缩短运输、摊铺、振捣等工序时间,浇筑完毕应及时覆盖、洒水养护。
②搅拌站应有遮阳棚,在浇筑混凝土前,应对基层表面洒水湿润。
③注意天气预报,如果降雨,应暂停施工。
④气温高时,宜避开中午施工,可在夜间进行。

根据当地多年气温资料,当室外日平均气温连续5 d低于5 ℃时,应按冬季施工规定进行,具体如下。
①混凝土拌和物不得遭受冰冻,浇筑温度不低于5 ℃。
②冬季施工水泥应采用42.5级以上硅酸盐水泥或普通硅酸盐水泥,水灰比应不大于0.45。
③混凝土拌和物搅拌站应搭设工棚或其他挡风设备。
④当气温在0 ℃以下或拌和物浇筑温度低于5 ℃时,应将水加热搅拌,如水加热仍达不到要求,应将水、砂和石料都加热。在任何情况下,不得加热水泥。

混凝土拌和物的运输、浇筑、振捣等工序应紧密衔接,缩短时间,减少热量损失。

⑤混凝土浇筑完毕后,应尽快保温养护,冬季养护应不少于 28 d。

9. 金属桥梁护栏的施工

1)一般原则

①施工前做好详细的施工组织设计。

②桥梁行车道面板、人行道面板完成后,方可进行桥梁护栏的施工。

③安装护栏构件前,应进行质量检查和试验,只有被确认符合质量标准的护栏产品方能使用。

④应按护栏设计图纸或产品供货商提供的详细安装方法进行施工。

2)放样及设置预埋件

①放样前,应选择桥梁伸缩缝、胀缝附近的端部立柱作为控制点,并在控制点之间测距放样。

②立柱放样时,当间距出现零数时,可用分配的办法使之符合横梁规定的尺寸,构件等距设置。

③定位后,在桥面板(或人行道板)上准确地设置预埋件(如锚固螺栓或套筒),并采取适当措施,保护预埋件在桥梁施工期间免遭损坏。

3)安装

①安装护栏前,应对预埋件的位置进行复测,符合设计要求后,方能安装立柱和横梁。

②安装前应做好施工场地的各项准备工作,安装过程中特别注意控制螺栓扭矩、焊缝间距、桥梁伸缩缝和胀缝的设置间距。

③横梁和立柱的位置应正确无误。连接螺栓和拼接螺栓不宜过早拧紧,以便在安装过程中充分利用横梁和立柱法兰盘的长圆孔进行调整,使其线形顺适,不出现局部凹凸现象,最后拧紧螺栓。

④在横梁、立柱等构件的安装过程中应尽量避免损坏保护层。安装完成后,应对被损坏的保护层按规定的方法进行修复,并保持与原有层面顺适一致、色调相同。

⑤对于焊接的金属护栏,所有外露接头在焊接后应做磨光或补满的清面工作。

10. 钢筋混凝土桥梁护栏施工

钢筋混凝土桥梁护栏的施工应按《公路桥涵施工技术规范》(JTG/T 3650—2020)的规定执行。由于护栏表面要不断承受车辆的碰撞与摩擦,因此需要提高混凝土表面的修整质量,起到降低摩擦系数的作用。

(1)一般原则。

①钢筋混凝土墙式护栏应在车行道面板、人行道面板施工完成,跨中支架及脚手架拆除以后,桥跨处于独立支撑的状态时进行施工。

②护栏高度必须在纵坡变化点处改变,以使线形顺适、外形美观,不得有明显的下垂和拱起。

③钢筋混凝土墙式护栏宜采用就地浇筑的方法进行施工,当采用预制件时,护栏与桥面板(人行道板)间应进行特殊的连接设计。

(2)现浇的钢筋混凝土墙式护栏,应按《公路桥涵施工技术规范》(JTG/T 3650—2020)的规定施工。

(3)伸缩缝内应填满橡胶或沥青胶泥等具有弹性的不透水材料,不应有松散的砂浆和活动时有可能剥落的砂浆薄皮。

(4)独立端部翼墙应按第(2)、(3)条的规定进行施工,并根据施工图要求设置预留连接件。

10.2.2 缆索护栏的施工

1. 一般要求

缆索护栏的安装一般应在路面施工完成以后才开始,以便于控制护栏标高和保证立柱周围土基的密实度。施工前,应做出详细的缆索护栏施工组织设计,以便协调各方关系,合理组织力量,保证施工进度和质量。

施工前的各项准备工作,除各种材料(钢丝绳、立柱、托架、索端锚具)的准备、各种施工工具(钢丝绳切断器、张紧设备、锚固工具、打桩机、测量用具、钳子、锤子、扳手、铁锹、镐等)的准备外,还应详细研究有关施工图、工程地质、气象资料和地下管线或建筑物竣工图等技术资料。

2. 施工放样

(1)确定控制点。在放样前确定控制点是非常重要的。缆索护栏是沿道路设置的连接性结构,它们与道路上的各种构造物应该很好地协调配合。在大中桥的桥头,缆索护栏与桥梁护栏有过渡的问题;在中央分隔带开口处和立交的进、出口匝道的合流处,缆索护栏有端头处理问题;在小桥、涵洞、通道处,有缆索护栏如何跨越的问题等。选择控制点的目的是使护栏的布设更合理,施工更加方便。

(2)立柱定位。在大致确定控制点的位置以后,可对照施工图布设,对端部立柱、中间端部立柱、中间立柱的位置进行最后调整、定位。立柱位置确定以后,应详细了解地下管线、构造物的位置,以便进行合理的处理,减少在护栏安装施工过程中的损失。

3. 立柱的施工

(1)端部立柱和中间端部立柱的施工。

立柱基础埋设于土中时,应根据混凝土基础的位置放样,开始挖掘基坑,并严格控制基坑尺寸。达到规定标高后,待工程监理人员检查合格后,可开始铺砌基底的片石混凝土,经夯实后,立基础混凝土模板,其各部形状尺寸应正确,模板安装稳固,即可浇筑基础混凝土。如果端部结构或中间端部结构的立柱是埋入式的,则应浇筑混凝土达到规定标高以后安放立柱。为使端部立柱或中间端部立柱的位置和标高不致在混凝土振捣过程中走样,应采用适当的临时支梁。如果端部结构或中间端部结构的立柱是装配式的,则应在浇筑混凝土达到规定标高后放置预埋件及临时支架。基础混凝土浇筑完成后,应注意对基础混凝土进行养护。直到混凝土强度能保证其表面及棱角不因拆除模板而受到损坏时,方可拆除模板。拆模后如发现混凝土质量有问题,应立即报告监理工程师,商讨补救措施。处理合格后,才能进行基础回填,回填土分层夯实(每层不超过 15 cm),直至规定的标高。

端部立柱或中间端部立柱设置在桥梁、挡墙、涵洞、通道等人工构造物的水泥混凝土中时,应在构造物的水泥混凝土浇筑前,按设计图的要求支立模板,在孔穴周围配置钢筋,并与构造物的混凝土一起浇筑。尽量避免端部立柱或中间端部立柱的基础与各种人工构造物连在一起。

(2)中间立柱的埋设。

中间立柱埋设于土中时,一般有以下几种施工方法。

①挖埋法。在设置中间立柱的位置挖孔穴,孔的直径应不小于 20 cm。达到规定深度后,放入中间立柱。定位后,用砂土分层回填夯实,每层回填土的厚

度不得超过 10 cm。

②钻孔法(或开挖法)。在设置中间立柱的位置用螺旋钻孔机等机械钻孔,待钻孔达埋置立柱深度的一半左右时,再把立柱打到要求的深度。

③打入法。在设置中间立柱的位置直接用打桩机(气动打桩机、振动打桩机等)把立柱打入土中。立柱不应产生明显的变形、倾斜或扭曲。

上述施工方法可根据路基土质的不同情况进行选择。一般来说,挖埋法适用于打入立柱有一定困难的路段。挖埋法可用人工挖孔,主要工具是钢钎和掏勺,柱孔直径在 30 cm 以上,柱孔挖好后,要检查孔径、深度、垂直度,合格后,方可进行柱的埋设与安装。钻孔法适用于挖坑、打入立柱均有困难的路段。可用螺旋钻机或冲击钻等钻具进行定位钻孔,柱孔直径在 30 cm 左右。柱孔钻好后,要检查孔径、深度、垂直度,合格后,方可进行柱的埋设与安装。打入法适用于路基土中含石料很少的路段,采用打桩机打入立柱,可以精确控制立柱的位置和打入的深度。路基土中含石料较多,采用打入法施工控制立柱的位置和垂直度有一定困难时,可适当配合采用挖埋法或钻孔法进行施工。

无论采用哪一种施工方法,都要求立柱位置正确,纵向和横向位置与道路线形相一致,标高符合规定,并不得损坏立柱端部。

中间立柱埋设于水泥混凝土中时,可根据底座条件及护栏类型进行埋入部的设计。一般需要在水泥混凝土构造物上预留孔穴,在孔穴周围配置钢筋。

埋设中间立柱时,为保证立柱纵、横向位置和垂直度的正确,可采取支架的办法进行临时性固定。然后逐根调整立柱,包括立柱埋深(标高控制)、垂直度、纵向线形、横断位置等的调整。待检查合格后,即可将立柱固定在临时支架上,再次进行纵、横、高的检查,确认无误后,才允许用最低水泥用量不小于 255 kg/m³ 的素混凝土浇筑。混凝土应按设计强度等级严格掌握配合比。浇筑混凝土时,边喂料边用钢钎捣实,一直浇筑到与地面齐平,抹平后,注意养护。

4. 安装托架

中间立柱或中间端部立柱上安装的托架,应先确认缆索护栏的类别及相应的托架编号和组合,在核对无误后即可开始安装托架。

路侧缆索护栏的托架应朝向行车道,中央分隔带缆索护栏的托架应两边对称,并一起安装。路侧缆索护栏的 A 级、B 级、S 级和中央分隔带缆索护栏的 Am 级,均有上托架和下托架,安装前应分清楚。托架应按设计图的要求用螺栓固定在立柱上。

5. 缆索的架设

(1) 架设缆索以前,应先检查端部立柱、中间端部立柱和中间立柱的位置是否正确,与基础连接的牢固程度,以及立柱的垂直度、标高等的误差情况,在基础混凝土强度达设计强度的 80% 以上时,方可架设缆索。

(2) 把缆索支放在端部立柱的旁边,可以用专门的滚盘或人工放缆索,在滚放缆索的过程中,应避免把整盘钢丝绳弄乱,不应使钢丝绳打结、扭曲受伤,应避免在路面上长距离拖曳(以免擦伤镀锌层),直到把缆索从一端的端部立柱滚放到另一端的端部立柱或中间端部立柱为止。

(3) 在安装缆索前,应从一头的端部立柱开始,先调节好端部立柱的索端锚具。把缆索一端松开,用楔子固定法或灌入合金法把缆索锚固。缆索固定在锚具上后,装上拉杆调节螺栓,并把索端锚具安装到端部立柱上。

(4) 把索端锚具装到端部立柱上后,调节好拉杆螺栓,顺着中间立柱把缆索临时夹持在托架的规定孔槽中,一直把缆索连接到另一端部立柱或中间端部立柱上,这时的缆索完全处于松弛状态。

(5) 利用缆索张紧设备临时拉紧。张紧设备可采用倒链滑车、杠杆式倒链张紧器或其他张紧设备。在钢丝绳与张紧器之间通过钢丝绳夹固定,逐渐把钢丝绳拉紧,直到看不出缆索有挠曲,如图 10.2 所示。A 级和 S 级缆索护栏的初张力为 20 kN。B 级和 C 级缆索护栏的初张力为 10 kN。在临时张拉的过程中,要不断检查托架上的索夹,使其保持放松状态,并在各中间立柱之间不断向上挑动缆索。缆索拉至规定初张力后,持荷 3 min。

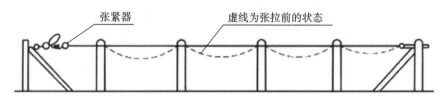

图 10.2 临时张拉缆索

(6) 在临时张紧状态下,根据索端锚具的尺寸确定切断缆索的正确位置,把多余的缆索切断,切断位置如图 10.3 所示。切断缆索的断面要垂直整齐,为防止钢丝松散,可在切断处两端用铁丝绑扎。缆索的切割可用高速无齿锯,以避免引起钢缆端部退火。

缆索切断后,穿入索端锚头中,用楔子锚固法或灌注锚固法进行锚固。当采

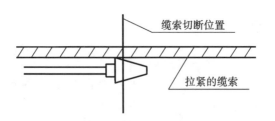

图 10.3 缆索切断的位置

用楔子固定时,应将缆索按股解开,解开的长度按索端锚头的尺寸来确定,然后用小锤子把铝制楔子紧紧地打入插座中,使缆索被楔子锚住,如图 10.4 所示。当采用灌注锚固时,应把每股钢丝绳按单丝分开并将每根钢丝绳拉直,经除油处理后,即可往索端锚头中灌注合金,冷却后缆索就锚住了。

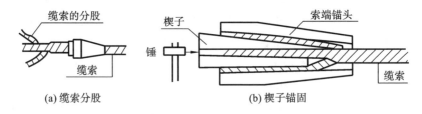

(a) 缆索分股　　　　　　　(b) 楔子锚固

图 10.4 缆索分股和楔子锚固

(7)缆索与索端锚具固定后,即可与拉杆螺丝连接,并安装到端部立柱上,这时可以卸除临时张拉力,缆索已被架设在护栏立柱上。

护栏的缆索应从上往下、一根一根地安装,每根缆索的安装按上述的步骤进行,直至全部架设完毕。最后对全部拉杆螺栓再进行一次调整。

(8)缆索护栏的缆索最大长度为 300 m,因此在架设护栏时,每段以缆索长度(300 m 以内)为限。每段护栏的所有缆索应自上至下连续完成。每段护栏的缆索架设完毕后,应全面检查缆索的张紧程度。检查合格后,可逐个拧紧中间立柱托架上的索夹,把缆索的位置固定。同时,拧紧拉杆螺丝上的调整螺母,把缆索固定好。

10.2.3　防撞护栏施工

1. 施工放线定位

立柱的放线定位对防撞护栏的外观质量影响较大,掌握立柱放线定位的正确方法至关重要。根据施工图纸,防撞护栏立柱位置是靠路缘石来确定的,这就假定了路缘石的铺设在纵向（顺路方向）上是绝对平顺的，在横向（垂直于路方向）上是没有任何错位的。但实际施工中并不是这样，路缘石的铺设在纵向和横向上与设计是有误差的。如果只按路缘石来放线定位，护栏立柱在纵向上是不顺直的，安装护栏板后，线形局部会出现凸凹面。较好的定位方法如下。

(1)立柱间距的确定。以桥梁、通道、活动护栏口、立交、平交为控制点进行测距。立柱的间距分为2 m和4 m两种，2 m间距的为加强立柱，4 m间距的为普通立柱。施工中经常出现非标准间距，所安装的护栏板称异形板。异形板制造成本高，又影响工程进度，因此在确定立柱间距时应尽可能减少异形板的使用。如两座桥之间，先测量两桥间距，看能否不使用异形板，如果确有必要使用，要进一步确定异形板的位置，然后记录下桩号及间距尺寸，以便专门制作异形板；如果立柱间距不大于25 cm，可通过分配法将其调整至多根立柱分摊。在立交桥匝道上放线定位时，立柱间距实际尺寸要做到内收外放，收和放的尺寸不超过5 mm。间距尺寸放和收之后，护栏板的安装变得容易，而且线形美观平顺。

(2)立柱纵向位置的确定。先在路缘石上用红铅笔根据立柱间距画出横线，再用线绳和钉子顺路方向上放出一条线，反复调整线形，然后用红铅笔在这条线上画出与横线垂直的纵线，形成十字线，在打入立柱时，严格按立柱距十字线中心距离打入，这样保证了立柱在纵向上的顺直度。

(3)立柱的高度控制。立柱的顶面是否平顺决定了护栏板顶面是否平顺，立柱高度是影响防撞护栏线形的最大因素。较好的控制方法是用水准仪对每一个立柱位置的十字线进行高程测量（不需水准点，只测相对标高），根据这些数据算出坡度，具体算法如下：假设共有 n 个桩位，测量完成后用第 n 个数减去第一个数，所得值除以 $(n-1)$，得出一个值 a。第一个位置立柱高70 cm，第二个位置立柱高应为第一个数减去第二个数，再减去 a，再加上70 cm，第 $3,4,\cdots,n$ 个位置立柱高依次类推。施工时在每一个将要打入的立柱上用红铅笔画出打入深度，这样既保证了立柱顶面的平顺，又能使立柱顶距路缘石顶高度误差很小。这种施工放线的方法效果好，线形平顺美观，能解决以路缘石或路基标高作为参考物放样带来的施工误差问题。

2. 打桩机的选择和组合

打入立柱的效率及准确性与打桩机型号种类有关，常用的打桩机有以下类型。

(1)内燃导杆式打桩机。这种打桩机的优点是故障率低、定位准确；缺点是冲击力小、打桩速度慢、移动慢。

(2)自行式打桩机(YDD350)。这种打桩机自行速度快,桩锤重 350 kg,打桩迅速有力,对各种基层均能较快打入。

(3)多功能打拔桩机(T7O-2/YL 型)。它由客货车底盘改装,时速可达 100 km,集打拔桩于一身,它的原理是将液压能转化为冲击能,击锤速度持续均匀,不容易把桩口打毛。它的最大特点是机动性大,适合各种方式施工。

根据经验,每台打桩机配 4 人最为合适。立柱定位以后开始打入时,最初几锤要重,然后停下来用水平尺测其是否垂直,如不垂直,可通过打桩机调整,调整后可用重锤继续打,快到位时停下来,用水平尺测垂直度,再用轻锤击打,最后几锤要特别小心,防止立柱打入过深,立柱过深或不垂直会影响护栏线形。

3. 护栏板的安装

护栏板有镀锌和涂塑两种。镀锌层与一般钢铁相比,硬度较低,易受机械损伤,因此在施工中要小心,轻拿轻放。镀锌层受损后,在 24 h 内用高浓度锌涂补,必要时予以更换。安装时,首先把托架装到立柱上,固定螺栓不要拧太紧,然后用连接螺栓将护栏固定在托架上,护栏板与板之间用拼接螺栓相互拼接,并注意拼接方向,如果拼接方向出错,即使是轻微的碰撞,也会造成较大损失。防撞护栏在安装过程中要不断调整,因此连接螺栓和拼接螺栓不要过早拧紧,要利用护栏板上的长圆孔及时调整线形,使线形平顺,避免局部凹凸,待护栏的顶面线形令人比较满意时,再把所有螺栓拧紧。根据经验,安装护栏板以 3 人、5 人、7 人为一组最合适,安装方向与行车方向相反时比较容易安装。

4. 施工注意事项

(1)护栏施工时应准确掌握各种设施的资料,特别是埋设于路基中各种管道的准确位置,在施工过程中不允许对地下设施造成任何破坏。如遇地下通信管线、泄水管或涵顶填土深度不足,应调整立柱位置,或改变立柱固定方式。

(2)当立柱打入过深时,不得将立柱部分拔出矫正,须将其全部拔出,将基础重新夯实后再打入,或调整立柱位置。

(3)桥梁护栏应安装法兰盘,注意法兰盘的定位和立柱顶面标高的控制。

防撞护栏是高速公路的收尾工程,也是高速公路外观质量的重要组成部分。防撞护栏的内在质量取决于原材料及加工过程,它的外观质量取决于施工过程,因而在施工时应加强管理,保证防撞护栏的施工质量。

10.3 隔离、防眩和视线诱导设施施工

10.3.1 隔离设施的施工

(1)隔离设施的施工安装应在路面施工及其他配套工程施工完成以后开始。隔离设施施工是用于给高速公路用地界定范围的,如果过早施工、封闭,会影响主线工程的进行。另外,隔离设施的材料、构件主要依赖主线来运输。在有条件的路段,如可利用辅道来运送材料、构件,在不影响主线工程施工的情况下,可以提前实施封闭。

(2)施工组织设计是工程全面质量管理的关键。施工组织设计的好坏不仅关系到施工质量的高低,而且对整个施工的工程造价和工程周期有着至关重要的影响。因此,在开始施工前必须首先做好施工组织设计,协调好各部门的关系,确保施工安装有条不紊地、高质量地进行。

(3)施工放样精度是隔离设施施工质量的保证。放样需按设计要求确定隔离设施的中心线,然后测量立柱的准确位置,并在每个柱位定出标记。

(4)测量高程的目的在于控制各立柱基础标高,保证安装后隔离设施顶面的平顺和美观,应对隔离设施立柱高程做出专门设计,必要时可对设计高度做现场修正,以适应隔离设施纵向坡度的变化。

(5)隔离设施应严格按设计图进行施工放样。先定中心线,然后按设计的柱距定出柱位。每个柱位应按设计要求确定高程并与高速公路地形相协调,必要时,可对地形进行整修。

在放样和定位工作完成的基础上,根据设计图纸要求开始挖坑或钻孔,挖、钻深度要符合设计要求。在特殊的地理环境条件下,如坚硬的岩石等,在保证不改变地界的法律地位和设施布设整体美观的情况下,允许对基坑位置做适当的调整。挖钻好的基底应清理干净,以便验收合格后,不影响下道工序的正常施工。

(6)立柱开始埋设的先决条件必须是立柱基坑挖钻完毕,并经检查合格。立柱基坑混凝土施工分为现场浇灌和预制件现场埋设两种。现场浇灌施工要求立柱放入坑内,正确就位,用临时支撑固定立柱,用靠尺量其垂直度,用卷尺量其高度,在确认符合设计要求后,进行混凝土的浇灌。预制件现场埋设是指通过模具

预先把立柱和混凝土基础制成整体结构,现场直接安装到位。不管选用何种施工安装方式,在施工过程中都应严格检查立柱就位后的垂直度和立柱高程,以保证网片安装的质量和隔离设施安装完毕后的整体美观效果。

(7)整体式框架隔离网一般要求在工厂集中制作完成。因为工厂机械设备较为齐全、生产效率高、成本低、工艺完善、批量流水生产,能保证加工制作的质量。焊接网片时,先将外框按几何尺寸焊好,经检查合格后,放在胎具上,将钢板网按设计要求切好,放入网框内,各部尺寸校对无误后,用张拉工具将网拉紧,再把其与外框焊接在一起。除锈、去油污后,进行规定的表面防锈处理。半框架式结构的隔离网的性能效果主要取决于施工装配工艺,所以可根据需要在现场加工或工厂加工。

(8)钢筋混凝土立柱可在施工现场制作,也可在工厂事先预制。其几何尺寸和强度都应符合设计要求。经抽检合格后,方能成批使用。

(9)运输和装卸是工程施工组织流程中的一个重要环节,也是保证产品质量的关键。在工程管理中应针对不同的材料和产品制定相应的运输装卸准则。钢筋混凝土立柱的运输及装卸应避免立柱折断或摔坏棱角,装车时码高宜不超过5层。金属构件和网片在装运、堆放中应避免损坏。

(10)为了保证上网安装立柱的强度,要求现场浇筑的基础混凝土强度达到设计强度的70%以后,方可安装网片。

(11)在安装隔离设施时,可采用整网连续安装和分片式安装。

在整张隔离网连续安装工作完成后,需要用专用张紧设备将网绷紧。网与立柱的连接一般采用挂钩的方法,这种连接方法的主要优点是上网、下网工艺简单,加工精度要求不高,而且成本低。

分片式上网安装是指在工厂中将隔离网按尺寸剪裁好,并镶嵌在外框中,可分散运输、分片架设。这种安装工艺的优点为造型美观、形式多样,隔离设施整体结构强度高,可散装运输、灵活装配。当然,无论是加工、运输还是施工安装方面,其工程造价都将大幅度提升。应充分考虑工程造价,结合本地区道路环境条件,依据设计要求正确选择安装方式,以求所选用隔离设施的性能价格比达到最优。此外,网片固定在外边框时,可根据不同的丝网结构,采用焊、压、挂等方法。网片与外边框必须连接牢固,网面平整、绷紧。

刺铁丝安装要求从端头立柱开始。刺铁丝之间要求平行、平直;绷紧后用11号铁丝与混凝土立柱或钢结构立柱上的铁钩绑扎固定,横向与斜向刺铁丝相交处用11号铁丝绑扎。

钢板网安装要求网面平整,无明显凹凸现象,框架与立柱应连接固定,整体连接平顺。

以上各类形式的隔离栅网片安装完毕后,立柱基础应进行最后压实处理。

隔离网与立柱的连接方式按安装工艺方法分为无框架整网安装和有框架安装两种。

(1)无框架整网安装。无框架整网安装是指金属编织网四周不附加任何刚性材料作为框架之用,而是直接用立柱上的挂钩与金属编织网连接、固定。这种安装工艺的优点是节省材料、造价低、整网连续铺设,缺点是网格难以绷紧。

(2)有框架安装。有框架安装又分为全框架安装和半框架安装。全框架安装是指金属编织网在生产过程中按设计要求规定的尺寸剪裁成片,待网格绷紧后再用刚性材料与其焊接固定,形成整体刚性网框结构,安装时一框一框地安装,最后通过螺栓、螺母与立柱连接固定。此种安装工艺的优点是安装后整体连接效果好、刚性好、强度高、美观大方,缺点是造价高。半框架安装采用只有上、下两边框架的结构形式,利用等边内卷边槽立柱的特殊结构,用上下可滑动调节螺栓将网片与上下横框现场安装固定。这种安装工艺的最大优点是不仅克服了以往单片网格安装后无法绷紧的缺点,而且克服了全框架结构造价过高的缺点,在工程造价几乎不变的情况下提高了隔离设施的整体连接强度;另外,材料运输方便,现场安装灵活,隔离网的高度可随意调整固定。

10.3.2 防眩设施的施工

防眩设施的施工应根据其设置方法在路面工程或护栏工程施工完成后同步进行。防眩设施施工前应做好各项准备工作,并做出详细的施工组织设计。

1. 放样

施工前应清理场地,确定控制点(如桥梁、立交、中央分隔带开口及防眩设施需变化的路段),在控制点之间测距定位、放样。

2. 安装

(1)在防眩设施施工过程中,不得损坏中央分隔带上的通信管道、护栏等设施。

(2)应按设计要求处理好路段与桥梁上的防眩设施的设置位置及高度,并随时检查、校正,不得出现高低不平甚至扭曲的外形。

(3)防眩板单独埋设立柱时,应在基础混凝土达到设计强度后安装上部构件。同时,注意不要损坏通信管道等地下构造物,并注意与道路线形协调一致。

(4)施工中应注意不要损伤金属涂层。镀锌制品镀锌层与一般钢铁相比硬度较低,易受机械损伤,且镀层的表层之下为铁锌的合金层,其抗弯曲、抗冲击等机械性能较差,易剥离和脱落,因而施工中必须特别小心。镀锌层受损伤后,须在 24 h 之内用高浓度锌进行涂补,必要时应予更换。另外,由于带汗水的手或盐水等会促进钢铁构件的涂层氧化,因而在安装防眩设施时最好佩戴手套。

10.3.3 视线诱导设施施工

视线诱导标志是指沿车道两侧设置的,用以指示道路方向、车行道边界及危险路段位置的设施的总称。

1. 一般要求

(1)视线诱导设施一般在路面施工完成后进行施工;附着于护栏上的视线诱导设施,可在护栏安装过程中或在护栏安装完成后进行施工,立柱安装的混凝土基础也可提前施工,但必须控制好标高。

(2)施工安装前,应对全线视线诱导设施的埋设条件、位置、数量等进行核对,并做出详细的施工组织设计。

2. 放样

轮廓标应按设计图要求定位,附着于护栏上的轮廓标,可按立柱间距定位。分、合流诱导标和线形诱导标均应按设计图量距定位。

3. 混凝土基础

埋设于土中的轮廓标或诱导标均应浇筑混凝土基础。混凝土基础的施工应按设计图规定的尺寸定位、挖基。在浇筑混凝土前,要对基坑进行整治,基底要压实,按规定绑扎钢筋,钢筋的规格、尺寸应符合设计规定。当满足规定后,先浇筑一层片石混凝土,厚度应不小于 20 cm;接着在片石混凝土上支模板,测定模板顶部的标高。当立柱与混凝土基础浇在一起时,则可将立柱放入模板中,固定就位后,即可浇筑混凝土。有关混凝土材料、拌和物的质量等要求应符合有关规定。混凝土浇筑完成后,应采取正常的养护措施,直到混凝土达到规定的强度。

若轮廓标柱体或立柱为装配式,则应预留柱体插入的空穴,或采用法兰盘连接。采用法兰盘连接时,应保证其预埋地脚螺栓和基础法兰盘位置正确,基础法兰盘应嵌进基础内(其上表面与基础顶面齐平)。混凝土浇筑后,应保证基础法兰盘标高正确,保持水平,地脚螺栓保持垂直,并用油纸和铁丝等将螺栓外露部分绑扎保护,防止锈蚀。

4. 安装

(1)柱体式轮廓标可在混凝土基础的预留主穴中安装,轮廓标柱体应垂直于地平面,柱体与混凝土基础之间用螺栓连接,其设置高度(指反射器的中心高度)应与附着式轮廓标的高度大致相同。三角形柱体的顶角平分线应垂直于道路中心线,在曲线上安装时,三角形顶角平分线应对向圆心。柱体与混凝土之间用螺栓连接。

(2)由于基础位置处于路面边缘,要求基坑开挖后在 24 h 内完成基础混凝土浇筑。附着于各类构造物上的轮廓标,按照放样确定的位置进行安装。可根据不同构造物选择合适的支架和紧固件。反射器应尽可能与驾驶员视线垂直。安装高度宜尽量统一,连接牢固。

(3)分、合流诱导标和线形诱导标应在基础混凝土强度达到设计强度的 80% 以上时安装。当诱导标附着于护栏立柱上时,应先对立柱的位置、垂直度进行检查,达到要求后,才能安装诱导标的面板。采用抱箍和滑动螺栓把诱导标固定在立柱上。面板应尽量与驾驶员视线垂直,安装高度应满足设计要求,安装过程中保持面板的平整度。

参 考 文 献

[1] 艾建杰,罗清波.公路工程施工技术[M].重庆:重庆大学出版社,2020.

[2] 段泽建.高速公路路线设计思路与方法[J].工程建设与设计,2019(17):94-96.

[3] 关昌余.国家高速公路网规划理论与方法研究[D].哈尔滨:哈尔滨工业大学,2014.

[4] 国家卫生健康委员会.生活饮用水卫生标准:GB 5749—2022[S].北京:中国标准出版社,2022.

[5] 郝铭.公路工程施工技术与质量控制[M].北京:北京工业大学出版社,2019.

[6] 交通运输部公路局.高速公路施工标准化技术指南 第三分册 路面工程[M].北京:人民交通出版社,2012.

[7] 侯仰慕,安春英,董洁滨,等.冻土地区公路的病害特征及防治措施[J].内蒙古公路与运输,2003(02):18-19.

[8] 胡晓敏,李燕飞,严超群.公路勘测设计[M].北京:中国水利水电出版社,2018.

[9] 黄韬.岩溶路段路基的病害及相应的地基处理介绍[J].河南建材,2018(04):386-388.

[10] 贾元华,董平如.高速公路建设与管理[M].北京:北京交通大学出版社,2002.

[11] 交通运输部.2022年交通运输行业发展统计公报[N].中国交通报,2023-06-16(002).

[12] 交通运输部公路局.高速公路施工标准化技术指南 第二分册 路基工程[M].北京:人民交通出版社,2012.

[13] 金颖君.高速公路交通安全管理问题及对策研究[D].苏州:苏州大学,2016.

[14] 李海东.高速公路经济论[D].成都:四川大学,2005.

[15] 李永亮,李红锋.论路线、路基和路面综合设计的重要性[C]//河南省土

木建筑学会.土木建筑学术文库(第7卷).上海:同济大学出版社,2007.

[16] 廖明军,王凯英.高速公路[M].北京:中国质检出版社,2013.

[17] 廖明军,徐辉,李伟.道路勘测设计[M].北京:机械工业出版社,2015.

[18] 凌平平,余婵娟.道路勘测与设计[M].北京:北京大学出版社,2016.

[19] 刘海波.探析高速公路收费系统的设计及其实现[J].甘肃科技纵横,2018,47(01):14-16.

[20] 强波,李震,张雪成.高速公路施工技术与质量管理[M].北京:中国石化出版社,2023.

[21] 史建峰,陆总兵,李诚.公路工程与项目管理[M].北京:九州出版社,2018.

[22] 苏华友.高速公路概论[M].成都:电子科技大学出版社,2004.

[23] 苏献素.论高速公路沥青路面施工控制的关键技术[J].工程建设与设计,2016(14):105-106.

[24] 谭显.重庆市高速公路交通安全管理问题研究[D].重庆:重庆大学,2022.

[25] 田彬力.高速公路工程建设项目可行性研究技术及应用[D].重庆:重庆交通大学,2018.

[26] 王锦涛.高速公路路线设计与环境保护[J].工程建设与设计,2018(05):103-104+107.

[27] 魏同军.高速公路路线纵断面设计探讨[J].工程建设与设计,2020(05):69-70+76.

[28] 吴宗奇.高速公路项目建设程序及合理工期研究[D].西安:长安大学,2002.

[29] 闫泽宁.高速公路膨胀土路基填筑技术研究[J].工程建设与设计,2023(02):203-205.

[30] 颜景波.道路施工技术研究[M].天津:天津科学技术出版社,2018.

[31] 晏秋.高速公路管理与控制[M].成都:西南交通大学出版社,2016.

[32] 张金水.道路勘测与设计[M].上海:同济大学出版社,2015.

[33] 张义海.公路勘测设计[M].北京:北京理工大学出版社,2021.

[34] 张志耕,崔澂,程国义.高速公路设计与施工关键技术后评价研究[M].天津:天津大学出版社,2016.

[35] 赵建勋.区域高速公路网规划方法探讨[D].西安:长安大学,2010.

[36] 中华人民共和国交通运输部.公路工程技术标准:JTG B01—2014[S].北京:人民交通出版社,2015.

[37] 中华人民共和国交通运输部.公路工程无机结合料稳定材料试验规程:JTG E51—2009[S].北京:人民交通出版社,2009.

[38] 中华人民共和国交通运输部.公路工程质量检验评定标准 第一册 土建工程:JTG F80/1—2017[S].北京:人民交通出版社,2018.

[39] 中华人民共和国交通运输部.公路路基路面现场测试规程:JTG 3450—2019[S].北京:人民交通出版社,2020.

[40] 中华人民共和国交通运输部.公路路基设计规范:JTG D30—2015[S].北京:人民交通出版社,2015.

[41] 中华人民共和国交通运输部.公路路面基层施工技术细则:JTG/T F20—2015[S].北京:人民交通出版社,2015.

[42] 中华人民共和国交通运输部.公路路线设计规范:JTG D20—2017[S].北京:人民交通出版社,2017.

[43] 中交第三公路工程局有限公司.公路路基施工技术规范:JTG/T 3610—2019[S].北京:人民交通出版社,2019.

[44] 中交第一公路勘察设计研究院.高速公路交通工程及沿线设施设计通用规范:JTG D80—2006[S].北京:人民交通出版社,2006.

[45] 中交第一公路勘察设计研究院.公路勘测规范:JTG C10—2007[S].北京:人民交通出版社,2007.

[46] 中交一公局集团有限公司.公路桥涵施工技术规范:JTG/T 3650—2020[S].北京:人民交通出版社,2020.

[47] 周正祥,王跃明.高速公路对经济发展的促进作用[J].湖南经济管理干部学院学报,2002(04):17-18.

后　　记

　　高速公路建设项目的特点是线长面广、投资大、标准高,工序的影响因素复杂。高速公路设计与施工是确保道路安全与畅通的两个重要环节。在建设过程中,任何一个环节出现问题都会给工程建设带来严重的损失,并直接影响高速公路建设的投资效益。工程质量是工程建设的核心,是决定工程建设投资成败的关键。合理的高速公路设计方案能够保证高速公路的稳定性和耐久性,高质量的施工则能够确保工程的可靠性和安全性。设计和施工环节的互相联系和配合、技术的合理应用是实现高速公路高质量建设的关键。

　　高速公路领域的技术人员应熟练掌握和使用目前工程上成熟且可靠的设计和施工技术,必须进行合理的施工组织设计。设计、管理、监理和施工单位之间应充分协调及配合,各司其职,做到用心设计、精心组织、严格管理、认真施工,并对施工中存在的问题进行分析,在持续解决问题中不断创新,促进高速公路建设质量不断提升。